王俊璞◎著

新闻写作80招

新华出版社

图书在版编目（CIP）数据

新闻写作 80 招 / 王俊璞著 .
北京：新华出版社 , 2024.10.
ISBN 978-7-5166-7616-5

Ⅰ . G212.2

中国国家版本馆 CIP 数据核字第 2024Y43B49 号

新闻写作 80 招

作者：王俊璞
出版发行：新华出版社有限责任公司
（北京市石景山区京原路 8 号　邮编：100040）
印刷：三河市君旺印务有限公司

成品尺寸：170mm×240mm　1/16　　印张：25.5　　字数：420 千字
版次：2024 年 12 月第 1 版　　　　　印次：2024 年 12 月第 1 次印刷
书号：ISBN 978-7-5166-7616-5　　　　定价：67.00 元

版权所有 · 侵权必究
如有印刷、装订问题，本公司负责调换。

微店

视频号小店

抖店

京东旗舰店

扫码添加专属客服

微信公众号

喜马拉雅

小红书

淘宝旗舰店

序

《新闻写作80招》（以下简称《80招》）即将付梓，我向作者王俊璞同志表示衷心祝贺。

这部书稿是以《新闻写作60招》（以下简称《60招》）为基础，经过增删、修订、扩写、升华而成的。它保留了《60招》中的精髓，增添了作者在其新闻生涯后期的成功之作和他对怎样成为优秀记者、优秀编辑的体会和感悟。

《60招》曾被新华社前副总编辑张万象誉为新闻院校教科书式的著述，笔者眼前的这部《80招》，我想可以列入青年记者、青年编辑的必读书目。

王俊璞是我在新华社体育部工作时的同事。履新之初，有人曾向我介绍说，他是我们部里的"社级好稿专业户"。像他这样能把26篇社级好稿的殊荣收入名下、将多个国内体育新闻奖项集于一身的记者，在我国体育新闻界并不多见。

阅读写作招数、方法、指南之类书籍，主要是为了学习、为了超越，学习作者在书中介绍的经验和推荐的方法，超越作者取得的成就，跃升为一位比作者更加优秀的新闻记者、新闻编辑。

书中提出的新闻写作招数多达80个，值得学习和仿效的为数众多。

阅读这部著作，我想首先要关注作者强调的新闻敏感，善于发现新闻事件中的新闻，找出读者最为关注的信息和细节进行报道。王俊璞的新闻敏感的确值得称道。乒乓球是我国的国球。1996年亚特兰大奥运会之前，记者们关注的焦点主要是中国乒乓球队的备战情况，而王俊璞却"另辟蹊径"，专门采写了没有机会抛头露面的陪练，披露了"梦之队"人梯战术成功的秘诀。这样的新闻当然构成了独家报道，满足了亿万乒乓球迷的好奇和阅读渴求。

在亚特兰大，当各路记者争相报道我体育健儿取得的骄人战绩时，而王俊璞却慧眼独具，刻意采访了中国体育代表团团部，揭示了代表团领导在率领华夏儿女夺取辉煌战绩中的指挥作用。

记者采访时获得的新闻信息量很大，采用哪些信息和选取哪一角度切入是报道能否成功的关键。《80招》中提出的挑选新闻事实的方法和选取谋篇角度的经验值得借鉴。在角度选定之后，王俊璞总是在谋篇和布局方面动脑筋。他善于联想，在联想过程中寻求"标新立异"。1988年5月，王俊璞采写了《国内竞争要服从奥运战略》一文。如何开篇？王俊璞从吉林和山西两位体委主任下台写起。开篇仅仅涉及两位地方厅官的升迁，却事关国家体育事业发展的战略大局。两者的新闻关注度很不相同，但其内部却有着只有业内人士才能看懂的逻辑联系。这种"以小证大"、别出心裁的角度选取和谋篇方式自会产生一种"四两拨千斤"的"轰动"效应。

王俊璞采编新闻强调行文严谨。"更快、更高、更强——更团结"既是奥林匹克运动的格言，也是奥林匹克精神的重要内容。在报道与奥运有关的新闻时，相关措辞绝对不可颠倒和错用，就像毛泽东主席提出的"团结、紧张、严肃、活泼"口号不能随意颠倒和错用一样。在我国，许多体育记者，包括体育界的一些领导和明星却不以为然。王俊璞在书中指出了这一乱象的严重和危害，提出了纠正这种现象的方法。正是这种严谨，保证了王俊璞采编体育新闻的成功和与众不同。

新闻路上没有坦途。但是，前人提供的经验可以助你少走弯路。《80招》是一位老记者、老编辑为你攀登路上竖起的一个醒目路标，仔细审视定会让你受益匪浅。

刘其中
2023年12月30日

刘其中曾任新华社联合国分社社长、体育部主任、《中国日报》香港版副总编辑、香港树仁学院新闻与传播学系系主任、清华大学新闻与传播学系高级访问学者，其主要新闻著述和译作包括《诤语良言——与青年记者谈新闻写作》《秋实——刘其中新闻文选》《英汉新闻翻译》《汉英新闻编译》《美联社新闻写作指南》等。

《新闻写作60招》序

清代著名画家郑板桥的"删繁就简三秋树，领异标新二月花"，本书作者王俊璞最为欣赏。这表明，他在新闻写作中崇尚简练和创新。而简练和创新正是新华社新闻写作的两大特色，又是一切文章写作的精髓，也是一切艺术形式创作的精髓。

"扬州八怪"之一郑板桥根据多年创作实践，总结出"眼中之竹""胸中之竹""手中之竹"三个创作阶段。"眼中之竹"是客观存在的自然实景，是对自然观察和从中体验的灵感；"胸中之竹"是艺术创作的构思；"手中之竹"是艺术创作的实现阶段。郑板桥画竹超凡脱俗，自成一家，形成了简瘦、清新、秀逸、劲健的艺术风格，人称"郑竹"。他65岁时在"竹石图"上题诗总结了多年画竹的体验："四十年来画竹枝，日间挥写夜间思。冗繁削尽留清瘦，画到生时是熟时。"

郑板桥积极倡导诗书画印综合艺术，达到了很高的造诣。诗书画印和新闻写作是相通的，在简练和创新上两者珠联璧合、相得益彰。

有人认为简练很容易，这是把"简练"误解为"简单"了。简练是用简洁和概括的文字，把精彩和充实的内容表现出来。简单是文字不多，内容也单薄。两者不可混淆。简练正如古人所云"文约而意丰"，正如契诃夫所言"简练是才能的姐妹"，正如鲁迅所说："简洁的文字，有着穿透读者心胸的力量。"

写新闻要抓住事物的本质，"一语中的"，思想才会深刻，文字才会简短。"要言不烦"，烦琐是因为没有抓住触及事物本质的"要言"，罗列了一大堆现象，使读者如堕五里雾中，看不清事物，认不清方向。要做到短而深，就要抓住本质。这就是炼意，在"炼意"的基础上，再谋篇布局，"炼句"，"炼字"。

新闻写作的生命力在于创新。创新是新闻写作的灵魂。创新的关键是突破旧观念的束缚，标新立异，追求独树一帜、独具匠心、独辟蹊径，追求别出心裁、脱颖而出、鹤立鸡群，追求"你有我新、你新我快、你快我深"。

新闻创新的本源是记者的现场观察。现场观察是记者用眼睛采访。根据科学测定，在一个人的多种神经细胞的总和中，视神经约占20%，比例最大；听神经约占5%，居第二位。眼睛是最灵敏、输入信息量最大的器官。在一个人大脑贮存的全部信息中，一般有80%来自视觉。由此可见，用眼睛采访之重要。

以本书中一篇为例，王俊璞在采访少数民族运动会时鸟瞰开幕式精彩场面，在脑海中形成了彩虹的形象。于是，标题有了："青城飞彩虹"；开头有了："一条奇美的彩虹出现在鲜花盛开的北国青城——呼和浩特。""这不是雨后晴空的自然现象，而是全国少数民族传统体育运动会开幕式上身穿民族服装的各少数民族运动员和代表们组成的瑰丽图案。"行文的主线也有了：描绘各族运动员的行进表演。

新闻写作创新的指导思想是马克思主义唯物辩证法。体育界存在不少矛盾，王俊璞在报道中敢于直面矛盾，言人所不敢言，不怕争论，相信真理会愈辩愈明。他在多次辩论中收获的有烦恼，更有快乐。他用辩证法局部和整体的关系指导报道，努力树立大局观念，以宏观的视野报道体育，跳出体育天地宽，从体育和社会、体育和经济等诸多方面，拓宽报道面，写出了一些有影响力的报道。

这本书的作品与"招数"都很不错，总体上与"删繁就简""领异标新"相契合。作品中，长文不枯燥；短文语言多生动、形象；各种体裁的稿件不拘一格，正体现了文无定法。至于60种招数的提炼，绝非一日之功，而是长期实践的结晶，其中不少已从实践上升到理论，有助于开阔思路，对于新闻乃至其他文章的写作，有较高的实用价值。

王俊璞是新闻界自学成才的典型。他没有进过大学，然而有幸在粉碎"四人帮"后参加了培训。从1978年到1981年，新华社先后举办了4期国内记者训练班，邀请新闻界著名记者、老编辑和著名作家讲课，提升了新华社记者的水平。记者训练班的精彩讲课，在新华社老社长穆青的指导下，由我编成40多万字的《新闻采写经验谈》，于1983年由新华出版社出版。

王俊璞参加的是第四期训练班，虽然时光已流逝四分之一世纪，现在看到当年在中山公园桃花丛中的彩色合影，依然十分亲切，仿佛时间已经定格，几十位记者的青春鲜活形象仍在眼前。王俊璞给我的印象是求知欲旺盛，热情高涨，如同一块海绵，善于吸收知识。真是知之者不如好之者，好之者不如乐之者。以此为乐，乐此不疲。兴趣是最好的老师，兴趣是强大的动力。他对新闻事业的热爱，使他如醉如痴地学习。列宁的夫人克鲁普斯卡娅说："一个人一旦爱上他所从事的事业，他就能从事业的奋斗和成功中获得最大的快乐和满足。"王俊璞从报务员到高级编辑，是艰辛之路，也是快乐之路。20多年来，他在实践中学习，在实践中磨炼，在实践中进步。这再次证明，读万卷书，走万里路，访万个人，写万篇稿，乃是记者成才之路。

徐占焜
2006年9月18日于京华观云斋

我的新闻路

中国新闻从业人员中，本人可以算最后极少数没有高等学历者之一。当年曾提出想上大学弄一纸文凭，但未能如愿。好在我一直爱读书，文学、历史、理论方面的书都读过一些。因此，全国新闻高级职称评定委员会1983年组织全国统一考试时，获得较出色的成绩。

半路出家搞新闻，困难自然很多。然而，凭几分执着，经一番跋涉，终于在新闻工作岗位上获得了较多的"自由"。在我采编的稿件中，有20多篇被评为新华社社级好稿，10多篇获得全国好新闻、全国体育好新闻、全国现场短新闻、全国残疾人事业好新闻、奥运会和残奥会好新闻、全国农村和武术好新闻、北京市体育好新闻奖，其中有些为一等奖，另有数篇被一些杂志评为好稿。

记者写稿是给读者看的，而我的第一篇稿却是给记者、编辑看的。

1978年刚到国内新闻编辑部，先是在分社管理组工作。一次，我对老同志说，陕西分社一位记者写的《贞观兼听史话》很好。老同志也觉得不错，建议我写稿评。我说："还没采访过，怎么能对记者的稿件说三道四！"他们鼓励我大胆写。于是，我鼓足勇气写了《一篇古为今用的好稿——评〈贞观兼听史话〉》。这篇稿评在《新闻业务》上刊出后，受到不少人赞扬。随后又陆续写了几篇，老同志鼓励说"相当不错"。

我的大学，是半年多之后的"第一读者"岗位。每天看记者写、编辑编、发稿人审的稿件，使我对稿件质量的判断能力逐步增强。工作之余，多读书报，增加着新闻理论、知识的积累。最难得的是，有机会参加了1981年新华社国内记者训练班。其间，班主任徐占焜与多位专家讲课，让我学到了不少宝贵的新闻知识。待到正式踏上记者岗位，几位领导都说我"起点高"，出手的稿件大都是成品。后来，一些同事说我的稿子"可以不用编"，有的说我是"专写大稿子"的，甚至说我是"社级好稿专业户"。因此，我特别看重那段当第一读者的经历。

后来从事体育报道，应当说是"缘分"。

从农村转到天津上学后，小学体育老师高增禄和中学体育老师刘金声等，教学方法多样，体育课活泼有趣，使我和许多同学成了体育爱好者，当然也被卷入1961年第26届世乒赛后掀起的乒乓球热。那年暑假的一天，我正在教室课桌上玩乒乓，被同学"强行"拉走。他们要我一起去练无线电收发报。

当时没想到，跟教练马忠祥学无线电收发报竟然练出一点名堂，区里比赛，我与同伴一起为学校夺得团体冠军，自己获得男子个人冠军。

又没想到，读完高一就被调到河北省无线电队当快速收发报运动员。

更没想到，省队解散后又被调到新华社。在战备单位先后任团支部体育和宣传委员，前者有助于熟悉体育，后者利于提高写稿本领。

还是没想到，1978年新华社国内部张榜招考记者，我有幸成为少数入选者之一。当告别第一读者岗位，正式开始采访时，就与体育报道结下缘分。

从事新闻工作，我觉得清人郑板桥的"删繁就简三秋树，领异标新二月花"说得最妙。关于"删繁就简"，努力用"简笔"、写"省文"，听外单位同行说我写的稿子"没有废话"。关于"领异标新"，虽然很难，但一直努力追求，尽可能做到与别人和自己以前写的稿件有所变化。

从事体育报道，我以为与其他报道一样，最重要的是树立大局观。掌握一些专业知识是必要的，但不必过分追求，而是要注重一个项目的全局、中国乃至世界体育的全局，还要多学其他领域的知识。这就是新华社要求记者具备的"全国观点"和"世界意识"。因此，我采写的稿件带有全局性的较多。在中国体育记者协会组织编辑《百名中国体育记者自述》一书时，要求每人写一句话，我写的是："跳出体育写体育。"

回顾工作经历，我大部分时间是编审稿件，写稿不算太多，但也数以千计。这些稿件的写作，有对新华社前辈新闻理论和实践的传承，也有个人的探索和开拓，希冀求教于读者，更期盼能给他人些许启示。

确定书名时想到，武术高手都练就十八般武艺，对不同对手用不同招数取胜。从事新闻工作与此相通，也需要掌握各种本领，根据不同题材，采用不同招数，努力写出高质量稿件。体育新闻与其他新闻虽有采访对象及环境的区别，但在本质上是一样的。

2007年，《新闻写作60招》结集成书，由新华出版社出版。这本书共印刷三次，得到较高的评价，新华社副总编辑张万象说可以作为大学教材，还有人也持同样的看法。该书因写乒乓球的稿件占近半数，被国际乒联博物馆（中国乒乓球博物馆）收为藏品。

2021年，作者又对采编的稿件和《新闻写作60招》重新梳理，增加了20多篇（组），删去几篇，即是《新闻写作80招》。这些"招数"，可以说是作者从事新闻工作多年用汗水更多是用心血换来的心得。所选稿件中，除三篇（组）属签发的之外都是本人写的，与他人合作的也是本人执笔。挑选的主要标准是尽可能要求主题新颖、特点鲜明、反响较大、有一定的代表性。

本书所列"招数"多为写作手法，也有采编经验、发稿动机。其下都对稿件背景、谋篇思路、成稿过程、文章特色、采用情况、社会反响、他人评价等，就某几个方面做了简介。这些文字，含有笔者对新闻知识的理解和看法，写作的经验和教训，与"招数"和例文有关的小故事等，力求为读者提供有借鉴价值的东西。

每个"招数"下面，大都列举了一两篇稿件。这些稿件，大体上以时间为序，不仅能反映笔者的写作经历，也是中国体育当时发展状况的记录。新华社发稿的电头中原本只有月和日，本书在列入稿件的电头中都加入了年份，以示准确的时间。此外，在重新梳理稿件时，对数篇的个别文字作了非实质性的修改。

回首往事，最想说的就是"感谢"二字。

感谢学校老师的培育！是他们，让我在基础知识特别是语文方面为从事新闻工作打下较好的基础。更感谢新华社这个大家庭！我从一个高中没毕业的青年，成长为一名记者、编辑，离不开前辈的点拨、鼓励和榜样的示范，还有同事朋友的帮助和支持。特别要感谢两位新闻学专家！徐占焜是我的同事也是师长，助我在新闻工作中努力学习、前行。刘其中是我的同事也是领导，曾在他的带领下报道奥运会等大赛，正是他的鼓励，《60招》才变为《80招》，他还对新增20多个"招数"提出很多建设性意见，包括细微之处的改动，使这本书的质量有了进一步提高。还要感谢中国体育界的朋友，为我提供了用武之地，他们的爱国主义、集体主义和顽强拼搏精神一直激励我奋发自强，兢兢业业地做好本职工作。

王俊璞
2024年7月

目 录
CONTENTS

1 跃跃欲试 / 1
　　广州文化公园之夜 / 3

2 "班门弄斧" / 4
　　改造新闻中令人费解的词语 / 5

3 补"缺憾" / 7
　　青城飞彩虹——全国少数民族传统体育运动会开幕式剪影 / 9
　　体育新闻人物：许海峰 / 10

4 "慢镜头" / 11
　　三十秒内挽狂澜——陕西摔跤手吕铃仲在全国少数民族传统体育运动会上 / 12

5 "画面"说话 / 14
　　智慧来自苦练——记我国第一个国际象棋特级大师刘适兰 / 15

6 快节奏 / 19
　　"中国的新星升起来了"——记优秀体操运动员李宁 / 21

7 赞"美" / 24
　　冰上的抒情诗——第五届全国冬运会花样滑冰比赛速写 / 25

8 对立统一 / 27
　　特级大师"矛盾"三题 / 28

新闻写作80招　XINWEN XIEZUO 80 ZHAO

9　涉"边缘" / 31
　　艺术、体育结良缘 / 32

10　写"诗外" / 36
　　音乐使他成体育英才——记国家跳水队教练梁伯熙 / 37

11　信息密集 / 40
　　中国乒乓球队的新教练——郗恩庭 / 41
　　"大力神"又创奇迹 / 42

12　"划代" / 44
　　中国羽坛五代人 / 45

13　凸显性格 / 48
　　有胆有识的总教练——许绍发 / 49

14　设悬念 / 52
　　"秘密武器" / 53

15　摸索规律 / 55
　　比实力　比人才　比进步——第三十八届世乒赛述评 / 56

16　大局观 / 59
　　中国体育面临战略抉择 / 60

17　"美化" / 63
　　绚丽多姿　前程似锦——记我国少数民族传统体育的发展 / 64

18　讲"师徒"故事 / 66
　　朱建华和他的教练 / 67
　　世界冠军和他的教练 / 69

19　亮出观点 / 72
　　国内竞争要服从奥运战略——从两个体委主任"下台"谈起 / 74

目录

20 平息风波 / 76
　　总教练的抉择——许绍发谈中国乒乓球奥运阵容产生经过 / 77

21 记下"第一" / 79
　　第一位奥运会乒乓球女子单打冠军——陈静 / 80

22 换思路 / 82
　　二青会传出重要信息：中国体育重心北移 / 83
　　中国竞技体育新格局——奥运金牌南北谈 / 84

23 看时机 / 86
　　乒乓王国的失落 / 87

24 穿"珍珠"串 / 112
　　绚丽的艺术之河——亚运会艺术节开幕剪影 / 113
　　亚运会艺术节开幕 / 114

25 "凤头""豹尾" / 116
　　东方再生的凤凰——第二届城运会开幕式大型文体表演《城市之光》剪影 / 117
　　第二届全国城市运动会隆重开幕 / 118

26 活用"材料" / 120
　　奥运巨轮是怎样启动的？ / 121

27 厚积薄发 / 124
　　中国体育"凤先飞"的奥秘 / 125

28 回头俯视 / 128
　　中国体育　震惊世界 / 129

29 老冠军"新传" / 132
　　"再拼搏一次"——邱钟惠经商记 / 133

30 输入爱憎 / 135
　　义与利的撞击 / 136

31 牵挂改革 / 137

迈出大胆而坚定的一步——中国乒乓球运动管理中心采访记 / 138

"办竞赛"转向"管竞赛"　北京市体育竞赛管理中心闯出改革新路 / 140

32 另类翻译 / 142

敞开"保险箱"——中国乒乓球改革述评之一 / 143

增设、调整"杠杆"——中国乒乓球改革述评之二 / 144

推行"双轨制"——中国乒乓球改革述评之三 / 146

遏制人才不合理流动——中国乒乓球改革述评之四 / 148

夯实"金字塔"基础——中国乒乓球改革述评之五 / 149

33 不忘"配角" / 151

中国抽签模式"占领"世乒赛 / 152

34 由大看小 / 154

乒乓球——人类文明的缩影

——写在第四十三届世乒赛闭幕时 / 155

35 "挑剔"引语 / 158

从零开始　迎接挑战——中国乒乓球界胜利跨过1995年 / 159

"不敢松懈"——访乒乓球运动管理中心主任李富荣 / 161

36 画"句号" / 163

"百尺竿头翻跟头"——访新任乒乓球运动管理中心副主任张燮林 / 164

37 跳笔 / 166

中国乒乓球"人梯"依然坚固 / 169

38 借鉴"模糊" / 171

中国体育代表团官员答中外记者问 / 172

39 分析到位 / 174

我国花样滑冰大有希望 / 176

能保住"第二集团"靠前的位置吗？——中国代表团亚特兰大奥运会前

景展望 / 177

40 推崇科技 / 179
"看不见的战线"如何行动?——体育科研为奥运健儿"保驾护航" / 181

41 转视角 / 183
新闻分析：从经济看奥运金榜排名 / 184

42 独家新闻 / 187
决战在赛场之外——中国体育代表团团部指挥奥运战役侧记 / 188

43 "三级跳" / 191
从百年奥运看中国巨变 / 192

44 "发展"眼光 / 194
"不变"之中看变化——为什么说中国运动员的成绩好于上届 / 195

45 重思想 / 197
乒乓情　爱国心——记中国乒乓球队原总教练许绍发 / 198

46 "怪事" / 200
中国乒乓界舍利取义 / 201

47 "蒙太奇" / 204
"乒乓外交"续新篇 / 205

48 找"靶子" / 207
赤诚女儿心——记乒乓球运动员邓亚萍 / 208

49 立体对比 / 213
惊人的跨越——从两届上海全运会看变化 / 214

50 "走马观花" / 217
科学健身进军营——"全民健身走军营"采访记之一 / 218
海军健身"海味"浓——"全民健身走军营"采访记之二 / 220
创造精神显威力——"全民健身走军营"采访记之三 / 221

新闻写作80招　○ XINWEN XIEZUO 80 ZHAO

51 关注"焦点" / 223
　　谁来评判裁判？/ 224

52 莫轻小事 / 227
　　"教练要做'五员'"——张燮林谈执教经验 / 228

53 当会计 / 230
　　为中国亚运会代表团算笔账 / 231

54 揭本质 / 233
　　"闭门"也能造"好车"——朝鲜运动员屡爆冷门的启示 / 234

55 大跨度 / 236
　　屹立在东方——从亚运会看中国的崛起 / 236

56 "编织圆球" / 239
　　再次赴英学习　邓亚萍可能就此告别赛场 / 240

57 深化"总结" / 242
　　为何痴迷为何狂？/ 244
　　高扬三面旗帜——国球辉煌四十年探因 / 247

58 解释词语 / 250
　　读懂"海外兵团" / 251

59 "巧笔" / 253
　　未来社会健身的时尚——世界太极拳健康大会述评 / 255

60 留住"经典" / 257
　　刘国正反败为胜创造奇迹 / 258

61 敢于担当 / 260
　　他与张健同日横渡成功 / 262

62 "抓"表情 / 264
　　微笑与警惕 / 265

63 "顺手牵羊" / 267
亚美尼亚：希望的幻灭 / 268

64 浓缩历史 / 272
国球 50 年 / 273

65 "旁敲侧击" / 276
"11 分制"失大于得
——从巴黎世乒赛看国际乒联改革 / 277

66 "写一、想二、眼观三" / 280
乒乓"U-17"成功的启示 / 281

67 尊重奥林匹克 / 283
奥林匹克格言的正确使用 / 285

68 由繁入简 / 290
文明进步的盛会——写在第六届远南运动会闭幕之际 / 292
共享奥林匹克 / 294

69 呼唤人性 / 296
充溢人性关爱的盛会——评雅典残奥会 / 297

70 借题发挥 / 299
珍视传统——中国乒乓球女队失利后的思考 / 300

71 追梦 / 303
武术为什么没能进奥运 / 305

72 散文笔法 / 311
优秀的项目　糟糕的名称——说说摔跤的"中国式" / 312

73 致敬英雄 / 314
容国团："人生能有几回搏" / 315

74 简明扼要 / 334

    中国跤的八个优点 / 335

75 打抱不平 / 337

    中国忘了"中国式摔跤"（外一篇）/ 338

    外一篇：跤术、拳术与太极 / 342

76 辨析"潜规则" / 343

    林丹退赛只为"国家利益"吗？/ 345

77 集纳"碎片" / 350

    大赛东道主优势的秘密 / 351

78 另辟蹊径 / 356

    跤术史上皇帝与高官 / 357

79 导语求变 / 368

80 扮靓"眼睛" / 375

附：《新闻业务》——我的老师 / 383

    体育新闻的"六性" / 384

1 跃跃欲试

跃跃欲试，并非新闻写作的一个具体招数，是指强烈的写稿欲望。这个成语的意思是形容心里急切地想试试，正是笔者写《广州文化公园之夜》时的心理状态。而强烈的写稿欲望，则是比任何其他招数都重要的招数，也可以说是最重要的招数。

20世纪70年代后期，新华社国内新闻编辑部记者、编辑岗位缺人，急需补充新生力量。但那时没有大学毕业生，想从非业务部门调人都不愿给。于是，国内部经当时的社长曾涛同意，张榜考试。印象中100多人报考，被选中的有15人。笔者有幸入选。

到国内部工作，先是在分社管理组工作，简称分管组。这个组的几位成员都是资历很深的老干部，常有国内分社负责人来汇报工作，由他们接待。而我的工作是作记录。空闲时则学习新闻知识。

不久，换了新的工作岗位——国内部值班室（后改称总编室）"第一读者"。

一篇篇稿件过目，从原稿到成品稿的变化，常给人以启示。总编室人员多为新华社业务高手，常听大家议论，接受着熏陶，不断地积累新闻业务知识。

有一天，领导让我跟工业组副组长张新民出差，到广东采访工业战线改革。

别小看"副组长"的称谓，当时的工业组组长田林大姐是一位老革命、高级干部，听说在延安时还与毛主席跳过舞。有传闻说，她与别的报社负责工业报道者一起出差，当地接待人员高看"工业部主任"，而对这位级别高得多的"组长"并不重视。此事后来被当成笑话。而有的分社社长到国内部未必能当上副组长，数位没有当副组长的编辑后来成为行业报纸的总编辑或副总编辑。因此，新华社有藏龙卧虎的说法。

这是我到国内部后第一次出差,能跟老同志一起采访,是难得的锻炼机会,很想在老同志指导下尝试写新华社稿件。

跃跃欲试,正是这次出差时的心情。但是,这次出差的主要目的地是清远县,顺便到顺德看看,一时无稿可写。

在地处沙面的广东分社安顿下来,当晚陪老张散步,到附近的广州文化公园逛逛。一进公园,惊奇地看到北方难得一见的热闹景象,很多广州人竟是这样度过晚上时光的!

能不能写一篇见闻?询问老张,得到鼓励。于是,联系分社负责文化报道的记者唐炜,请他带我再去一次文化公园,采访公园负责人,了解具体情况。

又一个晚上,跟着唐炜再次去公园,完成了采访。随后,写了通讯《广州文化公园之夜》,经老张过目后传回总社。

回头看,这篇小稿主要描写了公园里各处热闹景象,而主旨是让人们了解得改革风气之先的广州人夜生活的丰富多彩。"之夜"两字太过常见,但因没有更理想的选择,只好选用。

稿件在值班室一位编辑手中压了数日,删去一点文字后发出。后来得知,数家省会城市的报纸采用了此稿。

这篇计划外稿件是笔者采写的第一篇新华社大广播稿,也是"跃跃欲试"——强烈的写作欲望催生的一个成果。计划内稿件,只记得写的是清远工业改革"超计划利润提成"等内容,包括分社工业记者在内,三人每人写一篇,由老张定稿,最后作为专稿在《南方日报》头版刊出。

我的老领导、国内部副主任兼文教组组长李耐因,在记者培训班讲课谈到《记者之路》的"写作"时,说的第一条就是:"要有强烈的写作欲,才有出息,没有这欲望,干不好。"

与半路改行有关,我十分珍惜、热爱新闻工作这一新的职业,因此,跃跃欲试的状态很多年一直保持着。

爱因斯坦说:"热爱是最好的教师,它远远超过责任感。"而新闻业务能力的提高主要靠实践。一个热爱新闻事业的人,应该努力保持跃跃欲试的状态,多多实践。

广州文化公园之夜

立冬时节，祖国北方的夜晚已是寒气袭人，雪花飞舞。可是，在广州文化公园，每天夜晚都像北方公园里的消夏晚会一样，吸引着兴致勃勃的游客。平均每天有3万多人。

夜幕降临，公园里的各色彩灯放射出光辉，盛开的九里香和米兰吐散着清香。游园的人们多数是下班后的工人、干部，也有外国朋友和港澳同胞。他们或者在各处漫步，或者根据自己的兴趣，走进影剧场或其他活动场所。

广州文化公园共有五个影剧场，一个音乐厅，八个展览馆，还有说书场、溜冰场、篮球场、气枪射击室、电视室、阅览室和棋坛等。

露天的中心剧场是观众最多的地方。11月8日我们在这里看到，古装粤剧《乞丐养状元》正在演出，丑角演员的滑稽动作，逗得人们一阵又一阵欢笑。在这同时，粤剧《花王之女》和大型魔术正在其他剧场上演。

我们走到说书场，那里也有很多人正在欣赏说书艺人绘声绘色的表演。象棋爱好者则聚集在棋坛，全神贯注地看棋手如何调兵遣将，对阵厮杀。

广州的十一月，正是菊花盛开的季节。园艺、美术工作者和工人们正在为筹办菊花展览夜以继日地工作。在展览馆的附近，已经摆着一盆盆准备展出的菊花。走进展览馆，我们看到工作人员正在制作《红楼梦》中菊花诗会的"造景"，将使菊展增添情景交融的气氛。

人声沸腾的篮球场上，2000多名球迷不时地为运动员投篮命中而鼓掌欢呼。溜冰场里，没有真正的冰，而是磨得很光滑的水泥地，青年人脚蹬旱冰鞋，有些在跑道上奔驰，有些在练习优美的溜冰技巧。

在文化公园里，你还可以去茶圃，沏上一壶茶，品茗谈天，或者到阅览室去，在知识的海洋里漫游。国画、工艺美术、摄影等展览馆和广东水产馆，也都有络绎不绝的参观者。

晚上10点钟前后，各种活动先后结束，人们面带笑容陆续走出公园。他们轻松愉快地度过了一个有意义的夜晚。

（新华社广州1979年11月28日电）

2　"班门弄斧"

"班门弄斧"这一成语，比喻在行家面前卖弄本领，不自量力。现在借用这一成语，主要是为说明，在撰写下面一篇稿件时的身份差距，因此加了引号。

1980年，我的工作岗位是新华社国内新闻编辑部值班室（后改称总编室）第一读者。当时，还没有做过记者和编辑工作，而给《新闻业务》这一专给记者、编辑看的刊物写稿，与班门弄斧有一点相似之处。

消灭差错，是新闻单位普遍面对的一个重要问题，关系到维护新闻报道的真实性，而真实是新闻的生命，新华社历来对此十分重视。1978年国内部值班室专门成立了第一读者小组，共有5人，我有幸成为小组成员。

第一读者的责任是，发稿人签发后的稿件，在送技术部门播发之前，要由第一读者核对、检查人名、地名等，还要注意发现稿件行文中欠妥之处，提出来供发稿人斟酌、改正。许多政治性、事实性、技术性差错被消灭在稿件播发之前。因此，第一读者被称为编辑部里的质量检查员。

《改造新闻中令人费解的词语》正是在第一读者岗位上写得较有代表性的稿件之一。虽是写给行家看的稿件，但并无"卖弄本领"的动机，主要是为了让我们的记者、编辑在采编稿件时力求明白通顺，便于读者阅读，同时，对于初进新闻门的新人来说，也是一次练笔。是否"不自量力"？写之前心情确有些忐忑。

工作中见到不少令人费解的词语，同事间不止一次议论。与当时的国内部领导、后来的新华社副社长冯健说起此事，他鼓励我们大胆写。于是，由我执笔写出稿件，交给老冯。

冯健是名篇《县委书记的榜样——焦裕禄》的作者之一。曾在国内部听到一个说法：冯健的编辑水平极高，三位作者所作的贡献中，当时的河南分社记者周原更多的是采访，冯健更多的是编辑，穆青更多的是定稿

（大意）。

而《改造新闻中令人费解的词语》一稿，经过老冯编辑后，才知道什么叫高水平。当时想到一个比喻：如果把这篇稿比作一棵树，原稿有树干、大枝和部分小枝叶，而编辑后则变得枝繁叶茂、外形美观了。

当然，"弄斧"在"班门"，确有不太敢说话的因素。但是，即便敢说，也写不出有些合适、得体的语句，也达不到成品稿的水平。此稿前后对比，得到鞭策：努力学习，特别是向老同志学习，提高业务能力，做一名合格的记者、编辑。

改造新闻中令人费解的词语

准确地反映客观事物，而又明白通顺，这是对新闻用语的基本要求。但是，令人费解的词语却时有所见。例如：

8月9日发的《云南省委决定放宽经济政策加速全省经济发展》一稿中，有"包产提亩到户"的提法（后来发现这是分社发来的稿子搞错了，应为"包交提留到户"，总社为此发了更正）。但什么叫"包交"，什么叫"提留"，怎样"包交提留到户"？不熟悉云南农村这种做法的广大读者，是不容易弄懂的。

1月24日发的《武汉地区高等院校去年取得二百多项科研成果》一稿，这样表示一种吊车："200吨／50吨新型浮吊。"（播发前作了修改）对于不熟悉工业经济的读者，这也是很费解的。

去年10月18日发的《电力、钢铁和铁路运输的煤电消耗显著下降》一稿，记者在写稿时把"万吨公里"解释为"运载1万吨运行1万公里"。请看，连作者本人也把它解释错了。（播发前去掉了后一个"万"字）

8月22日发的《西藏自治区阿里地区气象部门大力培养当地藏族技术人员》一稿中，称阿里地区"是我国天气系统的上游"。什么叫"天气系统的上游"呢？

7月21日发的《"渤海二号"钻井船翻沉造成重大事故》一稿中，有"全船负有可变载荷"一句。不知道有多少读者看得懂它？

诸如此类的词语，还有什么"考种"，什么"短线""长线"，什么"计统系""二级站",等等。这些生僻的行话,不仅使编辑感到苦恼,也给广大读者带来一个又一个的疑问。

新闻是给读者看的。读者看不懂,还谈什么宣传效果!在新闻报道中,我们应当尽量不让那些令人费解的词语出现;实在回避不了的技术术语或专用词汇,使用时应当加以"翻译",以便使广大读者能够懂得。新华社的新闻报道影响极为广泛,纯洁我们的新闻语言,对纯洁祖国语言有着十分重要的作用。

为此,我们提出以下几点意见,供大家参考:

写新闻,编新闻,首先要自己懂。如果自己"昏昏",怎能使读者"昭昭"?要让读者明白,自己首先要明白。像"包产提苗",如果编辑同志多问一个为什么,是可能避免这个错误的。

表达要清楚。自己理解了的事物,读者不一定都理解。写新闻,编新闻,要千方百计使用准确、生动、通俗易懂的语言,让读者一看就明白。像"200吨／50吨新型浮吊",最好换一种清楚明了的词语来表达。

对专用的技术性很强的词语,作必要的"翻译"或注解。如1月11日发的《我国种子"四化一供"试点县工作取得可喜的成绩》,稿内给"四化一供"作了注解,即种子生产专业化、加工机械化、质量标准化、品种布局区域化和以县为单位组织统一供种。这样,读者一目了然。又如"天气系统的上游""全船负有可变载荷",如能多说几句话"翻译"一下,宣传效果肯定会好得多。

总之,我们写新闻,发新闻,要多为读者考虑,多替读者设想,不要把疑团留给读者。这也是我们新闻工作者群众观点的一种体现吧。

随着全党工作着重点的转移,经济报道需要加强,新生事物不断涌现,采编工作将会遇到越来越多的专用名词、技术性用语。在这种情况下,改造新闻写作中令人费解的词语,更需要引起大家的重视了。(合作者:李忠诚)

(刊于《新闻业务》活页版1980年10月26日第30期 总第1699期)

3 补"缺憾"

刚当记者的青年人大都有这样一种体验：很想有机会甚至找机会写稿。这种非常强烈的欲望有时能使你写出一些"计划外"的稿件。

特写《青城飞彩虹》正是笔者很想写稿时主动写的一篇稿件。对整个运动会的报道来说，这篇稿件补上了一个"缺憾"。

刚走上新闻工作岗位，还没有机会采访，但心中总有要写点什么的冲动。先是在老同志指导下试着写新闻业务文章，居然得到较高的评价；后来有记者出差时代替其跑一跑，还能在北京见到稿件"落地"。当采访的机会到来时，甚至有一种"饥不择食"的感觉。

头一次被派独立参加的大型运动会报道是1982年在呼和浩特举行的第二届全国少数民族传统体育运动会，写稿的欲望更为强烈。

这次报道主要由新华社内蒙古分社负责，文字报道方面总社国内新闻编辑部和对外新闻编辑部仅各派了一名记者。作为国内部派出的跑体育的记者，内蒙古分社派给我的任务是管竞赛项目中国式摔跤。其他竞赛和表演项目由分社记者分兵把口，早就开始准备了，有的还跑到云南、贵州、新疆等地采访了多个少数民族体育项目的素材。

就在分管项目开始前的空隙，写稿欲望得到一次释放。

有机会看了一次开幕入场式预演，各少数民族运动员身着五彩缤纷的服装，携各具特色道具，边行进边舞蹈或做各种表演，可谓精彩纷呈，令人眼花缭乱。边看边想，这样美不胜收的情景值得告诉读者。于是，当开幕式正式举行时就注意观察，并作了简要记录。这是笔者第一次采访大型体育赛事所写第一篇稿件，又是第一次写特写，动了一番脑筋，考虑如何再现精彩场面，怎样写得更美？当由运动员入场式联想到雨后彩虹，心中立刻有数了。这大概还算恰当的比喻就成为行文的主线，挑选了最具代表性的几个民族的行进表演，作了较为形象的描绘。

新闻写作 80 招 ○ XINWEN XIEZUO 80 ZHAO

但是，笔者分管的范围中没有开幕式，能不能发稿？大型运动会开幕消息最重要，还有其他事情也要报道。因此，第二天才问分社负责人能不能发，后来才意识到发了一篇昨日新闻。分社负责人说，这一题材没有安排人管，可以发。

发此稿时，正值党的十二大召开，报纸版面十分紧张，又晚了一天，但还是有些报纸采用了此稿，上海《新民晚报》在体育版显著位置刊登，并在以后多次采用我的特写。

过了很长时间，内蒙古分社记者傲腾（后来调到人民日报社）见面还提到此稿，说"那么多民族的表演，就属开幕入场式最精彩，当时却没有人管，让你抓住了"。

两年后体育新闻编辑部成立，当年最重要的大事就是第二十四届洛杉矶奥运会。《体育新闻人物：许海峰》是又一篇补了"缺憾"的稿件。

这届奥运会报道，笔者在后方当编辑，负责审稿的是从国际部借来的两位发稿人。当前方发回许海峰为中国人夺得奥运会首枚金牌的消息时，立即想到：将写在中国体育乃至中国史册上的这一重大事件，其主角是一位重要新闻人物。但是，前方并没有发回人物介绍，也许是采访条件或时间不允许，也许是没想到，如果不发一篇人物介绍稿，将是一个遗憾。于是向发稿人讲了这一想法。回答是：可以准备一条稿，如果前方发回来，就发前方稿件，如果没发回，就发此稿。

于是，笔者到国内部资料室查阅资料，用仅有的少得可怜的一点儿资料很快写出《体育新闻人物：许海峰》一稿。过了一段时间，没等到前方稿件，最后播发了这一篇。

这篇稿件相当简短，但毕竟比没有要强。就是此稿，与消息《我国选手获得奥运会第一块金牌》《特写："零"是怎样突破的？》等稿件一起被海内外媒体广泛采用，并被评为社级好稿。几天后，新华社的一篇消息说，台湾新闻机构打破当局限制，热情报道大陆体育健儿在洛杉矶奥运会上连连夺标的喜讯，使广大台湾同胞得以共享中华民族的荣耀。其中《新生报》以《用弹弓打鸟得金牌，许海峰夺魁很意外》为题，介绍了许海峰的成长经历。此稿内容显然出自《体育新闻人物：许海峰》。

回忆这两次大赛的报道，如果没有这两篇稿，似乎没有太大的关系。比较而言，有了这两篇稿，报道的效果会更好一点，弥补了小的缺憾。

青城飞彩虹
——全国少数民族传统体育运动会开幕式剪影

一条奇美的彩虹出现在鲜花盛开的北国青城——呼和浩特。

这不是雨后晴空的自然现象,而是全国少数民族传统体育运动会开幕式上身穿民族服装的各少数民族运动员和代表们组成的瑰丽图案。

9月2日下午3点,绿树环绕的人民体育场坐满了观众,射手立于骏马之上的会徽在主席台正中闪闪发光,体育场四周的标语上分别用汉、蒙古、藏、维吾尔、哈萨克、朝鲜、壮、彝八种民族文字写着:发展民族体育,建设伟大祖国。

入场式开始。扩音器里响起了富于节奏的《运动员进行曲》。各代表团的队伍进来了。走在最前面的是广西代表团,队内两只雄狮摇头摆尾,欢舞纵跳;壮族、瑶族运动员边走边表演"打扁担""打铜鼓""跳芦笙";西藏的藏族女运动员手捧哈达,向观众致意;新疆的维吾尔、哈萨克等族运动员在唢呐的伴奏下,跳着优美的新疆舞。

象征吉祥的孔雀舞动着美丽的翅膀"飞"来了。她们是由体态轻盈的姑娘装扮的。周围是跳着孔雀舞、弹着大三弦、打着芒锣和象脚鼓,表演着"霸王鞭"等节目的白、傣、彝、哈尼等族的运动员。这是民族最多的云南代表团的队伍。

多姿多彩的队伍好似长虹落地,绚丽无比。那五光十色、花团锦簇的服饰,种类繁多的表演器械和乐器,各具特色的舞蹈……真是美不胜收,令人眼花缭乱。

人数最多的内蒙古代表团最后入场。一批剽悍的小伙子身穿蒙古族摔跤服,足蹬皮靴,跳起了摔跤舞;12匹毛色光亮的骆驼驮着男女骑手轻快地跑过;上百名骑手手持彩旗,骑着骏马飞驰向前。

入场的队伍在主席台前排列成整齐的纵队,彩虹便结成万紫千红的一个整体,就像一束巨大的鲜花。这束鲜花凝聚着55个少数民族人民的心愿,献给党的十二大,献给这体现民族大团结的传统体育盛会。

(新华社呼和浩特1982年9月3日电)

体育新闻人物：许海峰

在洛杉矶奥运会比赛开始的第一天，射击选手许海峰以566环的成绩获得男子自选手枪冠军，成为中国第一个奥运会金牌获得者。他的名字将光荣地载入中华民族的体育史册。

许海峰是安徽省和县新桥区供销社的营业员，今年27岁。少年时，他喜爱打弹弓，练得几乎到了弹无虚发的程度，有时一个晚上能打上百只麻雀。因此，"神弓手"名声远扬。当1979年县体委要组织射击队时，他便成了第一个理想的挑选对象。

从打弹弓到射击的转变，并非轻而易举。许海峰于1982年年底进入省射击集训队，便投入了艰苦的磨练。在寒风中一次又一次长时间地举枪练习，他持枪的手冻裂了，手指肿得像胡萝卜，伤口流着血水。在一丝不苟的苦练中，许海峰射击的水平迅速提高着。三个月过去了，他首次试身手，就在华东区射击比赛中夺得气手枪冠军，并以587环的成绩超过了583环的全国纪录。后来他又在第五届全运会上夺得两枚银牌。

今年4月，50多个国家的强手云集洛杉矶，参加奥运会射击预赛，许海峰打出了568环的好成绩，荣获冠军。

（新华社北京1984年7月30日电）

4 "慢镜头"

特写《三十秒内挽狂澜》是笔者采写的第一篇体育比赛的特写，也是被《新民晚报》"抢截"采用的稿件，同时也是本人独立采写的第一篇好稿。

体育比赛的特写究竟怎样写？当时心里并没有数，只是在比赛现场看到后来居上的精彩场面，觉得应该写出来。

最精彩的场面仅有30秒钟的时间，要用文字再现当时的情景，还得交代清楚，让读者看明白，就必须用精练的文字将比赛"放慢"。

比赛现场有计时器，虽在现场，也只是对时间看得准，而赛场上形势逆转的时间太短了，获胜者采用了什么招数，并非很明白。当时只是觉得这30秒的比赛太紧张、太精彩了，若不写出来有些可惜，但对摔跤知识了解不多，要弄清楚，还得采访运动员。好在获胜的小伙子很配合，仔细讲了后来居上的经过，还对他的绝招作了说明。

此稿行文时很顺利，要着重表现这30秒，因此着笔就从比赛还剩30秒时开始，接着交代背景，讲明形势，渲染气氛，然后依次叙述了主角连胜三跤的过程。

特写的主要特点就是"放大"和"再现"。而这篇比赛特写的手法，可以说是后者。"再现"意味着要"放慢"，就像电视转播中常用的"慢镜头"，让观众仔细、清楚地再看一遍比赛的部分镜头。不同的是，在"再现"即边叙述、边描写的过程中还要加上必要的说明。

呼和浩特第二届全国少数民族传统体育运动会，在时间上正好与党的十二大冲突，因此，这次运动会报道的组织者对通稿即大广播的发稿量作了控制，一些不太重要的稿件有选择地为一些地方报纸发专稿。这篇稿件并非决出冠军，所以仅发给了比赛获胜一方运动员所在地的报纸。

那时的专稿，仍由新华社大广播线路发出，因此，这篇特写稿的标题前面注明"专供《陕西日报》"，其实各家用户都可以见到。

没想到，除《陕西日报》加花边采用外，《新民晚报》体育版还"抢截"采用了这篇稿件，采用时也加了花边，并将文内的一句描写提出放在标题上，将标题扩展为《摔跤场上人声鼎沸　三十秒内力挽狂澜》。

这篇稿件在当时的国内新闻编辑部文教组被评为好稿。几年、十几年之后，还有同事先后提起这篇稿件，认为写得精彩，给人的印象很深。

三十秒内挽狂澜
——陕西摔跤手吕铃仲在全国少数民族传统体育运动会上

呼和浩特摔跤场记分牌的比分是四比七，陕西选手吕铃仲落后，共九分钟的比赛已近结束，只有30秒了。多么严重的形势！

这是九月六日全国少数民族传统体育运动会52公斤级决赛第一轮的比赛。吕铃仲的对手是河南队王忠强。前两局，王忠强以四比零领先。第三局小吕积极进攻，追到四比五时，被小王抱住腿举起来摔倒，形成了四比七的劣势。

这时，小王的教练在场外高喊："防守！""防守！"

有经验的人都知道，要想在30秒内得3分，谈何容易，更何况对方实力雄厚，而且教练提醒要加倍注意防守呢！

吕铃仲面不改色。交手几个回合后，他见对方离自己较近，飞快地把右腿伸到对方左小腿后面，双手用力一推。这精彩的一招把对方摔得仰面朝天。六比七。观众席上响起了热烈的掌声。

还有12秒。两人互相抓住摔跤服，吕铃仲向左一晃，做了一个假动作，当小王左脚赶上一步时，他右脚以迅雷不及掩耳之势钩住对方左脚，左手向右一推，两人先后倒下。吕铃仲再添一分，七比七。二十几秒钟扳平，这简直是奇迹。数千观众叫好、鼓掌，瞪大了眼睛，等待着最后五秒钟局势的变化。

裁判示意再战，吕铃仲像猛虎一样飞身抢了上去。对方一犹豫，后退不及，被他绊住左脚，左手一推，又倒在地上。这一动作叫"撮"，是吕铃仲的绝招。从裁判发令到把对方摔倒，只用了四秒钟。八比七。吕铃仲终于反败为胜。

摔跤场上人声鼎沸。吕铃仲顽强拼搏的精神，受到了各民族代表、运动员和本地观众的赞扬。

　　赛后，吕铃仲对记者说，他今年24岁，是西安市水泵厂的工人，从小酷爱摔跤，为参加这次运动会的比赛，他还推迟了婚期呢。

（新华社呼和浩特1982年9月8日电）

5 "画面"说话

通讯《智慧来自苦练——记我国第一个国际象棋特级大师刘适兰》一稿被一些报纸采用后，有些天没见面的熟人见了面，先后不约而同地问笔者："你刚从苏联回来？"

他们都以为笔者跟随刘适兰去了苏联的第比利斯市，即格鲁吉亚首都。

其实，笔者并没有跟随采访，而是等刘适兰回国后采访了她的领队兼翻译、当时国家体委宣传处的一位老大姐康维。这位老大姐像慈母一样关心爱护刘适兰，带她完成了参赛任务。接受采访时，她非常详细、绘声绘色地回忆了到苏联参赛的见闻，细到现场的气氛、对手的表情、报纸的评论等。后来又约刘适兰本人了解了她此前的经历。

这是笔者写的第一篇人物通讯。此前曾听老同志说过，写现场时要尽可能做到使读者如临其境、如闻其声。因此，在采访时注意尽可能地详细，而在写作时尽可能用描写，让"画面"说话。也正因为用"画面"说话，才造成一些熟人的误会，以为笔者前往赛地采访，在现场亲眼看了比赛。

此稿写罢，交给当时国内新闻编辑部文教组组长傅军，他编发时在稿签上批了几个字："写得不错。"原稿的题目忘记了，老傅改为现在的题目。稿件被一些报纸包括首都的报纸采用后，得到一些同行的赞扬。

回想此稿的采写经过，感到有三点值得总结。

一是如果说这篇稿有成功之处，主要就在于稿中尤其是后半部分的现场描述，即用"画面"说话。写人物稿件，努力做到使读者如临其境、如闻其声，首先必须在采访上多下一些功夫，其次要多用描写的语言，让画面先在自己脑子里出现。

第二年即1983年，新华社社长穆青提出"学会写视觉新闻"的口号。由此，更觉得在写通讯一类稿件时，多让"画面"说话，是写作中的重要一招，应该多用、多练。

二是留下了遗憾：在刘适兰的胜利中有康维的一份功劳，此稿能顺利完成也有康维的一份功劳，如果没有这位老大姐极其细致、全面的介绍，就不可能有稿中较为生动的现场描绘。但是，此稿中却没有提到她的名字。这是笔者的失误，留下了深深的遗憾。

三是稿中有一处错误。有一段是这样写的："棋坛上获得的荣誉，刘适兰从不把它当成个人的东西，那是她献给祖国的礼物。但是，没想到国家和人民却给予她许多荣誉称号：成都市人民代表大会代表、劳动模范，四川省模范团员，青联委员，全国新长征突击手标兵。在荣誉面前，刘适兰认为国家和人民给自己的荣誉太多了，而自己作的贡献还太少……"其中的"成都市人民代表大会代表"和四川省"青联委员"不是荣誉称号，随之后面的"在荣誉面前，刘适兰认为国家和人民给自己的荣誉太多了……"也就同样有毛病了。

这是认识上的错误，当时认为人大代表和青联委员是一种荣誉。其实，一些优秀的人物被选为人大代表，最重要的是代表人民行使管理国家大事的权力，对他们来说是一种责任。过去确有仅把人大代表当作荣誉称号的现象，而且较普遍。这个错误是一位同事发现的，在此表示感谢。

智慧来自苦练
——记我国第一个国际象棋特级大师刘适兰

在国际象棋棋坛，中国有了第一个特级大师，亚洲有了第一个女子特级大师。

她，就是年仅二十、稚气未尽的四川姑娘刘适兰。

刘适兰是怎样迈进国际象棋特级大师行列的呢？

1974年8月的一天，扎着两个小辫子的刘适兰，怀着好奇的心情，走进了成都市青年棋艺学校。国际象棋那形象的棋子可比中国象棋、围棋花样多。她被迷住了。从此，摆弄心爱的王、后、车、象等成了她放学后一件"大事"。棋室里，小棋手们正在对阵。起步晚的刘适兰拼力攻杀，但是她的"王"总是先被对手"将死"。"一定要赢！"不服输的小姑娘下了决心。天还没亮，从睡梦中刚醒来，她就抄起了棋谱；夜深了，她仍与教练一起研究棋艺。半年多的时间，刘适兰从"排尾"站到了"排头"。她与另外两个男孩子一起被小伙伴们称为"三驾马车"。又过了三个春秋，已有扎实基本功的刘适兰跨进了四川队的大门。不久,一个大胆的目标在她心中萌发了,夺取全国冠军!

第四届全国运动会上,17岁的刘适兰第一次在大比赛中收获了果实:七战七捷,获得冠军。从此,她开始向国际大师迈进了。

国际象棋被人们称为"智慧的体操"。要想练出相当于竞技体操的"难尖动作",需要付出多少心血啊!论苦练,刘适兰在女伴中首屈一指。训练一天是劳累的,可她晚上总要抱着棋书,在那既狭小而又无限广阔的天地里遨游。前人的经验,名家的棋路,高手的招法,她都贪婪地吸收、咀嚼,把它们变成自己的营养。一本,两本……上百本棋书经过她的手、眼、脑,增添着智慧的积累。更可贵的是,她深知巧练的重要,朝着主攻方向,不断寻求通往胜利的新路。

1980年,刘适兰的脚步经过了法国、马耳他和南斯拉夫。在她对面,一个个国际大师、全国冠军认输了,一个个特级大师与她握手言和,甚至败下阵来。她的战绩是出色的。三场比赛:七胜三平一负、六胜五和三负、五胜一和一负。这一结果,再加上她那犀利的棋风,使得国际棋坛人士睁大了眼,露出十分惊讶的目光。在攀登国际象棋高峰的中国妇女当中,刘适兰第一个到达了国际大师的高度。

棋坛上获得的荣誉,刘适兰从不把它当成个人的东西,那是她献给祖国的礼物。但是,没想到国家和人民却给予她许多荣誉称号:成都市人民代表大会代表、劳动模范,四川省模范团员、青联委员,全国新长征突击手标兵。在荣誉面前,刘适兰认为国家和人民给自己的荣誉太多了,而自己作的贡献还太少。她为自己定出了新的目标:两三年内获得特级大师称号。

潜心钻研又一年,刘适兰走近了通往特级大师的第一个关口。1981年底,她赴菲律宾参加亚洲第十区女子国际象棋赛,14战全胜,作为第十区冠军,获得了参加世界冠军赛区际赛的资格,但没过多久,却遭到了意外的挫折。

今年四五月间,在法国和南斯拉夫举行的两次比赛,论实力刘适兰最强。可结果只得了第四、第八名。姑娘的心里难过极了,准备回来挨批评。

成都市体工队的办公室里,正召开几十名党员参加的支部大会,讨论刘适兰的入党申请。刚回国的刘适兰坐在会场里。出乎意料,没有一个人提比赛失利,反而同意她加入党组织。倾听着同志们的鼓励,刘适兰心里翻起了浪花:"作为社会主义中国的运动员多幸福啊!只要你作出了努力,党组织允许你失败，更勉励你奋斗。"

心灵上消极的阴影被驱散，刘适兰满怀信心地投入了区际赛前的准备。五百多张"中盘"的棋谱成了她休息时的伙伴，她要尽快弥补自己的弱点。曾子林教练帮她分析：失利不在技术，而在于思想上太紧张了。去苏联比赛，轻装上阵就有希望。

9月15日，苏联第比利斯市的象棋宫里，国际象棋女子世界冠军赛区际赛揭开了战幕。刘适兰的对手，有四个特级大师和十个国际大师。这些名手连同她们的高级教练，碰到这位中国姑娘时，都露出不屑一顾的神情。

刘适兰首战对苏联特级大师、15名选手中等级分最高的阿赫梅洛夫斯卡娅。双方斗智5小时，未见胜负，按规定封棋，第四天再接着下。刘适兰心里装着悬案，而且身边只有兼作翻译的领队，这单兵作战的滋味可真不好受啊！第二场、第三场分别对西班牙、南斯拉夫选手，已经胜利在望，都不慎走成和棋；第一场的续赛本可和棋，也因错走一步马而失败。前八场结果不理想，刘适兰脸上的笑容消失了。领队启发她："我很喜欢日本乒乓球运动员松崎，不管输赢都一样。"机敏的姑娘一点就通，她悄声说："咱们中国还没有特级大师呢，应该有。"

象棋宫里，"舞台"是运动员的赛场，台下是兴致勃勃的观众。刘适兰迎战的第四个对手——匈牙利特级大师韦蕾齐－彼得罗尼奇双手抱胸，常走来走去，一会儿拿来一杯咖啡，一会儿化化妆。那神情告诉人们，刘适兰不是对手。但没过多长时间，观众第一次为刘适兰鼓掌了，特级大师懊丧地与胜者握握手，匆匆离去。

尽管第五场失利，刘适兰依然信心很足。在她锐不可当的攻势面前，联邦德国、南斯拉夫、哥伦比亚、美国共4名大师接连败阵。

棋战在继续。刘适兰思路敏捷和走子迅疾给人们的印象太深了。一些大师，甚至特级大师抱着头，苦思冥想半天，才小心翼翼地动一子；刘适兰则截然不同，好像不假思索地拿起来就走，除第一场外，平均每场只用40分钟左右，一些对手反应跟不上，感到压力很大，难以对付。苏联体育报评论说，刘适兰下棋"惊人地、不可思议地轻松……"

又经过4场拼杀，刘适兰战平两名特级大师，对两名大师一胜一负，积8分。只剩最后一场比赛了。冠亚军已定。争第三名的几个人积分不相上下。

"我拼了!"文静的姑娘一反常态,在领队面前下了决心。

10月8日下午4点,象棋宫里坐满了观众。刘适兰与苏联大师季托莲科对坐。时间一分分过去,棋盘上的棋子越来越少。半个小时刚过,刘适兰的兵力几乎多出对方一倍。观众认为该定局了,但季托莲科仍在对付。刘适兰看出了对手是在等自己出现漏洞。又是几个回合,对手见无机可乘,只得起立认输。刘适兰终于取得这次比赛的第三名,并获得特级大师称号。

苏联观众热烈鼓掌,向这位新的特级大师祝贺。刘适兰走下"舞台"时,格鲁吉亚国际象棋总教练第一个迎上来握手说:"我犯了一个错误。"原来,几天前去果里市参观时,他对刘适兰说过:"最多再用两年,你就会成为特级大师。"没料到刘适兰却提前实现了。棋赛总裁判、捷克斯洛伐克的沙伊达尔接着来祝贺。他说:"下得出乎意料的好!这是你们中国的一大成绩!"

棋赛结束,刘适兰的名字传遍了全世界。刘适兰回国后,记者前去采访她,在宿舍里见到的是一位衣着十分朴素、文静、秀气的姑娘。她说过:"实现理想,要少说多做,埋头苦干。"如今,她并不满足,决心再一步一个脚印继续前进!

(新华社北京1982年10月21日电)

6 快节奏

写通讯《"中国的新星升起来了"——记优秀体操运动员李宁》之前是有"预谋"的。这"预谋"就是快节奏。

为何要讲快节奏？

改革开放之后，人们的生活节奏逐渐加快。新闻工作者写稿，也要为读者着想，使稿件节奏快一些，这样读起来也就省力。

看报纸时，若见到标题下黑压压一片接一片，读起来很累；反之，若多用短段落，报纸上空白多一些，读起来就较为轻松。

用快节奏，也要看稿件题材的需要。李宁一人夺得世界杯体操赛7个项目中的6项冠军，创造了世界体操史上的奇迹，而此前人们对他的了解较少。因此，有必要对这颗新星作较为全面的介绍。可是要写李宁的成长过程，需用较大的篇幅，这样的稿件容易出现长段落。要让稿件的节奏快一些，采用短段落就成为必需。

基于上述考虑，行文时尽可能做到节奏快些，努力使段落短些，再短些，两三句甚至一句话就是一段。此稿中最长的一段有4行（每行36字）多、100多字，还有两段有3行半，其余多是一两行。

稿件完成后送给李宁的教练张健看，请他"把关"，看事实，特别是有关体操的专用术语有无不妥之处。张健看了一会儿，连声自言自语："会做文章！会做文章！"这使笔者对此稿增强了信心。

最有趣的是李宁看此稿后态度的变化。写稿之前的采访是通过当时国家体委宣传处的冯建中联系的，主要采访了李宁的母亲，与李宁谈的时间很短。稿件发出后还想和李宁聊聊，因此前写了一篇反映中国体操队训练条件较差等困难的材料，中央领导同志邓小平、万里、胡启立和刘澜涛都作了批示，万里同志在刘澜涛、邓小平同志批示后又各作了批示。有关部门在北京开了三天会，基本上解决了中国体操队当时的困难，所以一般记者已很难再采访李宁时，体操队破例允许笔者采访。那天早晨9点5分敲开李宁的房门，他正整理房间，要笔者到办公室等，说9点半他会到办公室。交给他在显著位置采用《"中国的新星升起来了"》一稿的《广西日报》，到了办公室。没想到，不到5分钟，李宁就来了。

这是笔者在国内新闻编辑部文教组从事体育报道后写的第二篇通讯，被多家媒体采用，还被评为好稿。

当时组里的老大姐沈平看了写刘适兰和李宁的两篇稿后，对笔者说："这样的文章作为新华社稿来发，够格了。"听到老同志这样评价，感到是一种鼓励。

另一位同事郭玲春则说："几个朋友在我家里议论起这篇稿，说'不失为一种新的风格'。"郭玲春在新闻界大名鼎鼎，听她这样说，笔者心里很是高兴。

如果说，此稿有可取之处，大概就是"预谋"并努力去把握的快节奏吧。

* * * * * * *

再说一点儿题外话：采写此稿主要得益于两个人，一位是李宁的母亲覃振梅，还有一位是在以美国为首的北约袭击中国驻南联盟使馆中牺牲的新华社驻贝尔格莱德女记者邵云环。

覃振梅在接受记者采访时详尽地介绍了李宁的成长过程，其中最有趣的是他儿时淘气的故事，使笔者几经掂量，作为通讯的开头。这样的开头，一些同事说"角度新颖""生动""吸引人"。

周六采访了覃振梅和李宁母子，周日到办公室完成了写作，但却没想出较为理想的标题。左思右想，一个念头突然冒出来：赛地新闻媒体有何评论？

周一找到参考新闻编辑部东欧组，一位女士热情地答应查一查南斯拉夫报纸。下午再去，她告诉笔者当地报纸报道世界杯体操赛的内容，其中的一句话使笔者眼前一亮。这句话是南斯拉夫《政治报》一篇评论中的内容："苏联的明星落下去，中国的新星升起来了。"这句话的后半句做了标题，也是文中后面的一小段内容。

稿件很快发出，又碰到这位热心人，再次表示了感谢。

在中国驻南联盟使馆遭袭后，看到牺牲的女记者邵云环的照片，才发现她正是帮助笔者选定标题、增加了通讯内容的热心人。在新华社职工深切哀悼邵云环烈士的那些天里，在笔者的心里，除了悼念，还有一份感激。

"中国的新星升起来了"
——记优秀体操运动员李宁

男孩子到了七八岁，没有几个不淘气的。

广西柳州市一个家庭里就有这样一个淘气的男孩子。父母不在，他把被子拖到地下，在上面翻跟斗，竖蜻蜓；过马路，一见没车，他用一连串的侧手翻直奔对面……

真不可思议，这个小淘气，在12年后的今天，竟然在世界杯体操赛上一人夺得六块金牌。这在世界重大比赛中史无前例。

从小淘气到世界体操明星，李宁走过的是一条什么样的道路呢？

有希望的苗子，常得之于偶然。李宁被发现，正是一个意外的机会促成的。

柳州市团结小学的一间教室里，校体操队的孩子们正练倒立、手翻……窗外露出李宁的小脑袋，两只眼出神地向里张望着。从此，校园里的沙堆、家里的床铺成了李宁的"训练场地"。李宁的父亲愿儿子成为音乐家，可儿子却爱翻跟斗玩。体育老师破格收下了这个不够年龄的小队员。

不久，国家体操队到柳州表演，广西队教练梁文杰同行。100多个孩子分批翻跟斗，梁文杰一下看中了李宁，这孩子脑子灵，胆子大，素质好；但只有8岁，从来没收过这么小的队员啊！

后来，李宁转到南宁市民主路小学读书，课余时间随梁文杰训练，压腿、跑步……从不叫声苦和累。梁文杰欣喜地看到：一棵很有希望的小苗，在体操园地上迅速地成长着。

1973年在南昌，10岁的李宁第一次登上全国比赛的领奖台，获得了少年自由体操冠军，双杠也排在第四位。然而，伤病也随着胜利降临了。先是患右肘关节骨骺炎，后又从双杠上摔下来，左肘关节骨头受伤。李宁被伤病夺去了三年时间。三年中，梁文杰一趟又一趟求医，一次又一次煎药、熬骨头汤。为了给国家培养这棵小苗，梁文杰对他加倍爱护。李宁手术后很快恢复了健康。

把逝去的岁月夺回来。清晨，小队员们跑步、压腿，只有李宁在器械上练个不停。放学后，李宁赶回队里，又找梁文杰加练。他把一天当两天用。

1977年，李宁又出现在长沙举行的全国体操比赛赛场上。就像地球专为他减小了吸引力似的，李宁一个跟斗翻上去，比一般人翻得高，留空时间长。结果，自由体操只有名将李月久排在他前边。

获得亚军后，李宁虽又受伤两次，但到1980年全国分区赛时，他又活跃了起来，并获鞍马冠军，成为一名运动健将。在同年举行的全国体操锦标赛上，他又获得个人全能第三。

1980年底，17岁的李宁来到了祖国的首都，参加了国家集训队的训练。国家队教练张健为他制订了详细的训练计划。

体操馆里，训练一结束，张健就留下李宁"补课"。渐渐地，李宁常常弯曲的腿伸直了，勾着的脚尖也绷直了。教练员的心血如同甘露，滴洒在李宁成长的土地上。半年后，李宁夺得全国分区赛个人全能和四个单项的冠军。人们没料到，这个不露声色的小伙子竟有如此强大的实力。

小苗长大了，但国际体操界对他并不熟悉。1981年第十一届大学生运动会上，李宁一人获得自由体操、鞍马、吊环3枚金牌，开始引人注目。

4个月后，李宁在莫斯科又为中国队夺得第二十一届世界体操锦标赛男子团体第三名立了大功。

赛前练跳马，李宁飞快地向前跑去，翻腾后落地时一歪，右脚脖子肿起来，张健把他背了回去。

教练员通知李宁不上场了。李宁却连声说："我不疼！我不疼！我能比赛！"

多好的队员啊！领队落泪了。

李宁忍着钻心的疼痛，生龙活虎般出现在赛场上。

外国体操界人士十分惊奇，而深知李宁的教练员们也和领队一样，流出了激动的泪水。

今年，更加成熟的李宁向"难新动作"发起了冲锋，在不长的时间里，先后攻下了五六个目标。

李宁的自由体操"托马斯全旋"接倒立转体、单杠"反单臂接正单臂"等动作都是外国选手没做过的。

李宁的双杠"大回环转体一百八十度"和鞍马"交叉转体成倒立"动作，都是独创的。

　　难新动作的攻克，得力于教练员们苦心钻研出的新设计和训练中的精心指导，但更重要的是李宁自己发愤努力。8月的全国体操锦标赛，李宁获得了个人全能冠军。他信心更足了，决心要在世界杯赛上取得好成绩。

　　双杠是李宁的弱项，他着力弥补。为了不让双杠拖全能的后腿，他坚持天天练。结果，只用了3周，就掌握了一般运动员要一年才能练好的难新动作。

　　10月22日，萨格勒布几乎聚集了世界上所有优秀体操选手。因为只有最近一次世界锦标赛、奥运会个人全能前18名和团体前6名的体操队的3名选手，才有资格参加第六届世界杯体操赛。世界冠军、崛起的新秀，哪个不想夺世界杯？

　　比赛开始了。李宁的动作难度大，质量高，轻捷舒展，潇洒熟练。热情的南斯拉夫观众不时为李宁热烈鼓掌。

　　出乎意料，李宁一人夺得七个项目中的六项冠军，创造了世界体操史的奇迹。李宁和他的同伴们，以优异的成绩，使体育馆里6次奏响了中华人民共和国国歌，13次升起了五星红旗。

　　南斯拉夫很有影响的《政治报》评论说："中国的新星升起来了。"李宁成了世界体操界最引人注目的一颗明亮的新星。

　　李宁捧着闪光的世界杯回来了。奖杯里盛满了他为祖国争得的荣誉。他的脸上显露出胜利而又谦虚的微笑。

　　在首都机场，他的母亲覃振梅高兴地把自己买的三束花分送给教练员张健、运动员童非和自己的儿子。

　　母亲望着过去的小淘气，满意地笑了。

（新华社北京1982年11月1日电）

7 赞"美"

赞美，本就是对所支持事物给予肯定，对后一个字加引号，是为了避免出现重复。因为，赞字包含着赞美的意思，而"美"指的是一个冬季运动项目——花样滑冰。

1983年初春到哈尔滨采访第五届全国冬运会。这是笔者唯一一次采访冬季体育项目比赛，分工是花样滑冰。

中国古代就有"冰嬉"，应该就是花样滑冰。但花样滑冰作为一个体育运动项目，18世纪诞生于英国，19世纪后期开始举行比赛，20世纪上半叶传入中国，50年代已在北方各地广泛开展。第五届全国冬运会是冰雪项目首次从全运会中分离出来单独比赛，花样滑冰是其中最具美感的项目。

花样滑冰最初是滑冰与音乐、舞蹈结合而诞生的。笔者不爱音乐，只是爱听优美的抒情歌曲，特别是少数民族歌曲；更不爱舞蹈，只是愿意看观赏性很强的舞蹈。可是，看了花样滑冰比赛，尽管中国选手尚未达到世界顶尖水平，还是被她的美吸引、感动了。已知新华社之前曾在报道中不止一次介绍过这个项目，笔者还是想以自己的方式，向读者推荐这个给人以美的享受的竞技。因为，这个项目的开展还不广泛，只有黑龙江、吉林两省水平稍高。

花样滑冰比赛的单人滑更像是滑冰、音乐与体操的结合；双人滑更像是滑冰与音乐、技巧的结合；而冰上舞蹈则是滑冰与音乐、舞蹈的结合。

在美学的范畴里，音乐美学、舞蹈美学都是独立存在的。优美的音乐、舞蹈都可以给人以美感。但为什么花样滑冰更能使人感受到美？

在中国美学体系中，流动、飘逸都属于美的范畴。单人滑、双人滑除了音乐美、惊险美，还表现流动美和飘逸美，而冰上舞蹈则包含了音乐美、舞蹈美、流动美，其飘逸美更令人陶醉。各种不同的艺术都给人以不同的美感，多种静态艺术如绘画、雕塑都崇尚动态美，而花样滑冰一个项目就传递多种美，使人耳、目、心灵同时得到美的享受。

正是因为美、观赏性强，尽管它是一个打分的项目，仍在冬季奥运会等大赛中占有不可动摇的地位，其单项比赛也拥有很多观众。

为写出她的美，稿件标题用了一个比喻："冰上的抒情诗"。花样滑冰运动员通过竞技，展示自己的滑冰技巧和对音乐的理解与表达，用体操、技巧、舞蹈的方式抒发自己的情感，展现自己的本领，就像那些脍炙人口的美妙诗篇，具有特殊的魅力。

与特写不同，特写是对一个场面、一个镜头或连续出现镜头的描写，而此稿是截取不同时间、人物的比赛场景，拼接在一起。因为，一个项目的比赛场景不能反映花样滑冰的全貌，单人滑、双人滑和冰上舞蹈加在一起才是这个项目的整体面貌。所以，副标题用了一个绘画术语"速写"，即一种快速的写生方法。这也是说，此稿是笔者对花样滑冰一次粗浅的描绘和介绍。

顺便说一下，稿中写到的双人滑男选手姚滨，后来当教练，培养出申雪、赵宏博等一批优秀双人滑、单人滑选手，还入选世界花样滑冰名人堂。

为了写这几个场景，笔者特意采访了几位教练，了解乐曲的名称和运动员表演的特点等。

赞"美"，这样的招数在新闻实践中可能很少用到。其意义在于一旦遇到非常欣赏的事物，不妨多花些气力用合适的方式写出来。

冰上的抒情诗
——第五届全国冬运会花样滑冰比赛速写

我国北方美丽的城市哈尔滨，如今更增添了新的魅力。第五届全国冬运会花样滑冰比赛正在这里进行。兴致勃勃的观众纷纷到黑龙江省滑冰馆观看这美的竞技。

诗是有声的画。像诗一样，花样滑冰具有音乐美和图画美。

男子单人滑比赛开始，奔放的乐曲声响起。黑龙江选手许兆晓快速滑行。只见他腾身向相反方向跃起，在白驹过隙的一瞬间，凌空疾旋一千零八十度。观众席上掌声一片。这惊险的"勾手三周跳"多像诗中的佳句，令人拍手称奇，回味无穷。

伴随着由缓而急的《伽雅涅组曲》，最优秀的双人滑选手栾波、姚滨在冰上翩翩起舞。人们看到，一会儿姚单臂把栾高高地托起旋转；一会儿二人并肩向前，纵身跃起，在空中转体两周；一会儿栾拉着姚的手仰身滑行，几乎与冰面平行，两人同时逆时针旋转……这整套动作，惊险、舒展、流畅，就像一首充满激情的诗，使人精神振奋，感受到青春的活力。

与双人滑相比，冰上舞蹈更富有诗情画意。我国冰舞的佼佼者奚鸿雁、赵晓雷成功地把《拉文斯堡华尔兹》舞搬到冰上，踏着轻快、优雅的旋律，这一对体态健美的选手舞姿翩翩，他们的每一个动作都和音乐的节奏合拍，姿态的变换和面部表情的流露，把乐曲柔中带刚的特点表现了出来。音乐、舞蹈、滑冰融为一体，创造了一种和谐的美。

几千名观众陶醉在飘然若仙的意境中。

有人说，如果把体育比作文学，花样滑冰就是抒情诗。

确实，置身赛场看花样滑冰表演，真是一种美的享受。

（新华社哈尔滨 1983 年 3 月 20 日电）

8　对立统一

学过一点哲学的人都知道，对立统一即事物的矛盾，对立统一规律即事物的矛盾规律。毛泽东主席的《矛盾论》，第一句就是："事物的矛盾法则，即对立统一的法则，是唯物辩证法的最根本的法则。"

记得早年在学习毛主席著作热潮中曾学过一点哲学，后来参加新华社办的学哲学培训班，算是集中学习了数日。学过的哲学著作，外国的只记得恩格斯的《反杜林论》，而学得最多的就是毛主席的《实践论》和《矛盾论》。

世界充满了矛盾：真与假、善与恶、美与丑、优与劣、新与旧，等等。体育界最常见的矛盾是快与慢、高与低、强与弱，等等。从事新闻工作，学一点哲学，用唯物辩证法指导采编工作，就可以不断地增强分析问题、解决问题的能力，有益于提高采编水平。学哲学应是新闻工作者的必修课。

经多年从事新闻工作的实践体会到，运用过去学的一点简单的哲学知识，对采访来的材料做深入的分析，能较快地掂出轻重，并透过现象看到本质，进而写出能力所及、较为理想的报道。学一点哲学，可以说受益匪浅。

不过，把对立统一直接用在文章中作为标题，《特级大师"矛盾"三题》是仅有的一次尝试。

1982年秋天笔者采写了通讯《智慧来自苦练——记我国第一个国际象棋特级大师刘适兰》。过了一段时间，《生活之友》杂志编辑约稿。显然，这本杂志的读者爱看生活方面的故事。综合分析采访来的素材，发现棋坛上的刘适兰与生活中的刘适兰判若两人，这就是矛盾双方共处于一个统一体中，即矛盾的同一性。由此想到，干脆就把这判若两人的几组矛盾作为小标题。这就是《特级大师"矛盾"三题》的由来。

3年后，解放军文艺出版社编辑约稿，不知是看了新华社通稿，还是看了《特级大师"矛盾"三题》。经过更深入的采访，在此稿的基础上写了扩大版，大、小标题没改，只是写作上更精心，增加了很多细节，如刘适兰发现棋谱漏洞后不动声色地赢了教练；巧胜机器人棋手等。此稿被收入该出版社《成功者的脚步——体育报告文学选》一书，于 1987 年 9 月出版。

如果说，短稿只是对刘适兰的三个"矛盾"作了简单勾勒，约 9000 字的扩大版则更细腻，可读性更强。但是，为了减少此书的篇幅，仅收入了短稿。

特级大师"矛盾"三题

"天赋之才！"四川姑娘刘适兰获得国际象棋特级大师称号后，一位外国教练这样称赞她。

是天赋吗？让我们看看刘适兰身上的几个矛盾吧！

细与粗

如果说刚成年的姑娘大多是细心人，那么，对国际象棋造诣极深的刘适兰来说应该是一位更细心的人了吧？回答是：是，又不是！

读谱之时，千变万化的棋路、精妙绝伦的招法，她确是一一细心琢磨；纹枰对坐之际，棋局的风云变幻，用兵的利弊得失，她大都能细察毫末。细心钻研的结果，她的脑海里装下了大量的棋局。曾做过刘适兰领队的康维同志说，刘适兰去苏联参加国际象棋女子世界冠军赛区际赛时，每当别的棋手摆出一个阵势时，她一眼就能看出是某一世纪的某一个古谱。难怪外国专家交口称赞她的记忆力之惊人。

可是，说起她的粗心事，也实在叫人发笑。

1980 年，她在南斯拉夫比赛后的回国途中，不知何时竟把随身携带的一只箱子给丢了。大意之事，人人难免，但是，教训应该是有了吧。可是，在 1981 年底，她经香港赴菲律宾参加亚洲第十区女子国际象棋赛到达马尼拉时，又发现把箱子丢在香港了。

上次丢箱子是赛后，问题不大；而这次是赛前，棋书、棋子、笔记本和换洗衣服全在箱子里。姑娘急得皱起了眉头。人们安慰她："别着急，箱子会回来的。"

几天后，比赛开始。她凑合着穿了教练的布鞋、领队的衣服踏进赛场。好在她棋艺高强，丢箱子之事并没影响比赛。14 战全捷，她夺得了冠军，并获得了参加世界冠军赛区际赛的资格。

比赛结束,箱子果然回来了。原来,它被一位粗心的旅客拿错了,带到澳门转了一圈,又带回香港转到菲律宾。

细心人办粗心事;有着良好的记忆力却又健忘,这在刘适兰身上竟形成如此鲜明的对照。

快与慢

谁能想到,一个说起话来慢声细语的姑娘,下起棋来却如猛虎下山,既快且凶。

"只用30分钟,所有问题都解决了。"苏联新闻界有人这样评价刘适兰。

此话不免有点过分,但她下棋时思路之敏捷、反应之迅速,却是事实。国际象棋比赛,限定每人走40步的时间为150分钟。刘适兰在苏联第比利斯比赛时,除一盘外,平均每盘只用40分钟就结束战斗了。当地一家报纸说:"她这种惯用的下法,使对方产生严重的心理影响。"最明显的要算对印度大师的一盘了。对方苦思冥想半天才走一步,而她却好像不假思索地紧跟着动子。印度大师没见过如此迅疾的战法,被弄得不知所措,很快就败下阵来。

与此相反,在日常生活中,刘适兰却是个慢手。"她吃饭慢,走路也慢,可以说是个慢性子,"刘适兰的教练,也是她的姐夫曾子林说,"就说洗衣服吧,她搓呀、搓呀,只两件,得半天才洗完。"有一次,曾子林的运动裤破了,请妹妹帮忙补一补。她穿针引线,动起手来。可是,干这种活对她来说,比指挥王、后、车、象要难得多,经过半天"艰苦奋战",总算大功告成。曾子林接过来一看,那歪斜的针脚,哪像出自一个姑娘之手呢!

刘适兰的快与慢,用摄影行话来说,"反差"竟如此之大!

内与外

人们常说:"一着不慎,满盘皆输。"要在强敌当前、危机四伏的"战场"上克敌制胜,谈何容易!为此,自九年前走上棋坛至今,刘适兰确是到了呕心沥血的程度。多少次,她天不亮就起床,在灯下伴着棋书迎来晨曦;又有多少次,她锐意攻坚,直至夜静更深。即使在比赛期间,她也从不放松。在第比利斯,每晚赛后9点多吃饭,回到宿舍已过10点,她还一丝不苟地详细记下当日的赛情,边记边分析得失。待到就寝,时针已指向12点了。

在纹枰上,刘适兰用心可谓良苦。但是,在此之外,她的兴趣还蛮广泛呢。她喜欢看书、听音乐、欣赏美术作品,参观文物古迹、名胜园林。秀美的景物,开扩着她的眼界和胸怀;精湛的艺术,陶冶着她的性情。

奇怪的是,这位青春年华的姑娘,偏偏不爱打扮。跟九年前一样,她还是扎着两个小辫;出国多次了,可从头到脚没有一点外来物。

她就像一朵淡雅的花,显露出朴素的美。

(刊于《生活之友》杂志1983年第4期)

9 涉"边缘"

每一种社会形态都不是孤立存在的,都与其他社会形态有着或多或少的联系。因此,每一种行当的记者都会接触到边缘题材。

自然,体育也不是孤立存在的,体育记者有意识地涉足边缘题材,可以开拓报道面,使得视野更为宽阔。

《艺术、体育结良缘》一稿是笔者写边缘题材稿件的第一次尝试。那时,笔者在新华社国内新闻编辑部文教组工作,刚刚开始从事体育报道。记得当时的文教组副组长、后来的新华社副总编辑张万象对笔者说,上海的《艺术世界》杂志约稿,没具体说什么题目,可以随便写。那时,笔者写稿的欲望比较强烈,就痛快地答应下来。

写什么呢?

杂志约体育记者写稿,当然要写体育方面的稿件;这本杂志的种类又属于艺术,稿件内容也应当与艺术有关。于是,就有了稿件的题目,也就是说这篇文章要谈体育与艺术的关系。

有同事说《艺术世界》是一本品位较高的杂志,看来得多下一点儿功夫。构思稿件时,将当时已掌握的有关体育与艺术关系的材料几乎梳理了一遍,还查阅了很多资料。

20世纪80年代中期,中国的体育新闻报道远不像后来那么热,可以说,体育圈外的很多人对竞技体育还缺乏了解。因此,向人们介绍体育与艺术之间的关系,应当说还是较为新鲜的,这篇文章的重点就放在了"介绍"上。

上半部分用不少笔墨介绍了艺术体操和花样滑冰两个竞技体育项目与舞蹈、音乐等艺术形式密不可分的关系。这一部分有场面的描写,有项目内容、规则的说明,同时适当地作评论,可以使人们较全面地了解这两个兼有体育与艺术特色的项目。

如果说,前一部分的写作主要是形象的描写和介绍,属于形象思维,后半部分则是采用逻辑思维，介绍了体育与艺术结缘的几种表现：艺术之中有体育，体育之中有艺术；艺术与体育互相影响、促进；有些竞技体育项目向表演化的方向发展。

其实，第一次写边缘题材的稿件，心里没底，写什么样就什么样，不知编辑满意不满意。没想到，《艺术世界》杂志当时的编辑非常尊重笔者，几乎没作改动就刊出了这篇稿件。

写这篇文章，为后来积累了经验。体育记者若是将眼光局限在纯体育的范畴，视野就太窄了。尝试写一些边缘题材的稿件，不仅拓宽了报道领域，还能多了解体育以外的一些知识，堪称一举两得。但是，此稿没有提到在世界上影响最大的奥运会，是一个不小的缺憾，原因是笔者当时没有参加过奥运会报道，视野不宽。

艺术、体育结良缘

踏着钢琴奏出的动听旋律，一名姿态健美，身穿鲜艳紧身服的姑娘手持彩带，在十二米见方的地毯上翩翩起舞。摆动、屈伸、波浪、旋转、跳跃、平衡、滚动，矫健的动作，动人的舞姿，优美的造型，在飘舞的彩带环绕下构成一幅和谐的动态画面，把人们带入美的遐思。

这是舞蹈吗？不！是体操？也不完全是。这是艺术与体育结合的产物——艺术体操中的彩带操。

艺术体操把舞蹈艺术与体操运动糅合在一起，显示出特殊的魅力：紧身服衬托出体型美，疾缓、起伏有致的动作展示了舞姿美，加上色彩美、造型美、音乐美等，诸美汇聚，怎不令人赏心悦目！

艺术体操的其他器械还有球、圈、绳、棒。也可以用纱巾、扇子等能体现女性美和节奏美的器械。集体操和综合操增加了图形变换，别有一番情趣。尽管器械、项目、运动员风格不同，宗旨却是一个——追求健和美。

我国艺术体操选手的基本功训练以芭蕾舞的基本功为主，同时撷取杂技、古典舞、现代舞和武术的精华。由此可见，艺术体操虽是体育项目，但艺术性是其不可缺少的支柱。

与艺术体操相比，花样滑冰的艺术色彩更为强烈。它是一种综合艺术，熔音乐、舞蹈、滑冰、技巧为一炉，因而被称为"艺术滑冰""冰上芭蕾"和"最优美的运动"。

1864年，美国芭蕾舞蹈家杰克逊·哈因斯在音乐之城维也纳时，想把华尔兹舞搬到冰上，后来根据芭蕾舞蹈设计了滑行、盘旋、回转等动作。现代花样滑冰由此而诞生并迅速地广泛流传。一项体育运动产生于艺术家之手，留下了艺术与体育结下亲密关系的佳话。据报道，现在美国花样滑冰运动员一旦成名，退役后即可成为冰上芭蕾舞团的演员。体育为艺术输送人才，这可以说是对艺术的一种报偿。

我国花样滑冰起步晚，与世界水平尚有差距，但也因其艺术性强，已越来越为人们所喜爱。今年三月，我国花样滑冰运动员在哈尔滨第五届冬运会上作了出色的表演：

黑龙江省滑冰馆的冰面上，一名身穿黑色滑冰服的少年在飞速滑行，突然，他轻松地跃起，凌空旋转三周，刚落地又跃起转了两周半。这惊险优美的"三周联跳"令人目不暇接。接着，他又做了"跳接蹲转"等。一连串的高难动作是伴随着乐曲《冰橇》完成的。奔放的旋律把观众带到冰封的北国江河之上，使人仿佛看到一只冰橇，突破重重障阻，飞快地冲向远方。

运动员风度潇洒、姿态舒展、动作矫健、步法多变，就像芭蕾演员在白色的舞台上表演。这是第五届冬运会男子单人滑冠军、黑龙江选手丛文义表演的规定自由滑。他曾专门到歌舞团和演员们一起流过苦练基本功的汗水。

冰上舞蹈比赛的规定图案舞冠军、吉林选手杨双红和高海军在"探戈"乐曲鲜明的节奏中起舞，表情微露严肃，和带有怀乡意味的曲调十分协调；动作和谐而流畅，有力的甩头、动肩等棱角分明的动作，把阿根廷民间舞蹈的特点模仿得惟妙惟肖。健美的身材、天蓝色的服装、动人的舞姿、洁白的冰面，在观众面前绘出了美丽的流动画，再加上优美悦耳的音乐，使观众陶醉在飘然若仙的艺术享受之中。

花样滑冰以动作的难度和艺术性的高低分优劣。目前，许多国家的选手都能掌握一定的难度，所以决定胜负往往取决于艺术性的高低。艺术性包括合理的动作编排、优美的姿态、流畅的滑行、多变的步法、音乐主题的表达等。如果说花样滑冰是美和艺术的竞技，并不为过。

除上述两项外，体操、技巧、跳水等项目也很注重艺术性。例如，我国国家体操队专设音乐和舞蹈教练就说明了这一点。女子体操，特别是自由体操穿插进优美的舞蹈，可增强艺术感染力。

艺术与体育的缘分由来已久。它们都是在人类社会劳动、生活的实践中产生、发展的。有的艺术和体育项目同出一源。秦汉时盛行的"角抵"，从艺术方面考证，认为在戏曲产生中亦有一定的位置，也是杂技的前身；从体育方面看则是摔跤的雏形。

社会的发展造成了这样一种情形：艺术之中有体育，体育之中有艺术。我国古代舞蹈《雅舞》的武舞一类，舞者手执牛干（盾）、玉戚（斧）等兵器，显然是古代的武术。舞剑是武术的一种，但在历史记载中，"剑器"是舞蹈的一个形式。我国封建时代，体育中的围棋与书法、绘画、古琴并称文房四艺，而在公元前五世纪希腊文化勃兴之时，人们把舞蹈与骑马等统称为体操。我国民间的艺术与体育更是密不可分。龙舞、狮子舞等，既属体育，又属艺术。少数民族也如此。在去年的全国少数民族传统体育运动会上，55个少数民族的运动员表演了68个传统体育项目。维吾尔族的"达瓦孜"（高空走绳），表演者从容地沿绳走到30米高处，不用保险，做各种精彩表演，令观者惊心动魄，实际是一种杂技艺术。彝族的"阿细跳月"、壮族的"打扁担"、瑶族的"打铜鼓"、苗族的"跳芦笙"，黎族的"跳竹竿"等都兼有艺术与体育两种特点。

艺术与体育的亲密关系还表现在互相影响、促进上。千百年来，体育为艺术提供了广阔的创作天地，艺术又为体育增添着美的色彩和感染力。古希腊体育运动兴盛，运动竞技优胜者的纪念像成为当时雕刻的主要题材之一。人体的刻画需要真实，这就促使雕刻家迅速掌握了人体结构的艺术表现技巧。著名雕刻家米隆的杰作《掷铁饼者》非常生动、协调、优美，至今仍为人们所津津乐道。出现于我国唐宋时代的"字舞"和"花舞"由许多人着彩衣以歌舞形式表演队形变换、组字等。这种艺术形式为今天的团体操的形式打下了基础。古代的书法家王羲之从武术中悟出书法的真谛。现代的跳水运动员、现任国家跳水队教练梁伯熙借助音乐领会和表现了跳水运动的艺术美。

近年来，在艺术与体育之间还出现了一种有趣的趋向：艺术的美的价值是通过观众实现的，原以竞技为主要特点的体育运动中，有些项目却向表演化的方向发展。原来的手球,双方各有11人参赛,宛如在足球场上打篮球,1966年改为七人制,进入室内小场地;速度滑冰本来只在室外的大场地比赛,又新派生出短跑道速度滑冰;有的地方还出现了室内足球。这样,竞争更为激烈、精彩,易于吸引观众。有些项目则更强调欣赏价值了。如跳水运动有表演跳水一类,还包括着化妆跳水(也叫滑稽跳水),滑水也有花样竞赛,帆板竞赛中设有技巧一项,还出现了水上芭蕾(花样游泳)等。这就可以看出,体育与艺术的结缘有着广阔的发展前景。

(刊于上海《艺术世界》杂志1983年第4期)

10 写"诗外"

写此文的目的，主要是因为前述给上海《艺术世界》杂志写《艺术、体育结良缘》一文后，编辑见到稿中有这样的话："现任国家跳水队教练梁伯熙借助音乐领会和表现了跳水运动的艺术美。"于是，这位编辑请笔者再写一篇国家跳水队教练梁伯熙业余生活中爱音乐的稿件。

不好拒绝这位编辑的热情要求，于是约了梁伯熙采访。那是一个星期天的上午，在国家跳水队办公室里采访梁伯熙，见面直奔主题，请他紧紧围绕音乐来谈，因此，得到的材料特别集中。他还给笔者看了一本剪报，上面有一些报道他的文章，其中有写他与妻子交往的一些内容。

中午回到编辑部，立即开始谋篇布局，撰写稿件。此时，想到了大诗人陆游的著名诗句："汝果欲学诗，工夫在诗外。"这几乎是许多行当中要取得成功而必须遵循的普遍真理，其中当然也包括从事竞技体育的运动员和教练员的成功。

通过此稿告诉一些运动员和教练员，要取得好成绩，在"诗外"下功夫，也许能取得事半功倍的效果，这可以说是写稿的主要想法。当然，非体育工作者读此文或许也能得到一点儿启示。

得益于主题非常明确，材料又很集中，笔者很快便写完了稿件，再抄录一遍，下午晚些时候即到邮局寄出了。在给杂志所写稿件中，此稿大概是写作最快、最顺利的。

在写此稿的过程中，考虑到杂志的性质和题材的需要，尽管笔者少有艺术细胞，但还是努力使文章中句子优美一些。

不记得当时用了什么样的标题，现标题是编辑做的，后来细想，这个标题有一点儿绝对化，有以偏概全之嫌。因为，仅仅凭音乐，还不能使一个人成为体育英才；如果改为《音乐助他成体育英才》就比较恰当了。

《艺术世界》的编辑见此稿后，又立即来电话再约写一篇体育人物的稿件，因笔者被派参加当年的六届人大一次会议报道，大会就要开始，必须很快进入状态，就此作罢。

音乐使他成体育英才
——记国家跳水队教练梁伯熙

湛蓝的天空，雪白的云朵，一只春燕展翅翻飞……

这是一幅画？还是一张照片？

约翰·施特劳斯那节奏鲜明、旋律流畅的圆舞曲《蓝色的多瑙河》在回荡。

谁都不会想到，这竟是当年我国著名跳水运动员梁伯熙，站在高高的跳台上，面对跳水池内碧水微波所感觉到的意境。

前不久，我访问了现任中国跳水队教练的梁伯熙，得到的强烈印象是：他太爱艺术了，特别是音乐，犹如爱那高高的跳台和一池碧水。音乐伴他几十载，正如他自己所说："音乐算是同我结下了不解之缘啦！"

广州培正中学的晚自修课结束了，扩音器里传出轻快的《春之歌》。中学生梁伯熙出神地倾听着。早晨、中午、晚上听音乐，是这个学校学生的"必修课"。常放的音乐还有肖邦的钢琴奏鸣曲、贝多芬的九部交响曲，自然还有《蓝色的多瑙河》……

梁伯熙爱听音乐，同时也爱游泳和跳水。一次广州市水上运动比赛，他同时赢得游泳、跳水冠军，向人们显示了出色的运动才能。不久，广东省跳水队就增加了一名爱好音乐的新队员。

跳水队的宿舍里，训练后精疲力竭的梁伯熙静静地躺在床上，沉浸在优美的音乐旋律之中。轻柔抒情的乐曲像一阵和缓的风，吹走了劳累，带来了愉快和新的活力。伙伴们都知道，音乐是他生活中必不可少的内容。

欣赏能力提高了，"音乐细胞"更多了，梁伯熙渐渐地把音乐与跳水联系在一起。节奏是音乐的基本表现手段之一，优美的旋律给人以艺术美感，而跳水倘若缺乏节奏美，简直不可想象。"音乐的素养对跳水技术的提高起着潜移默化的作用"，正如他说的，音乐的陶冶，给他的跳水动作注入了明快的节奏感和艺术美感。

"跳水动作本身就是一种艺术造型，要经过运动员的艺术头脑去体味、描绘。"梁伯熙从实践中认识到艺术的重要,千方百计把艺术融入体育运动中。他曾到北京舞蹈学院认真地去学习了3个月,琢磨出了旋转感,及上身放松、平稳等舞蹈与跳水异曲同工的要领。他还临摹颜真卿、柳公权的字帖,学摄影,看芭蕾舞……从艺术中寻求美的动作的启示。终于,他渐渐地把艺术美融入跳水中。看过他表演的人都说,他的"王牌"跳水动作"燕子回南"完全可以说是一件精美的艺术品。

艺术和着汗水创造了惊人的奇迹。1955年,梁伯熙获得全国跳板跳水冠军。此后十年,全国、全运会的桂冠一直戴在他的头上。为什么?就因为他的跳水动作不仅技术水平高,而且美。

"我同妻子相识,还是音乐做的'媒'呐!"

谈起音乐,梁伯熙顿时神采焕发。他告诉我,那是1965年的一天,他与当时中央音乐学院的高才生蔡美德在一位校友家里邂逅。全国跳水冠军凌空翻腾的英姿早已闯进姑娘的心扉,系里"四小钢琴家"之一的蔡美德羞涩地弹出的钢琴曲深深地拨动了冠军的心弦。爱情的种子从此埋下,以后又在音乐的旋律中发芽、开花。

1970年,就在他们新婚这一年,国家跳水队正式成立了。梁伯熙作为第一批成员前往北京。蔡美德则分配到广东省体操队任钢琴伴奏。她常收到丈夫用出国零用金买来的唱片、录音带。以此为鉴,她编排出了具有鲜明特色的体操音乐。梁伯熙也常收到妻子谈听音乐感想的来信,甜蜜和幸福感自然使他更容易从艺术中得到启发。女儿安炜1974年降生,和母亲一样,4岁操琴,其聪颖和勤奋并不亚于当年的蔡美德。梁伯熙的宿舍里常传出安炜弹奏的钢琴曲,这是妻子专门录下来让丈夫欣赏的。

音乐给梁伯熙带来许多欢乐,而运动员的成长给他的欢乐更多。经他训练的陈肖霞、李宏平、吴国村、童辉、钟少珍等先后达到世界先进水平。他也把从音乐艺术中吸取灵感的经验教了这一批批新秀。他常对运动员们说:"你们的业余生活应该多样,要加强艺术修养。听音乐,欣赏舞蹈,看画展,学摄影,练书法……不仅陶冶性情,提高文化,这些也是练跳水的必修课。"

现在,这些运动员,还有李孔政、周继红等都爱听音乐。音乐在中国跳水队几乎普及了。陈肖霞、李宏平还买来字帖,每天认真地临摹。梁伯熙谈到一个有趣的趋向：运动员的音乐素养正逐步提高。不少人一度爱听邓丽君的歌，但不久就听腻了，现在都愿听协奏曲、交响乐。他们觉得这些曲子"耐听"。

中国跳水队以疾如流星的速度崛起，除了教练和运动员付出大量心血和汗水之外，恐怕音乐等艺术也悄悄地助了一臂之力。现在，梁伯熙又想在训练馆里装扩音器，用音乐伴奏来训练运动员了……

（刊于上海《艺术世界》1983年第5期）

11 信息密集

新闻稿件是信息的一种载体。同样字数的稿件，信息量的多与少应该是决定稿件质量的标准之一。

一位新闻学专家看了《中国乒乓球队的新教练——郗恩庭》一稿之后的评价是：信息量大。

如果说这篇稿有特点，也许可以说是信息密集。

这一人物通讯写了刚从国外执教归来的中国乒乓球队教练郗恩庭8年的经历。要用千把字的篇幅写这8年，不采用信息密集的办法是相当困难的。

第五届上海全运会开幕前夕，笔者采访了郗恩庭，对他的经历已经了解。接受采访后，他立即到上海全运会上选拔新苗，正是写稿的由头。

此稿的重点放在郗恩庭三次出国执教上，在国家青年队当教练则是一笔带过，而此前的过渡部分，也是尽可能节省文字，既交代背景，同时又引出下文。

3次执教不同国家的乒乓球队，有很多具体内容可写，但是，篇幅的限制不容展开。于是，笔者选择了写被执教队伍所获成绩这一点，用200多一点的文字讲述了3支队伍的显著变化。这样，可以给读者想象的空间，使读者自然可以联想到：每个队都在原来基础上取得了很大的进步，教练员的水平之高是不容置疑的。

不同的队伍有不同的情况，要写如何带好不同的队伍，也要费很多笔墨。对此，则采取了概括叙述的办法，用100多字写了他为国争光的责任感，如何灵活执教，以及赢得外国朋友的尊重和友谊。这也是他执教三支队伍的共同点。

接下来交代回国一段的几十个字，讲了他的研究方向，同时也为下面介绍他的家庭作了提示。而介绍他的"乒乓之家"和他失败与成功的教训及经验，也用尽可能少的文字。

同样被评价为信息量大的稿件是一篇消息《"大力神"又创奇迹》。汉城奥运会举重60公斤级比赛,土耳其选手苏莱马诺尔古的成绩太突出了。如此出色的成绩,不应该轻描淡写,但是,稿件又不能太长。因此,写这一消息时想用尽可能少的文字,提供更多的相关内容,全文更几乎把笔墨都给了"大力神",对另外两名获奖者仅以一句话作了交代。

不同种类的文字作品,包括诗歌、散文、小说,都是有长有短,新闻作品虽也有长有短,但只有新闻特别强调要短。而要努力写短,信息密集当是一种有效的办法。

中国乒乓球队的新教练——郗恩庭

曾经在世界乒坛驰骋多年的郗恩庭,兴致勃勃地来到上海。作为中国乒乓球队的新任教练,他此行的目的既不是上场拼搏,也不是场外指导,而是负有特殊使命——从这次空前的体育盛会上选拔新苗,以便培养新一代栋梁之材。

打球,郗恩庭是一员战将,曾在强手如云的世界赛场捧回冠军奖杯。那么当教练又怎么样呢?他结束运动员生涯八年来的经历是很好的说明。

8年里,郗恩庭担任国家青年队教练,并3次出国执教。

在国内,他和其他教练一起,把不少苗子培养成能征善战的骁将,输送给国家队第一线。其中有蔡振华、谢赛克、范长茂、惠钧等,可谓成绩斐然。在国外,他训练运动员,更是出奇地见效。

经过他短期训练,墨西哥男女乒乓球队破天荒捧回了第三届亚非拉友谊赛奖杯,后来又战胜了从未战胜过的古巴队;带队仅半年,三十四届世界乒乓球锦标赛名列第九的法国男队,到三十五届升为第五,取得了本队的最佳战绩;任教练一年多,南斯拉夫斯洛文尼亚共和国乒乓球队就结束了14年来无冠军的历史,以不败的战绩连续三次夺得南斯拉夫全国冠军,还为参加三十七届世界锦标赛的南国家队输送了两名年轻的团体赛主力队员。郗恩庭获得了南斯拉夫最佳教练员证书和体联、乒协颁发的奖状。

身处异域他乡,郗恩庭仿佛还在战云舒卷的赛场。能否当好教练,同样关系着祖国的荣誉。他运用自己的聪明才智,因地、因人制宜,严格而又巧妙地施教，从不生搬硬套中国队的技术、战术。无论任务多重、时间多么紧迫，他从没有辜负外国朋友的重托。他赢得了尊重和友谊。从他身上，外国朋友看到了中国人高度的智慧。

前些日子，郗恩庭从南斯拉夫回到了祖国，回到了他的"乒乓之家"，开始着手总结自己的经验，探讨反胶直拍快攻结合弧圈打法发展方向等问题。他和郭跃华都是运用这种打法获得了世界冠军称号。

在郗恩庭的家里，他的四岁多的女儿也很爱打乒乓球。女儿以夫妻俩的姓命名，叫郗林。郗林的母亲林美群当年也是中国乒乓球队的主力之一，现在从事乒乓球运动研究工作。结婚前，林美群的家人都在国外，但她不愿离开祖国。小小银球为她和郗恩庭之间架起了桥梁。他们相互了解，队里也促成这件美事。从第一线退下不久，两人结成眷属。

现在，郗恩庭走进五运会乒乓球赛场，看到生龙活虎般的乒乓新秀，忆起往事，感慨万端。三十一届世界乒乓球锦标赛，他因思想上的轻"敌"、犹豫，失去了"到手的世界冠军"。三十二届，中国队只有他进入男子单打前八名。他勇闯难关，力挽狂澜，终于夺得冠军。他意味深长地说："今后选队员、培养队员，首要的一条就是注意坚强的意志。"

郗恩庭表示，要继续为发展中国的乒乓球事业作出贡献。愿这位前世界冠军培养出新的世界冠军。

（新华社上海 1983 年 9 月 20 日电）

"大力神"又创奇迹

新华社汉城 1988 年 9 月 20 日电（记者王俊璞） 仿佛地球给予了特殊照顾，减少了吸引力，土耳其选手苏莱马诺尔古今晚奇迹般地拿走了第二十四届奥运会举重 60 公斤级金牌，把他自己保持的这个级别的三项世界纪录全部刷新。

出生在一个土耳其家庭的苏莱马诺尔古，本是保加利亚运动员，原名叫苏莱曼诺夫。他 15 岁获世界冠军，之后多次举起相当于他本身三倍的重量，80 多次破 52 公斤级、56 公斤级、60 公斤级世界纪录，因而被誉为"大力神"。

今天，他第一次抓举 145 公斤成功，就超过所有对手，第一次挺举 175 公斤成功时，即稳获金牌。

他在抓举的第二、第三次试举时，分别举起了 150.5 公斤和 152.5 公斤，连续刷新了世界纪录。挺举第二、第三次试举，他分别举起了 188.5 公斤和 190 公斤，均超过了挺举世界纪录的重量，同时以 340 公斤和 342.5 公斤的成绩两次改写总成绩世界纪录。

原世界纪录为：抓举 150 公斤，挺举 188 公斤，总成绩 335 公斤。

苏莱马诺尔古于 1986 年 12 月在澳大利亚墨尔本参加世界杯赛获冠军后销声匿迹，今年 4 月曾代表土耳其参加欧洲锦标赛，获三枚金牌，并破一项世界纪录。这次来汉城，他要为土耳其夺得二十年来第一块奥运会金牌。

21 岁的苏莱马诺尔古身高 1 米 53，比最矮的对手也差半头。他有速度，有力量，技术完美，而且具有坚强的毅力，每次试举，动作都非常协调、准确。他六次试举，都使全场爆发出雷鸣般的掌声，使摇旗呐喊的土耳其人更是兴奋得手舞足蹈。

保加利亚选手托普洛夫以 312.5 公斤、中国运动员叶焕明以 287.5 公斤的成绩分获这个级别的银牌和铜牌。

12　"划代"

"划代"，是笔者在新闻实践中的一次尝试，是指当时给中国羽毛球运动员划分为五代，并由此写了《中国羽坛五代人》。

体育新闻具有一定的专业性，每一个项目都有它的历史、重要人物、技战术、比赛规则等。要全面了解、掌握一个项目的知识，并非易事。笔者的体会是，对于专业知识，不必事先花费太多的时间和精力去钻研，而采取临阵磨枪的办法。一旦接到任务，要采访某个不太熟悉的项目时，可以在短时间内尽可能多地熟悉情况，作为采访、写作前必要的准备。其中，了解主要人物应作为重点。

"划代"，正是在熟悉羽毛球情况的过程中想到的一个问题。

刚接触羽毛球项目，看了一些资料，对于中国羽毛球运动员，已知一些当了教练的宿将和崭露头角的新人，中间几层比较模糊。于是，想找机会弄清楚中国羽毛球运动员从开始到当时一共几代了？

此时，恰逢中国羽毛球协会名誉主席习仲勋要在北京体育馆会见中国羽毛球队成员。参加会见后，抓住机会与教练员陈福寿和侯加昌一起到队里的办公室，请他们讲了一茬又一茬运动员共分几代。

这次采访很顺利，他俩仔细地回忆过去的经历，边讨论边讲述几代人划分、都有哪些出色的选手、取得了怎样的成绩等。这次采访的收获，一是对于熟悉中国羽坛情况很有帮助，记得后来还给《瞭望》周刊写了一篇文章，在新闻界首先提出中国羽毛球走上长盛不衰之路；二是对写《中国羽坛五代人》一稿起了举足轻重的作用。

采访后想到，可以给新华社办的《半月谈》杂志写一篇介绍中国羽毛球的稿件。这是全国发行量最大的刊物，但又是一本只有32开的"小"杂志，其中的体育稿篇幅不能长，最多两页。因为划清了五代人，写稿时很省劲，用尽可能简练的文字介绍每一代人，总共用的篇幅也不多。

这是给该杂志写的一批介绍中国体育项目稿件中的一篇。《半月谈》杂志编辑部采用后将此文评为好稿。究其原因，大概是用不多的文字，清楚地写出了中国羽毛球30年的发展和重要人物的事迹。

此文在与朋友一起打王文教名誉权官司时可能也起过一点作用。免费为我们辩护的律师看到此文后，在应诉书中引用了文中的话，说：王俊璞用他那充满激情的彩笔写道："羽毛球运动在解放前的中国是不受重视的一项消遣性活动。新中国成立后羽坛第一代健儿王文教、陈福寿等，就是在这样一片荒漠中开辟道路的……现在，他们的头发开始花白了，而旺盛的斗志依然如故。"一审中读到此处时，王文教侧过脸，露出惊讶的目光。二审时，双方很快达成庭内和解，与此稿不无关系。

中国羽坛五代人

中国羽毛球队是一个光荣的集体。从1978年至1983年，他们共夺得29个世界冠军，成为世界羽坛众目所瞩的队伍。在通往辉煌胜利的道路上，这支队伍已走了整整30年，有五代运动员留下了他们的足迹和汗水。

开山始祖

羽毛球运动在解放前的中国是不受重视的一项消遣性活动。新中国成立后，羽坛第一代健儿王文教、陈福寿等，就是在这样一片荒漠中开辟道路的。

王文教和陈福寿都是华侨，生长在印度尼西亚。他们回国之前，都已在羽坛取得过出色的战绩。在回国观光时，祖国欣欣向荣的景象吸引了他们。怀着振兴祖国体育事业的崇高信念，他们联袂回到故土。

20世纪50年代，他俩轮流当全国冠军。陈福寿还在世界青年联欢节上获单打冠军，这也是中国羽毛球走向世界的开始。同时，他们在羽坛培养新人，使中国羽毛球水平得以迅速提高。

"文革"中，他们二人也蒙受了冤屈，但这并没有改变他们的初衷。是周总理亲自把他们从下放的农村召唤回京。从此，他们又奋战在教练岗位上，为祖国培养了一代又一代羽坛英豪。现在，他们的头发开始花白了，而旺盛的斗志依然如故。

黄金时代

"雷电般的神速""打得像节日的礼花,多彩而又神妙"……这是1965年丹麦报纸对访问北欧的中国羽毛球队发表的许多评论中的典型语言。

中国队这次出访,在同世界亚军丹麦男队和第三名丹麦女队以及瑞典队的较量中,侯加昌、汤仙虎、方凯祥、梁小牧、陈玉娘等第二代中的佼佼者,以令人瞠目的技术,获得了34盘全胜的战绩。其中,汤仙虎、方凯祥都挫败了六次世界单打冠军获得者科普斯。汤仙虎有一局是以15∶0获胜的。这不能不使世界羽坛对中国选手刮目相待。

也是在这个时期,曾获得三届世界冠军的印尼男队和第三名印尼女队三次访华,中国队大获全胜。我队回访,六战六捷。在第一届新兴力量运动会上,我队获女子团体、男子单打冠军和四项亚军。人们称中国的羽毛球运动已经进入了"黄金时代"。

可惜的是,"黄金时代"的好景不长,"文革"使处在最佳状态的第二代健儿错过了许多世界大赛。当他们再度出现在世界羽坛时,短暂的运动生命已进入尾声。尽管如此,他们还是尽力拼搏,在第七、第八届亚运会上取得了好成绩。在1976年10月的亚洲锦标赛上,34岁的侯加昌以悬殊的比分击败被称为"球王"的印尼选手林水镜。

新秀崛起

可喜的是,庾耀东、陈新辉、梁秋霞、刘霞、李芳、何翠玲、丘玉芳等第三代开始崭露头角了。论水平,这时的中国选手虽比"黄金时代"有一定差距,但在技术特点上有新的发展,为后来者奠定了基础。

在这一代健儿中,庾耀东表现最为突出。1978年在泰国举行的第一届世界锦标赛上,他夺得男子单打冠军,并与侯加昌一起夺得男子双打冠军。这是我国选手获得羽毛球世界冠军的开端。

群星灿烂

第四代健儿生逢其时,成长在万物复苏之际。他们在技术上继承了"快、准、狠、变"的风格,发扬了吃苦耐劳的传统,羽坛出现了群星灿烂的形势。

从整体看，男子防守更为稳固，进攻更迅猛，技术因人发展，各有特长。女子则更趋于全面。

1981年在第一届世界运动会上，我队捧回了五个项目中的四个奖杯。具有历史意义的是，1982年男队终于赢得了团体世界冠军，第一次在"羽坛王冠"汤姆斯杯上刻下了"中国"的字样。这个胜利使几代人的夙愿得以实现。

如今，韩健、栾劲、陈昌杰、孙志安、姚喜明、韩爱萍、张爱玲、徐蓉等一大批中国选手的名字，已同这项运动的世界水平紧密相连。

后继有人

如果说当初第二代曾一度苦于无人接班的话，那么现在成长起来的第五代却颇有点"抢班"的味道了！中国羽坛已有一支强大的后备军。

在世界赛场上，男选手杨阳、田秉义、何尚全、蒋国良等已取得挫败世界名手的战绩，女选手则夺得了世界冠军。

李玲蔚可以算是这一代健儿中最出色的代表人物。1983年，她在三个世界大赛中夺得冠军，并荣获全运会冠军，被列为世界第一号选手。

专家们认为，目前我国羽毛球运动水平与世界强队比，男队难分伯仲，女队则占优势。定于5月上旬在马来西亚举行的汤姆斯杯和尤伯杯决赛，中国男、女队已分别被列为头号种子，将面临一次新的严峻考验。这支由第四、第五两代健儿组成的队伍，将为我国的羽毛球运动史谱写新的篇章。

（刊于《半月谈》杂志1984年第7期）

13　凸显性格

　　写人物通讯要把人物写活，很重要的一点就是写出人物的性格。通讯《有胆有识的总教练——许绍发》是否把人物写活了，是否写出了人物的性格，不敢说，但在写作过程中按照这个要求付出了努力。

　　报道先进人物，是新华社当然也是中国新闻界的一个传统。但是，在新华社以前的体育报道中，写优秀运动员的稿件很多，而写优秀教练员的很少。

　　要报道先进人物，就是要报道新闻人物也就是有新闻、新出现的人物。本文的主人公许绍发当运动员时就为中国队夺得团体冠军立了大功，但是，他刚刚从李富荣手中接过总教练的担子，也可视为"新出现"的人物。他在短时间内能否将处于"非常时期"的中国乒乓球男队带向胜利？如果能，应该属于中国教练员中表现突出的新人。因此，笔者初步有了写写这位主教练的想法。

　　通过以往的采访和查阅资料，笔者对许绍发经历中生动的事例有了一些了解，感到他可以称得上是一位个性突出的人物。他谢绝高薪毅然回国执教的爱国情怀，家在训练局附近却难得回一次的奉献精神，运动员因受新规则影响输球后表现的大将风度等，都深深地印在脑子里。

　　更令人惊奇的是，乘飞机赴瑞典哥德堡途中聊天时他说的话。谈到将要开始的比赛，他说："我心里很坦然。"并断言团体赛中国队"已经具备了胜利的条件"。没有绝对优势的比赛，胜负很难预料，就是强弱分明的双方，也像作战一样，以弱胜强的例子不胜枚举。现在比赛尚未开始，这位总教练就如此有把握取胜，引起了笔者极大的兴趣。果能取胜，一定要写他！数天后，中国乒乓球队再次蝉联世乒赛男子团体冠军。笔者随之决定，写一篇人物通讯。

　　如何报道这样一个人物？

　　要写一个新闻人物，当然要努力写活。而要写活，就要选择那些能表现人物个性的材料。凸显性格是当时笔者主要思考的问题。

许绍发最突出的特点是大胆心细，因而写稿时从采访得来的大量素材中，挑选了表现其胆识的一些事迹。例如，在削球手成绩不佳时大胆起用削球手陈新华，一般教练员大概都不太敢；尚未比赛已宣布胜券在握，更是许多人特别是含蓄内敛的中国人所忌讳的。可以说，此稿在写胆识上下了一点儿功夫。

行文时，笔者从有关许绍发的大量素材中，尽可能精心挑选体现人物性格的事实，用这样的事实和报道对象具有个性的语言说话，用来表现人物的性格，也就是根据人物性格的要求表现人物。

此稿内容的时间跨度为许绍发接过主教练重担到第38届世乒赛夺取男团冠军一年多时间这一段。为了使人物显得更丰满些，笔者较多地采用了插叙的手法，不是按照时间顺序，而是按照行文需要插入必要的事例。如插入在世界杯赛失利时表现出"大将气质"，如何对待家庭、对待国家的需要和少年时如何"狂妄"等内容。这些内容看似与胆识无关，但仔细琢磨一下，即可看出，两者之间有或多或少的内在联系，也可视为对凸显人物性格起到了辅助作用。

中国乒乓球队早就意识到，要想出世界冠军，首先得有培养世界冠军的人，即出色的教练员。在国际乒联修改规则对付中国队的困难情况下，中国男队能一路过关斩将，最后大胜瑞典队再次夺取男团冠军，确实不易。这胜利是怎样得来的？男团决赛后的第二天发的这篇人物通讯，可以说基本上回答了这一问题。这大概也是这篇通讯被不少媒体采用的原因。

有胆有识的总教练——许绍发

长盛不衰的中国乒乓球队是一支人才辈出的队伍，培养了一代又一代世界冠军，也造就了一个又一个优秀的指挥员。许绍发就是其中一个。

1983年10月，他从李富荣的肩上接过了率领男队卫冕的重担；今天，他高举斯韦思林杯，站在哥德堡斯堪的纳维亚体育馆领奖台的最高层，脸上露出与往日一样的微笑。

丰硕的果实离不开辛勤的耕耘。

第三十七届世乒赛之后，中国队进入了非常时期。国际乒联修改了的比赛规则，对中国队员不利；郭跃华退出赛场，新手尚显稚嫩，中国队前景令人担忧。

许绍发"受命于危难之际"。

许绍发从1978年开始担任李富荣的助手，啃过第三十五届时挫折的苦果，品尝过第三十六届和第三十七届胜利的甘甜。他带的队员谢赛克、江加良都为中国队夺魁立过卓著功劳。

更重要的是，他具有人们常说的"大将气质"。1983年在巴巴多斯第四届世界杯赛上，赫赫有名的蔡振华、江加良被排斥在前八名之外。有人问许绍发心情如何，他面带微笑回答："我们欢迎外国运动员超过我们。"这种非凡的气度使提问者肃然起敬。当然在他的神态里，还应该有一句潜台词："明天我们一定要把失去的夺回来！"

然而，他和同伴们是怎样度过"非常时期"的呢？

从1983年末开始，以直拍快攻手为主的中国男队踏上了新的卫冕之路。他们充实了陈龙灿、何志文等优秀队员。为对付瑞典队，许绍发决定起用削球手陈新华。

在世界乒坛削球手寥若晨星，且战绩不佳的时候，这一决定显然是大胆的。

陈新华过去与瑞典选手交锋，胜多负少，但那时使用的是两面性能不同、颜色一样的胶皮。新规则实施后他还行吗？陈新华不与瑞典选手接触，大赛时再相逢，有取胜的把握吗？

然而，许绍发却坚定不移。他说："这是战略上的考虑。我们虽然有很多困难，但还不到背水一战的地步。"

多少次，球台旁的精雕细刻；多少次，坦诚相见的交谈，主教练和同伴们以大量心血和汗水作代价，换来队员们的进步：过去的"初生之犊"江加良，思想、技术都趋于成熟；特长本不突出的陈新华加强了削球的稳健性……到1984年年底，中国男队令人担忧的局面改变了。

大赛前夕的冬训，中国队全力以赴。许绍发更是身先士卒。

他和妻子黄美贤的爱情，经历了动乱年月的考验；快四十的人了，刚有了一个女儿，自然视若明珠。但是，准备大赛更重要，他几乎放弃了做丈夫、做父亲的责任。尽管家离集训地只有几步路，他却难得回去一次。

祖国的荣誉，在他心目中占有至高无上的地位。1958年在吉林省浑江市的临江镇，当他买了一个盾牌乒乓球在桌子、木案上开练时，或许没意识到这一点。可是，12年前，中国男队在第三十二届世乒赛上败给瑞典队屈居亚军时，他第一次伤心地流下了眼泪。到法国探亲时，有人劝他定居下来，但他用炽热的爱国之情，说服妻子一起回到中国。他想的是，作为炎黄子孙，要为祖国尽到应尽的责任。

3月20日，在前往哥德堡参加第三十八届世乒赛的飞行途中，他平静地对记者说："我心里很坦然。"

"为什么？"

"因为已经具备了胜利的条件。"他微笑着回答。

比赛尚未开始，就已做出定论，是不是有点狂？

1960年，浑江市冠军许绍发刚被选入吉林省队，只去了一趟北京，仅打了几场比赛，但却出人意料地宣布："我要去国家队！"人们哈哈大笑，觉得他太狂了。

5年后，他实践了自己的诺言，被选进国家队，接着在1975年第三十三届世乒赛上成为男子团体冠军中国队的主力。这就是许绍发。

4月2日晚，中瑞决战开始，陈新华、江加良、陈龙灿先后出场。他们情绪稳定，打得漂亮，连胜对手三盘。瑞典队气势骤然衰落，又负两盘。中国男队九战全捷，终于第九次赢得团体世界冠军。

许绍发上任时的运筹，今天变成了现实。

发奖仪式上，许绍发高举斯韦思林杯微笑着，像往常一样。

（新华社哥德堡1985年4月3日电）

14 设悬念

设悬念，是借用写小说的手法。

体育比赛本身就具有悬念强的特点，而写体育人物通讯同样可以使用设悬念的手法。

标题"秘密武器"首先就给人一种谜一样的感觉："秘密武器"指的是什么？一般说来，若读者有时间，大概会看此文内容。

第一段"第三十八届世界乒乓球锦标赛尚未开始，陈新华的名字已经在哥德堡传开了。许多人，甚至孩子都知道中国的'秘密武器'"。这些，仅仅告诉人们"秘密武器"指的是中国运动员陈新华，要了解秘密在哪里，还得往下看。

接着，用事实并借瑞典队总教练的话告诉人们"秘密武器"的威力："大赛帷幕拉开，陈新华所向披靡，到团体赛结束，他十二战全胜，是男选手中获胜局数最多的运动员，仅在决赛中输给瑞典选手一局。瑞典队总教练赞扬他'是一位十分聪明的运动员，打出了很多漂亮球'。"这一段说"秘密武器"果然不同寻常。而要了解真正的秘密，必须看后面。

后面才逐步解密：教练大胆起用削球手，陈新华的技术特点和心理优势，陈新华付出的努力和取得的进步，集体对陈新华的关心、支持使他受到鼓励，"秘密武器"是如何发挥威力的。

此稿被海内外媒体广泛采用。回来后，有同事说这篇稿的发稿时机恰到好处。其实，一般情况下，4月2日团体决赛结束当天可以发稿，第二天是团体和单项比赛之间的一天休息，也可以发稿，到4月4日发有点儿晚。但这又是没办法的事。因为，新华社报道组当时每天要发两套稿，一套供日报，一套供晚报，记者都是手写用文传发回北京，很忙、很累，这类在时效性上稍微能"抗压"的稿件，写起来要费些时间。再说，前一天已发了谋划这次胜利的主教练许绍发的人物通讯，同一天发两篇是自己与自己"撞车"。

因此，放到比赛后的第三天，是不得已而为之。

有些同事说，这次报道中有些稿件"像破案"，除此稿外还有《特写："282"智胜金浣》等。这大概是因为"设悬念"而产生的效果吧。

"秘密武器"

第三十八届世界乒乓球锦标赛尚未开始，陈新华的名字已经在哥德堡传开了。许多人，甚至孩子都知道中国的"秘密武器"。

大赛帷幕拉开，陈新华所向披靡，到团体赛结束，他十二战全胜，是男选手中获胜局数最多的运动员，仅在决赛中输给瑞典选手一局。瑞典总教练赞扬他"是一位十分聪明的运动员，打出了很多漂亮球"。

"秘密武器"果然厉害。然而他何以成为秘密武器呢？

1983年10月，许绍发担任了中国男队主教练。他和其他教练决定，起用这位削球手，用来对付异军突起的瑞典队。

从20世纪70年代始，削球打法逐渐衰落。敢于用削球手打团体赛，来对付80年代快速凶狠的弧圈球，可见教练的魄力。

但是，这魄力建筑在坚实的基础上。陈新华步法灵活，削球旋转多变，还兼有扣杀凶狠等优点。在人们的记忆里，削球手夺得全国冠军，前所未有，而陈新华却荣获了这一称号。更重要的一点是，他与瑞典选手比赛，胜多负少，占有心理上的优势。

在集训的日子里，陈新华默默地付出了比别人更多的汗水。多球训练，一练就是五六筐，每筐200个球；对方永远不失误，而他却不间歇地前后左右奔跑、移动。与队友对练，他主动提出让教练记录失误次数，渐渐地，有时能一连削上130多板，长达三四分钟不失误。

作为乒乓球运动员，莫不把为祖国捧回团体奖杯视为最大的光荣。陈新华深知担子沉重，因而发愤努力。令陈新华感动的是，他母亲因病去世，家里借了一笔款，队里的教练、运动员们伸出援助之手，为他凑起1200元。他激动地说："感激二字不能表达我的心情，我只有拼命训练，在第三十八届世乒赛上作出贡献。"他挥笔写下了六个大字："为祖国争冠军。"

一年多时间，陈新华没有与瑞典选手接触，但是，他的思想、技术、体力却在苦练中升到了新高度。

中国乒乓球队的名单报到了世乒赛组委会，瑞典人立即惊呼：陈新华是对付他们的"秘密武器"。记者来到哥德堡，立即听说，瑞典队请了一个奥地利的削球手作陪练。比赛开始，瑞典队员还在抓紧空隙时间，看陈新华打球的录像。显然，陈新华的出现起到了扰乱瑞典队部署的作用。

4月2日晚，陈新华与瑞典队在团体赛中打得最好的林德对阵，揭开了引人瞩目的中瑞决战的帷幕。

林德小心地拉着弧圈球，可是一会儿下网，一会儿出界。可以看出，这是陈新华在削球的一刹那，用减力或加力的变化迷惑对手。以速度极快、善于加力反冲弧圈球而著称的林德显得有劲不敢使，若回球稍高一点，就被陈新华突然猛扣一板，结果以零比二败下阵来。

中国队以四比零领先。陈新华第二次出场，对手是瑞典队第一主力、绰号"游击队长"的瓦尔德内尔。

瓦尔德内尔遇到与林德同样的遭遇。不过陈新华在削球中加强了突然的、凶狠的起板，使瓦尔德内尔一筹莫展。

上面这两场球，使世界乒坛人士和瑞典观众看到了陈新华这一"秘密武器"的神力。

当然，从本届锦标赛的情况看，这一"秘密武器"的神力不仅在技术方面，而在精神方面所发挥的作用更是不可忽视的。

（新华社哥德堡1985年4月4日电）

15　摸索规律

中国第一位女子世界冠军邱钟惠，在一次中国乒协举行的座谈会上说，中国乒乓球界一直在研究、把握乒乓球运动的发展规律。

从开始采访乒乓球项目到写此稿的几年时间里，笔者印象极深的一点是：他们十分注重研究、把握乒乓球运动的规律。由此想到，任何事物的发展都有规律可循，作为体育新闻工作者，也有一个研究、把握大赛报道规律的问题。

《比实力　比人才　比进步——第三十八届世乒赛述评》这篇稿，就是开始思索大赛报道规律的产物。

要研究、把握大赛报道规律，首先要对大赛的本质有比较清楚的认识。两年一届的世乒赛，各路好手比的是什么？首先要比实力。而实力是由运动员体现的。第二就是比人才。运动员中的尖子，实力相差不大，那就要看谁在备战中取得的进步更大些。报道大赛除了各队训练、备战、比赛、技术、战术、人物等报道外，要给一次大赛作一个总结，就可以用上对大赛的认识了。上述几点合起来就是本文的题目。

第三十八届世乒赛是笔者第一次参加世乒赛报道，因为报道组每天要发两套稿，即供日报稿和供晚报稿，尽管当时还是手写用文传机发稿，稿量还是很大，笔者最后累得患了感冒。按原计划，最后的述评由随队的一位科研人员写，但这位专家的稿件过于专业，于是，笔者才在比赛的最后一天赶写了此稿。

写此稿时，将"比实力""比人才""比进步"具体化为"实力与精神气质的较量""亚洲与欧洲对峙格局的变化""速度和旋转的结合，代表了当今世界乒乓球运动发展的方向"这三个部分。

也许是稿中第一部分以事实批判了西方媒体宣扬的"球拍论"（认为中国选手是靠球拍取胜的）。采访世乒赛归来后，《乒乓世界》杂志的编辑说，比较而言，还是新华社的稿子写得好；而社内的同行不止一人曾说此稿"带劲"。

此稿播发后被海内外众多媒体采用。出乎意料的是，这篇稿还造成了一件"出口转内销"的趣事。因为新加坡《联合晚报》在全文采用此稿时将原标题改为《三个鲜明的特点》，并删掉了此稿的电头和新华社记者署名。而新华社办的《世界体育参考》报的编辑误以为此稿是《联合晚报》的文章，于是在头版头条刊出。

在评定当年新华社一等和二等好稿时，此稿被体育新闻编辑部作为新华社二等好稿推荐到新华社评稿委员会，没想到在评稿会上评委们却将此稿评为一等好稿。此次评稿后，新华社内部刊物《新闻业务》将评上的三篇一等好稿（后改为社级好稿）刊出，并且第一次也是最后一次介绍了稿件作者的简历。

比实力　比人才　比进步
——第三十八届世乒赛述评

4月7日，历时11天的第三十八届世界乒乓球锦标赛在瑞典哥德堡降下了帷幕。在这届规模空前的大赛上，中国队再次夺得6项冠军，又一次显示了雄厚的实力。

纵观整个比赛，有以下三个鲜明的特点：

一、实力与精神气质的较量。中国运动员所以能在这次强手云集的大赛中继续保持优势，其中一个很重要的因素是，他们不但实力强于对手，而且在技术上具有"百花齐放"这样一个鲜明特色，使其他队难以匹敌。参加本届比赛的中国选手，有直板、有横板，有攻球、有削球、有拉弧圈球的。中国队针对不同的对手，选派不同的人出战，在男子团体九场比赛中，有八场以明显的优势获胜。为了对付瑞典队，中国队大胆起用削球手陈新华，获得成功。

往日，有人曾对中国选手使用的球拍提出异议，而本届比赛的结果排除了这一因素。中国选手使用的都是新规则允许的球拍，仍然夺得了令人信服的胜利。事实证明，"球拍论"是没有根据的。

瑞典男队夺得亚军是当之无愧的，它拥有多名世界高水平的优秀选手。1971年以来首次参加世乒赛的中国台北男女队均具有甲级队的实力，名列乙级队前茅的结果并不使人感到意外。

当然，实力也应当包括整个队和运动员的精神气质。许多运动员的技巧、战术已十分完善。在这种情况下，谁的精神气质好，谁就能夺取胜利。本届中瑞男团冠军决战，论实力两个队相差不是很大，但为什么出现了五比零的结果呢？瑞典教练和当地报界评论都认为，瑞典队员过于紧张，影响了水平的发挥。世界劲旅韩国队出人意料地以二比五负于刚从乙级队升上来的香港队，韩国女队输给了朝鲜民主主义人民共和国队，也证明了精神气质对实力的重大影响。

二、亚洲与欧洲对峙格局的变化。从第三十七届起，亚欧对峙的格局已初步形成。至本届锦标赛，男女团体赛前六名亚欧仍平分秋色。从本届比赛看，所不同的是，过去势均力敌的局面已变为亚洲稍占优势。其最为明显的标志是，男女单打前八名，没有一个欧洲人。以致瑞典报纸慨叹，在耶稣受难日（指四月五日）这天里，斯堪的纳维亚体育馆看起来成了"一个在错误的地方举行的亚洲锦标赛"。

形势的变化是由人才的变化决定的。中国队在世界冠军郭跃华退役、蔡振华受新规则限制的情况下，派出包括江嘉良、陈新华、陈龙灿等组成的新老结合的队伍出赛，仍能称雄乒坛，说明中国人才济济。在欧洲队中，瑞典、波兰队位居前列，得力于瓦尔德内尔、林德、阿佩伊伦和格鲁巴等。而匈牙利队的衰退则是后继无人造成的。从一定意义上说，体育比赛是人才的较量。谁拥有出色的人才，拥有雄厚的后备力量，谁就能立于不败之地。

三、速度和旋转的结合，代表了当今世界乒乓球运动发展的方向。20世纪80年代，乒乓球技术虽无突破性发展，但众多的世界强手都在速度和旋转结合上下功夫，本届比赛的实践更加显示了这一趋向。亚洲直板快攻手的小弧圈快而转，削球手也善于以旋转多变的发球创造进攻机会，而欧洲选手在旋转的基础上进一步加快了速度。过去那种慢慢腾腾的高吊弧圈球几乎绝迹，单纯的削球手已不复存在。

这种发展趋势，要求运动员力戒保守，勇于创新。瑞典队吸收了匈牙利的旋转，学习了中国的发球才成为欧洲的支柱。中国队面对弧圈球的威胁，探索了破弧圈球的路子。正是由于世界各国选手的不断创新，才使乒乓球技术不断向前发展，长盛不衰。以近台快攻为主的日本队这次虽然进入了男团前四名，但就他们的打法来说，同20世纪50年代几乎没有多少区别。如照此下去，要再次雄踞世界乒坛，是很不容易的。

第三十八届世乒赛虽然已经结束，但世界乒坛比实力、比人才、比进步的竞赛，又在新的起点上开始了新一轮的较量。

（新华社哥德堡1985年4月7日电）

16　大局观

刚从事新闻工作时，笔者在新华社国内新闻编辑部不止一次听到老同志说：记者要想总理想的事情。后来从事体育报道，想到这句话，觉得作为体育记者，想总理想的事情可能不现实，但要多想想体委主任想的事情还是应该的。

所谓想总理想的事情或者想体委主任想的事情，无非是强调记者要关注全国的大局，要有全局意识，树立大局观。

大局观，也就是说记者要以宏观的视野来观察自己的报道领域，用全局观念来思考问题，并作报道。后来进一步加深了认识：从全局高度认识和反映客观世界的思维，是新闻工作者必备的重要素质，尽管是体育记者，也要努力纵观全局，把握全局。只有从全局的高度思考问题，才能把某一事物放在全局中加以衡量，判断出它在全局中的地位，看清它的本质特征。

于是，将树立大局观落实到行动上，注意思考中国体育的大局。

20世纪80年代，中国的体育热逐渐升温。中国体育，除了要"发展体育运动，增强人民体质"，最重要的就是要在亚洲运动会特别是在奥运会上取得更好的成绩。

奥运会金牌之争，首先是竞技体育战略之争。世界上不少国家都建立了适合自己的竞技体育战略，中国也应当建立自己的竞技体育战略。

由这一思路想下去，就形成了《中国体育面临战略抉择》一稿。此稿从洛杉矶奥运会成绩谈起，论述了这届奥运会15枚金牌的真实价值，到2000年奥运会跻身于世界体育强国之列的迫切性，狠抓基础项目田径和游泳，完善培养人才机制的重要意义。

可以说，此稿在中国体育新闻界第一个从战略的高度提出中国竞技体育如何发展的问题。其中的"狠抓基础项目田径和游泳"，正是中国竞技体育工作一段时间内的弱点。

早在1980年，当时的国家体委曾为准备参加第23届奥运会首次确定了13个重点项目，并对其在各地的布局作了统一规划；5年后又针对1988年奥运会确定了18个重点项目及布局。事实证明，这些措施发挥了作用。但是，有关方面在《我国重点竞技项目设置与布局的宏观决策》中也承认，"在重点竞技项目设置与布局上，还有许多地方有待改进和提高。例如，曾经在一段时间里，对田径、游泳等基础项目在奥（运会）、亚（运会）等大赛中的战略地位认识不足，没有采取相应措施提高田（径）、游（泳）运动员人数的比例……"

此稿在新华社《瞭望》周刊《体育述评》栏目发表后，被当时很少转载体育稿件的《新华月报》收入，并被专业报纸《体育报》即后来的《中国体育报》转载。有同行见面时说："从战略高度思考问题，这样的路子对头！"

通过写此稿，笔者逐步关注体育界乃至更广范围的事情，有意识地树立大局观，并因此而受益匪浅。后来笔者能常写一些带有宏观色彩的稿件，被有的老同志称为"能写大稿子"，与这一次实践不无关系。

中国体育面临战略抉择

在20世纪内把我国建成世界体育强国，我们还要做出艰苦的努力。

不可否认，随着许海峰普拉多的枪声，我国在第二十三届奥运会上取得了历史性突破，1985年又夺得了46个世界冠军，创造了历年夺得世界冠军的最高纪录。但仔细估量，却不难发现，我国虽然在洛杉矶奥运会上获得了15枚金牌、8枚银牌和9枚铜牌，但银铜相加刚超过金牌数，获四至八名的队和运动员也不多。我国参加了16个项目的比赛，只有射击、举重、体操、击剑、跳水和女排六项获得了金牌，而体操、射击、举重三项就占了15枚中的12枚。显然，我们只是少数项目具有优势。而且，这些成绩是在东欧几个体育强国没参加的情况下取得的。将来众强齐聚，一些项目的优势不复存在，我们将如何对待？

当然，有人会说，离2000年有15年时间，我们还有时间来提高体育运动水平。此话自然不错。15年是一个不算短的历史时期，即使按部就班，体育运动水平的提高，也是不言自明的。问题是，体育有其自身的发展规律，15年恰好是7岁到22岁一代运动员培养成才所需的时间，如果没有一点只争朝夕的精神，没有一点迎头赶上，尽早跻身于世界体育强国之列的迫切感，仍旧按部就班，拿不出一套过硬的措施，只怕15年光阴如白驹过隙，转瞬即逝，而体育水平的提高，不过尔尔。何况，同样的15年，一些体育强国在现今高水平层次上会有更大发展。意识不到这一点，难免安于现状，最终可能造成一步落后，步步落后的局面。国家体委副主任袁伟民多次强调：要居安思危，不能高枕无忧。显然，大多数体育界人士的头脑是清醒的。

今天，体育界人士已在议论中国体育潜在的危机。中国体育"危"在何处？"忧"在哪里呢？后备人才不足之外，恐怕基础项目薄弱是为最可虞者。

一般来说、田径、游泳的实力是否强大，是能否成为世界体育强国的重要标志。

奥运会仅田径比赛就有金牌41枚。美国、苏联、民主德国等体育强国的足球都不很强，但田径项目实力雄厚，因而他们能够居于领先地位。我国在二十三届奥运会田径比赛中仅有男子跳高一项获得了铜牌，男子跳远、三级跳远也还说得过去，而其他奥运会田径项目却远远落后。

奥运会游泳比赛共有金牌29枚，而我国个人的最好名次是第17名。要实现世界体育强国的远大目标，非改变这两大项的落后面貌不可。

田径、游泳是各项运动的基础，狠抓这两项，当然不只是为了日后在奥运会角逐中多拿金牌，更重要的是它能带动体育运动水平的全面提高。而体育运动水平的全面提高，奥运会金牌也就寓于其中了。二者之间的辩证关系就是如此。狠抓田径、游泳两项，可以说是抓住了根本。

近年来，为早日把田径、游泳两大项突上去，国家体委及单项运动协会采取了调整各省、自治区、直辖市的项目布局，评选田径、游泳之乡，评选田径、游泳十佳等措施。这些措施实行后，特别是项目布局调整后，田径、游泳两大项受到了各地的普遍重视。然而，由于动手早晚不同，重视程度不一，效果也有很大的差异。广东、山东、河北等地高度重视，措施得力，已培养出一批有前途的苗子。而有的地方重视不够，已感人才短缺。

我国这两项运动的技术水平不高与普及程度不高有关。而普及程度不高与场地设施不足有直接的关系。但深究起来，认识不足、措施不得力仍然是被动落后局面的成因之大者。

当前，体育内部的诸多关系还没有完全理顺。谁也不否认群众性体育运动、业余训练是田径、游泳这些基础项目的基础。可是群众性体育运动、业余训练由谁抓，怎么抓？至今尚未找到最佳途径。

我国有几亿少年儿童。未来中国的世界冠军就在他们中间。无怪乎有人说，中国体育不愁没有人才资源，就愁培养人才的机制不完善。

以往，国家体委曾强调省一级体委重点抓提高，而对业余训练多所忽视。现在，从国家体委到省一级体委都意识到业余训练的重要性。认识上的这一飞跃已经或即将在实际工作中产生重大影响。例如，天津市制订了"一零一四"（10至14岁）体育战略计划。到去年底已有两千多所学校、3000多个运动队、4万多学生纳入这一选材计划。广东、辽宁、山东、河北等地也采取了不同的扩大选材，加强培养的措施。这是一个很好的开端，它说明我国体育发展战略有了可喜的转变。如果各地都紧紧抓住抓好群众性体育运动和少年儿童业余训练这一环，必然能为早出、多出优秀人才创造更好的条件。

总而言之，中国体育面临战略抉择。须知十五年是一个既充足又短暂的时间，说充足，是因为它还允许我们重新培养一代新人，说短暂，是因为时不我待，动手稍晚，即可能耽误一代人的成长。中国体育要腾飞，非从今天、从基础项目、从娃娃抓起不可。这个战略思想，国家体委已经明确，目前的关键是要统一思想，环环抓紧，层层落实，对现行的不利于基础项目普及、发展、提高的体制要大力改革，尽快建立健全新的体制，以期在短期内有所突破。

（刊于《瞭望》周刊1986年第23期）

17 "美化"

概貌通讯一般是指反映一个地区、一个部门风情状貌、发展变化的通讯。《绚丽多姿　前程似锦——记我国少数民族传统体育的发展》一稿则是为了反映中国少数民族传统体育全貌。

这是在新疆维吾尔自治区乌鲁木齐市举行的第三届全国少数民族传统体育运动会的一篇配合稿。笔者希望通过此稿使人们对中国少数民族传统体育有较全面的了解。

写这类概貌通讯应该说有一定的难度。有关中国各少数民族传统体育的材料太多了，记得在内蒙古呼和浩特第二届全国少数民族传统体育运动会时，内蒙古分社记者调查了多个民族的传统体育项目，每一个项目都有其产生、发展的历史，一个项目即可写一篇文章。难就难在怎样从浩繁的材料中挑选、概括出1000多字的内容，又如何将它们组织在一起，反映出少数民族传统体育全貌，而又能使读者看起来不是特别枯燥。

谋篇布局时，笔者的想法是：概貌通讯也要写得美一些。

像这样题材的稿件，很容易形成材料的堆积，因此，必须想办法尽可能使文章不要太呆板。于是，在标题制作、结构安排、开头结尾等方面都动了一番脑筋，尽可能地"美化"。

反映全国情况的题材，决定了文章不能在具体项目上展开，只能是高度概括。这篇通讯的标题"绚丽多姿　前程似锦"是对少数民族传统体育全貌的概括；通讯第一段中"一簇五彩缤纷绚丽多姿的鲜花"是比喻，也是对所有项目的概括；第二段"有悠久的历史，又充满青春的活力"是对其过去、现状乃至未来的概括，同时也起着引出下文的作用。以下文字中的"起着显著作用""根深叶茂、生机盎然""新趋势"等，都是概括的描绘。

此稿的又一个难点是分类。好在笔者参加过第二届，对这些项目有大概的了解，在此基础上又查阅大量材料，研究各项目的特点，从中找出共性："少数民族传统体育在漫长的历史长河中,伴随着人们生产和生存的需要诞生、发展"这一段讲了起源;而"传统体育运动是少数民族节日助兴的重要节目……有的与婚姻习俗有密切关系……有的带有娱乐色彩……有的则是从神奇的传说中演化而来的……"则是按不同特点的分类。

稿件发出后,能被海内外一些媒体采用,应该与花不少工夫"美化"不无关系。

绚丽多姿　前程似锦
——记我国少数民族传统体育的发展

神州大地百花园中一簇五彩缤纷绚丽多姿的鲜花分外夺目。在高山、平原、牧区、林海,凡有少数民族聚居的地方,一年四季都盛开着少数民族传统体育之花。

这簇鲜花,有悠久的历史,又充满青春的活力。

少数民族传统体育在漫长的历史长河中,伴随着人们生产和生存的需要诞生、发展。傈僳、拉祜、彝、黎、佤、普米、独龙等民族,善用弓弩,平时用于狩猎,战时作为武器,所以射弩流传至今。蒙古、藏等民族,生活在辽阔的草原,精于骑马,善于射箭,长于摔跤(后改称搏克),这不仅是生活的需要,而且练就了特殊本领。畲族的赛海马(又叫滑溜板)、怒族的溜索、鄂温克族的套马、土家族的打飞棒、羌族的推杆、朝鲜族的荡秋千等,无一不是与他们生产和生活有着密切关系。

传统体育运动是少数民族节日助兴的重要节目,如侗族的抢花炮、哈尼族的打磨秋、土家族的轮子秋、回族的掼牛等。传统体育项目有的与婚姻习俗有密切关系,如布依族的甩糠包、塔吉克族的叼羊、高山族的背篓球、哈萨克族的姑娘追等;有的带有娱乐色彩,如壮族的打扁担、彝族的阿细跳月、瑶族的打铜鼓和打长鼓、黎族和京族的跳竹竿等;有的则是从神奇的传说中演化而来的,如维吾尔族的达瓦孜(高空走绳)、苗族的爬坡竿、柯尔克孜族的马上拾银、赫哲族的叉草球、阿昌族的秋千等。武术更为许多民族所热爱,挥刀舞棒,擒拿对打,人人都有两手。这些传统体育活动对少数民族人民增强体质、陶冶性情、振奋精神、增强团结,都起着显著作用,是中华民族优秀文化遗产的组成部分。

旧中国历代统治者对少数民族体育弃置不顾，任其自生自灭。新中国诞生后不久，朱德元帅就指出："要广泛地采用民间原有的许多体育形式。"1953年在天津举行首届民族运动会，10多个少数民族的运动员表演了自己的节目。从此，少数民族传统体育走上康庄大道。

1981年，国家体委对民族传统体育制定了"积极提倡，加强领导，改革提高，巩固发展"的方针。同年，17个省、自治区组织调查组作了广泛调查，发现55个少数民族的传统体育项目有100多个，其中20多个是新挖掘出来的。翌年在呼和浩特举行了第二届民族运动会，所有少数民族均有代表出席，34个民族的运动员参加了表演和比赛。在党的民族政策的雨露滋润下，少数民族传统体育之花根深叶茂、生机盎然。

春秋四易，这簇古老的鲜花如今开得更加鲜艳。即将在西北边城乌鲁木齐举行的第三届民族运动会，规模空前。参加表演和比赛的民族达48个，比上届多14个；运动员有近800人，比上届多200多人；比赛项目由上届的两项增至七项。表演项目是115项，比上届多47项，其中满族的采珍珠、土家族的打扁担等29项是新挖掘整理出来的，必将为盛会增添光彩。5个新的比赛项目是从各地二三十个比赛项目中精选的，反映了少数民族传统体育对抗性增强、由表演向竞赛过渡的新趋势。

为了迎接这届民族运动会，云南、新疆、内蒙古、辽宁、宁夏、湖北、贵州、河北、北京等地对一些老项目进行了改革，使之更加健康完美；21个省、自治区、直辖市（其中13个是首届）举办了本地的民族运动会。其他地区举行了选拔赛。许多地方和基层的少数民族群众自办比赛，参赛者踊跃，观战者如云。还有的地区的一些学校已把传统体育项目列入了教学内容。

多姿多彩的少数民族传统体育之花怒放了！她的发展必将对繁荣少数民族文化，建设社会主义物质文明和精神文明，产生越来越大的作用。

（新华社乌鲁木齐1986年8月9日电）

18 讲"师徒"故事

给"师徒"两字加上引号,是为了说明中国竞技体育教练员和运动员的关系,与师傅带徒弟虽有相同之处,但是有很大区别。与京剧、武术的师徒关系不同,教练员带运动员更像老师教学生。

至于讲故事,中外新闻界专家都曾谈到新闻故事化。因为,讲故事能让新闻更吸引人,而动人的故事更能让受众自愿地接受媒体影响。因此,他们提倡用故事化手法写新闻,有的还专门讲述如何用故事化手法写新闻的技巧。

在笔者所写的稿件中,不乏讲新闻人物背后故事的内容,且运用了讲故事的写作手法,但《朱建华和他的教练》《世界冠军和他的教练》是两篇专讲教练如何带运动员故事的稿件。

1983年6月11日,朱建华在全运会预赛中跳过2.37米的横杆,打破世界纪录,成为继倪志钦之后,中国第二个打破男子跳高世界纪录的运动员。国际奥委会主席萨马兰奇和国际田联主席内比奥洛都为此发来贺电。这一成绩,与2020东京奥运会金牌选手的成绩一样。

朱建华成为轰动全球体育界的新闻人物。他是怎样取得成功的?这是读者希望了解的,而这种新闻人物背后的故事,应该也是新闻刊物需要的文章题材。

这时,新华社已经创办了《瞭望》月刊,1983年上海第五届全运会开幕前写的这篇稿投给正在试刊的《瞭望新闻周刊》。

此稿由一连串的故事组成,有教练胡鸿飞最初的选材,拒绝急功近利,训练方法花样翻新,运用心理学帮朱建华树立信心……记得在一次会议上,新华社副社长冯健在谈到《瞭望》应当选用什么样的文章时,提到的几篇稿件中包括这一篇。

顺便说一下,朱建华在第五届全运会上跳过2.38米,翌年6月在德国埃伯斯塔特的"跳高世界精英赛"跳过2.39米，又连续创造世界纪录。

《世界冠军和他的教练》写于4年之后，而刊载此稿的《半月谈》杂志因订阅数最多被誉为"中华第一刊"，同样需要讲新闻人物背后故事的稿件。

主人公之一的江嘉良，是继容国团、庄则栋、郗恩庭、郭跃华之后，中国的第五位世乒赛男单冠军，也是继庄则栋、郭跃华之后第三位蝉联男单冠军的运动员。这样的新闻人物，人们当然也希望知道他成功的故事。

写这篇稿件还有一个隐情是，1985年哥德堡世乒赛团体赛结束时，先后写了总教练许绍发和"秘密武器"陈新华两篇人物稿，没有时间再写男单世界冠军江嘉良了。到1987年新德里世乒赛时，江嘉良蝉联男单冠军，这是更难得的成绩。于是，写了他在教练帮助下逐步成熟、担起重任的历程，补上了当年的缺憾。

运用细节和人物的行动、语言展示人物的性格或心境，是描写人物的最好方式。不同的是，两篇稿虽都写了不少细节，但各有侧重。如果说前者胡鸿飞像一个父亲，运用智慧和知识培育自己的孩子成为英才，人物的行动更多；后者则是成人之间的交往，许绍发只是一次又一次点拨，让江嘉良自己醒悟，除行动之外言语稍多些。

两篇稿件涉及的一个是竞技体育基础项目，一个是中国优势项目，两种不同的教学风格，都取得了成功。他们的成功对众多教练员和运动员来说，应该有一定的借鉴意义，其他人或许也能从中得到一点启示。这，正是笔者写这两篇稿的初衷。

两稿的标题不是很理想，特别是后者还与前者重复。当时想的是朱建华和世界冠军就能吸引人，没再花精力做更好的标题。

朱建华和他的教练

在全国瞩目的第五届全运会上，跳高健将朱建华是颗引人注目的星。今年六月，他一跃飞过2米37的横杆，成为当时世界上跳得最高的人。人们期待着他在这次盛会上再跳出好成绩。

人们都注视着朱建华，却很少有人知道他的教练胡鸿飞，为小朱的成长耗费了多少心血和汗水！

1972年底的一天，教练胡鸿飞来到中华路第四小学。被同伴们称为"绿豆芽"的二年级学生朱建华，只有8岁，身高却有1米47，在班上犹如鹤立鸡群。这真是跳高的好材料，但担心他将来能不能长成大个儿呢？胡鸿飞又来到朱建华家里。根据这一家人有趣的遗传现象，胡鸿飞判断，朱建华将来很可能像他1米87的父亲，也是高个子。于是，小朱被选中了。

作为教练，谁不希望自己选中的运动员早出成果呢？但是，胡鸿飞更懂得，急功近利可能会断送优秀选手的前程。当有人建议对朱建华进行负重训练，尽快把细腿压粗时，他拒绝了。逢有田径比赛，他常带小朱去观摩，培养兴趣；短跑训练，他叫大些的队员让出一段距离，有意使朱建华得胜，高兴一番；更多的时候，则安排游戏性的身体训练。两年以后，朱建华才接触跳高。这时，他身上本来少得可怜的肌肉，悄悄地生长起来了。他已经有了进行专项训练的基础。

胡鸿飞的独特训练方法是"花样翻新"。朱建华被带到了一个富于变化的天地。胡鸿飞把枯燥的训练安排得饶有兴味：练跑，有计时跑、弯道跑、行进间跑、发令跑、计名次跑……练跳，有蛙跳、纵跳、单足跳、助跑摸高、跳凳子、跳台阶、跳栏架、跳跳箱……孩子们总是在"玩"新花样，在欢乐中完成训练计划，身体素质也得到了提高。

胡鸿飞的训练方法是变中有不变，任何花样总是围绕着跃过新高度。朱建华觉得自己的体型不够健美，练起了俯卧撑。胡鸿飞耐心地给他讲与跳高无关的肌肉过多会增加负担的道理，劝他不要练。相反，与跳高有关的肌肉，则一定练到。

1981年，正当小朱成绩直线上升时，却在布加勒斯特举行的世界大学生运动会上扭伤了左踝关节，诊断结果是骨折。小朱被迫停训8个月。经过治疗，朱建华的骨折痊愈了，但身体素质远不如以前，力量减弱，速度下降；跳高时的感觉模糊，助跑节奏乱了，什么时候到杆也不知道……

怎么办？这是对朱建华，更是对胡鸿飞的考验。朱建华急了，一心想追上去，可一次次试跳2米都失败了。小伙子情绪十分低落。

胡鸿飞钻研过心理学。他深知，对运动员来说，信心非常重要。他指导朱建华从基本动作开始练，小朱的动作、感觉日趋正常，信心也渐渐地树立起来了。这时，胡鸿飞拒绝了带朱建华去南昌参加田径邀请赛，却让他参加压力并不大的一次表演。在上海中医学院的运动会上，当横杆升到2米05时，胡鸿飞说："这是2米02。"朱建华一跃而过。升到2米10时，朱建华听教练说是2米04，又一跃而过。后来当朱建华得知自己顺利地跳过了2米10时，十分高兴，而胡鸿飞的心里也更有数了。

个头不高的胡鸿飞是个长跑爱好者，原在上海第二十一中学任体育教师。多年的刻苦自学使他掌握了有关跳高的广博知识，并从理论上进行了总结。一般人认为，作为跳高运动员，力量加技术等于成绩。而胡鸿飞则更看重速度。他认为成绩等于在快速的基础上求得技术、力量的平衡。要跳过新高度，首先要提高速度，突破原有的平衡，再求得新的平衡。这样使朱建华不断提高速度，不断向新的高度冲刺。

当然，朱建华创造世界纪录，并非只是他和胡鸿飞的功劳。队领导、科研人员、营养师、医生、场地工人等都默默地作出了自己出色的贡献。特别是上海市体委去年初专门组织了攻关小组，对朱建华的训练进行"会诊"，更是为他的训练提供了科学的数据。

（刊于《瞭望新闻周刊》1983年试刊第3期）

世界冠军和他的教练

许绍发和江嘉良都是中国乒乓球队的头号人物，一个是总教练，一个是队长。可巧，他们又是"师徒"关系。他俩，一个运筹谋划，一个冲锋陷阵，在近两届世乒赛上两次分别捧得男子团体和男子单打冠军杯。

江嘉良七岁学打乒乓球，教练先后共有五位。第一个是他父亲，后又经过中山县和广东省体校及广东省队教练郑洸、朱炎和蔡明枢的指导，而维系"师徒"关系时间最长的是许绍发。这种关系从第四届全运会后就开始了。

许绍发对江嘉良的评价是"并不很聪明"。守着被称为"发球大王"的教练，该学得一手漂亮的发球，但江嘉良学不来，他自己说是"没有灵感"，好在他肯钻研，学技术慢些，但学得扎实，善于运用。他说："我是容国团家乡（广东省中山县）来的，我要做第二个容国团。"

六年前，中国队囊括36届世乒赛七项冠军时，英才济济。江嘉良虽能任主力，但并不很突出。在两年后的37届上，他才显露锋芒。他凭着锐不可当的勇气，横扫一批世界名将，团体赛一盘未负。一向难得当面表扬队员的李富荣也不禁翘起大拇指称赞："小江立了大功！"

然而，许绍发的评价却是"还不成熟"。他希望江嘉良成为队里的灵魂。这个要求也许太高了，江嘉良毕竟还太年轻。有一次内部比赛，头几拍打得别扭，他竟发起脾气来，用球拍砸桌子，受到严厉批评，虽赢球却被判输。不久又发生了类似的事，遭到更重的处罚：停止训练。许绍发语重心长地与江嘉良交谈，要他学岳飞，不学牛皋；做帅才，忍辱负重，关键时刻起扭转形势的作用。江嘉良心悦诚服地接受了批评，意识到自己担子的沉重，决心以此为戒，学"大将风度"，赢得起，输得起。后来，他渐渐想通了一个道理：人生中的挫折和不顺心的事难以避免，不能让它们影响自己，更不能让它们影响大赛。

许绍发接替李富荣任总教练后，要管队里的全盘工作，又要指导江嘉良等运动员训练。但他在日常生活中也不放松对运动员的要求。他让江嘉良做"新型运动员"，努力学习文化科学知识，明事晓理。江嘉良渐渐懂得了，文化科学知识能给人以智慧，而智慧对于取得胜利，其重要性绝不亚于汗水。紧张的训练之后，虽疲劳不堪，他还是一头钻进英语、哲学、历史等刊授大学（实行刊授教育的业余高等学校，实行以刊物辅导为主的教学方式）课程中拼命攻读。

当38届世乒赛来临时，江嘉良成为队里的中坚。他与同伴夺得六项冠军，个人成为中国乒坛史上第五个男子单打世界冠军。

当了世界冠军，难题随之而来。有一段时间，他在比赛中接连失利。许多人来信鼓励他，可也有个别的叫他"滚出国家队"，这使他感受到很大的精神压力。这时，许绍发依然信任他，还帮他从技术上进行分析。江嘉良觉得打谁都很费力，都得出一身大汗，能轻松地打败对手才像世界冠军的样儿，于是想学陈龙灿既快又刁的打法。教练要他坚持走自己的路，技术已定型，不易再突破，但可以巧妙地使用技术、变换战术。一番点拨，使江嘉良放弃了追求"风度"的想法。比赛无虚假，他愿付出更多的汗水和代价。

世界上的巧事很多。江嘉良三次参加世乒赛，每次赛前都患感冒，都病一周。不同的是，这次距39届世乒赛更近。他发着烧，硬撑着训练，为的是不影响大家的情绪。团体决赛前几场比赛，他都只打一盘或者不打，把适应的机会让给队友。与瑞典队决赛时，他第一个出场，先夺一分抢到了士气，为中国队再次以五比零夺魁开了个好头。

最后与瑞典的瓦尔德内尔决男子单打冠军时，人们对江嘉良能否取胜十分担心。而他自己却满有把握地对许绍发说："我能以3∶1赢。"过去，二人交手八次，江嘉良七胜，负的一次是瑞典队访华时的友谊赛，因此他心里有底。中午，他没有表现出过度兴奋，安稳地睡了一小时，出场时仅向教练提了一个请求：表情轻松些。这把当时很严肃的许绍发逗笑了。第一局按自己的设想打，输得挺惨。后来按教练的方案打，成功地抑制住了对手连胜陈龙灿、滕毅两个3∶0时使用的新战术——反手发力，打出了近台快速的特点，终于连拿三局。第四局16∶20落后时，瓦尔德内尔攻直线球失误，江嘉良心中升起了可以胜这一局的希望，他已有多次反败为胜的战例。在这紧要关头，他沉着冷静，紧紧咬住。获胜时，他依然在忘我的境界中，直到对方过来握手，他才醒悟到已再次成为单打世界冠军。

谈起往事，江嘉良十分感慨。他觉得，37届靠技术、勇气和机遇；38届已需要战术意识了；这一届靠的是技术、战术、良好的精神状态和充沛的体力。他的进步暗合着乒乓球运动的发展方向。

（刊于《半月谈》杂志1987年第11期）

19 亮出观点

记者要有自己的见解，必要时可以公开自己的见解。

《国内竞争要服从奥运战略——从两个体委主任"下台"谈起》一稿就是笔者提出自己见解、亮出观点的一篇文章，而且是向权力机关"挑战"。其中，最主要的观点是文中的一句话："在考查省级体委工作时，首先看他们为国家作出了多大贡献，为实施奥运战略出了多少力，而不是唯全运会金牌、名次是问。"

此稿播发后，在一些地方，特别是在吉林省和山西省引起很大的反响，新闻界和体育界都有人说这篇稿"引起了轰动效应"。《新民晚报》在采用此稿时，另制作了标题——《体委主任因全运会成绩下台　新华社认为此问题值得研究》，实际上将笔者个人的看法当成了新华社的看法。在这一标题下，该报摘要介绍了原稿中的主要事实和笔者的评论。

此稿在全国体育好新闻评选时被评为一等奖。

这篇稿件为何能引起较大的反响？

大概主要有以下几个原因：一是首次涉及省级体委主任"下台"这一较敏感的问题；二是揭示了体育战线局部与整体、地方与国家的矛盾；三是首次向国家权力机关"挑战"。

为何要写此稿？

中国体育界本来一直是"国内练兵，一致对外""全国一盘棋"，但自从开始参加奥运会，就形成了国家与省级体委目标的错位：在奥运会上争取好成绩是国家体委的事，在全运会上争取好成绩是省级体委的事，而省级体委往往拼尽全力争夺全运会的金牌和名次，影响了奥运战略的实施。1987年对这一情况已有所耳闻，觉得应做一篇文章。

采访1988全国体育竞赛工作会议时，听到与会者多次议论这一话题，感到这是一个机会。与会者多是省级体委主任和副主任，经采访了解到较为详细的情况。

但是，笔者对能不能写有些犯难。因为，要写这一稿件，批评的对象是两个省的人大常委会。能批评吗？中国体育新闻界还从未对权力机关提出过批评。

稿中第二段的事实即是笔者写此稿的一个原因："据知情人士了解，这二人'下台'的主要原因，都是本省在去年的第六届全运会上名次降低，金牌数减少。他俩都由省长提名继续担任省体委主任，但在省人大常委会审议表决时没有通过任命。"

当时还了解到，吉林省在全国冬运会上取得的金牌数比上届多，吉林省作为全国冬运会东道主因工作出色，体委主任郝文举受到国家体委的表彰。后来，吉林省在下一届全运会上成绩相当好，也是原体委主任郝文举在任时打下的基础。而山西省体委主任任国唯是刚上任不久，山西省代表团在全运会上的成绩主要是对前任工作情况的检验，基本上与他无关。但是，他们却遭遇了同样的命运，这是多么不公平！

当然，写此稿的一个初衷是为他们鸣不平。再者，体育界局部与整体、地方与国家的矛盾已相当尖锐，竞技体育方面严重的地方主义已经"扩张"到了省人大常委会。通过这两位省体委主任"下台"这一典型事例的分析，呼吁有关人士以国家利益为重，注意做到局部服从全局，则是写此稿的主要动机。

写这篇稿件，要公开自己的见解，在体裁上觉得不好用述评，而是选择了一般被认为更为灵活的采访札记。

札记，即读书时摘记的要点和心得，以古人写字用小而薄的木片而得名。此稿即是记者采访中所记的要点和心得，因而有事实，更多的则是议论。

首次对省级权力机关提出不同意见，当然要格外慎重，需要把道理讲透。一是讲清"体委肩负着发展竞技体育和增强全民族体质的双重任务，二者相辅相成，不可偏废"的道理；二是辩证地看待竞争，指出全运会竞争仅是实施奥运战略的一个手段；三是论述片面追求全运会金牌、名次造成的危害；四是只为本地争光的"内战"影响了高水平人才的培养；五是讲局部为何要服从全局。最后提出自己的见解。

稿件发出后，从体育界人士得到的反馈是：这篇文章摆事实、讲道理，以理服人，比较婉转地向省级人代会提出了意见。稿中提到：从六运会看，涌现出的高水平人才实在太少，一些强项的专家都感到后继乏人，"展望即将举行的第二十四届奥运会,前景令人担忧"。这一点为汉城"兵败"的结果所证实。

1999年春天到浙江采访后回京时,同行的中央电视台一位记者与笔者聊起了山西省原体委主任任国唯。他说,到太原采访任国唯时,这位原体委主任说到当年被免职时新华社记者发表文章一事,仍然十分激动,还拿出他保留了十多年的报纸,上面刊登着这篇文章。另外还听说,吉林省体委主任郝文举也表示,没想到竟然有人替他说话。

其实,笔者并非为某个人说话,而是为公平、公正,为国家利益说话。

国内竞争要服从奥运战略
——从两个体委主任"下台"谈起

吉林和山西省体委主任郝文举、任国唯今年二三月间相继"下台"了。

据知情人士了解,这二人"下台"的主要原因,都是本省在去年的第六届全运会上名次降低,金牌数减少。他俩都由省长提名继续担任省体委主任,但在省人大常委会审议表决时没有通过任命。

两个体委主任的下台,在前不久举行的全国体育竞赛工作会议上,引起了不小的反响,一些议论发人深思。

参加全运会,名次降低,金牌减少,说明体委在竞技体育工作方面存在着问题。省人大常委会据此行使自己的权力,无可非议。但是,仅以全运会的成绩决定干部的任免,却值得研究。

体委肩负着发展竞技体育和增强全民族体质的双重任务,二者相辅相成,不可偏废。考查省体委的工作只看全运会成绩,显然是不全面的。省体委若把全部力量用来抓竞技体育,置群众体育于可有可无的地位,势必影响全民体质的增强。这不仅与发展体育运动的宗旨不符,还会使国内的竞争走偏方向,影响奥运战略的实施。

竞争本身是好事。从一定意义上说,体育就是竞争,全运会就是竞争的大会。只有通过竞争,才能出成绩、出人才,推动体育运动的发展。因此,各地当然要在全运会上争金牌、争名次,运动员当然要为本地争光。然而,我们千万不能忘记,从全国意义上讲,全运会的竞争只是一个手段,我们的大目标是在奥运会等世界大赛上争雄，为国争光。

遗憾的是，有些地方眼光只盯住本地在全运会上的名次、金牌，把国家的整体利益放在次要地位。我们过去提出的"全国一盘棋""国内练兵，一致对外"等口号，现在叫得不那么响了，有时甚至被抛到了九霄云外。例如，有的地方宁可派已经或将要退役的运动员到全运会上争奖牌、争分数，也不让新手去锻炼；有的唯恐其他地方超过自己，在科研等方面对内严守秘密；有的不惜弄虚作假去争好名次；等等。诸如此类的做法严重影响新手的成长和运动技术水平的提高，影响我国高水平优秀人才的培养。

体育是人才的较量。全运会是优秀人才的聚会，也是国家为参加世界大赛选拔人才的好机会。但从六运会看，涌现出的高水平人才实在太少。乒乓球、女排、体操等一些强项的专家都感到后继乏人，展望即将举行的第二十四届奥运会，前景令人担忧。造成这种状况的原因很多，重要原因之一是，不少地方不同程度地把注意力集中于旨在只为本地争光的"内战"。

目前，各省级体委正在考虑调整自己的全运战略。有了两位主任下台的"榜样"，体委主任们自然不愿落到如此下场，不得不更注重七运会上如何争好名次，夺更多的奖牌。这种竞争已经并将继续影响国家奥运战略的实施。

我国奥运战略的一个重要内容是，竞技体育要在 2000 年奥运会上跻身世界前列。实现这一目标，矛盾很多，最主要的矛盾之一，就是国家需要高水平的人才，而地方片面地争夺全运会的牌牌。要正确地解决这一矛盾，就需各地的领导和体委同志真正把国内竞争排在第二位，使之服从奥运战略。当各地的全运战略与国家需要相悖时，前者应坚决为后者让路。能为国家出力，有利于为国争光，也是为本地争光，应该得到鼓励、赞扬。只有举国一致，携手实施奥运战略，我国才有希望实现建设体育强国的宏伟目标。

建议各地的权力机关和领导者，在考查省级体委工作时，首先看他们为国家作出了多大贡献，为实施奥运战略出了多少力，而不是唯全运会金牌、名次是问。

到本世纪末，还有十年多一点，时间多么紧迫！若各地还是把眼光盯在国内竞争上，建设世界体育强国的目标很可能付之流水。那时，历史的责任将由谁来承担？

（新华社北京 1988 年 5 月 10 日电）

20　平息风波

平息风波，是笔者写《总教练的抉择——许绍发谈中国乒乓球奥运阵容产生经过》一稿希望达到的目的。

这篇稿属于事件通讯，即介绍新闻事件的稿件。此稿的内容主要是中国乒乓球奥运阵容产生经过，也可以说是轰动一时的"何智丽风波"中的一件重要的事情。

具有新闻性和典型性，是事件通讯的基本要求。这篇稿件，其内容虽是已经发生的事，但人们并不了解，因而尚未失去新闻性；由于"何智丽风波"在社会上闹得沸沸扬扬，而问题的焦点恰恰就在于人们不知道她为何没能入选奥运阵容，因此，这篇稿件具有典型性。

为什么想要平息风波？

笔者虽然早就了解中国乒乓球奥运阵容产生的经过，但本来并不想透露。因为，一旦提前公布，将使对手可以早做准备，中国队教练也不愿提早透露出去。但是，"何智丽风波"愈演愈烈，教练背负着极大的压力，提前透露个别名单和何智丽落选的媒体受到质问，听说中央首长也发话，社会上更是议论纷纭。

有一天，碰到一起采访哥德堡世乒赛的摄影记者王景英。说起"何智丽风波"一事，这位大姐有些激动："不能再这样折腾了！"

她的话促使笔者深思：若提前公开名单，可能会给中国运动员带来一定的困难，但部分名单已公开；若再推迟，就不能遏制"何智丽风波"的发展，教练的压力会更大，很可能对中国队参加奥运会带来不利的影响。两者相较，公开名单及名单产生经过利大于弊。

这篇稿件的写作很容易，只是基本上按照采访了解到的情况，将中国乒乓球奥运阵容产生经过写出来即可。只是没有发稿的由头。

没想到事有凑巧，当晚恰逢中国乒乓球队总教练许绍发从男队封闭训练的山东威海临时回到北京。经过电话交谈，正好借这位总教练之口，透露"总教练的抉择"和他们为何做出这样的抉择。这样，笔者只是改写了原稿的首段和末段，交当晚值班的体育新闻编辑部主任立即顺利发出。

又是没想到，此稿播发后产生了可以称之为"巨大"的反响，《人民日报》采用，上海的三家大报全部采用，其他用户采用情况没有注意。《解放日报》和《文汇报》，一家放在较显著的位置，另一家加了花边，而《新民晚报》则在刊登此稿的同时停止了准备进行的公开讨论。

人们知道了中国乒乓球奥运阵容产生的经过，"何智丽风波"随之暂时平息。笔者希望达到的目的达到了。

当然，"总教练的抉择"是否正确，还要看汉城奥运会比赛的结果。

当年10月1日，中国运动员陈静、李惠芬、焦志敏分获金、银、铜牌，汉城奥运会乒乓球赛场上同时升起三面五星红旗。事实证明，总教练的抉择是正确的。那届奥运会中国体育代表团共获得5枚金牌，其中有乒乓球两枚。

需要指出，这篇稿件所列出的名单，与汉城奥运会实际参赛名单有出入，那就是戴丽丽没有去汉城，代替她的是李惠芬。这也是中国队为迷惑对手所做的安排。2020年与乒乓球界几位朋友聚会时谈到此事，张燮林说："最对不住的就是戴丽丽，她一直努力参加集训，连疫苗都打了！"

总教练的抉择
——许绍发谈中国乒乓球奥运阵容产生经过

中国乒乓球队总教练许绍发，今天从男队进行封闭式训练的威海临时回到北京。他在接受记者采访时，谈了中国乒乓球队参加奥运会阵容产生经过。

以往，中国队参加世界大赛的名单主要由上级领导确定，而这次不同，因为已实行了总教练负责制。今年初，国家体委领导已明确，乒乓球男、女队参加奥运会的决策，分别由总教练许绍发和副总教练张燮林负责。

由谁参赛是决定胜负的关键之一，而能否在首次进入奥运会的乒乓球4项比赛中夺到金牌，关系到中国体育代表团在金牌榜上的位置。因此，确定参赛人选是极其慎重的。7月，中国乒乓球男女队的教练们经过认真分析、反复比较，女队还搞了一次民意测验，提出了参赛名单，最后由许绍发、张燮林拍板。

男队广东的江嘉良和四川的陈龙灿是第一、第二号主力，广西的韦晴光（与陈龙灿合作）是双打世界冠军，他们3人很容易确定。第三位单打选手出谁呢？这位选手既要单打出色，又要能与江嘉良配合打双打。北京的滕毅为中国队夺得第三十九届世乒赛团体冠军立了功，又是第八届世界杯赛冠军。曾多年当陪练的福建老将许增才最近几乎打败了所有欧洲强手。两人的单打都不错，但双打许增才与江嘉良配对更合适。因此，许绍发选择许增才。

女队有资格参加奥运会的队员共7人。耿丽娟、管建华已不打，剩下的5人，都很出色。但出谁更有利呢？女队教练们经过比较，首先排除了何智丽。

世界冠军何智丽连夺三届亚洲女子单打冠军，6月份还获得广州中国公开赛冠军，但多是队友击败国外强手后，她再胜队友夺魁的。她对国外强手的战绩不如焦志敏、陈静、李惠芬。

黑龙江选手焦志敏近来对欧亚两洲参加奥运会的强手仅负一场，民意测验得了全票，与戴丽丽合作打双打的得票数也是最高的，因而成为女队的第一人选。解放军选手戴丽丽前一段时间状况不佳，但恢复很快，亚欧对抗赛成绩很好，还曾两获世界、五获全国、多次获国际比赛的女子双打冠军。从单打、双打两项考虑，戴丽丽也入选了。

另一人选，是出湖北的陈静，还是出河北的李惠芬？教练们的意见不一致。两人的战绩都很好，一个打法独特，敢闯敢拼；另一个经验丰富，意志顽强。为增加队伍的朝气和活力，张燮林决定出陈静。

总教练的抉择已经做出，要紧的是抓好奥运会前的训练。许绍发还告诉记者，威海的男队、丹东的女队训练情况都很好，队员们情绪高昂，照这样下去，在奥运会上获好成绩大有希望。

（新华社北京1988年8月6日电）

21　记下"第一"

乒乓球被称为中国的"国球"。"国球"获得的冠军太多了！但是，乒乓球进入奥运会的首次比赛即汉城奥运会，能取得冠军，意义就不一般了。

写新闻特别重视"第一"，写体育新闻也不例外。作为采访这届奥运会乒乓球赛的记者，笔者无疑应当记下奥运会和中国乒乓球历史上这不一般的"第一"。

陈龙灿和韦晴光是中国队双打选手中最出色的一对，中国能否夺得男双冠军，要看他俩的表现。男子双打是奥运会乒乓球赛第一个决出冠军的项目，冠军的名字不仅将写在奥运会历史上，也会写在乒乓球历史上。

陈静因夺得乒乓球历史上乃至中国体育史上第一位奥运会乒乓球单打冠军，而成为新闻人物。这样的一位体育人物更值得介绍。

陈静的不同寻常还有一个原因，那就是汉城奥运会前发生的奥运会乒乓球选手名单风波。中国乒乓球队特别是副总教练张燮林，没有选择新德里世乒赛女单冠军何智丽。何智丽在国内比赛的成绩十分出色，而对国外对手的成绩也不错，只是与几个队友相比逊色一些。他拍板定案的女单选手是焦志敏、李惠芬和陈静，考虑让这三名运动员出战，夺取女单冠军的把握最大。有些人为世乒赛冠军落选鸣不平，但也有人为此鼓掌，如《羊城晚报》记者苏少泉就曾写了《为世界冠军落选叫好》。奥运会乒乓球女子名单风波曾在社会上闹得沸沸扬扬，大赛临近时才暂时平息。但是，人们仍要看汉城之战结果如何。

国庆节之夜乒乓球女单比赛结束时，汉城赛场同时升起三面五星红旗，证明了张燮林的抉择是正确的。

陈静在三名入选者中年龄最小，被称为新秀。但是，登上最高领奖台的正是这个昔日不大显山露水的新手。

这两个项目的比赛分别于9月30日和10月1日结束，笔者先后写了两篇通讯《一对勇士——记奥运会乒乓球男子双打冠军陈龙灿／韦晴光》和《第一位奥运会乒乓球女子单打冠军——陈静》。这两篇稿着重介绍了夺冠运动员的成长过程和比赛中夺冠经历，以便人们对这几位历史性人物有大概的了解。由于陈静这一人物更不寻常，这里仅列出写她的一篇。

第一位奥运会乒乓球女子单打冠军——陈静

中国乒乓球女队参加奥运会的名单一传出，许多人为之惊讶。不大出名的新手陈静，却列在代表团的名单中。奥运会首次设乒乓球项目，年轻的姑娘能挑起这非同寻常的重担吗？

也许，命运之神偏爱陈静，她天生是左撇子，又有一位好父亲，还碰上了精心传艺、大胆用人的教练。

十年前，她在一批女队员中水平不算高，但武汉市硚口区业余体校却吸收了她。1981年，她在湖北省比赛中成绩不佳，湖北省乒乓球队教练偏偏选中了她。1985年底，她在全国新手中并非顶尖人物，又幸运地入选国家队。重要原因之一，她是左撇子。

陈静的父亲从事企业管理工作，是篮球爱好者，然而，当女儿在学校学打乒乓球时，他常去观看，后来成了乒乓迷。陈静入省队，入国家队，入选奥运队之前，他都鼓励女儿："你一定要努力，你有希望！"

1975年，不满7岁的陈静背着小书包跨进了硚口区利济路小学的大门，教体育的老师爱乒乓球，她成为小队员。这位老师与区、省、国家队教练组成了一支"接力队"送陈静沿着成功的阶梯向上攀登。

以往，陈静虽取得过一些好成绩，但在领先于世界的中国女队中并不突出。转折点是1986年11月的访欧比赛，她胜27场负1场，几乎横扫欧洲所有强手；翌年的第39届世乓赛，她在单打比赛中，先后淘汰了日本头号选手、"秘密武器"星野美香和韩国2号主力玄静和。

出色的战绩加上独特的打法，使负责女队决策的张燮林早就留意她了，准备到关键时起用。

没经过多次大赛锻炼的新秀挑起了奥运会比赛的大梁。赛前在丹东和北京集训的日子里，陈静总觉得时间不够，练得更认真、更苦了。训练强度本来很大，她常常在技术、身体训练结束后，悄悄地去练发球。室内仅她一人伴着台子，数不清的白球散落在地板上。

她的教练郗恩庭对记者说，陈静的技术更熟练了，实力又有一定程度的提高。

9月20日，中国乒乓球队赴汉城这一天，陈静度过了20岁生日。她满怀信心地投入了大赛。

平时，陈静就像她的名字，娴静而腼腆，说话细声细语，到了赛场，没开球时也像个柔弱的姑娘，但一开打就完全变成了另一个人。她打出的球好似连珠炮，射向对方两个大角。

从争出线的小组赛，到今天决赛前，陈静八战胜了八个3∶0。半决赛对捷克斯洛伐克的赫拉霍娃，她一开始遇到了一点麻烦，以前胜这位对手时"压反手"的战术不灵了。她与教练同时意识到这一点，按原定方案及时改变了战术，打得赫拉霍娃无可奈何。陈静在这位欧洲女将面前，仿佛是一堵墙，怎样努力打也难以攻破，后两局对手都只得了12分。

陈静为中国选手夺金牌扫除了最后障碍，接着苦战5局胜了队友李惠芬，成为奥运会历史上第一位乒乓球女子单打冠军。

（新华社汉城1988年10月1日电）

22 换思路

创新，是人类社会前进的动力。对于新闻工作者来说，要当好记者或编辑，要完成好报道任务，自然也离不开创新。而要在报道新闻上创新，换一种思路不失为一条"捷径"。

人们常说，一个主意即是一篇稿。同样，也可以说，换一种思路即是一篇稿。

奥运会、亚运会和世界大学生运动会等国际大赛，都是各个国家和地区组成代表团，而全运会和青少年运动会等国内大赛，都是各省、自治区、直辖市和解放军以及各行业体协分别组成代表团。人们习惯上都以各代表团的成绩论高低。

在沈阳第二届全国青少年运动会期间，笔者与上海分社陆国元经常议论中国体坛的一些事情，议论中突然冒出一个想法：从地理的角度来看中国体育。

此前，还没有人从这一角度做文章，因此，这可以说是首创。

经商量后，两人立即着手统计了本届青运会和前两届全运会金牌分布情况，其中的变化颇为耐人寻味——由两届全运会的"二与三之比"变为青运会的"三与二之比"。

为了解释这一变化，又采访了中国体育界权威人士荣高棠，他立即讲出了中国南北方体育的不同特点，还称这种变化为"好兆头"，接着又进一步展望："（南方与北方）两种不同风格的相互竞争、相互补充和相互交融，必将有力地推动我国竞技体育的发展。"

广东省和辽宁省分别是中国体育南北方的"领头羊"，与这一变化的关系最为密切，两省的体委主任会有何见解，当是一些体育界人士关心的。于是，又采访了这两个省的体委主任。他们的回答又印证了荣高棠的看法。

写《二青会传出重要信息：中国体育重心北移》一稿，希望能借此鼓励北方体育界继续奋进，刺激南方体育界追上来。从两位省体委主任的回答可以看出，写这篇稿件本身已起到了一些作用。

后来又有什么变化？作为作者之一，笔者后来参加《新华每日电讯》报试刊，主要领导闵凡路感到当天缺一篇像样一点儿的体育稿。于是，笔者赶写了《中国竞技体育新格局》，可以视为"换思路"的续篇。

有趣的是，此稿播发后被一些海内外报纸采用，继第38届世乒赛述评稿之后，又出现了"出口转内销"。

香港《明报》采用了此稿，但删去了新华社电头和新华社记者的署名。广东《体育参考报》转用了此稿，并做了《南方重技巧　北方长力量　中国体坛南北对峙》的标题。稿中说"本报讯　最近，香港《明报》在评论中国奥运金牌成果时认为，中国竞技体育南北对峙的新格局已初步形成……"

二青会传出重要信息：中国体育重心北移

新华社沈阳1989年9月16日电（记者王俊璞　陆国元）　今天结束的第二届全国青少年运动会传出一个重要信息：中国体育"南重北轻"的格局已被打破，重心正在北移。

本届青运会共设金牌326枚，北方（以长江流域为界）各代表团获其中的191枚，南方获133枚，基本上是三与二之比。

两年前在广州举行的第六届全运会，情况恰好相反。北方共获金牌142.5枚，南方获186.5枚，基本上是二与三之比。

追溯得更远一些，1983年第五届全运会，北、南金牌数分别为109枚和156枚，也是二与三之比。

青运会和全运会有一定差别，单纯的金牌数之比也不能说明事情的全部，但至少显示出一种趋势：中国体育的重心正在北移。

老体育工作者荣高棠对这一趋势感到由衷的高兴。他说："南方体育以技巧型为主，北方体育以力量型为主，而力量型项目正是我国体育的弱项。现在北方体育赶上来了，这是一个好兆头。"

在很长一段时间里，作为中国体育组织者的荣高棠期望，北方体育的发展反过来刺激南方，从而形成中国体育南、北对峙的新格局。他说："两种不同风格的相互竞争、相互补充和相互交融，必将有力地推动我国竞技体育的发展。"

广东曾在六届全运会上以54枚的金牌总数高居各代表团之首，而辽宁则以72枚金牌在本届青运会上夺得这一殊荣。金牌总数第一次南北易位。

辽宁省体委主任李孝生在接受记者采访时说："北方人体魄强健，性格剽悍，这是发展体育运动得天独厚的条件。"他强调，省领导重视、训练竞赛制度改革和经济文化发展等，也是辽宁体育取得进步的重要原因。六运会，辽宁获32.5枚金牌。

率队参加本届青运会的广东省体委主任魏振立，将该省这次只获得25枚金牌，归结于"抓晚了""运动员训练时间短"。但是他说："我们有信心在1993年第七届全运会上取得好成绩。"

中国竞技体育新格局
—— 奥运金牌南北谈

中国竞技体育南北对峙的新格局已初步形成。中国运动员所获奥运金牌的地理分布即是一个证明。

汉城奥运会，中国所获5枚金牌的得主均属南方。而巴塞罗那奥运会，南方选手获10枚金牌，其中游泳3枚、跳水3枚、体操2枚、射击1枚、乒乓球（男女双打各以0.5枚计）1枚；北方获金牌6枚，其中乒乓球2枚，田径、柔道、游泳、射击各1枚。这表明南方取得显著进步，北国正在急起直追。

毋庸讳言，16枚金牌中有的属超水平发挥，可能有一些偶然因素，但是，也的确反映了一种必然性。

南方体育一向在技巧型和水上项目中占优势，这届奥运会所获金牌，多数属于这类项目。北方人体魄强健，性格剽悍，长于力量型项目，田径、柔道奥运金牌"零"的突破由北方选手实现，并非偶然。

由此可见，南方与北方都显示出自己的特色。值得注意的是，南北方也相互补充，相互融合。游泳与射击，南北方两面"开花"；乒乓球男女双打金牌获得者都是一南一北。这是新格局的一个重要特点。

新格局虽初步形成，但并非一成不变。国家体委副主任徐寅生今天与记者谈到，北方一些省市已认识到水上项目的重要，开始加强这些弱项，如修建室内游泳池，学习南方的先进技术等；南方则更重视吸收北方的后备人才。随着竞赛体制改革的深化和人才流动的加速，中国竞技体育一定能提高到新的水平。

（新华社北京 1992 年 9 月 7 日电）

23　看时机

　　这是一篇酝酿已久的文章，体裁归类大概可以说是人们所说的纪实文学。

　　此文发表在1990年的《记者观察》杂志上。据当时此杂志主编说，因为刊登了这篇文章，这一期杂志脱销了。由此可见，此文还是很受读者欢迎的。

　　为何要写这篇文章？

　　1987年新德里世乒赛后，何智丽风波初起。当时，笔者并不想公开谈论中国乒乓球队的让球问题，因为它很难说清楚。

　　对于国内各地的"全运战略"冲击国家的奥运战略，笔者曾写过《国内竞争要服从奥运战略》，谈了看法，但此问题仍然严重存在，仍值得议论。

　　1988年汉城奥运会前，何智丽风波再起。笔者写了《总教练的抉择——中国乒乓球奥运名单产生经过》一稿，并应新华社内部发行的刊物《新闻业务》编辑之约，写了《背景　内幕　歧见》一文，也谈到不希望将社会上闹得沸沸扬扬的何智丽风波内情公之于众。

　　1989年多特蒙德世乒赛上，江嘉良罢赛风波又在社会上引起争论，多数的意见是江应当服从裁判。对此，笔者有不同的看法，也未曾写稿。

　　后来事态的发展出人意料，一些人和媒体作了不合事实的报道。

　　笔者觉得，不应再沉默，到了该"出手"的时候了。

　　发稿时机已到。于是，就有了《乒乓王国的失落》这篇长文。

　　写此文的目的，主要是讲明事实真相，让那些不了解真情的读者，或是读了不实文章的读者知道真情；其次，也是为了对诸如"全运战略"、江嘉良罢赛和最重要的何智丽风波等问题发表个人的看法。

　　因为要说的事情比较多，既论今又谈古，说清楚又不太容易，也受了当时报告文学盛行的影响，才采用了纪实文学这一体裁。

笔者平时写稿就喜欢采用"递进"的手法，这种手法往往显得更有力些。写此文时，由文章内容所决定，笔者在整体上将其分为三个部分，也使用了"递进"的手法，即文前的"题记"。这样，首先给读者一个总体的大轮廓，各个部分也较好把握些。

应当说，写此文费了不少工夫和气力，有些地方可以说绞尽脑汁，一些观察某种社会现象得出的看法也融了进去。例如，第三部分的一段："今天的中国，人们已很少谈论大公无私，公私兼顾被视为理所当然，但利己若以损人为前提，仍然还会被人们看作是卑鄙。这是人们一种起码的道德准则。"

社会在发展，时代在前进，多年前写的东西，有些内容后来再看可能不太理解。因此，看《乒乓王国的失落》，需要用发展的眼光。

乒乓王国的失落

（题记：与其说中国输给了瑞典，不如说世界挫败了中国；与其说世界挫败了中国，不如说中国打垮了自己。）

好像历史有意开中国乒乓球男队的玩笑，用三十年时间为它画了一个大圆圈，起笔、收笔都在联邦德国的多特蒙德。

就在这个美丽小城的威斯法伦厅，三十年前，中国男队的金牌数由零变成一；三十年后又变成零。

当年，面容瘦削的中国人容国团，连闯七关，骄傲地登上了领奖台最高层，结束了炎黄子孙没有世界冠军的历史。人们称容国团夺冠为"报春花"，因为它迎来中国乒乓球，乃至中国体育的春天。

如今，领先世界近三分之一世纪的中国乒乓球男队遭到了空前的挫折，往日率队站在领奖台最高处的总教练许绍发，团体决赛后只好屈居第二层台阶上。

法新社评论道："中国人眼看着他们体育史上最牢固的一个阵地被攻破"，他们"实际上控制世界乒坛的状况已宣告结束"。

世界上的巧事真是太多了。

汉城奥运会，中国女排不仅仅丢掉了往日一得再得的金牌，而且有一局竟以0：15输给了苏联队。中国姑娘曾打过苏联队15：0，这样，旧账一笔勾销。

现在，这倒霉的巧事轮到中国乒乓球男队，前两届决赛赠给瑞典队两个5：0，如今瑞典队毫不客气地回敬了一次。

作为历史的见证，多特蒙德在举办第二十五届世乒赛时，目睹了中国乒乓球喜剧的开端；今天举办第四十届世乒赛，又观看了中国乒乓球的一幕悲剧。

当中国乒乓球代表团告别这个给他们胜利与欢欣、失败与遗憾的小城时，男队携来的三座奖杯已成为他人囊中物，自己的双手空空如也。

三十年间，共举行了十六届世乒赛，中国参加了十四届。在第三十五届上，中国男选手只得了混合双打半个冠军，当时李富荣说："男队输得只剩下一条裤衩。"第四十届世乒赛后归来，徐寅生说："这次……连裤衩也脱了……"

世界上没有常胜不败的队伍。从二十六届起，中国乒乓球队参加了十三届世乒赛，共获得91个冠军中的55.5个，占总数的60%以上，这还不包括几个被认为以示友谊而送给朋友的冠军。这样长时间领先于世界，仅苏联女篮能与之媲美。因此，失败的教训，对中国乒乓球队来说，可能比成功更有价值。

失败已成为历史，但究竟是怎样失败的？招致失败的原因是什么？为什么又败得那样惨？正如历史上每一个王朝的衰落都有其必然性和偶然性一样，中国"乒乓王国"王冠的失落也有其主客观因素。

让我们回到多特蒙德去追寻历史的脚步吧，那里为中国人留下了许多值得回味的东西。

中国输给了瑞典

江嘉良跨进橘红色的场地，对面走来阿佩伊伦。

两员老将握手，分站墨绿色球台两端。一场世界乒坛最高水平的较量开始了。

双方的指挥者中国队总教练许绍发与瑞典队主教练奥斯特，分别坐在场地两端挡板外，二人都双手抱胸，表情平静而自信。

23 看时机

此时，不，应该说一年前，许绍发已经意识到奥斯特绝非等闲之辈，他要比前两任老练、狡猾多了。

第三十八届世乒赛前，当时的瑞典队教练贝尔纳率队访华，探听中国队虚实。那时瑞典选手对付削球尚无把握。问起中国水平最高的削球手陈新华，答曰："受新规则影响，已经不行了。"贝尔纳放心了。

其实，这时的陈新华换掉了规则不允许的胶皮，正在加劲儿苦练。

赛期临近，中国队名单寄出，瑞典人见有陈新华，大吃一惊。许绍发大胆使用采用"过时"打法的选手，使瑞典队阵脚大乱。他们立即从奥地利请了一个削球手当陪练。许绍发得知，开心地笑道："来不及了。"

各路乒坛好手云集瑞典南部城市哥德堡后，贝尔纳的队员还在忙着看陈新华打球的录像，当地一家报纸对中国队隐藏陈新华颇为不满，说"中国人不但会打球，还会撒谎！"

诚实的贝尔纳博士根本不知道中国老祖宗有"兵不厌诈"的古训。突然冒出个陈新华，以致他在策略上一错再错。最后，瑞典队在自己"家里"以0∶5告负。贝尔纳坐失良机，赛后结束了教练生涯。

被瑞典人称为"秘密武器"的陈新华，在新德里第三十九届男团决赛时依然神气十足。瑞典队新教练、胖子滕斯特罗姆像贝尔纳一样诚实，认定中国队还会让陈新华出场。赛前练球，陈新华精神抖擞，练得格外起劲儿，使对手对他会出场深信不疑。见到中国队排阵名单，瑞典人目瞪口呆。中国队派出横拍快攻手滕毅而不是陈新华，专抓"中国队员大都心里没底"的林德，又抓个正着，新德里又重演哥德堡一幕。去新德里之前，瑞典新秀佩尔森在亚欧对抗赛中见到许绍发，谈起他们的胖教练，直言不讳地说："他'玩'不过你！"

新教练奥斯特从胖教练手中接过"权杖"，决心用他多年研究的成果突破中国的"长城"。他自1977年进入瑞典国家队执教，潜心钻研对付中国近台快攻的招数，已有10年。他的前任从大赛前半年开始抓集训，而他从1987年6月起就把选手们集中到训练营。多特蒙德之战揭幕时，中国队可能还没有意识到，瑞典人是来拼命的。奥斯特公开说："我们有四名世界顶尖选手，并且找到了遏制中国队的办法。"奥斯特吸取了前任的教训，在用兵上早就做了周密的安排。实际上的第四十届世乒赛中瑞之战，早在奥运会前就开始了。

失败教育了瑞典人，他们已变得不那么"诚实"了，对用兵之道十分敏感。如果回溯一下瑞典队近期的动向，不难看出奥斯特已是一块"老姜"，其招数已相当高明。

1988年6月，中国公开赛在广州，世界杯赛在武汉举行。当时的广州闷热异常，不生产也不使用电风扇的瑞典人极不适应。他们没有傻乎乎地真打，团体赛干脆放水，输给了水平起码低两个档次的尼日利亚队；单打也没追求好名次，两名主力瓦尔德内尔和佩尔森在世界杯赛上未进入前四名，自己交手时竟打起了表演赛，一会儿放高球，一会儿躺在地上回去，引得观众又是鼓掌又是笑，裁判不知所措，毫无办法。

不十分重要的比赛不拼命，既保证了健康，又不漏底细，实在是聪明之举。

中国乒乓球队借以称雄世界的用兵之道，成为瑞典人用以对付中国队的武器。反观中国队，已远非昔日可比。

届届有新人，是中国成功的经验之一。唯有本届，派出三员为人熟知的老将打复赛、半决赛和决赛。

中国队没人吗？有。不被人熟知的小将于沈潼、马文革此刻就在场边。教练们深知老将的弊端，因此早已着意加紧培养新人。黄石集训，于沈潼竟勇夺冠军，马文革表现也不俗，有希望担当重任。

临行前，我曾问总教练许绍发准备怎样用人，答曰："新的，老的，谁的状态好用谁。"中国队确定的方案有三套：二新一老为上策，一新二老为中策，三老为下策。

大赛揭幕。一、二阶段的实战显示：重压下的新人表现欠理想，而老将的表现还说得过去。

国人看乒乓球形成一种特殊的逻辑：得亚军即是失败。中国舆论界对乒乓球队也使用一种特殊的新闻价值观：赢球、得冠军理所当然，输球、丢冠军才有新闻价值。

在中国队首次夺冠军的起家之地，若连前四名都进不了，后果不堪设想。这一切，像巨石般压在中国乒乓球男队身上，教练的包袱太沉重了，意见完全一致：用老将。

三员老将顺利地以5∶0胜欧洲亚军波兰队，以5∶1淘汰了崛起新军苏联队。

艰难向前迈进的瑞典人吓了一跳，没想到中国人还有如此实力。而已准备输球的中国队侥幸取胜的心理大增：决赛，老将或许还能顶住，别无选择，只能取下策。

多年来，中国队一向以阵容整齐、兵多将广而自豪，排阵时用兵从容，常派出最让对方头痛的人选；外国人往往很费猜想。如今，优势劣势易位，轮到中国队猜别人了。

调兵遣将，中国男队陷入了从未有过的窘境。

中国乒坛"危机"起于1986年。春天，精选最强选手参加第二届亚洲少年锦标赛，丢掉了男子三项冠军和女单冠军。国家男队主力出战亚欧对抗赛，输球很多。新人难以为继，乒坛人士焦虑万分。

但是，在"狼来了"的呼声中，世乒赛冠军没少得，奖杯依然捧回。金杯的光辉使人目眩，一种盲目乐观的情绪滋长起来。许多人，包括领导者以为夺冠轻而易举，不再重视这个夺冠太多、似乎能永远得冠军的项目。于是，检阅后备力量的青运会拒乒乓球于门外；第六届全运会只许8支乒乓球队参加团体决赛阶段比赛；走在世界前列的乒乓球科研遭到冷落，在人家猛增经费之时，我们的科研经费少得可怜到一人一年的经费，只够买北京至上海的往返车票。

宝塔基础正变小。有的省已经或将要砍掉乒乓球队，许多体校取消了乒乓球班，有的乒乓球班停招学员。在瑞典，儿童、少年可以随便到任何一个俱乐部练球，不用花一分钱，还可以得到教练的指导。而我们呢？往日随处可见的球台挪作他用，乒乓球室恐怕有不少改为某某公司的办公室了。回溯得更远些，早在中国队创奇迹的1981年，乒乓球国家青年队即被解散。培养新手的"流水线"被截掉了重要一环。庄则栋、李富荣、梁戈亮、李景光、蔡振华、郭跃华、江嘉良、陈龙灿等几代建立殊勋的尖子队员，都经受过国家青年队的锤炼。恰恰是于沈潼、马文革一代成为"解散国家青年队"决定的受害者。他们初出茅庐时的水平远不如"前辈"。

"百花齐放"，曾长期被用来形容中国乒乓"小世界"中特色各异的打法。一些专家认为，近年来，"百花"渐趋凋零，取而代之的是"百鸟朝凤"。

直拍快攻打法被当作对付外国强手的主要武器，其他打法逐步降为陪衬。到如今，已是打法单调、众人一面了。虽有新手，但无新技术。难怪一位外国宿将说："我一看中国（男）队名单，就知道没什么新东西。"难怪瑞典的瓦尔德内尔和佩尔森这次对中国人保持不败，后者在单打比赛中竟连胜我4人。

创新，是人类社会得以发展前进的强大驱动力，正是在不断的创新中，人类才创造了如此灿烂的文明。中国乒乓球之所以能长期立于不败之地，主要在于勇于创新。三十年前，中国队创新主要技术打法共有13项，占世界乒坛多年来创新总数21项中的多数，从而走上长盛不衰之路。然而，长期领先，"富则求安"，抱残守缺，不思进取，似乎已成为中国乒乓界许多人的正常心态。近年来，偌大的被称为"乒乓王国"的中国，竟然一项大的创新都没有。不进则退，只吃老本，怎能不滑坡！

传统需要继承，更需光大发展。60年代崛起的以"快、准、狠、变"为特点的近台快攻，在70年代加了一个"转"字，粉碎了欧洲大力弧圈球的挑战。后来呢，反手攻丢掉了，韩国人捡起来为己用，反过来打我们；高水平的发球丢掉了，瑞典的瓦尔德内尔学到手，早就成了世界发球第一；"快速""前三板的优势"已不是唯我独有。支撑近台快攻大厦的顶梁柱有的丢掉了，有的已不牢固，哪能再经受狂风恶浪的袭击？

徐寅生等人曾大声疾呼：近台快攻打法已到了非改革不可的时候了，再这样维持下去，就要完蛋了！

但是，中国乒坛近年出现了一种怪现象：国家队急需高水平的直拍选手，省队却大量培养中国式横拍选手。国家队与省队打法比例严重失调。任你喊破嗓子，任你做出全国比赛必须有直拍的死规定，优秀直拍选手依然难寻觅。

说怪也不怪。国家实行奥运战略，要的是能在世界上称雄的优秀人才，而地方看重"全运战略"，要的是能在国内称王的人才。评价国家体委的功过，首先是看奥运会成绩，那么，各地对省体委则是唯全运会成绩是问。青运会、全运会，省体委主任们在焦虑中迎来送往，担心会不会一下子摘去乌纱帽。实际上，确有一些省级体委主任因金牌少、名次低而被罢官。日趋激烈的国内竞争严重干扰着奥运战略的实施，使得"全国一盘棋""国内竞争，一致对外"成了空口号。汉城之战成绩不理想，重要原因之一就是奥运战略的实施受到全运战略的严重影响。

在省级体委领导下的省级乒乓球队，要的是能在全运会、全国比赛称雄的人才，管你什么国家队！输送一名国家队队员，所得奖金无几！而若赢得全运会冠军却有一大笔收入，何必为国家队卖力！培养高水平直拍选手，周期很长，而培养一块好横板，则属于"早熟品种"，国内比赛偏偏又是横拍占优势，哪个傻子才愿培养直拍人才！我国第一位女子单打世界冠军邱钟惠说："不适当地实行承包制，许多教练只看眼前承包的这几年，要在全运会拿名次，不是放眼世界，不作长期打算，甚至揠苗助长，削弱了'全国一盘棋'的观点，使运动员训练的系统性受到影响，这是中国男队青黄不接的根本原因。"

　　于是，中国队后备人才梯队中缺了一批人。培养一批人需四五年。而乒坛专家认为中国队的技术正是落后了四五年。这期间，人家在卧薪尝胆、悬梁刺股，加倍苦练，我们却枕着奖杯，躺在厚厚的功劳簿上睡觉，任"百花"凋零，或在拼力"内斗"，把创新忘得干干净净。

　　1988年9月29日，参加奥运会男子单打比赛的三名中国选手没有一人进入前四名，外国记者称这一天是"中国队的黑色星期四"。赛后，许绍发脸上透出忧伤，他说："原来预计四十届后会出现一个低潮，没想到来得这么快！"

　　已处低潮的中国男队现在面对的恰是处于高峰期的瑞典队。

　　决战，阿佩伊伦开局便给江嘉良来了一个下马威：21∶10。江嘉良打出近台快攻的威风，艰难地扳回一局。

　　赛前，江嘉良曾预测瑞典队夺魁希望最大。此刻，他多想拿下这第三局，为中国队拿下第一分！可是，几次失误，优势已转向对手，失败正等待着他。

　　奥斯特十年的研究成果在阿佩伊伦身上得到体现。江嘉良的发球已没什么威胁；搓球，对方在台内、台外都可熟练地上手攻击；推挡，已难控制对方，打到左边、右边、中间，对方都可拉回又快又转的弧圈球。中国的"杀手锏"——前三板优势已不复存在。

　　如果，江嘉良发力进攻的三个球能扣死两个，哪怕是一个，如果阿佩伊伦此刻出现无谓的失误……但转机没有出现。

　　江嘉良发球失误，记分牌显示：15∶21。阿佩伊伦终于胜了第三局，打败了团体赛从未输给瑞典人的江嘉良。幸运之神正向瑞典队招手。

如今的欧洲乒坛，瑞典为最优秀的代表。速度、力量、旋转结合完美；正手、反手、近台、中台、远台，各种技术齐备。而瓦尔德内尔是这种全方位立体打法首屈一指的代表。

中国队的滕毅虽是横拍选手，打法依然没有突破近台快攻的老传统，相持能力虽强，反手推挡、快拨、快带的威胁却不及瓦尔德内尔反手疾速旋转的弧圈球。

第二盘决胜局的最后关头，瓦尔德内尔接连抢先拉出漂亮的弧圈球，滕毅来不及反击，一气丢了5分。他微微摇了摇头，默默地走出了场地。

江嘉良、滕毅先后败北，中国队以0∶2落后，卫冕还有希望吗？陈龙灿是中国的头号主力。他若拿下一分，突破了零，说不定转折就从这里开始。他对佩尔森还是"上马"对"中马"的较量。

然而，今天的瑞典队已完全成熟。其主要标志是丢掉了过去比赛时那种随便丢分、不负责任的"少爷"作风，治好了"恐华症"。

最年轻、最不成熟的佩尔森竟然也异乎寻常地冷静，关键时刻不手软，具备了乒乓球运动员最需要的那种顽强的拼劲儿。

陈龙灿胜了第一局，佩尔森立即扳回一局。

陈龙灿第三局遥遥领先，佩尔森连追10分，反而超出。

佩尔森终于得了19平后决定胜利的两分。

3∶0，瑞典队领先。

大厅里人声鼎沸，就像喧嚣的海。瑞典乒乓之船16年来第一次乘风破浪，驶向胜利的彼岸。

横拍切削是瑞典，也是欧洲人的传统。当东方直拍攻球兴起，西方削球防线走向崩溃时，瑞典人率先抛弃了传统的削球，弃守为攻，但横握拍的传统没有变。这使他们迎来"黄金时代"，夺得几项世界冠军。后来，日本的弧圈型上旋球的旋转，与中国近台快攻的速度，在横握拍的瑞典人那里落户、结合，孕育出独特的、既快又转的瑞典打法。

一个民族，囿于旧传统是没有希望的，批判地继承、发扬传统，把他民族的优点吸收、消化，丰富、充实自己的传统，才能前进。一支球队也是如此。瑞典人是成功者。

世界挫败了中国

江嘉良发反手球，失误，5∶8；又发反手球，球擦网而过。他准备再发，抬头一看，记分牌却翻成了5∶9。为什么球擦网却失分？困惑、怀疑、不满，到裁判面前交涉，无效；于是，江嘉良停赛，继而要求撤换裁判。

观众哗然，嘘声四起。场内许多人惊愕地注视着事态发展。国际乒联技术委员会成员聚在场地挡板外一角紧急磋商。

世乒赛六十多年的历史上曾发生过两次因球拍而引起的大争论，像这次要求撤换裁判的大风波尚属首次。

按最流行的说法，乒乓球是英国人发明的。自1926年举办世乒赛起，欧洲人一直垄断着这个项目，仅美国人偶尔尝到冠军的滋味。

1951年，日本人佐藤博治用一块黄色海绵拍参加第十九届世乒赛，印度孟买刮起一股"黄旋风"，执胶粒拍的欧洲人被"刮"得东倒西歪。

亚洲人第一次捧得冠军杯。亚洲人"侵占"了欧洲人的"利益"；欧洲人愤怒了："禁用海绵拍！""禁止这种歪门邪道！"

这次争论到1959年在多特蒙德平息。

日本人称雄的50年代，世乒赛领奖台上尚能常见欧洲人。中国人自60年代初取代了日本人，留给欧洲人的仅仅是"残羹剩饭"。

1971年第三十二届世乒赛，中国的梁戈亮用一块"怪拍"（球拍两面胶皮颜色一样，性能不同），打得欧洲人狼狈不堪。第二次大争论又起。

欧洲人提出：禁用这种"阴阳拍"。有人竟然造舆论说："中国人是靠球拍取胜的。"

中国人当仁不让："球拍完全符合规则，充分发挥球拍作用是一种创新，丰富了乒坛技术宝库！"

十二年后，中国乒协终于让步了。赢球还要赢人心。国际乒联1983年代表大会通过了关于球拍、发球、跺脚的新规定。

此时的国际乒坛，已形成世界打中国，中国打世界的格局。

1981年，中国人从南斯拉夫诺维萨德兴高采烈地捧回全部7座奖杯，攀上了乒乓高峰的顶点；同时，也把自己置于众矢之的的地位。

世界上所有的乒坛宿将、新秀，莫不以战胜中国人为荣；每一个强队，无不以打败中国队为第一目标。

中国得的世界冠军太多了。在世界各地,同情弱者的观众,除炎黄子孙外,几乎一律把掌声、鼓励给予中国人的对手。领奖台上的红颜色,早已使国际乒联领导人十分反感,甚至嫉恨。

国际乒联第二任主席,来自威尔士的伊万斯,自1967年第二十九届世乒赛时上任,一直保持着高雅的绅士风度,为乒乓球运动发展尽心竭力地工作,为乒乓球进入奥运会四处奔走游说,被尊称为"乒乓先生"。但是,1981年世乒赛中国队实现"一片红"后,这位"乒乓先生"的热情似乎仅仅倾注在一点:遏制中国人。

近几百年,欧洲人一直把自己看成是世界文明的化身,他们眼中的世界,地球是围绕着欧洲这个"轴心"转的;中国,只不过是他们眼中的远东而已。作为欧洲人的代表在国际乒联掌权,竟使世乒赛变成亚洲人,尤其是中国人的天下,伊万斯确实愧对了欧洲人。

他开始筹划整治中国人的对策。

限制"怪拍"的新规则通过后,伊万斯解释:"这些新规定不是针对哪一个会员国的。"当年8月,布里奇顿第四届世界杯赛时,令欧洲选手闻风丧胆的蔡振华和江嘉良,因受球拍新规定影响没进前八名。中国人自容国团第一次夺冠起,还没有遭到如此惨败。而瑞典人包揽了前三名。有欧洲人毫不掩饰地说:这是规则的胜利。

但是,伊万斯只是把这次规则的变动,视为他整个计划的第一步。接下来,他还要制定增大球台,加高球网,发球必须出台,前三板球不计分,球拍两面性能一致,所有选手的球拍必须一样等规定。

显然,这既是欧洲人的意见,又是有利于欧洲人的。一向善于克己的中国乒乓球界发现,伊万斯太偏爱欧洲人了,日本、韩国、朝鲜等亚洲乒乓界人士也群起而攻之。

人们怀念蒙塔古"执政"的年代。这位第一任国际乒联主席正直、公允。他睿目识宝,不理睬欧洲人的要挟、抗议,坚定地支持代表新技术的海绵拍推广使用。

伊万斯的行为激起了亚洲人的公愤。

时隔不久举行的亚乒联盟会议,"炮口"一起对准国际乒联,指向伊万斯。

自50年代起，亚洲的乒乓球运动水平已高于欧洲，而国际乒联主席却一直是欧洲人，太不公平了。一场旨在把伊万斯拉下宝座的"革命"在悄悄酝酿。1987年春，国际乒联内的一场"欧亚大战"终于爆发。

国际乒联第三十九届代表大会在新德里世乒赛期间召开：重要议题之一是改选这个组织的主席。

日本的前世界冠军荻村伊智朗频繁地来往于各代表团住地之间，到处宣传他的竞选纲领。常年经商，使他善于把握时机；多年打球，又使他能一眼看出对手的弱点。他的竞选纲领中有两条最富号召力，而且恰恰切中伊万斯的要害：一、不赞成伊万斯以"修改规则"的"武器"限制中国队的优势；二、当选后一年内走访八十个会员国家和地区，帮助推动乒乓球运动。

伊万斯已高龄七十六，又偏向欧洲，无论如何也做不到这两条。他只得装出一副可怜相，倚老卖老，到处苦苦哀求："让我再干两年吧，至少到1988年奥运会，是我把乒乓球介绍进入奥运会的呀！"

当时的世界乒坛，呈现亚欧对抗的态势。这不仅仅表现在技术打法和实力上，也体现在乒协态度上。欧洲力保伊万斯，亚洲竭力推举荻村，关键看非洲和拉丁美洲各乒协的意向。而中国在第三世界有着广泛影响。中国乒协已经意识到，要在国际乒联内改变受挟制的局面，必须换掉目前的掌权人。

选举结果：65票对39票，荻村以出人意料的多数当选，成为担任国际乒联主席的第一个亚洲人。伊万斯怏怏不乐，而踌躇满志的荻村则是"春风得意马蹄疾"，立即开始履行周游世界的诺言。

国际乒联权柄的转换以亚洲人的胜利而告完成。欧洲多年难得拿到比赛的奖杯，又失去乒乓世界的控制权，怎能善罢甘休！

当多特蒙德之战揭幕之时，中国人面对的是整个"乒乓世界"的挑战，特别是欧洲人的挑战。

奥运会将乒乓球纳入赛项，犹如给乒乓球诸强注射了"兴奋剂"，安装了"马达"。一股新的乒乓热在许多国家兴起。增加拨款者有之，建训练基地者有之，悬高额奖赏者有之，有的还搞联合集训，矛头所向无一不是针对中国。

汉城奥运会东道主韩国堪称金牌的最狂热的追求者。而打败中国则是他们的乒乓球选手最高的奋斗目标。为在奥运会上夺金牌，韩国当局特意加强了"银弹政策"。金牌选手每月可得 1300 美元的津贴，终生受用。乒乓球选手得了金牌，还有乒协的一大笔奖金。乒协主席再额外给一笔奖金。

如此重奖，国际乒坛绝无仅有。这是韩国队主力选手不外出"掘金"的主要原因。也难怪他们甘心情愿地接受军训式的练习，其吃苦能力几乎无与伦比。据说，他们将两张球台并在一起练步法，左右奔跑。在运动员承受的运动量达到极限时，教练用语言甚至拳打脚踢对其实行强刺激，使之重新振奋。

韩国选手使用日本式方形直拍，传统打法师承日本。他们学习了中国的快攻、反手攻、发球等长处，形成了自己独特的凶狠打法，渐渐崛起。

也许是进行了特殊的心理训练，一碰到中国队，韩国人好像红了眼，吼着，叫着，蹦着，跳着，格外兴奋，往往打出超水平。1986 年汉城亚运会，中国乒乓球男女队双双负于东道主。从此，中国乒乓界"狼来了"的呼声高喊不止。

韩国队如此，其他强队也不逊色，他们眼中只有中国，只有打败中国人，才能称雄乒坛。

瑞典教练奥斯特在第四十届世乒赛开幕后，列举了六个可以给中国造成压力的队：英格兰、苏联、联邦德国、朝鲜、韩国、瑞典。

中国队赛前进行封闭式训练，那些担任陪练角色的小伙子模仿的对手不止上述六队中的佼佼者，还有波兰、法国、匈牙利等队的老将或新秀。

这时的中国队已不可能像前两届一样，只集中精力对付瑞典队，它必须与世界抗衡。而世界一方的实力已大大超过了以前。

四十届世乒赛，中瑞决战前一天晚上，中国代表团副团长李富荣遇到格普。这位组委会主席、联邦德国乒协主席直言不讳地说："明天的比赛你们不好打。不能总是你们得冠军！"

大赛帷幕尚未拉开时，瑞典教练奥斯特罗姆用颇具挑战性的语言说："假如我们想战胜中国队，这里就是最好的地点。"

联邦德国人熟悉瑞典队那几个黄头发的小伙儿。他们都曾长期在这个国家打球，时间最长者达 7 年之久。佩尔森还是比赛举办地俱乐部的冠军。当地报纸报道，瑞典人得到观众热情支持，特别是女球迷希望他们在同"老冠军"的决赛中获胜。"这些金头发的男子不论走到哪里，总会被团团围住"，他们一露面，"大厅里的掌声就明显增强。"瓦尔德内尔十分满意："以后的世乒赛可以总在这里举行！"阿佩伊伦则觉得："最终代替中国人当冠军的机会从来没有这么好！"

毫无疑问，观众的多数倾向瑞典人，然而，观众的作用充其量只能壮壮场势，作用更大而人们往往不会想到的则是裁判。

按照国际惯例，裁判员应来自不同的中立国家和地区。这次大赛的女子团体决赛中国队与韩国队交锋即按此惯例执行。但是，男子团体决赛中国队与瑞典队较量，出现在裁判桌后的执法者却是清一色的联邦德国人，惯例被抛开了。这绝非疏忽，而是经过精心策划后的刻意安排。因此，出现偏袒，并不奇怪。

江嘉良的发球究竟违例没有？

联邦德国电视二台5日凌晨三次播出江嘉良发球的慢镜头，讲解员说，江嘉良发球完全合乎规则，裁判的判决是错误的。

日本乒乓球界人士看江嘉良发球的录像三四次，认为确实不犯规。

正在联邦德国打球的前世界冠军郭跃华认为，江嘉良的发球对对方毫无威胁，他是打实力球的，没有必要在发球上使出"小动作"。

会不会是艾格勒一时失误？

中瑞决赛第一盘第一局，打到6∶8时，艾格勒曾判江嘉良发球违例、失分。按通常惯例，裁判认为选手发球违例，应先警告，继续违例再处罚。艾格勒违反了惯例。第二局，阿佩伊伦发球擦网，江嘉良举左手示意，并随手击球至网前，艾格勒又判阿佩伊伦得分，阿佩伊伦自己也向裁判提出这次发球确实擦网，艾格勒不动声色，坚持己见。

规则规定，运动员擦汗，必须在交换发球权和20平以后出现平局时。瑞典选手在非规定时间擦汗，从未遇到干涉；而中国选手在规定时间擦汗却遭到阻止，滕毅每打一球要小跑一圈也被禁止。同样是发球，阿佩伊伦有翻掌动作，而且向后抛，有违例之嫌。如果说江嘉良违例，那么，阿佩伊伦违例更严重，艾格勒并未判罚。

这是为什么？

把中国队拉下冠军宝座，是欧洲人的夙愿，更是联邦德国人急不可待要实现的目标。联邦德国有为数可观的乒乓球俱乐部，以企业赞助维持生计。球队赢球，广告叫响，即能得到可观的收入。奋斗多年的欧洲人若再不能打败中国人，没有人愿出钱给乒乓球俱乐部了。

怎样才能打败中国人？

欧洲人发现，与中国人交锋，第一盘输掉，后边就难打了。中国人讲士气，挫其士气，方能操胜券。

艾格勒是深知此道的，他的第一次错判恰恰就在第一盘第一局，第二局又施故技。第四盘，中国队若能扳回，也许还有一线生机，于是艾格勒"再捅一刀"。

乒乓球赛可能是所有球类项目中最为敏感的项目，心理因素往往起主导作用，技术战术的使用、发挥取决于心理的稳定，特别在这决定冠军的归属，甚至个人、集体、国家荣誉的关键时刻，有没有稳定的心理状态，至关重要。

假设，江嘉良在第四盘对瓦尔德内尔第三局以5∶8落后时，如果重新发球而不是判定的5∶9，结果会变成6∶8。一分的得失，实是两分的差距。再假设，江嘉良在此之前一直未受到干扰，而此时又打出高水平，相反，瓦尔德内尔恰恰出现失误，中国队很可能拿下这一盘，打破了零，整个队的士气会为之一振。包括中国队在内的许多队都有逆境挽狂澜的战史，保不准奇迹会在这时出现。

艾格勒的意图是明显的，他正是用此计打破中国运动员的心理稳定，为瑞典队获胜助一臂之力。除此之外，人们不可能找到什么新的解释。

问题还不仅仅在于艾格勒一人，当一名裁判员出现错判或误判时，另外两名裁判同时在执法，完全可以提出异议，协商解决。但是，当艾格勒一而再、再而三地出现错判时，甚至连江嘉良的对手都认为判罚不对时，就像事先已有默契一样，另外两名裁判员一直是一声不吭，好像艾格勒就是他们的代表。两位裁判长也从未干预，任艾格勒一意孤行。

这意味着什么？

联想到赛前的蛛丝马迹，裁判的清一色国籍和艾格勒一再错判等极不正常的现象，完全有理由怀疑，欧洲人是有预谋地整中国队。说不定，艾格勒在赛后还会领到一大笔奖金呢！

李富荣、许绍发赛后都表示，错判给中国选手造成一些思想波动，但输球的原因不在裁判。这是理智的回答，但事实确已表明，裁判在帮助瑞典人。

十几分钟过去了。扩音器里传出裁决结果：裁判的判决是正确的，但为了弘扬体育比赛的精神，使比赛得以正常进行，决定更换本场裁判员。

请注意：技术委员会决定，原意是维持原判，并没有认定"裁判的判决是正确的"。而这位联邦德国有关方面的"发言人"却说"裁判的判决是正确的"，是口误还是蒙蔽观众，给中国队施加压力？

艾格勒等不情愿地离开座位，他的同胞布劳恩等代替了他。比赛继续进行。

中国队终于到了十年来第一次，三十年来第三次失利的时刻。江嘉良没有像上届单打决赛那样创造奇迹，他无法挽回即倒之狂澜。最后一盘，陈龙灿更是无心恋战。从阿佩伊伦开始的决赛到阿佩伊伦再出战而告结束。

0∶5。中国队不得不吞下这个苦果。

其实，靠中国乒协的努力及影响上台的国际乒联主席荻村，也希望中国队失败。打破中国的垄断，国际乒坛将产生新的活力。他说，（中国队输球）这是件好事，由一支队伍长期垄断金牌的状况是不应该的。但是，他没有忘记老朋友，极富同情心地安慰中国人："不是中国退步了，而是各国家和地区的水平提高了。"

从技术上看，荻村讲的是事实。但体育竞赛这种"和平时期的战争"并非仅仅比技术。

如果说，国际乒联前任主席伊万斯能打出"规则牌"来对付中国队，那么，在这次比赛中，可以说联邦德国人打出了"裁判牌"。

体育界，在全球范围内，裁判受到高度尊重，判得对也罢，不对也罢，必须接受。不服吗？可以抗议，但判决不能更改。还没听说过哪个项目的规则，允许更换不公正的裁判。江嘉良竟敢以罢赛要挟撤换裁判，而技术委员会竟满足了中国队的换裁判要求，这还了得？

4月6日，刮起了一场小风波。在世乒赛上执法的168名裁判员中的130人，联合上书国际乒联，提出抗议。抗议书说："撤换裁判的决定不仅超越了技术委员会的职权，而且违反了国际乒联的规则。"

技术委员会主席、马来西亚的叶荣誉立即反驳。

他向新闻界宣布：技术委员会今天（6日）开会一致认为，维持裁判对比分的裁决和更换裁判使比赛继续进行，为最佳决定。

又是对立的两种意见。但大会裁判，绝大多数是联邦德国人，当然也有些来自其他欧洲国家的。显然，这又是欧亚之争。

三十年前，就在这个大厅里，世界冠军荻村对裁判判决极为不满，导致停赛长达四十多分钟。三十年后，还是在这里，国际乒联主席荻村目睹了世界冠军江嘉良停赛一幕。可能是同"病"相怜，同受其害，这位前辈在乘电梯碰到江嘉良时，拍着小伙子的肩膀安慰道："你停赛十几分钟算什么！"当130名裁判的抗议书交到这位昔日"智多星"手中，他随即把它打入了"冷宫"。国际乒联没有讨论这份抗议书。

或许，这就是亚洲人掌权的好处。

当今体育世界，运动场上的冤假错案屡见不鲜。

中国人在裁判身上吃了多少亏！

洛杉矶奥运会，中国体操队的团体金牌被裁判夺走，挂在美国选手胸前；汉城亚运会，中国羽毛球队败于东道主的"司线员战术"；汉城奥运会，美国"空中英雄"洛加尼斯得金牌，中国小将熊倪失金牌，也是由于执法者偏袒……

这种大白于世的丑闻，并没有使裁判员失去什么，他们得到的仅仅是轻微的"制裁"。然而，金牌的归属不可更改了，冠军的名字写进了体育史册。这不正是对奥林匹克精神的亵渎吗！中国一些教练曾慨叹："大熊猫（中国代表团送给裁判的玩具礼品）怎么能比得上（有的队送上的）大叠的钞票！"

目前，体育界法制还不健全，缺乏对执法犯法者的有力监督和制裁。所以，艾格勒之流才如此肆无忌惮。

瑞典人应该感谢东道主联邦德国人。这不仅仅因为裁判帮了忙，也不仅仅因为观众出了力，还在于近年来他们高薪聘请外籍球员，在本国形成了一个世界乒乓球中心，给各国，特别是瑞典球员熟悉中国打法提供了机会，这才使他们在决赛中战胜中国选手。

中瑞决赛，是乒坛史上亚欧对抗的继续。

这场决赛，是"世界打中国"的一场决斗。

这场决赛，也是欧洲人利用裁判战术围攻中国，并取得成功的一役。

中国历史上，建万里长城仅仅为了防御北方的入侵者。而现在，已不如昔日牢固的中国乒乓长城遭到的却是欧亚两面夹击。它怎能抵御世界兵团多路兵马和各种武器的轰击！

中国打垮了自己

如果说中国输给了瑞典，不如说世界挫败了中国；如果说世界战胜了中国，不如说中国打垮了自己。

近几年的中国乒乓球队，不，确切地说在中国体育界，围绕乒乓球所发生的一系列故事，是那么地耐人寻味。细心的读者如果能认真地咀嚼我下面说的故事，我想一定会品出味来。这就是：乒乓球的失败，实际上是中国人打垮了自己。

6日，休息了一天的各路乒乓健儿又会聚到威斯法伦厅，开始争夺单项锦标。

"妹妹你大胆地往前走，往前走，莫回呀头……"

赛场内常响起中国拉拉队的歌声。

然而，歌词中仅有"妹妹"，中国队的"妹妹"大胆地走上了团体冠军的领奖台；而"哥哥"却只走到第二台阶。单项比赛，"妹妹"披荆斩棘，夺到了所有的冠军；"哥哥"却步履艰难，无一人、一对闯入决赛。

混合双打是"哥哥"与"妹妹"携手参赛的唯一"边缘项目"。它的进程颇为奇巧。中国选手，前十六名中有八对，前八名里剩下四对，前四名中留下两对。中外选手都是半对半。按这样的"规律"发展，应有一对中国选手进入决赛。但是，这一"规律"到四分之一决赛为止，中国选手半决赛都输了球，冠、亚军被韩国与南斯拉夫运动员夺走了。

混双多年都是中国队的强项，已连续五次捧杯。这次出了什么意外？

《羊城晚报》的一篇报道说出了真情：四分之一决赛，中国有两对选手自己拼自己，拼掉了应当继续"往前走"的一对。

中国队教练对韦晴光和李惠芬组成的一对混双寄予厚望。他俩都擅长双打，双打都取得过出色的战绩，对下边将要遇到的南斯拉夫人较为熟悉，若由他俩出战，取胜的可能性要大得多。

为什么不让他俩上？

说来话长，必须提一提"何智丽风波"。许多报刊已就此载文透露真情，这里将尽量避免不必要的重复，作必要的介绍。

三十九届世乒赛，何智丽接受了陈静的让球后，没有按领导的安排让给管建华，在管建华毫无思想准备的情况下战而胜之，接着以21∶17、21∶19、21∶18并不明显的优势胜了韩国的梁英子，获女子单打世界冠军。

一场轩然大波由此而起。

中国的让球已有近三十年的历史。在体育界、新闻界甚至许多球迷中，有些让球的事早已不是秘密。让球与陪练一样，是以牺牲个人的利益，去争取整个集体的最后胜利。这个"策略"自然有某种意义上的不合理性。外国人视陪练为不道德。而在中国乒乓球队，让球是集体主义的重要组成部分，过去一直畅行无阻，但今天却遭到抵制。

赛后，中国女队开了一次总结会，会上的发言反映了抵制与反抵制两种思想的斗争。

总结会发言摘要如下：

何智丽：这次比赛打得不错，为国争了光。前一阶段技术风格比较乱，旋转和速度哪个为主吃不准，亚运会（汉城，1986年）时技术就处在混乱中。这次打出速度，取得了好成绩。对于让球的事，我认为我没有错。陈静让给我，不是我提出来的，是领导决定的，领导应负责。自亚运会后，领导对我使坏使得够多的了。我警惕性也高了，变得聪明起来了。要我让给管建华，我认为这是整我，所以赛前我没有讲明要真打，我一贯认为，让球反映不出真水平，应该真打。我打梁英子有信心。反正你们有你们的想法，我有我的想法，我没错。

马金豹（何智丽的主管教练）："不能同意何智丽总结中谈的一些问题。你从1981年进队一直是我主管的，技术发展是比较顺利的，38届（世乒赛）也打得不错。为什么出现技术风格的混乱？是因为你不愿意再听我的，而愿听其他人的。亚运会前我预感到你要'砸锅'，我把这担心告诉了带队教练。

"事实上，这次比赛也并没有如你讲的打出了速度，这有技术录像，大家都可以看到。领导上的决定是本着集体利益、国家荣誉出发的。研究你和陈静谁上时，让我表态，考虑到38届你胜过朝鲜李粉姬，而陈静输过李粉姬，我们教练都提你上。亚运会团体决赛，你输了两分，女队丢了金牌，领导又让你参加了亚洲锦标赛，最后让给你得女单冠军。这次39届你参加三项比赛，怎么能说领导对你使坏，是在整你？你拿了冠军，成绩应该肯定，但对不服从领导决定一事，应该有认识。"

戴丽丽："这次我没有打好，没有把住关，但同伴打赢了，夺得了世界冠军，我感到安慰。何智丽把技术风格的混乱归于马指导是没有道理的。事实上，在较长一段时间里，你光听别人的，不听马指导的，连商量都不商量，这让主管教练怎么管！

"陈静在先胜一局的情况让给你，你接受了。要你让给管建华，你不打招呼就把管打下来，这是个道德品质问题。如果都这样，今后我们这个队伍还要不要集体主义？乒乓球队有史以来没出现过这个问题，我认为何智丽应该好好认识这个问题。"

李惠芬："何智丽最后一场球打得不错，我为中国队夺得世界冠军感到高兴。上一届曹燕华也没参加团体赛，但她单打中拼上来拿冠军，大家佩服她。何智丽用这种办法拿冠军是不光彩的，这是品质问题。"

管建华："虽然我个人在这种情况下输给了何智丽，但在决赛时我还为何智丽加油鼓掌，中国人谁拿了冠军我都高兴……（谈到对何智丽的比赛时，因激动没有讲下去。）"

张燮林（副总教练）："在一种特殊的情况下，压力比较大。何智丽能够在决赛中打赢，为中国夺得女单世界冠军，这一点应该肯定。乒乓队的优良传统是集体主义，见荣誉就让，见困难就上。何智丽不执行领导的决定，这在乒乓球队历史上是没有过的。既然何智丽你认为打梁英子有信心，为什么在有充足的时间里你不向领导提出来？如果你提出来了，也许领导会根据你的决心重考虑，但你现在这种做法是错误的。如果都这样，今后这个队伍怎样带？何智丽对这个问题应该很好地认识。"

从上述发言可以看出，除去何智丽，中国队教练员、运动员对让球的态度是一致的。

今天的中国，人们已很少谈论大公无私，公私兼顾被视为理所当然，但利己若以损人为前提，仍然还会被人们看作是卑鄙。这是一种起码的道德准则。

采访新德里世乒赛的记者了解真情，绝大多数把同情给予了被欺骗、吃了哑巴亏的管建华，而对这位世界冠军保持了沉默。这种对世界冠军的沉默，在中国体育史和中国新闻史上恐怕都绝无仅有。他们可能不愿用自己的笔去赞扬用不光彩手段夺得荣誉的世界冠军。

一位不甘沉默的记者从新德里归来后，写了一篇《世界冠军的沉默》。

此文给让球风波来了一次大曝光，却用一块"黑布"遮住了主要事实的一半。

《世界冠军的沉默》一文中只讲何智丽在"任性地出击"中没有让给管建华，对陈静让给何智丽，只说了一句话："何智丽很轻松地获得了第二赛区（陈静在此赛区）的出线权。"

此文一出，社会上议论纷纷。许多读者为何智丽鸣不平。中国队遭到了比输球时还要多的指责。

实际上，世界冠军何智丽没有沉默。她写信给当时中央一位领导人，反映她在队里有压力。这位领导的秘书打电话告诉国家体委，大意是：不应审判胜利者。

中国乒乓球队有关人员也写信给这位领导人讲明真情。国家体委收到的答复是：这件事他不管了，由体委自己解决。

中国乒乓球队为解决队里的矛盾，建议给何智丽小小的处罚，哪怕是停赛一个月。报告打上去，泥牛入海。国家体委领导意见不一致，一直未表态。这件事僵住了。

沉寂，孕育着爆发。

1988年7月，中国乒乓球队参加奥运会名单产生，何智丽落选，风波又起，势头更猛。

在中国，极小范围内决定的事往往也不能保密。上海市主管体育的一位负责人得知消息，几次打电话给国家体委，要求选上何智丽，但他未向新闻界透露。时隔不久，上海市举办了有关争办世界大学生运动会的新闻发布会。有记者问何智丽落选一事，不了解内情的市体委主任如实作答，同时嘱咐不要发消息。

国家体委不是说要增加新闻的透明度吗？记者不管三七二十一，随即公布于众。广州一家报纸头天刊登了来自上海的有关何智丽落选的消息；第二天发表本报资深记者的评论，为何智丽落选、起用新秀拍手叫好。

作为专业报纸的《中国体育报》似乎不应该无动于衷，于是主管乒乓球项目的记者写了《名与实之间的选择》，陈述了陈静取代何智丽的理由。接着，何智丽的"大妈"、中国队的顾问孙梅英撰文在《中国体育报》上发表反驳记者的文章。上海的报纸，有的由驻京记者采访何智丽、李富荣等发回稿件；有的则准备公开讨论，落选风波已是满城风雨，沸沸扬扬。香港报纸转载了北京报纸的文章。韩国女队立即改变了训练计划。

一股巨大的舆论力量压向中国队，压向最后拍板定案的张燮林，要中国队在奥运会最后一次报名前改变态度。但中国队顶住了，张燮林顶住了："大不了当第二个曾雪麟！"

经过一段极不寻常的平静，奥运会开战。中国三位女将陈静、李惠芬、焦志敏在国庆之夜使三面五星红旗在赛场升起，证实了总教练的抉择是正确的。

风波应该停息了，可事情并不尽如人意。

一位记者又写了《何智丽落选内幕》，发表在《海南纪实》杂志上。此稿与《世界冠军的沉默》一样，也回避了陈静在领先时让给何智丽这一重要事实。此外，还有一些事实被"改造"了。例如，8月20日下午，何智丽打电话给张燮林，说的第三句话是："你也是上海人，你还有脸回上海！"此文中却变成了"你不要只顾个人利益，丢掉国家荣誉！"

后来，《工人日报》发表了一篇《中国乒乓球的烦恼》，《海南纪实》又发表了《何智丽事件再曝内情》。此外，《梦断汉城》一文也有少量篇幅介绍了何智丽风波真相。

有关何智丽让球和落选风波的事实虽已清楚，但人们对把让球作为取胜策略这一做法依然存有不同看法，也许永远也不会有相同的意见。

中国队队长江嘉良在让球风波闹得不可开交之时，曾给当时的国家体委主任李梦华写了一封信，信中说："我国运动员的工资、奖金比外国少，科学手段也比不上人家先进；如果再不发挥集体的作用，拿什么去和人家较量？近几年来，我们在技术上已不占优势，依靠集体力量才是我们的长处。这是社会主义优越性的体现，也是其他国家难以学到的……如果我们连这一点也否定掉，就只好认输。"

江嘉良曾接受让球，在新德里"世纪之战"中力挫瓦尔德内尔夺得冠军归来后，他对笔者说："我很感谢惠钧、陈新华，没有他们让我，我很难进决赛；就是拼入了决赛，也很难有体力赢下来。"江嘉良也曾不止一次让过球。去年的武汉世界杯赛，江嘉良身体、竞技状况都差，没等教练征求意见，他主动把争冠军的机会让给了状态稍好些的陈龙灿。陈龙灿十分感慨："他（江嘉良）想的是：谁为中国夺金牌有利，谁就上！男队有这样的队长带头，让球就不会扰人不休。"

如果说，让球风波反映了现时社会集体与个人、谦忍与放任之间的价值取向之争，那么可以说，第三十九届世乒赛男、女单打冠军江嘉良与何智丽就是两方的代表。孰优孰劣，队里是清楚的，了解了真相的读者也不难分辨。

江嘉良的信并未使一直沉默的国家体委领导表态，直到第四十届世乒赛前，上任不久的国家体委新主任伍绍祖去黄石看望封闭训练中的乒乓健儿时，才婉转地表明了态度。

据说，这位新主任在一次体委干部会上又讲到何智丽。他说他收到两封为何智丽鸣不平的来信，只讲何智丽如何如何，没有一句讲到国家的培养、集体的帮助。

伍绍祖的态度，给了中国乒乓球队主心骨，可以理直气壮地实行以前的既定方针。

但是，天翻地覆地折腾了两年时间，他们依旧心有余悸。

四十届世乒赛又遇让球的烦恼，会不会再出一个何智丽？会不会再来一场风波？会不会再闹得满城风雨？还是真打吧！或许也能取胜。前五次连续得了混合双打冠军不是也没费太大的力气吗？

就这样，四十届世乒赛较强的一对混双选手被自己的伙伴火并掉了；上去的两对，半决赛全输了。本来有希望剩下的"一条裤衩"也没了。怪谁呢？

有人说，现在的青年人是"变异"的一代。张燮林称现在的运动员是"复杂的一代"。

当奖金迈着坚定的步子跨进各个领域时，中国乒乓球队随之悄悄地发生了变化。过去，"一致对外"的原则几乎是不折不扣。现在，你要夺冠军，光赢外国人还不行，在最后关头与中国人相遇，就看你打中国人的本事了。教练安排的训练，当然是"对外"，可个别运动员留着心眼儿，找机会就要练上"对内"的几手，在针对外国选手的技战术之外，又增加了专门针对队友的内容。

奥运会前，何智丽还不知自己被排除时，曾背着教练找陈静练球，陈静也不知道自己会去奥运会，欣然答应。

奥妙在哪里？世界横拍好手中，左撇子仅有陈静和焦志敏二人。而焦志敏参加汉城奥运会已是板上钉钉。何智丽找陈静练球的针对性不言而喻。

奖金，不仅仅是奖金，还有获得好成绩后随之而来的许许多多好处，潜移默化地影响着运动员。

近年的出国潮中，挟带着不少乒乓球运动员，加上公派的、早已出去的，国外的这支中国队人数已近200人，遍及55个国家和地区，仅到多特蒙德参加世乒赛的就有几十个人。在四十届世乒赛东道国联邦德国打球的就有郭跃华、梁戈亮、曹燕华与施之皓夫妇、谢赛克、童玲、杨莹等20多人。他们组织起两支中国队，水平绝不会低。

若给这些出国的球员分类，有公派的援外教练，有自费"留学"的，有加入外籍的，有外队招聘的，等等。他们把中国的技术、战术、教练方法和手段带出去，给外国人提供了活的资料。

中国乒乓球出国大军为推动世界乒乓球运动的发展作出了巨大贡献。这一点，受到包括国际乒联主席荻村在内的许多人的高度赞扬。中国乒乓界人士有理由为此而骄傲，但同时又感到隐痛。

乒乓球界的公派出国已实行多年，中国人执教的队伍除朝鲜外，几乎未给中国队造成多大的威胁。如今不同了，势头凶猛的自费出国者远远超过了公派的人数，中国队遇到的挑战日趋严重。

联邦德国队这次在本土从中国人手里夺走了男子双打冠军。这也是中国人执教的外国队第一次获得世界冠军。中国人执教的联邦德国队崛起之日，正是中国队衰落之时。不知联邦德国队的这位中国教练是否想到了这一点？

培养联邦德国男子双打世界冠军的教练来自四川，每月领取2000马克的津贴，他激动地跑上去拥抱自己的队员，但人家很冷淡，他只得尴尬地退在一旁。两个德国小伙子更愿与自己的同胞分享胜利的喜悦。

这是联邦德国人的胜利。他们可能会给这位教练一笔丰厚的奖金，当他拿到奖金时，会不会想到，是这笔钱买走了中国的世界冠军？

汉城奥运会上，当奥地利选手丁毅与中国队的陈龙灿对阵时，乒乓史写下了外籍中国人打中国人且战胜中国人的第一笔。丁毅先后曾是上海队、八一队队员，典型的直拍快攻打法。他深知这一打法的特点，总是抢在陈龙灿之前进攻。而陈龙灿熟悉的是对付欧洲、韩国选手，自己的长处被抑制，很快败下阵来。这次世乒赛，丁毅又出现在威斯法伦厅，与匈牙利老将克兰帕尔合作，打掉了中国一对男双选手，同样加入外籍的还有原四川队的法国女选手王晓明。这支队伍如果壮大起来，中国队的处境势必更为艰难。

人才外流，对中国来说，已经是一种损失，而由此带来的思想冲击更令人忧心忡忡。出国者的收入再少也比国内多，较高者月薪达5000美元，可队里的高薪者拿的不过100多元人民币。二者之间的差距大到一百倍甚至几百倍。前者一年的入项，后者可能一辈子都拿不到。外来的信息不断地刺激着在役选手。他们仿佛如梦初醒，突然间发现自己的身价竟如此之高。论条件，退役的不如在役的，在役的若出去……在国内打球，训练，苦得要命；比赛，压力大得要死。出国，既不这样紧张，又无如此大的压力，还能赚大钱。思想的波动冲击着队伍的凝聚力，程度不同的"思外"情绪又程度不同地弱化着任劳任怨、刻苦训练的风气。军心不稳，思想工作怎么做？教练们常为此而发愁。过去的一套不灵了，新的一套又没摸索出来。许绍发曾尝试着搞"情感教育"，把运动员当作自己的兄弟姐妹，动之以情，晓之以理，热心帮助，诚恳批评。这一套曾起了一定作用，但面对出国潮、拜金热的巨大冲击，感情的力量能维持多久？教练们又哪里有权解决待遇、奖金、住房等等具体问题？或许，就是这些复杂的原因，导致在比赛关键时刻，中国男选手短了一口气。

平心而论，中国队的小伙子确实尽了最大努力。笔者曾见过他们的封闭式训练：在几乎与外界隔绝的环境里，单调、枯燥、劳累相伴，见不到女友，唯有球、球、球。为保住冠军，他们作出了很大牺牲，他们也是人，也生活在大千世界，虽有外来影响，但还是顾全大局，奋力拼搏，站好这一班有的是最后一班岗。他们不应当受到指责，需要总结的，倒是中国乒乓界在80年代初就看出人才外流将带来的不良后果，却未引起重视，未采取有效的措施，以致出现"中国人打中国人"的一幕又一幕。

其实，真正的"中国人打中国人"现象并不十分可怕，因为穿上外国球衣者很少是国内精英，退役的世界冠军也少有与中国为"敌"者。最可怕的有两个人——瑞典队的陪练。

瑞典人为了打败中国人，以每小时500马克（约合人民币950元）的报酬，首次请中国出去的运动员李羽翔和前面提到的丁毅当陪练。李羽翔是辽宁人，从八一队退役后，找了个日本孤女当老婆，去了日本。后来蹬了老婆，到联邦德国一个俱乐部打球。据说，因行为不端，俱乐部老板极不待见。

这两个炎黄子孙把中国队为数不多的家底捧到了对手面前。

从技术上说，瑞典队看中国选手总有一种神秘感，前两届还未摸到对付近台快攻的诀窍。近期，几名主力一直在联邦德国俱乐部打球，与中国选手接触增多，神秘感自然减了许多。而中国的两个陪练天天与之同台练习，神秘感已荡然无存。对中国直拍快攻的技战术特点，瑞典选手也已了如指掌。

中国人直接帮助别人打败了中国人，也许这才是中国乒乓球界的最大悲哀。

从多特蒙德崛起的中国乒乓球队，告别多特蒙德踏上归程时，还有三个女子项目的奖杯，但它们究竟能保持多久？我们还能夺回男子项目的奖杯吗？什么时候能夺回来？除了奖杯，我们还丢掉了什么？

万里同志和国家体委一位领导曾概括出中国乒乓球长盛不衰的五条经验：

胸怀祖国，放眼世界，志在四方，为国争光；艰苦奋斗，苦练基本功；坚持百花齐放和国内一盘棋；一切从零开始，永不满足；坚持传、帮、带。

人们看到，这些已形成传统的经验，都在程度不同地弱化。中国乒乓球确实进入了最困难的时期，我们应该清醒了。

失利的教训，需要总结；陈旧的技术，需要创新；落后的打法，需要改造；"百鸟朝凤"的局面，需要改变；顽强的斗志，需要锤炼；后备人才，需要培养；集体荣誉感，需要加强；管理、内耗等问题，需要解决；而最重要的则是振奋精神，振奋为祖国而拼搏的精神。

中国乒乓球队是中国体育崛起的先锋。她喊出的"拼搏"的口号是振兴中华的象征。她展示出的"勇攀高峰"的精神代表着国魂。

同样，"乒乓王国"失落的不仅仅是冠军，失落也不仅仅属于中国乒乓球界和体育界。

但是，如果说要"再造国魂"，那么，中国体育界，特别是乒乓球界，这些与外国人"打仗"的战士，应当义不容辞地冲在前列。

亟待振兴的祖国召唤着人们去奋斗、拼搏。北京球迷协会对中国乒乓球队赠言是："让我们筑起新的长城！"

（刊于《记者观察》杂志1990年第4期）

24 穿"珍珠"串

作为北京亚运会之前的重要活动之一，亚运会艺术节举行开幕式。新华社为此播发了一组稿件，即一篇消息和一篇特写。

以往，采用这类稿件的报纸基本上都是首都以外的用户。而这一次，第二天的《光明日报》在头版显著位置全部刊出，有一点儿异乎寻常。

有同行专门比较了这组稿件和《人民日报》的稿件，认为这一组要比《人民日报》的感觉好多了。

这组稿件是五个人合作完成的。事先了解到亚运会艺术节的安排，感到偌大的劳动人民文化宫和众多参加表演的队伍，人少了顾头顾不了尾，无法看到全貌。

作为组织者，笔者安排了四位记者，一人负责写消息，三人负责写特写，并根据队伍边行进边表演的特点，事先为这篇特写想好了标题，即《绚丽的艺术之河——亚运会艺术节开幕剪影》，得到了大家的认可。

当天晚上，提早到了劳动人民文化宫，大家分散到不同位置观察、采访，各负其责。回到编辑部，每人写自己的见闻和采访到的内容，要求尽可能简练，笔者负责串联。

串联的过程，感觉就像是穿"珍珠"串，仅在起承转合上稍动了一些脑筋。由于这次采访是打有准备之仗，大家拿出的文字很顺畅，串联也就比较顺利，在特写和消息所用材料分配上稍作斟酌，很快成文并送到中文发稿技术部门发出。

特写稿有点有面，详略有致，可以说就像一部短纪录片，将亚运会艺术节开幕式的概貌呈现在读者面前。

同时播发的消息也有特色，表述精当，与特写基本不重复。二者相互映衬，用不同的手法对新闻事实作了简洁而又全面的介绍。

在新华社体育新闻编辑部评稿会上，这一组稿件没有争议地被评为好稿。

特写稿的作者说,稿子是笔者编出来的。实际上,没有大家分头采访所写的"分镜头",有多大的本事也编不出来。此稿的播发给人一点启示:大场面的活动,需要事先策划,更需要多人合作。

应当补充说明,在当时没有电脑,用笔写稿,还得经过技术人员打字、校对后发出的条件下,这组稿件的采写编发的效率还是比较高的。

绚丽的艺术之河
—— 亚运会艺术节开幕剪影

欢乐的人流在激荡,

绚丽的方队在涌动;

来自亚洲东西南北中的艺术使者,融八方艺韵,交汇于北京。

他们把激情、友谊挥洒在劳动人民文化宫长长的通道上,恰似一条艺术之河延伸回转。

走在最前面的是打着亚奥理事会38个会员国家和地区旗帜的方队。接着走来56名身着中国各少数民族盛装的男女青年。

服装鲜艳多彩的朝鲜青年艺术团十分引人注目。他们跳着风格独特的长帽舞和彩扇舞。6岁的金哲振是这个艺术团最小的演员,他的独舞《踢足球真神气》生动活泼,格外可爱。

中国台北明华园歌仔戏团115名表演者一出现在人丛中,便引起热烈的掌声。带队的陈胜福激动地对记者说:"第十一届亚运会在北京举行,是我们中国人的光荣。"从明天开始,他们将为艺术节献演三场具有浓郁地方色彩的歌仔戏《济公活佛》。

伊朗传统体育表演队个个都是身材魁梧的男子汉。他们将在艺术节上进行展示神力的舞大棒表演。此刻他们穿着浅灰色西装,温文尔雅,面带微笑行进。

蒙古国民间艺术团的一些成员,穿戴着色彩鲜艳的民族衣饰。这些表演独唱、独奏的艺术家高兴地与群众一起欢度这个愉快的夜晚。

芦笙吹响,芒筒齐鸣,酒歌声声,鼓舞翩翩。贵州80名苗、彝、瑶、布依等十多个少数民族歌舞能手的表演引人入胜。

在流动的队列中,还有北京人民艺术剧院、中国杂技团、人民解放军艺术学院、儿童艺术剧院等团体。中国木偶艺术剧团的巨型木偶大熊猫"盼盼",憨态可掬,更增添了浓郁的亚运气氛。

中国的党和国家领导人万里、李铁映等来到欢乐的人群中,与大家一起欢迎各国和地区艺术家们的到来。

艺术方队从今晚7点开始流动演出,经一小时二十分钟分赴主会场和各演出点。"艺术长河"汇入欢乐的海洋。

月上中天,彩灯高悬,花团锦簇,兴味正浓。伴着阵阵雄壮的呐喊,70名身着古代将士服装的鼓钹手摆出威严的方阵,擂响振奋人心的"常山战鼓"。来自三国名将赵子龙故乡的精壮男儿,将开幕式推向高潮。

《亚洲雄风》歌声飞扬,人们手拉手跳起集体舞。高亢旋律,欢声笑语,回荡在北京金秋的夜空……

(新华社北京1990年9月1日电 新华社记者徐波、郭庆华、诸庆喜)

亚运会艺术节开幕

新华社北京1990年9月1日电(记者杜新) 象征团结、友谊、进步,代表亚洲多民族风格的第十一届亚运会艺术节,今晚在北京举行了热烈、隆重的开幕式。

斜阳西下,2.5万中外嘉宾从四面八方会集到劳动人民文化宫。

万里、李铁映、丁关根、伍绍祖等出席了开幕式。

晚上7时,文化宫里火树银花,一片欢腾。800名演员沿红墙通道载歌载舞前行,拉开艺术节序幕。

且歌且舞的朝鲜青年艺术团和蒙古国、伊朗、中国台北的艺术团沿途受到观众热烈欢迎。东道主展示的具有民族特色的多种艺术令人眼花缭乱:从西南的少数民族风情,到淮河流域的汉族花鼓灯;冀中大汉列出威严的方阵,擂起动人心魄的"常山战鼓";中央歌舞团以精彩纷呈的歌舞把晚会推向高潮。

亚运会组委会执行主席伍绍祖在开幕式上作简短致辞。他说，这次艺术节将充分体现体育与文化艺术相结合的精神。通过这次艺术节文化交流，将促进亚洲地区体育运动和文化艺术事业共同繁荣。

中外艺术家将在艺术节期间演出60台音乐、歌剧、舞剧、歌舞等节目，举办50个气势恢宏的大型展览和7大公园游园活动。这是亚运史上空前的艺术盛会。

除主会场外，劳动人民文化宫今晚还设有6个迎宾舞台和商业街、花灯展区、茶苑酒肆以及"大家乐"娱乐场，都吸引了众多的游人。3000多表演艺术家与观众情意交融，文化宫内热闹非常。

一些亚洲国家驻华使节和亚奥理事会成员的代表参加了今晚的开幕式。

这次艺术节将于10月7日与亚运会同时闭幕。

25 "凤头" "豹尾"

《东方再生的凤凰——第二届城运会开幕式大型文体表演〈城市之光〉剪影》和《第二届全国城市运动会隆重开幕》这组稿件，被新华社好稿评委会评为社级好稿。不是很重要的运动会开幕消息和特写被评为社级好稿，这在同类运动会稿件中是空前的，在更重要的奥运会、亚运会、全运会等报道中也没有过，而且此后一直没有后来者。

这次报道，《人民日报》也派了数位记者，据说也写了同样题材的稿件，但见报的却是新华社的这两篇稿件。以往的大型综合性运动会，《人民日报》多用自己记者的稿件，有时也采用新华社的消息，而用自己记者的特写。像这次城运会两篇全用，这在新华社同类报道中也是绝无仅有的。

为什么都用新华社的稿件？《人民日报》一位副总编辑后来说：谁的稿子好就用谁的。不知《人民日报》的同行写的稿件究竟如何，但从结果看，新华社的这两篇稿件至少更好一些，他们才肯用。其他用户采用如何没有看统计，按以往的情况判断，应该有不少媒体采用。

这两篇稿能达到这样的效果，应该说主要是两位作者付出了很大的努力，写出的原稿较为出色。作为组织这次报道、签发这两篇稿件的发稿人，笔者也出了一些力，所起的主要作用大概可以概括为：换"凤头"与续"豹尾"。

早就听到过一种说法：好的文章要做到"凤头""猪肚""豹尾"，即出色的开头、丰富多彩的主体和漂亮的结尾。这两篇稿件的原稿应该说已经不错，但都稍有遗憾，消息的导语中没有体现唐山的特点，而特写的标题抓住了唐山最主要的特点，稿子写得文采飞扬，只是篇幅较长，还少了一个点题的结尾。

改消息时，笔者与作者（署名在前）一起琢磨，将开头文字中加入"震后崛起"等。特写的改动主要是删繁就简，尽最大努力将可有可无的段、句、字去掉，共删了少半文字，在稿件最后加了一句话与标题呼应："唐山，多像一只在烈火中再生的凤凰！"

记得开幕前彩排，笔者请经验丰富的摄影记者官天一帮忙："老官，请你看后与别的运动会开幕式表演比较一下，如果好，我们就写特写，不好就算了。"看彩排归来，老官说："好！"他还说，表演人员的服装都是纸制的，幸亏没有下雨。用纸制表演服装，还是第一次听说。唐山人的节俭精神也值得赞扬。

东方再生的凤凰
——第二届城运会开幕式大型文体表演《城市之光》剪影

在第二届全国城市运动会开幕式上，唐山人将大型文体表演《城市之光》，奉献给八方宾客。

一阵激越的旋律回响，500名男女青年英姿勃勃，手持红绸、彩球，跳起欢快的迎宾舞，奏响第一乐章——"唐山之约"。

碧绿的草坪上，彩球翻飞，红绸飘舞；张张红润的面庞喜气洋洋，双双澄澈的眸子里满含笑意。他们尽情地抒发着600万唐山人庆城运的欢喜之情。唐山人没有忘记，大地震后，全国人民无私地伸出了救援之手，送来颗颗滚烫的心。白衣天使赶来了，拯救了多少生命；源源运来的物资，补给了衣食不足。如今，他们要回报这份爱，这份情。

开滦煤矿140名精壮汉子，挥臂疾舞，敲击着大鼓和铜镲。鼓、镲轰鸣，恰似一声声真切的问候。

一幅秋菊盛开的图画出现在2400人组成的背景台上。800名持鲜花少女款款而来，轻歌曼舞，婀娜多姿。400多名天真儿童，抱积木跑进绿茵场，巧妙快速地变换队形，组成各种绚丽的图案，像楼房，似群山，如麦浪，令人眼花缭乱。

场上，一阵节奏明快的音乐；背景，唐山新城。600名白衣男青年从四方呼啸而来。第二乐章——"体育之潮"奏响。

健美操刚劲有力。队形整齐划一，宛如气势磅礴的军阵，表现了体育健儿顽强拼搏的雄姿。

600名女青年握藤圈汇入队列。藤圈时而翻转摇曳，如波涛起伏；时而围聚成簇，似荷花盛开。

刚与柔融合，力与美交织，向人们展示着体育的魅力。

夜幕落，华灯放。舒缓的冀东民乐轻轻飘来。第三乐章"城运之恋"如涓涓溪水流淌。

满目彩蝶秋风里，原是翩翩舞扇人。400名少女，摇粉白彩扇，踏轻盈舞步，飘然而至。斑斓蝴蝶追逐嬉戏。

400名小伙纷至沓来。他们身穿特制的正面吉祥物"甜甜"，背面是皮影人物脸谱的服装。小伙子一动，"甜甜"与皮影人物就一起"表演"起来，幽默诙谐，表现了冀东人民乐观向上的胸怀。

"我们是兄弟，握手以后还要争，

就在胜负之间，体育走向永恒。

明天会分手，让祝福在心中相送，

你我都珍重，去奔向新的里程。"

歌声悠扬，灯光骤息。800名青年跳起民间花灯舞。花灯与火棒交相辉映。射入眼帘的是光的流线，星的海洋。

会场内外，焰火、礼花飞光流彩。近万演员载歌载舞，观众一片欢腾。

15年前大地震，今日办城运。唐山创造了一个又一个奇迹。这精彩的表演，不正是唐山人精神风貌的写照吗！

唐山，多像一只在烈火中再生的凤凰！

（新华社唐山1991年9月20日电　新华社记者彭少阳　郭庆华）

第二届全国城市运动会隆重开幕

新华社唐山1991年9月20日电（记者郭庆华　彭少阳）　第二届全国城市运动会火炬，今天在震后崛起的新唐山点燃。熊熊的火焰，映照着唐山新姿容，象征着唐山人发愤进取的新风貌。

来自全国各地参赛的青少年选手汇聚唐山体育场，参加了隆重的城运会开幕式。

全国大型综合性运动会由非省会城市举办，在中国是首次。勇于承办城运会，显示了唐山人非凡的气概。

英姿勃勃的唐山市及主体育场被装扮得花团锦簇，分外美丽。会徽和吉祥物京东板栗"甜甜"，以及彩旗、标语、鲜花举目可见，一派节日喜庆气氛。

下午4时30分，会场响起雄壮、激越的《运动员进行曲》，以国旗、会徽和鲜花、旗林方队为先导，裁判员和各代表团队伍相继入场。

升国旗仪式后，中顾委副主任宋任穷将城运会会旗授予本届城运会组委会执行主任、河北省省长程维高。接着，两面城运会会旗徐徐升起在国旗两侧，迎风飘扬。

河北省优秀田径选手郑进锁高擎火炬，由两名女选手伴随跑入场内，绕场一周，登上火炬台，点燃了城运圣火。

中共中央政治局委员、国务委员李铁映致开幕词。程维高致欢迎词。

长春女子柔道选手、第十一届亚运会金牌获得者金香兰代表全体参赛运动员表示，严格要求自己，积极进取，赛出风格，赛出水平。

夜幕降临，华灯齐放。唐山市万名大中小学生做《城市之光》大型文体表演。雄浑的冀东鼓乐、优美的彩扇群舞，淋漓尽致地表现了当地民间文化的神韵。城运火炬，五彩喷泉，缤纷礼花，彩灯火棒，交织成一幅壮丽的图画，把开幕式推向高潮。

河北省和唐山市党政军负责人，以及本届城运会组委会的成员出席了开幕式。

26 活用"材料"

  1992年巴塞罗那奥运会之前,新华社总编辑南振中出了一个探索奥运会与经济关系的题目:《五环旗下的经济大战》。由笔者与张健分别作为体育新闻编辑部和《经济参考报》代表合作完成的这篇长稿,在新华社创办的《奥运快报》和《经济参考报》连载。

  而《奥运巨轮是怎样启动的?》一稿,是写《五环旗下的经济大战》的"副产品"。为写长稿花费较多时间,查阅了大量资料。其中,有关办奥运会经费的零散内容没有用上,弃之可惜,于是写了此稿。有些同事看了,说"有点意思"。

  夏季奥运会"21次在16个国家的18座城市举办",时间跨度很大,材料本身又非常零散。如何使之形成一篇尚可让人读下去的文章?

  为用活这些"材料",笔者采取了如下的几个办法。

  一、找一个形象的比喻——将奥运会比为一艘巨轮,办奥运会的经费比为"燃料"。文中又将各主办城市筹集经费的方式比喻为体操运动员的"自选动作",尽可能使人读来不枯燥。

  二、使用能够基本上反映总体情况的概括语言:"回溯奥运史,可以看出,奥运会主办者对待经费问题的态度固然与国力有关,但更主要的是取决于奥运会在其政治蓝图上的地位。"这样可以给人一个总体的看法。

  三、将具有共性特征的东道主分类介绍:巴黎和圣路易斯视奥运会为世界博览会的"娱乐陪衬";正逢国家经济困难时举办奥运会的4个城市;第九、第十五、第十六届奥运会的经费问题不算困难;办奥运会出资最富有政治色彩的是几个发动第二次世界大战的国家;墨西哥城、慕尼黑奥运会主办者都舍得花大钱等。这样,特殊情况单写,有共性的合写,不至于形成流水账。

  四、最后表明笔者的看法,即最后三段。

  这篇稿从一个小侧面,高度概括地勾画了奥运举办简史,可以让读者粗线条地了解奥运会与政治特别是经济的联系。

奥运巨轮是怎样启动的？

从雅典到巴塞罗那，奥运盛会已办了21届，东道主的聚财之道五花八门，沉浮兴衰令人玩味。

奥运会犹如一艘巨轮。从筹备到闭幕，要推动它顺利"航行"，需耗用大量"燃料"——经费。

由于各主办奥运会城市及其所在国条件各异，举办奥运会的目的也或多或少不同，因此，其解决"燃料"问题的态度、方式和提供的数量也有很大差别。就像参赛的竞技体操运动员，他们要各自完成一套"自选动作"。

体操赛的自选动作极具观赏性。而主办者的"自选动作"也许观赏性不强，但不乏耐人寻味之处。看看他们的"表演"，或许能给人一些启示。

回溯奥运史，可以看出，奥运会主办者对待经费问题的态度固然与国力有关，但更主要的是取决于奥运会在其政治蓝图上的地位。

尽管顾拜旦倡导恢复奥运会得到广泛支持，但奥运会刚诞生时，并未引起主办者的高度重视。

1896年首届雅典奥运会是财力最拮据的一届。希腊因为是奥运会发源地而得到主办首届的殊荣，但它对奥运会的重要作用似乎认识不足，又恰逢财政困难。也许令奥运之父十分失望，希腊政府只掏出少得可怜的经费。主办者主要靠私人出资和发行邮票集资才操办成功。

法国巴黎第2届和美国圣路易斯第3届奥运会，主办者视其为世界博览会的"娱乐陪衬"，显然不愿"出血"。那时，奥运会远远不及经济贸易重要。

第4届奥运会主办城市原为罗马。意大利因多次地震和火山爆发，经济损失惨重，放弃主办。富有骑士精神的英国人挽救了这届盛会。为显示大英帝国的凛凛威风，他们以雄厚的财力在不到两年的时间里筹备就绪。顾拜旦赞叹："伦敦举行的是首次现代的奥运会。"接着的斯德哥尔摩第5届奥运会，瑞典人当作关系国家荣辱的大事。他们虽不如美国富有，但量力而行，获得成功。

两次世界大战给世界经济带来破坏，也损害了奥运会：炮火炸碎了第6、第12、第13届,多届的经费受影响。大战前后的奥运会,经费问题呈现复杂的情况。

正逢国家经济困难时举办奥运会的有:1920年一战后的安特卫普第7届、1924年巴黎第8届和二战后的1948年伦敦第14届。比利时、法国和英国当时都是百业待兴,但他们为了国家的荣誉,毅然担起重任。1932年洛杉矶举办第10届奥运会,正赶上美国经济大萧条,但他们还是花了不少钱筹备赛会,显示了其政府极强的经济承受力。

相比之下,第9、第15、第16届奥运会的经费问题不算困难。荷兰未遭一战破坏,国力不弱,顺利地筹办了1928年阿姆斯特丹奥运会;芬兰曾为第13届奥运会做了较充分的准备,因此1952年赫尔辛基奥运会不需大量投资;墨尔本原有不少设施,没有大兴土木,澳大利亚无须太多经费即了却举办奥运会这桩大事。

办奥运会出资最富有政治色彩的是几个发动第二次世界大战的国家。战前,希特勒政权内部为是否办第11届奥运会展开激烈争论,有的坚决反对,而宣传部长戈培尔却主张利用奥运会这个大橱窗大肆宣传。希特勒为掩盖战争企图,采纳了戈培尔的意见,下令不惜任何代价加紧准备。于是,有重金保障的柏林以出色的筹备工作蒙骗了国际奥委会赴德国调查者。战后的意大利还相当贫穷,可是极想借举办第17届奥运会之机改变自己的形象。尽管经济实力不强,但罗马盛会还是花费不少资金。意大利曾放弃第4届主办权,这次不能再错过机会。紧接着,日本竟出资30亿美元,举办1964年第18届东京奥运会。当然,这些资金有不少用于市政建设。日本当局的目的十分明确:借此向世人宣告,日本不再是战败国。

东京首创豪华先例。一股在设施上比先进、争豪华的风气由此而起。

墨西哥城第19届、慕尼黑第20届奥运会主办者都舍得花大钱。1968年奥运会,正值墨西哥经济起飞时期,这个发展中国家要在世界上树立形象,并吸引投资;而1972年的慕尼黑已不是昔日柏林,联邦德国人岂能让人耻笑。到了1976年第21届蒙特利尔盛会,加拿大人要创先进、豪华世界之最,可谓花钱如泼水,仅主体育场就"吃"掉14亿美元。更惊人的是莫斯科大赛,竟然投资近100亿美元。本来,莫斯科原有设施差不多已能承办,但苏联人还是拨巨款大兴土木。第一次由社会主义国家承办奥运会,而且由第一个社会主义国家承办，第22届奥运会当然不能落在资本主义国家后边。

也许是物极必反。蒙特利尔奥运会大亏损使一些原想申办者望而却步。奥运会陷入困境。

洛杉矶是申办第23届奥运会的"独苗"。1978年10月得到主办权，不料，1个月后，一项不准动用公共基金办奥运会的市宪章修正案得到通过。更糟的是，美国政府也不给承办者一分钱。似乎他们并不重视举办奥运会的政治影响。该市不得不找国际奥委会，要求准许私营部门举办。

奥林匹克宪章规定，奥运会的承办权只能授予那些能够得到本国全面支持的市政府。但是，面对如此窘境，国际奥委会官员们也毫无办法，奥林匹克宪章的这条规定第一次失效了。

政府不管，机会给了旅游商人、洛杉矶奥运会组委会主席尤伯罗斯。他的聚敛金钱的能力发挥得淋漓尽致。这届奥运会的经费主要来自电视转播权出售、商业赞助和票房收入，共计7亿多美元。

无疑，洛杉矶奥运会的集资是非常成功的。它表明：从民间也能筹集足够的举办经费。然而，这种方式仅仅适用于无须大兴土木的城市。

当汉城争得第24届奥运会主办权时，韩国要在世界上提高自己的声誉，于是国家、民间一齐上，30多亿美元的经费顺利解决。

历史走过近一个世纪，夏季奥运会的巨轮已经21次在16个国家的18个城市"航行"。其"燃料"问题大体通过三种方式解决：一是完全或绝大部分由国家负担，这是多届的做法；二是由民间解决，这是典型的"美国方式"；三是由国家和民间一起解决。

举办奥运会的开销虽然是个大数，但许多国家的综合国力是能够承担的。但是，完全由国家负担，也并非易事。因此，3种方式比较，第三种方式更容易筹集到足够的资金。这就为发展中国家举办奥运会带来光明的前景。

墨西哥、韩国已经成功地举办了奥运会，愿这艘巨轮"航行"在更多发展中国家的城市。

（刊于1992年7月14日《奥运快报》）

27　厚积薄发

1992年巴塞罗那奥运会期间，新华社前方报道组传来信息——希望后方能解答：在中国体育代表团所取得的成绩中，为什么女子比男子更出色？

笔者承担了这一任务，写了《中国体育"凤先飞"的奥秘》一稿。此稿内容被前方使用后发了通稿《为什么中国女运动员得的金牌多？》，而新华社创办的《奥运快报》采用了原稿。

《中国体育"凤先飞"的奥秘》一稿是在很短的时间里写成的，能很快完成此稿，主要原因是有较多的积累。

积累是新闻工作者的基本功，体育记者当然也不例外。

积累，主要有两个方面，一是观点，二是材料。

记得看过一篇报道，其中引用了国家体委原副主任张彩珍对中国体育"阴盛阳衰"的一种说法："龙凤呈祥凤先飞。"此后便对"阴盛阳衰"作了一些思考，对一些报道也稍稍留意，还保存了一些剪报，可以说在观点和资料两方面都积累了一些材料。

待到写稿时，经过整理、分类、综合，很容易理出了头绪，形成了"社会""本身""男子""对手"这4个方面的内容。此稿所谈"凤先飞"的4方面原因，可以说大体上回答了奥秘所在。

第一方面可以说是长期积累的结果，其实也是人所共知的事实：昔日的"附庸"成为"半边天"，中国女性的地位与中华人民共和国成立前相比发生了巨变，身心都得到解放。显然，国家的变化，社会的进步，大家都知道，但这却是与许多国家不同的一点。因此，不可不提及。

中国女性的特点也是不言而喻的，但中国女运动员如何体现中国女性吃苦耐劳、温顺善良、聪慧好学的特点，则并非尽人皆知。靠平时的积累，将几支运动队女运动员的表现集中到一起，可以说明她们是中国妇女的优秀代表，也是她们取得出色成绩的"决定性"因素。

平时采访和做编辑工作，对中国竞技体育界特别是几支世界一流队伍的"男帮女"有一些了解，而这又是其他国家基本上没有的。因此，在稿中说"这是中国女选手得天独厚的优势，也是她们傲视世界的重要'秘密'"。

对于一些体育项目的发展和其他国家女子体育的发展、女运动员早婚等情况的了解，也得益于长期从事体育报道而有所积累。

通过写此稿，对人们常说的"厚积薄发"有了一些体会：厚积是薄发的基础，积累越深厚，写稿时便越容易；若没有平时的积累，靠"临时抱佛脚"，就不可能有快速的薄发。正因为有了较多的积累，此稿才能很快成文。

还有一篇稿也是厚积薄发的例子。乒乓球界早就有中国队焦志敏与韩国队安宰亨谈恋爱的传说，跨国婚恋当时还很少，著名运动员的跨国恋爱更引人关注。本来就在跟队采访时对焦志敏有所了解，听到传说后关注此事，收集了不少报纸的剪报。后来抽空到队里找焦志敏作了一次较深入的采访，虽未直接谈与安宰亨的关系，但侧面对二人交往的几个时间点作了核实。待到二人成婚，便给《记者观察》写了一篇约1万字的纪实文学《焦安之恋》（刊于《记者观察》杂志1991年第5期）。

长期追踪的剪报，加一次采访，便掌握了这一跨国婚恋过程的丰富材料。在众多材料中挑选出一些最需要的内容，边挑边消化，用自己的语言表达出来，成稿不是太难。为节约篇幅，此书没有列入。

中国体育"凤先飞"的奥秘

中国竞技体育男弱女强。巴塞罗那奥运会上的成绩又是一次极好的证明。

中国女将大显威风，共夺得金牌12枚；而男选手获金牌数为4枚。

从获金牌的7个项目看，田径、游泳、跳水、乒乓球、柔道都是女子强于男子；平分秋色的是体操和射击，但射击项目接着比银牌、铜牌和第四名，还是女子稍稍强一点。意味深长的是，女选手张山傲视群雄，夺得男女混合项目的金牌。

再看获奖牌的项目，击剑、射箭、篮球、羽毛球等也是女强于男。

就整体而言，中国男运动员在五六十年代强于女子，但80年代交换了位置。

乒乓球、羽毛球、跳水等项目曾有过男、女"平等"的一段时期，后来平衡被打破，向女子倾斜。

至于三大球、田径、游泳、柔道、击剑等项，则是明显的男子不如女子。

不能忘记，中国第一个打破世界纪录，第一个获得世界冠军，8年前在洛杉矶奥运会上第一个打破金牌"零"的纪录和第一个独得3枚奥运会金牌的运动员都是男子。然而，那已是往日的辉煌。在中国体育史上写下"第一"的运动员，女子的人数现已远远超过男子。

有人把这种状态称为"阴盛阳衰"，而国家体委原副主任张彩珍则表述为："龙凤呈祥凤先飞。"

"凤先飞"的奥秘何在？

昔日的"附庸"成为"半边天"，中国女性的地位与中华人民共和国成立前相比发生了巨变，身心都得到解放。但是，在我们这片古老的土地上，重男轻女的传统观念依然存在。与男性相比，中国女性更渴望通过努力奋斗，表现自己的价值，确立自己的地位。而中国的女子体育，与男子体育同样受到重视。生活水平迅速提高，医疗、保健条件不断改善，使中国女性的身体越来越健壮，素质越来越高；教育、科技的发展则使她们越来越聪明。国家的变化，社会的进步为中国妇女在体育方面取得成就提供了条件和驰骋的广阔天地。这是中国体育"凤先飞"的社会原因。

中国女性以吃苦耐劳、温顺善良、聪慧好学而著称于世。出色的女运动员是中国妇女的优秀代表。训练，她们能承受高强度、高负荷。游泳金牌获得者庄泳，有时一周游8万米，亚运年的训练量高达200万米；柔道冠军庄晓岩和队友们一天要流4斤汗……在集训期间，女选手常常"收兵"最晚，练得最苦，"加班"最多。乒乓球两枚金牌获得者邓亚萍即是突出的一例。可塑性强，领会教练意图快，使她们能出色地掌握技、战术，更容易管理。而在比赛时，她们顽强的意志、十足的拼劲和随机应变运用技战术的能力则是制胜的关键因素。无疑，中国女性的特点为中国女选手扬威世界起了决定性作用。

"凤先飞"，神州男子汉功不可没。中国运动员训练，男帮女是一条重要措施。中国获得许多女子乒乓球冠军，哪一个没有男陪练作出"牺牲"！

中国女排训练的对手是国内高水平男排队员；她们制胜的许多技战术，是从中国男排那里学来的。中国女子柔道大级别选手实战训练的"敌人"也是男性。高凤莲就曾流着泪一次次重重摔倒一位鼓励她"接着摔"的男陪练。……中国一些项目的女运动员从男选手那里吸收着营养，踩着男子的肩膀，攀向竞技体育高峰。这一点，在许多国家是不可能做到的。这是中国女选手得天独厚的优势，也是她们傲视世界的重要"秘密"。

此外，有些国家和它们的女选手在客观上也或多或少给中国"凤"助了一臂之力。有的国家，妇女尚未取得与男子一样的地位，或者女子体育受重视程度远不及男子，使一些女子竞技项目起步较晚，后来者要迅速赶上去相对容易些。有的国家，女运动员功成名就，随即见好就收，退出赛场；有的国家，对女运动员结婚、生育无限制。不同国度的这些差别，也给中国女子体育腾飞减少了一些障碍。例如，女子举重和女子足球起步较晚，早动手，早"投入"，可以早见效。又如，中国女排赢得"五连冠"时，古巴女排头号主攻手路易斯刚分娩不久，也可以说稍微帮了一点点小忙。

当然，"凤先飞"的根本原因还在于中国女运动员自身，在于她们那种昂扬的斗志，不畏艰难、百折不挠、发愤图强的精神。这是最可贵的，也最值得另外"半边天"学习。

（刊于1992年8月12日《奥运快报》）

28　回头俯视

不少媒体的体育采编人员到年终都要做一些体坛"总结"性的文章,有国际体育的总结、国内体育的总结,也有单项总结等。如何做这种文章?

笔者的体会是:回头俯视。

"回头"好理解,即回头看;而"俯视",顾名思义就是要站得高一些,向下看,就像作战的指挥员看沙盘一样。站得高一些,才能看到新闻事实的全貌,找出其中总的特点,加以阐述、评论,将要告诉读者的新闻事实用尽可能简洁的语言作介绍。

从事新闻工作,目光射出更多的时候是平视,即与采访对象平等相待。但是,有时也需仰视和俯视。仰视,不是指崇拜,而是虚心学习。而俯视,则是对采访对象的全面了解和对事实的整体把握。这篇稿件所涉及的俯视,与采访对象无关,指的仅仅是已经发生的事实。

中国体育一年中发生的事情很多,要写全貌,如何选择就变得十分重要。

美联社记者杰克·卡彭在谈到特稿写作时曾说过:"记者在采访时都收集了大大超过报道需要的材料,写作就成了一个艰巨的筛选过程。"写年终稿的材料不需采访,但要收集,筛选的功夫同样不可或缺。

选择或者说筛选,当然要挑那些最突出的事情。

中国北京申奥,女子中长跑连破世界纪录,游泳崛起,国际象棋卫冕世界冠军,这几件事都在世界上引起巨大反响。正是这几件事,构成了1993年中国体育的一个总特点——震惊世界。述评的标题也随之产生。

"1993年,中国获得的世界冠军逾百,破、超世界纪录数过半百,次数也达到三位数。这几项,都创历史之最。一个国家一年内取得如此显赫的成绩,世界体育史上罕见。"这一段起烘托作用。如果说,前面提到的几件事是"点",这一段就是"面"。而"毋庸讳言,中国有些项目出现滑坡或依然落后。……"这一段表明,要全面地看问题,不能仅仅看到好的,也要看到不足。

说了震惊世界的主要事实,还要回答为什么。这里也同样有一个选择的问题。

中国体育为什么能震惊世界,原因有很多,而一篇较短的述评不可能用很多文字作答。这里的选择,与选择一年中的大事又有所不同。

此稿选择了辽宁省10年间的变化、科学为体育发展注入活力、体育精神则是进步的动力这三个方面。这样几个方面,也许还不能完全说明中国体育为何震惊世界,但主要原因是这些。

像一些国外大通讯社一样,新华社体育新闻编辑部每到年终都发一批年终稿。这篇述评即是当年的一篇。这样的稿件是一年的回顾,关键在于叙述事实之后的评论。叙述,绝不是一年中重要事实的罗列,是带有观点或暗含评价地再介绍;评论则是力求画龙点睛,指出新闻事实的意义所在,争取做到与众不同。

中国体育　震惊世界

1993年,中国体育震惊了世界。

全球瞩目的蒙特卡洛"巨人之争",北京仅以两票之差未获主办权。然而,中国第一次申办就获得如此胜利,这在世界奥运申办史上是绝无仅有的。

世界为此而震惊!

中国不再是过去的中国。中国事实上已向世界表明,中国经济发展和体育腾飞,是任何力量阻挡不住的。12亿中国人和海外华人热情参与,是奥林匹克运动的光荣。

1993年,中国女子中长跑的"旋风"又震惊了世界。斯图加特、北京、西班牙、马尼拉的接连夺冠,世界纪录的不断刷新,以中国人特有的魅力,征服了世界,打破了西方人多少世纪"黄种人不行"的论调。中国女子中长跑的崛起表明,中国人完全可以成为田径大国,完全可以毫无愧色地在世界体坛一展风采。

早已给世界震惊的中国游泳队,1993年又给了世界一个震惊。世界短池游泳赛,破9项世界纪录,夺10项冠军。在世界泳坛,7项成绩排第一,

11项第二，5项第三，4项第四，中国已是当之无愧的游泳强国。

一向是欧洲人称王的国际象棋，中国选手能夺得"棋后"桂冠，已出人意外；如今又以8.5分比2.5分的压倒优势卫冕，更是令人惊讶不已。有人竟然把中国棋手称为"女超人"。

1993年，中国获得的世界冠军逾百，破、超世界纪录数过半百，次数也达到三位数。这几项，都创历史之最。一个国家一年内取得如此显赫的成绩，世界体育史上罕见。

中国体育的一次又一次胜利震惊着世界。世界也惊愕地注视着中国的崛起。说到世界体坛激动人心的1993年，连西方有的新闻媒介都首屈一指讲中国。

毋庸讳言，中国有些项目出现滑坡或依然落后。但是，滑坡的项目，如羽毛球，大调整后已出现新气象；世界杯预选赛没进亚洲六强的足球，也发愤图强，决意追上去。

中国体育的1993年，是崛起、突破、奋进的一年，也是发生巨变的一年。巨变提高了中国在世界体坛的地位。体育评论家已在揣测，中国有可能改变世界体坛三强鼎立的格局，取代原体育强国苏联和民主德国，在下届奥运会上与要称霸的美国一争高低。

巨变来自改革开放，来自由此而解放了体育的生产力。

十年前，辽宁在五运会上排名第三；现在，辽宁在七运会上跃居第一。即便不计中长跑队的成绩，依然遥遥领先。辽宁是怎样取得成功的？从十年前开始，他们播下改革的"火种"：根据奥运战略调整项目，把分散的力量攥成"拳头"；大胆起用"能人"教练；推动体育社会化和科学化，调动各种积极因素，促进群众体育和竞技体育发展……辽宁体育因此而生机勃发，四年前的二青会登榜首只是初露锋芒，这次的扶摇直上则在情理之中。

辽宁的体育改革也许还有某些不足，但它已产生了巨大威力。改革的"火种"已播向全国，未来的中国体育必将更富有活力。

当今世界体坛，靠天赋加苦练已难取胜，举足轻重的是科学。中国女子中长跑能屡创"奇迹"，主要是把握中长跑规律，创造了科学的训练方法和恢复手段。中国游泳"五朵金花"怒放，"十朵小花"竞开，是科学选材、训练、管理的结果。这一切已使中国体育界开始认识到：科学，是体育的"第一生产力"。

  中国体育的成绩可佳。更可佳的是中国体育界表现出的"坚韧不拔、锲而不舍、艰苦奋斗、勇攀高峰"的精神。不用说各个项目的各种艰辛，仅中长跑选手一天跑一个马拉松，十天半月跑坏一双鞋，已令许多人感到不可思议。中国体育健儿怀着爱国心、报国志，用心血与汗水铺垫着通往世界冠军之路。这种精神，是中华民族优秀传统的光大。中国体育界靠它，今天取得震惊世界的胜利，明天将赢得更灿烂的辉煌。

（新华社北京 1993 年 12 月 27 日电）

29　老冠军"新传"

记得看过一篇业务文章,说的是20世纪60年代的事,大意是记者在采访中了解到"全国特等战斗英雄"郅顺义和他妻子的故事,很是感人,在东北炮兵部队传为佳话。郅顺义曾在解放河北隆化的战斗中掩护董存瑞完成爆破任务,后来还获得过多枚奖章,是一位全国闻名的老英雄。记者认为,这件"老英雄新事"具有较高的新闻价值,于是深入采访,写了《通讯:一个革命战士的情操》。

后来学习新闻业务知识,才知道这种"名人新事"在新闻价值六要素(真实性、时效性、重要性、接近性、显著性、趣味性)中,其重要性是仅次于真实性的显著性。

通讯《"再拼搏一次"——邱钟惠经商记》写的是老冠军"新传",与上述郅顺义的故事有相似之处。

邱钟惠1961年为中华民族夺得第一个女子世界冠军时,家喻户晓。后来当教练、搞科研,也是成绩斐然。她性格豪爽,敢于直言且有见地,在乒乓界被尊称为"邱大姐"。

印象中的"邱大姐"十分干练,有一次活动见她外穿一件大红毛衣,特别引人注目,属于人们提倡的"老来俏"。

笔者开始采访乒乓球时,与在国家体委科研所工作的"邱大姐"没什么接触,只是有时在座谈会上见过。记得最清楚的一次是听她发言,谈到一次又一次让球迷失望的中国足球,她说:"每项体育运动都有自己的发展规律,在研究本项目发展规律上,(中国)乒乓球界是研究生,足球是小学生!"

到体育馆路采访,见到邱钟惠的体育用品店正在装修,即将开业。由此想到,她经商的事与郅顺义后来表现的高尚情操一样,都是"名人新事",有较高的新闻价值。于是,笔者觉得可以写一写这位老冠军在商海拼搏的经历。

事先联系好,特地到体育馆路采访了"邱大姐"。她快人快语,把自己经商遇到的困难、挫折、成功以及新设想等一一道来。

邱钟惠是容国团喊出"人生能有几回搏"之后，最早实践拼搏精神的运动员之一。第26届世乒赛女单决赛前，中国队并未准备让邱钟惠出战，是贺龙元帅力排众议，说："邱钟惠那么拼，那么顽强，就是输也要让她上！打出中国人的志气！"（这是后来透露的内情。关于如何看待"让球"，还是不要脱离当时中国队"国家利益高于一切"的背景）结果，贺老总没有看错。邱钟惠与匈牙利的高基安苦战5局，每局都打到21：19或20平以后，最终战胜了以往负多胜少的欧洲高手。匈牙利队把准备给自己队员的鲜花献给了自己的对手。

如今，这位年近花甲的"邱大姐"投身商海，斗志依然不减当年。她的精神状态和从容的叙述，仍像一位准备上场比赛的运动员。

一篇专访能不能顺利成篇，被采访者所谈内容起着重要作用。采访一结束，稿件标题和开头笔者已心中有数，回到单位，很快完稿。

稿件播发数日后又见到"邱大姐"，她已从报纸上看到此文，高兴地说："写得很好！"她还送给笔者一个球拍。

再看这篇稿件，发现在介绍背景时，没写她当教练的成绩（中国女队获世锦赛团体、双打和混双冠军），是一个遗漏。

"再拼搏一次"
——邱钟惠经商记

中华民族第一位女子世界冠军邱钟惠，正在新的人生道路上奋力搏击。

邱钟惠体育用品公司运营已有一年多，公司所属商店将于3月8日开业。

当运动员，她为中国赢得第一个乒乓球女子单打世界冠军；搞科研，她出色地完成了研制国际明星级乒乓球发球机等课题；投身商海，她信心十足地说："再拼搏一次！"

商品经济的大潮在中国兴起后，不少体育界人士成为"弄潮儿"。朋友和同事认为，邱钟惠交际广泛，有魄力，能吃苦，具有经营素质，纷纷鼓励她"充分发挥名人效应"。

她动心了，特别是80年代后期在中国驻苏联大使馆当科技参赞夫人时，曾萌生搞外贸或办体育娱乐中心的设想。但是，与乒乓球打了几十年交道，从未与经商沾边,她感到心中没底而最终打消了这一念头。

历史步入 90 年代。邱钟惠所在的国家体委科研所陷入人才断档的窘境。奖金、福利太低,使不少人望而却步。

为改善科研工作者的工作和生活条件,留住和吸引人才,担任研究所党委副书记的副研究员邱钟惠毅然做出抉择:"下海!"

1992 年 7 月,公司开业。不久,总经理邱钟惠即飞往俄罗斯,通过那里的朋友做服装等生意。由于付款方式不合理,致使这笔交易搁浅。此后,她又为其他生意奔忙,但因中介太多而没能做成。

经几番尝试,邱钟惠选定了经商方向。在体育领域,老冠军轻车熟路,与体育有关的产品,供货、销售渠道较熟悉。她把体育视为公司的"根"。

完成"定向"后的公司,主营体育服装、器材和乒乓球训练、比赛所需系列产品,还从事健身器材、保健饮料、医疗器械等多种经营。

去年年底,一次新奇有趣的乒乓球赛在北京少年宫举行。从 8 岁的儿童到 66 岁的老人,众多爱好者轮番上阵,同轻巧先进的发球机较量。赛后,购买发球机者纷至沓来。这项名为"乐吉高手乒乓球发球机与人挑战赛"的活动是邱钟惠别出心裁的杰作,既有社会影响,又创经济效益。

邱钟惠设想,将来公司还要建服装厂,生产邱钟惠牌服装,办钟惠连锁店,创建体育娱乐中心……目前,她与韩国一家株式会社建立了合作关系,一位设计专家将专为她设计"钟惠"商标,外商已经来华考察。

涉足商海,邱钟惠已取得两个第一:她本人年近花甲,在中国经商的世界冠军中年龄排第一;她的公司是北京全民所有制企业中第一家以个人名字命名的公司。她说,她的新开业的商店还将是北京第一家具有动感的商店。

坐落在北京天坛东门附近的这家商店,熔铸着邱钟惠的心血。它的设计风格粗犷、热烈、活泼,具有鲜明的体育特色,给人耳目一新之感。

跨入商界的邱钟惠,面临异常激烈的竞争。仅就服装而言,中国体育界经营者即达 4000 多家。邱钟惠的对策是:以确保质优、价格合理和周到的售后服务赢得客户。

在新的战场上,邱钟惠仍在勤奋学习,奋力拼搏,就像当年打乒乓球一样。

(新华社北京 1994 年 3 月 4 日电)

30 输入爱憎

中华民族是一个崇尚气节的民族，传统文化尤其是儒家仁学思想的长期熏陶，使得"见义勇为""舍利取义""富贵不能淫，威武不能屈，贫贱不能移"等格言，一直为众多的中国人津津乐道和身体力行。侠义精神就是这种崇尚气节德操传统的产物，其实质是尚义、重义、讲道义、舍利取义、舍生取义……

也许是小时候看了不少武侠小说的缘故，笔者对于侠义精神和"行侠仗义""贵义贱利"者，一直非常推崇；而对于"见利忘义""背信弃义"的行为，格外藐视。

正因为如此，参加工作以后，笔者不止一次做过打抱不平的事；同样因为如此，从事新闻事业特别是当了体育记者、编辑后，对赛场内外以不正当手段牟利者格外气愤，在不少稿件中输入了自己的爱憎。例如，反映中国乒乓界推动小球改大球的《中国乒乓界舍利取义》，揭露体坛丑陋现象的《赛场黑手党》等。

但是，直接在稿件中输入爱憎发议论，仅《义与利的撞击》一篇。

写此文完全是有感而发。因为，当时社会上有些事令人气愤：损人利己、吹吹拍拍、欺上瞒下、结帮营私、损公肥私……这样的种种现象实在让人看不惯，甚至感到厌恶。

正好，笔者此时参与组织远南运动会报道，并负责发稿，在处理稿件之余也写了几篇稿件，其中的此稿可谓稍稍出了胸中一点儿恶气。稿中的"鄙视见利忘义"，是笔者要表达的中心意思。而下面的一段，则是借题发挥，对"鄙视"的解读："义与利的撞击，能活画出截然不同的两种人、两种灵魂。有人肢体残疾，灵魂是健全的；也有人肢体健全，灵魂却有严重的'残疾'。如果说，肢体的残疾是残疾人的不幸，那么，灵魂的'残疾'则是某些健全人的悲哀。"

没想到，这篇小小的随笔竟然还能得到一些用户的青睐。可见，"鄙视见利忘义"的这篇稿件至少引起了一些报社编辑的共鸣。

义与利的撞击

义与利，对立统一，处理得好，可以和谐共处。然而，在生活中义与利往往发生猛烈的撞击。当义与利发生矛盾时，是见利忘义，还是舍利取义，是对人生态度的考验。在第六届远南运动会上，运动员、教练员们以实际行动交上了自己的答卷。

残疾人运动会与健全人运动会不同，与会者有许多特殊的困难，不论运动员、教练员，参加训练和比赛本身就是要舍弃属于自己的许多利益。庞宗栓卖掉自己的汽车，关掉电器修理部，毅然投身赛场；于贻泽谢绝海外聘请，担任残疾人乒乓球队主教练；黄伟坚本来是体委干部，却心甘情愿去训练四名脑瘫青年；在残疾人啦啦队里，也不乏忘掉自家利益而钟情"远南"的人；还有活跃在赛场内外的几万名志愿者……

为了残疾人事业，为了"远南"的成功，为了祖国的荣誉，他们舍利取义，令人肃然起敬。

我们崇尚见义勇为。这就是一种见义勇为。

我们提倡公而忘私。这就是一种公而忘私。

我们鄙视见利忘义。这些与见利忘义形成了鲜明对照。

改革开放为中国人民带来丰富的物质财富和精神财富。同时要看到，也有人成了"金钱拜物教"的信仰者：有的以权谋私，索贿受贿；有的假公济私，挥霍、浪费国家资财；有的弄虚作假，坑蒙拐骗……这些，可谓见利忘义者的写照。

义与利的撞击，能活画出截然不同的两种人、两种灵魂。有人肢体残疾，灵魂是健全的；也有人肢体健全，灵魂却有严重的"残疾"。如果说，肢体的残疾是残疾人的不幸，那么，灵魂的"残疾"则是某些健全人的悲哀。

愿借"远南"的东风，医治那些"残疾"的灵魂。

（新华社北京1994年9月9日电）

31 牵挂改革

1978年党的十一届三中全会提出的改革开放，使中国发生巨变。体育在国际交流方面本就不是封闭的，更关键的在改革。而体育改革与许多行业相比尽管相对滞后，但对体育"上层建筑、生产关系"的调整，一样会给中国体育带来实质性的变化。

改革是国家大事，体育改革是体育界的大事。报道体育改革应是体育新闻界的职责。因此，笔者心中对体育改革一直十分牵挂。

中国体育改革20世纪有两次大的"动作"：一是1986年的《国家体委关于体育体制改革的决定（草案）》，一次是1993年的《国家体委关于深化体育改革的意见》。

因为联系国家体委机关不在分工范围，笔者对高层体育改革只是稍稍留意，发现这些改革举措的信息基本上都是在体育工作会议上传出的，改革的报道多为推出的政策、措施。第一次改革主要围绕实施奥运战略，是体育体制内的完善，感觉较明显的变化是社会办体育。第二次改革是建立与社会主义市场经济体制相适应的体育体制，力度要大得多。

当乒乓球改革举措推出时，作为主管报道乒乓球项目的记者，笔者当然必须有所行动。中国乒乓球运动管理中心于1994年6月成立。当年年底，笔者就采访了这个中国优势项目中率先成立的中心，写了《迈出大胆而坚定的一步——中国乒乓球运动管理中心采访记》，粗线条地介绍了改革新举措和管理中心成立后的新变化。1995年3月又写了关于乒乓球改革具体举措的系列述评（共5篇，见《另类翻译》）。

又过了半年多，笔者从北京分社发稿和接触的信息中感到，首都的体育竞赛明显多了起来，有的还很新颖，这应与改革有密切关系。首都的体育报道归北京分社负责，于是，笔者找北京分社体育记者联系北京市体委，并一起采访了北京市体育竞赛管理中心主任，写了《"办竞赛"转向"管竞赛"

北京市体育竞赛管理中心闯出改革新路》一稿。首都的创举对全国各地往往起着示范、引领作用,体育改革也不会例外。

也许是"不识庐山真面目,只缘身在此山中",北京市体育新闻界似乎并没有报道首都体育竞赛"办"转"管"改革。在当年的北京市体育好新闻评选中,新华社的这篇稿获奖。

迈出大胆而坚定的一步
——中国乒乓球运动管理中心采访记

中国乒乓球告别了多年来行政分段管理的体制,在协会实体化改革的新路上迈出大胆而坚定的一步。改革进展如何?中国乒乓球队情况又怎样?

记者日前到设在北京体育馆的中国乒乓球运动管理中心采访,管理中心副主任杨树安和训练竞赛处处长、中国乒乓球队领队姚振绪回答了上述问题。

昔日,乒乓球项目的训练竞赛、经费、外事、群众性活动等环节,分别由国家体委的几个部门管理。适应计划经济体制的这种管理体制,曾为国球长盛不衰发挥了重要作用。但是,在建立社会主义市场经济的今天,这种体制已不能有力地推动乒乓球运动继续健康发展。

经长期酝酿,慎重研究,中国乒乓球协会于去年岁末确定了建立实体化模式——中国乒乓球运动管理中心。经紧张筹备,管理中心于今年6月18日在北京正式成立。

1955年成立的中国乒协,从此结束了无机构、无权力,只是空挂牌子的历史。

中国体育单项协会实体化改革是首先从足球项目开始的。在中国的奥运会优势项目中,乒乓球协会率先变为事业实体。这标志着中国体育单项协会实体化改革进一步深化,也意味着中国乒乓球的管理体制实现了根本性的转变。

管理中心拥有全面管理乒乓球运动项目的职能,同时也是中国乒协和亚乒联盟常设办事机构。它一开始运转,就显示出管理体制上的优势:统筹安排人财物和外事等项工作,对国家队、省队和后备力量实施专业化管理。

令人惊奇的是，体制改革方案讨论稿仅仅两个月已经拟成。如此高效率，除了管理中心人员高度的责任感之外，与实行聘任制也有重要关系。

这一体制改革方案是根据乒乓球项目特点和世界乒乓球运动发展趋势，在认真调研基础上制订的政策法规。它主要有以下几个特点。

——运动队管理引进竞争机制，强化激励机制，提高教练员和运动员的积极性，加速培养高水平人才；

——体委与社会各界一起办乒乓球事业，推行运动员拥有体委运动队选手和俱乐部队选手双重身份的"双轨制"；

——合理规范乒乓球人才在国内和国际范围的流动，推行运动员、教练员、裁判员注册登记制度，制定有关法规对乒乓球运动员和教练员出国进行严格管理；

——训练、竞赛要放开、搞活，实行分级管理、分级指导，推行运动员电脑积分排名制。

上述特点表明，乒乓球项目管理的运行机制正朝着适应社会主义市场经济的方向迈进。

体制改革方案中的规定或条例绝大多数将于明年实施，其中的引进竞争机制一条，国家队已经动了真格的。以往，进国家队等于进了保险箱；如今，成绩好坏、积分高低决定升降级，或决定正式与非正式队员、国家队与省队队员身份的变换。竞争，给国家队带来新气象，教练员、运动员的积极性明显增强了。

诚然，这些改革措施不可能尽善尽美，但从初始竞争机制可以看出，随着它们的全面推行，乒乓球项目的管理有希望推进到一个新水平，乒乓球运动的"生产力"将因此获得更多的解放。

管理中心成立以来，边抓业务，边抓创收，边抓队伍建设，一直运转正常。下属国家乒乓球队的运动水平，下半年在稳定中有所提高：亚运会获5枚金牌，世界杯赛名列男子团体榜首，新手丁松和王楠夺得"小世乒赛"瑞典公开赛男、女单打冠军，王涛等主力队员多次获优异成绩……

实体化改革前，人们对其是否会削弱优势项目队伍的实力不无担心。现在的情况表明，积极而稳妥、大胆而慎重地推进改革，不仅不会影响运动水平，反而能促进其提高。

迈出大胆而坚定的一步，初创获得成功，足以令人喜悦。但管理中心人员的头脑是清醒的。明年的世乒赛，男队能否打翻身仗？女队能否经受住亚洲、欧洲和"海外兵团"部分成员这三个方面军的冲击？任务十分艰巨。全面实施体制改革方案，也必然会有种种难题接踵而来。他们准备以战斗的姿态，迎接新的严峻考验。

（新华社北京1994年12月22日电）

"办竞赛"转向"管竞赛"
北京市体育竞赛管理中心闯出改革新路

新华社北京1995年10月6日电（记者王俊璞 王岳龙） 转变"办竞赛"的旧观念，在"管竞赛"上努力开拓，北京市体育竞赛管理中心闯出了一条改革新路。

1994年5月，北京市体育竞赛管理中心的牌子挂了起来。这是中国体育管理体制改革中，省级体委成立的第一个竞赛管理中心。它是市体委所属的事业单位，除保留原竞赛处的部分政府职能外，主要负责竞赛管理。

过去，北京市的主要体育竞赛由市体委竞赛处举办。因经费有限，"有多少钱办多少比赛"，竞赛活动只能围着经费转，其"杠杆"作用没有充分发挥。

管理中心成立后，北京市的体育竞赛更加活跃，竞赛服务已经起步，取得了明显的社会和经济效益，一个体育竞赛工作的新局面已初步形成。

新局面是怎样开创的？北京市体育竞赛管理中心主任张衡今天告诉记者："关键的一点是转变观念，使竞赛工作逐步与建立社会主义市场经济体制相适应。"

竞赛推陈出新。去年，已有30多届历史的春季长跑赛变为"北京国际长跑节"，吸引了28个国家和地区的200多名选手和北京众多爱好者。今年，在延庆举行了首届北京沙滩排球邀请赛；创办京港杯女子足球挑战赛；首届攀登中央电视塔比赛又即将举行，报名极为踊跃。创新，给传统项目注入了活力，并开发出新颖、富有吸引力的新项目。

开展竞赛服务。管理中心热情地为企、事业单位组织各种类型的比赛，在体育场地、器材、竞赛规程、裁判等方面提供全方位服务。竞赛服务开始成为一种体育产业。

在企业与体育之间搭桥。此举引来举办体育比赛的资金，也给海内外企业在北京开辟、拓展市场带来机遇。

据了解，管理中心今年在经费、人员、办公条件紧张的情况下，取得了社会和经济效益双丰收。他们出色地承办、组织了国家、市级和群众性比赛约150项，受到广泛赞扬；在发展体育产业方面取得了一定的经济效益，为加大竞赛的投入和走向自收自支打下了基础。

此外，管理中心还抽出相当多的人力制订北京市体育竞赛管理办法，将通过加强法制建设使体育竞赛活动健康有序地进行。

32 另类翻译

科技报道中常常遇到的一件事就是对人们不易明白的事物，经过"翻译"，使一般读者一看就比较清楚。其他报道也会有类似的情况。中国体育管理体制改革虽无难懂的事物，但厚厚的文件是不可能直接用于报道的。因此，读懂文件，用自己的语言报道给读者，也可以说是一种翻译。

1994年岁末，到中国乒乓球运动管理中心采访，写了《迈出大胆而坚定的一步——中国乒乓球运动管理中心采访记》一稿，这是管理中心成立半年来总体运转情况的报道。同时，在那里拿到了多项改革具体实施方案的合订本。每一项具体实施方案都是文字表述力求准确无误的条文，看起来相当枯燥，但其中包含着中国乒乓球界改革的新设想、新措施、新办法。

乒乓球在中国具有特殊的地位，受到广泛的关注。它在中国竞技体育优势项目中率先进行管理体制和运行机制改革，不仅对其本身，就是对其他项目也有比较重要的意义。因此，这些新变化、新事物应当介绍给读者。

如何报道呢？怎样才能做到既报道了改革的重要内容而又让读者愿意看？

仅靠现成的条文当然不行。关于这些改革措施的文件有很多，集在一起有厚厚的一大本，每项规定为表述清楚，都用了很多的文字。要写报道，就得把这些文件的精华抽出来。

要介绍为什么改革，就必须了解过去是如何管理的；要介绍新措施，还得了解以往是怎样做的；这些新措施是否抓住了主要矛盾？改革后将来的发展趋向会怎样？

经过深入调查，加上本已积累的观点和材料，又经过反复思考，最后选定了述评这一既可讲事实，又能发表评论的体裁。接着，在多项改革措施中提炼出相对更重要的5个方面，基本上概括了改革的主要内容，分别冠以比较清楚或形象的标题。

这一组系列述评播发后，被海内外多家用户采用，听到新华社驻各地分社记者多次反馈。天津的《今晚报》一开始没有采用，而是先打电话问明共有几篇，待接收到最后一篇，以整版的篇幅刊出。

播发这组稿件时有一点考虑欠周："编者按"中没有写明共有几篇稿，致使香港《文汇报》在刊出第三篇后误以为仅此三篇，即在最后注上"完"字，结果后来又刊登了第四篇和第五篇。

敲开"保险箱"
——中国乒乓球改革述评之一

编者按：中国体坛最早踏上长盛不衰之路的乒乓球，如今又在奥运会优势项目中率先改革管理体制。国家体委乒乓球运动管理中心去年夏天成立后，提出一系列改革措施，于1995年全面推行。乒乓球改革是新的尝试，无疑有许多困难和问题待解决，但是，改革措施的全面推行，将有利于这个项目"生产力"的解放，对于探索在建立社会主义市场经济体制条件下如何巩固、发展中国优势项目，也有积极意义。从今天开始，将陆续播发本社记者采写的一组稿件，对中国乒乓球运动改革作较为全面的介绍。

昔日，乒乓球运动员一入国家队，犹如进了"保险箱"，其身份、待遇便不会轻易改变。

如今，"保险箱"敲开了，国家队的大门在很大程度上受到优胜劣汰法则的控制。

这是中国乒乓球管理体制改革中出现的新变化。

乒乓球运动管理中心推出的重要改革措施之一，是在运动队伍管理中进一步引进竞争机制和激励机制。其主要内容有：

国家队选手分为正式队员和非正式队员，正式队员又有一队、二队的区别；对不同身份队员的要求不同；他们参加国内外比赛的机会和服装、待遇也不一样。

例如，国家男、女队正式队员在中国乒协每年公布4次的积分排名中，必须有3次分别排在前30名和前20名，否则就要降级。国家队选手从入队第二年开始，必须在国内比赛中获单打前十六名或双打、团体前八名，达不到目标则降至二队，或成为非正式队员，或离队。

"保险箱"不再保险，国家队队员有了危机感。

国家队的大门首次直接向成绩优异的选手敞开。以往，省级乒乓球队选手要进国家队只有一条路——被国家队教练选中。现在，只要在全国锦标赛中跻身单打前八名，即可进入国家一队；只要在全国青、少年锦标赛中分别打进前八名和前四名，就能成为国家二队队员。显然，这对于调动非国家队运动员的积极性将起重要作用。

乒乓球运动员进国家队还有一条渠道——根据国家队训练打法的需要，国家队主教练有权选调一定比例的非正式队员。这是为提高中国乒乓球运动水平而采取的一项辅助措施。它鼓励在打法上创新和风格独特的选手，也是竞争机制中一个重要组成部分。

引进竞争和激励机制的内容还包括：参加大赛组队时留出适当名额让积分排名靠前者竞争，部分比赛设立奖金，奖励技术创新者和贡献突出者，等等。由此可见，引进竞争和激励机制的改革考虑到了乒乓球运动发展的许多方面。

竞争和激励机制不仅体现在运动员身上。今后，运动员身份的变化和成绩的优劣，不仅影响教练员的声誉，还将"调整"教练员的待遇，甚至会决定教练员进出国家队。施加在教练员身上的"压力"，必将变成激励他们奋进的动力。

上述办法是否有效？国家男队近期试行以成绩和表现决定队员身份的变化：好的，从二队升到一队；差的，从一队降到二队。运动员训练的自觉性因此得到普遍提高。

人们从这项改革的初步试行中可以看出，随着改革措施的全面推行，中国乒乓球界必将逐步形成你追我赶、力争上游的局面。

（新华社北京 1995 年 3 月 1 日电）

增设、调整"杠杆"
—— 中国乒乓球改革述评之二

中国乒乓球管理体制改革的蓝图上显示：从 1995 年开始，将增设新的"杠杆"，已有的"杠杆"将作必要的调整。

竞赛，被称为提高运动技术水平的"杠杆"，也是开拓体育市场的一种手段。中国乒坛过去的竞赛，规模过大，次数不多，水平不齐，不利于分级管理、分类指导；竞赛制度没有与建立社会主义市场经济的国情相结合，办比赛的路子越走越窄。

中国乒坛人士希望，通过竞赛改革，把握乒乓球运动发展的规律，发现问题，指导训练，提高运动水平，并大力开拓乒乓球竞赛市场。

针对竞赛体制存在的问题，乒乓球管理中心制定的《乒乓球竞赛改革的设想》中提出了多项举措。

增设不同层次、多种形式的比赛。中国乒坛原来每年主要举办全国锦标赛、乒协杯赛、全国青年和少年锦标赛，其他比赛也不多。今后将增设俱乐部的联赛和主客场赛，不分级别、自由报名的公开赛，民办的国内、国际比赛，以地理划分范围的比赛，等等。

调整比赛方式。以往的全国锦标赛，参加者很多，比赛机会却很少。改革后将分为预赛和决赛两个阶段，预赛分组举行，决赛队伍减少。这样，可以避免打一两场被淘汰即出赛的"浪费"，使运动队和运动员得到更多的锻炼。其他比赛也力求做到连续、集中、增加场次、减少天数、注重效益。

放开搞活。除全国锦标赛只允许以省级体委为报名单位外，其他比赛全部放开，有兴趣的团体和俱乐部均可参赛。

上述几项措施，将给运动员和爱好者提供更多的参赛机会，也可使观众欣赏到更多精彩的表演。

将比赛与训练有机结合，已成为世界乒乓球运动发展的一个趋势。欧洲乒乓球重新崛起，"以赛带练"是重要原因之一。中国男队对此作了尝试，也尝到了甜头。随着比赛的增多，中国乒乓球运动水平的提高也将因此而获得新的推动力。

鼓励各地，包括企业和个人多举办各种乒乓球赛。过去，体育比赛体委办，而体育经费有限。后来，一些热心体育的企事业单位加入办比赛的行列。乒乓球竞赛改革的一个重要目的是，让一切关心乒乓球运动的团体和个人进一步为这项事业的发展出力，以拓宽竞赛资金渠道，搞活竞赛经营，扩大竞赛市场，发展竞赛产业。

比赛增多，放开搞活，中国乒坛将出现赛事频繁的局面，但会不会出现混乱？为此，改革设想中特别强调要加强管理。主要办法是推出几项新制度，如实行电脑积分排名制度和比赛积分制度，在全国性的竞赛中实行参赛许可证制度，在非全国性比赛中实行收取报名费制度，各地举办比赛实行报批和备案制度等。这些制度将为实行分级管理、分类指导服务，以便把各种比赛理顺、管好。

上述措施只是竞赛改革的部分内容，但由此可以预见，竞赛改革将给中国乒乓球界带来显著的变化。

国家体委乒乓球运动管理中心负责人指出，竞赛改革是一项系统工程，牵涉各级体育主管部门、各级运动队、俱乐部和社会各界。上述措施在实施中还需补充、完善，许多具体问题有待妥善解决，如比赛规程和时间的安排、选手积分分值和奖金数额的确定等。尽管困难很多，但他们将以开拓精神投入工作，让竞赛更好地发挥"杠杆"作用，使竞赛体制逐步与社会主义市场经济相适应。

（新华社北京 1995 年 3 月 3 日电）

推行"双轨制"
——中国乒乓球改革述评之三

中国乒乓球从今年开始建立俱乐部体制。运行多年的"单轨制"将被"双轨制"取代。

乒乓球与中国体育运动其他项目一样，长期以来一直按行政隶属关系组建优秀运动队，组织业余体校训练和各级比赛。这种体制是多年来适应计划经济的产物。

事实证明，这种体制对中国乒乓球运动的发展曾经起过巨大作用。它完全依靠国家的力量，集中培养优秀人才。中国乒乓球因此走上长盛不衰之路，成为"国球"。

然而，事实同样证明，这种体制已不适应正在建立的社会主义市场经济体制的国情，也不适应国际乒坛发展的潮流。

现在的中国乒坛，国家下拨的资金有限，制约着训练、比赛、培训等活动的开展，教练员、运动员积极性受到挫伤。改变体制已成为乒乓球运动能否继续发展的一个关键。

进入奥运大家庭后，乒乓球大步走向社会化、职业化，国际乒乓球人才市场已经形成。相比之下，中国乒乓球原来那种单一体制的局限性已显露出来。

中国乒乓球运动管理中心从实际出发，决定实行"双轨制"，即行政隶属关系体制与俱乐部体制并行；为此，专门制定了《中国乒乓球协会俱乐部章程（试行）》，对俱乐部的组织、会员、运动员、教练员和工作人员，以及注册、转会、比赛提成等作了规定。

改革开放以后，社会各界对乒乓球事业的发展经常给予支持和帮助。实行"双轨制"后，中国乒乓球可以既依靠国家，又依托社会。两种体制互补，这项运动将获得更大的发展动力。

实行"双轨制"，最显著的变化是运动员将拥有双重身份。他们既是国家队或省市队的队员，又是俱乐部队队员，不同的比赛以不同的身份参赛，还可以得到双份的报酬。显然，这对于调动他们的积极性，将起到重要作用。

乒乓球爱好者可以参加业余俱乐部的活动。乒乓球俱乐部体制中包括了业余俱乐部，将有力地推动群众性乒乓球活动的开展。

中国人当中的乒乓热，与昔日相比温度已不是那样高，但是，许多地方、企业、团体和个人依然对这个项目怀有深厚的感情和浓烈的兴趣；开展乒乓球运动对场地的要求不高；俱乐部只需几名运动员就能组队。这些有利条件足以使人们对实行俱乐部体制抱乐观态度。

实行俱乐部体制的试点工作刚刚开始。北京、上海、江苏、广东、新疆等地原有的和新组建的俱乐部已向中国乒协提出注册的要求。

乒乓球俱乐部体制的建立和发展，不会一帆风顺。但是，管理中心人士表示，他们将努力解决实践中遇到的问题，让"双轨制"健康运行。

（新华社北京 1995 年 3 月 4 日电）

遏制人才不合理流动
——中国乒乓球改革述评之四

困扰中国乒坛多年的人才不合理外流现象将得到遏制。

国家体委乒乓球运动管理中心推出的改革举措中，有多项规定涉及规范人才流动。今后，乒乓球运动员、教练员在境内外流动都将受到法规的制约。

中国体育人才外流的人数以乒乓球为最，已达数百人。其中，公派的极少，多数未经中国乒协同意。中国乒协曾规定运动员、教练员出境的年龄界限，但因缺乏配套措施，不合理外流现象仍然存在。近几年，又出现内地优秀乒乓球选手向南方沿海城市流动的现象。

管理中心的新举措着力解决人才流动中"不合理"的问题。

今年开始执行的《关于中国籍乒乓球运动员、教练员接受境外聘请并参加境外比赛的暂行规定》，除重申以前的年龄限制外，还作了一些新规定，主要内容是：

接受境外聘请的运动员、教练员须向中国乒协提出书面申请，并提交所在单位和聘用单位书面函件。

未经中国乒协和所在国家和地区乒协批准，中国籍运动员、教练员不得在境外参加比赛。对于擅自应聘去境外从事乒乓球运动技术活动者，中国乒协将注销其注册，并对其所在乒协或俱乐部予以罚款等处分。

实施上述暂行规定，需要境外乒协的配合。管理中心负责人说，中国乒协已经与一些国家的乒协达成协议，中国乒乓球运动员、教练员出境打球、执教，必须经两国乒协同意；他们将继续与其他国家和地区的乒协联系，以达成同样的协议。

出境问题从此纳入法制轨道，严格管理。可以相信，以往几乎处于失控状态的人才不合理外流将得到有效的遏制。

中国乒乓球协会俱乐部章程中也规定，运动员在境内外转会必须履行一定的手续，"购买"运动员的俱乐部必须交纳转会费。

境内人才流动有法可依，有的运动队"人走队散"现象将不会重演，"出让"优秀运动员的俱乐部还可以得到资金的补偿。

人才向境外流动问题相对复杂些。管理中心专门制定了《关于中国籍乒兵球运动员、教练员赴境外转会费的规定》。按此规定，将根据出境运动员、教练员的合同收入及他们以往的贡献，收取数额不等的转会费。此外，申请出境打球者也必须向中国乒协交纳一定数额的手续费。这样，实行了有关转会费、手续费等规定，合理的人才流动将得到鼓励，国家也可以得到一些必要的回报。

中国乒乓球人才外流产生了正负两方面作用：既为推动世界乒乓球运动的发展作出了贡献，也使中国乒乓球运动蒙受了损失。例如，一些适合当教练的运动员走了，影响事业的发展和现役队员的思想稳定；一些本来需要中国支援其教练员的境外乒协，因为有了非公派人员当教练，不再需要"外援"，阻塞了正常的人才流动渠道，等等。

从上述举措可以看出，随着一系列规定的实施，中国乒乓球人才流动将趋向合理。

人才流动是大势所趋，世界乒乓球运动员"市场"已经形成，境内"市场"也将逐步发育成长。管理中心负责人指出，新的改革措施顺应这一潮流，并非要限制人才流动，而是要促进人才合理流动，中国乒乓球界愿为世界乒乓球运动的发展继续作出应有的贡献。

（新华社北京1995年3月5日电）

夯实"金字塔"基础
——中国乒乓球改革述评之五

培养后备力量，是竞技体育项目取得和保持优势的一个关键。国家体委乒乓球运动管理中心制订的改革方案中，把这一条放在非常重要的地位。

中国体育界培养人才的梯队大致分为三个层次：国家队、省级队、体校。人们形象地称之为"金字塔"。从60年代起巍然屹立的乒乓球"金字塔"，人数之多，基础之厚，堪称世界之最。这是中国乒乓球队长盛不衰的重要原因之一。

然而，80年代中期以来，资金不足、体制不顺等原因使得"金字塔"的基础有所削弱：许多体校取消了少年乒乓球班，有的少年乒乓球班停招学员。国家队曾出现的优秀运动员"断档"现象与此不无关系。

为加强后备人才培养，中国乒乓球界借这次改革之机，推出多项措施，大力加厚、夯实"金字塔"基础。

管理中心今后将拿出足够的精力抓少年选手的训练和竞赛，每年组织两次全国少年集训，由中国乒协教练委员会指定教练负责，还将举办13至14岁、16至17岁两个年龄组的全国公开赛，从中选拔优秀者参加冬训。训练和竞赛是培养人才的重要环节，这一环节受到进一步重视，少年选手将得到更多的训练和比赛机会。乒乓球后备力量培养有希望出现新的面貌。

拿出资金奖励全国正式青少年比赛优胜队教练，是一项新措施。同时继续组织好全国各层次体校教练员培训班。没有高水平的教练员，不可能培养出高水平的运动员。教练员的积极性和水平不断得到提高，他们就会更加扎扎实实地在基层工作，培养和发现更多的优秀苗子。此外，管理中心还将选拔水平高、事业心强的教练员到基层巡回辅导，运用录像等手段指导少年选手掌握先进技术，这对培养高水平人才也十分有益。

推进中、小学乒乓球运动也是培养人才不可忽视的一个方面。一个与足球"绿茵工程"相似的"蓝海洋（乒乓球台为蓝色）工程"即将推出，力争做到一校一台。还要建立更多乒乓球重点学校，加强对"新星杯""开拓杯""幼苗杯"和"连环杯"等小学生比赛的管理和经费支持。这些举措的实施，将使乒乓球人才培养扩展到更广的范围，也有利于选拔和发现优秀人才。

管理中心还制定了《关于建立乒乓球特区的方案》。这是中国乒乓球改革的新尝试。特区以市为单位，须建立乒乓球甲级俱乐部、专业学校，拥有相应的训练和比赛设施等。管理中心在运动员转会、举办比赛、专业学校招生、出访等八个方面给特区以特殊政策，扶持、鼓励特区向俱乐部体制过渡。特区的建立和发展，对于乒乓球人才培养也会起到有力的促进作用。

乒乓球管理中心人士希望，通过上述多项措施的推行，使得乒乓球"金字塔"的基础更为雄厚、扎实。诚如是，高水平后备力量将大量涌现，中国乒乓球的长盛不衰也将因此而得到有力的保证。

（新华社北京1995年3月8日电）

33 不忘"配角"

有些体育项目的裁判往往无人关注。因为,他们是竞赛舞台的配角。人们的注意力首先指向参赛的运动员,其次是指挥员——教练。

当然也有例外,那就是裁判的判决引起争议时,他们才会成为人们视线的焦点。一般情况下,他们往往是"被遗忘的角落"。

其实,裁判员队伍也有不少有价值的新闻。1995年第四十三届世乒赛在天津举行时,我们在关注配角方面作了一次尝试,果然有不少可报道的题材。

这次乒坛盛会是继第二十六届之后,世乒赛又一次来到中国,还是中国男队失去男团冠军后可能打翻身仗的一次机会,意义有些不寻常。怎样更全面地报道好这次盛会?当时想了一些点子,其中重点之一便是裁判。

那时的中国乒乓球管理中心副主任程嘉炎,担任天津世乒赛的裁判长,要了解世乒赛裁判情况,找他是最理想的人选。因为,他从70年代起就参与了国际比赛的裁判工作,又当了多年国家体委竞技运动二司乒乓球处处长,了解中国裁判员的全面情况。

我们在世乒赛开幕之前很早就与老程联系,采写了《中国抽签模式"占领"世乒赛》一稿。

说起来,这是一篇写来相当吃力的稿件,首先,要弄明白"ＣＹＸ—94"电脑抽签系统就很不容易。我们想,既然一定要报道大赛的配角,就得深入了解这些配角的情况。于是,我们请程嘉炎长谈,详细了解了"ＣＹＸ—94"电脑抽签系统的产生经过和使用情况。笔者先基本上明白了,才吃力地写出来。

此外,在比赛期间还采写了有关裁判的稿件《世乒赛将采用彻底的中立裁判制》《世乒赛的"中国裁判模式"——访四十三届世乒赛裁判长程嘉炎》等5篇稿件。这些稿件被不少用户采用,其中包括专业的《中国体育报》。

事实证明,采访大赛,不一定将目光只盯住比赛和运动员、教练员,关注一下配角，也可采到有价值的新闻。

中国抽签模式"占领"世乒赛

昔日，抽签曾是世界乒乓球锦标赛的一大难题。如今，中国的"CYX—94"电脑抽签系统已将其圆满解决。

第四十三届世乒赛团体赛抽签采用了这一系统，历时仅35分钟，男女160多支队伍便各进其位。在国际乒联官员监督下进行的这次抽签，得到有关人士的高度评价。用这一系统，单项比赛和团体第二阶段的抽签也将变得轻而易举。这是中国人对世乒赛的又一贡献。

中国抽签模式是怎样"占领"世乒赛抽签阵地的？

国家体委乒乓球管理中心副主任程嘉炎，于70年代初便开始潜心钻研竞赛学，创造了卡片式抽签法，多次成功地完成了大型比赛的抽签工作。在1973年北京亚非拉乒乓球友好邀请赛上，曾有80个队、400多名选手进行9个项目的较量。他只用7个多小时就顺利地完成了抽签，使见惯了"超长马拉松抽签"的各国领队无不感到惊讶。

自80年代起，程嘉炎作为国际乒联和亚乒联盟技术委员会的资深官员，曾多次参与世乒赛的抽签和竞赛编排。他将实践中得到的认识上升到理论，并进而完成了一部题为《乒乓球竞赛法研究》的专著。

国际乒联逐步认识到这位中国人的聪明才智。而今，程嘉炎的许多见解已融入国际竞赛规则规程，他发明的抽签方法也逐步被国际乒联接受。

抽签结果关系到参赛选手的命运和比赛的顺利进行。国际乒联前主席伊万斯曾说过："抽签成功，世界锦标赛即成功了一半。"

世乒赛参赛队多、运动员多，项目也多。要使比赛精彩而有秩序，必须使种子队、种子选手和各队选手得以合理分布。为此，除应制订合理的编排方案外，抽签工作就是关键。

以往的世乒赛，曾使用过多种抽签方法，有的用箱子，有用大口奖杯，但都难免有失公允，既费时间，又容易产生误解。

程嘉炎的"自助式卡片抽签法"则不存在这个问题。例如，当4个队抽签时，他们使用的是4种、16张不同颜色的卡片：一种是"名卡"，上面写有参赛队的名字；一种是"数卡"，上面写有组别或号码；另外两种为"过渡卡"。抽签时，4人各抽一种、4张卡片，分放4组。这样，4个队的命运由4位抽签者共同决定。这种抽签产生的结果无疑是科学的、可信的。

自助式电脑抽签也公开进行，其结果显示在屏幕上，保证了公平；它可由任何人，包括参赛者自己使用鼠标器操作，可使参赛者心理上得到平衡；它简便迅速，有辅助人员、设备服务，几分钟内即可打印出抽签结果。

程嘉炎的抽签法担当世乒赛抽签重任并非始于今日。早在第四十届、第四十一届和第四十二届世乒赛上就已担任主要角色，团体赛和单项赛主要选手的定位都是用这种抽签法完成的，外国设计的电脑抽签系统只起辅助作用。这种方法也可用于其他体育比赛项目的抽签。

程嘉炎在完善了"自助式卡片抽签法"后，又和助手张瑛秋、孙晖晓于去年实现了这一抽签法的电脑化，开发了"CYX—94"电脑抽签软件。"CYX"三个字母，即"程、瑛、晓"三个字的汉语拼音字头。不久前去世的前国际乒联主席荻村伊智朗曾观看过这套系统的演示，称赞它是世界上最先进的电脑抽签系统。

4月底在北京举行的第四届国际乒联科学大会上，《乒乓球竞赛法研究》一书的英文版译者、国际乒联技术委员会主席叶荣誉亲自宣读了关于"CYX—94"电脑抽签系统的论文。与会者对这种抽签方法给予了充分的肯定。

在本届世乒赛上，程嘉炎荣任裁判长。目前，他正在从事《乒乓球规则法》的研究和著述。（合作者：王岳龙）

（新华社天津1995年5月2日电）

34 由大看小

《乒乓球——人类文明的缩影》一稿的写作，是由大看小的一次尝试。

为什么要这样写？出发点是想向读者介绍乒乓球这个在世界体坛不很起眼而在中国家喻户晓的运动项目，而又力求使这种介绍与众不同，以达到更好一些的效果。

乒乓球项目有不同于其他项目的特征，要直接告诉读者这些特征也未尝不可，但很容易变成一份背景资料，看起来很可能较为枯燥。

怎样使这种介绍与众不同？于是，笔者想到了采用"由大看小"的办法，就像从高处看假山，近处看盆景一样。

从大处看乒乓球，它是人类文明的成果。文明的一种解释是"犹言文化"，另一种解释是指人类社会进步的状态。而广义上的文化是指人类社会实践过程中所创造的物质财富和精神财富的总和。在此文中，将乒乓球视为人类文明整体中的一个细胞。因此，笔者尝试将乒乓球运动的发展置于人类文明的大背景下作介绍。

唯物辩证法认为，共性存在于个性之中。由此来看，人类文明的一些特征当然也存在于乒乓球的个性之中。当今时代的主旋律是和平与发展，从和平与发展的角度看，这与乒乓球确有联系。

于是，就从人类文明发展的三个方面着手来写乒乓球运动的发展、变化。

道理想通后，需要在行文时表现，否则难免使人感到突兀。为此，在文中的第二段对"由大看小"作了限定："生活在地球上的人类，是逐步摆脱愚昧走向文明的。乒乓球运动则经历了从游戏到竞技体育、到奥运大家庭成员的发展过程。在发展这个意义上，可以说乒乓球是人类文明的缩影。"下面，又先后对"由大看小"从三个方面作了衔接，即一、"人类热爱和平。乒乓球崇尚友谊"。二、"人类社会的繁荣、发展，是靠各国家和民族共同推进的。同样，乒乓球运动的兴盛也凝聚着各个国家和民族的智慧"。三、"人类社会的发展遵循着客观规律。乒乓球运动的前进也有其客观必然性"。

这样写,可以说对乒乓球这个人类文明的"细胞"作了较为全面的介绍,做到了与众不同。

此稿播发后被一些媒体采用,《新华每日电讯》还用在了头版,后来中国乒协的《乒乓世界》也在笔者作了部分改动后采用了此稿。

乒乓球——人类文明的缩影
——写在第四十三届世乒赛闭幕时

今天在天津闭幕的第四十三届世乒赛,展示了乒乓球运动空前的繁荣兴旺:120个国家和地区乒协的代表欢聚一堂,增进了友谊,交流了技艺,商讨了这项运动发展的大计。

生活在地球上的人类,是逐步摆脱愚昧走向文明的。乒乓球运动则经历了从游戏到竞技体育,到奥运大家庭成员的发展过程。在发展这个意义上,可以说乒乓球是人类文明的缩影。

人类热爱和平。乒乓球崇尚友谊。

聚会,增进友谊的重要方式。数以千计的乒乓球运动员、教练员、裁判员、官员和乒乓球爱好者会集天津,带来世界各地人民的友谊,带走中国、天津人民的美好祝愿。这样规模宏大的聚会,在国际单项体育大赛中是前所未有的。

国际乒联从刚诞生起就强调:开展乒乓球运动的目的,首先是为了增进友谊。为此,它规定:会员仅代表乒协,职业、业余选手均可参赛。这避免了一些国际体育组织遇到的麻烦,为这项运动的发展,也为友谊桥梁的延伸起了重要作用。

中国运动员曾把"友谊第一,比赛第二"的口号带到世乒赛上,引出"转动了地球"的"乒乓外交"。乒乓球也曾作为友谊的使者,沟通了许多国家的相互联系。

正因为乒乓球界崇尚友谊,它才为人类和平事业作出了贡献,也使乒乓球运动得到了各国人民的支持。

人类社会的繁荣、发展，是靠各国家和民族共同推进的。同样，乒乓球运动的兴盛也凝聚着各个国家和民族的智慧。

本届世乒赛期间，人们可以看到各具特色的技术打法：快攻、削球、弧圈球、削攻结合、快攻结合弧圈球……

不同类型、风格迥异的技术打法犹如精美的艺术品，闪烁着各个国家和民族的智慧之光，也反映了各种技术打法相互学习、渗透、融合的趋势。

半个多世纪以来，三大洲15个国家的28个城市先后作为世乒赛东道主，为大赛顺利进行，为乒乓球运动的发展作出了贡献。本届东道主中国天津人民更是对大赛倾注了极大的热情，付出了巨大的努力。

天津体育馆赛场上，除中国队选手外还可见许多中国面孔。自70年代起，中国向许多国家派出教练，后来又有许多教练和运动员出境执教、打球。中国乒乓球的"种子"已遍及世界各地。中国为推动乒乓球运动发展所作的贡献是无与伦比的。

乒乓球运动从各个国家和民族的创造性努力中汲取营养，昔日得以逐渐兴盛，今后将更加繁荣。

人类社会的发展遵循着客观规律。乒乓球运动的前进也有其客观必然性。

国际乒联在天津召开代表大会和各下属委员会会议，调整了领导机构。值得指出的是，这个组织的领导机构中早就有发展中国家乒协的代表。显然，这对于指导乒乓球运动在全球范围内健康发展是有利的。

本届国际乒联代表大会还做出决定，解除了对使用胶水粘贴球拍贴面的禁令。这一决定否定了国际乒联自己，但符合多数运动员的愿望，使他们可以放开手脚。类似有关乒乓球器材的决定，国际乒联已做出过多次。例如，50年代日本选手首先使用海绵球拍引发了激烈争论，国际乒联坚定地支持了这一新生事物，后来又规定球拍两面必须是不同颜色等。这些规定，为乒乓球"武器"的多样化开了绿灯，为乒乓运动的健康发展起了促进作用。

世界政治、经济、科技、文化等都在发生着变化。为跟上社会前进的步伐，适应观众和电视转播的需要，乒乓球团体赛改9盘5胜制为5盘3胜制，缩短了比赛时间；球台、球、选手服装的颜色也作了新规定。

乒乓球运动正是在这些"生产关系"的调整中，不断解放"生产力"，从而获得发展的动力。

乒乓球，称得上是人类文明宝库中一颗明珠。它的发展、兴盛，不是能给人一些启示吗！

(新华社天津 1995 年 5 月 14 日电)

35 "挑剔"引语

凡写访问某一人物的稿件，主要都是记者自己"说话"——这可以说是笔者写专访稿的一条原则。

专访某一人物时，当然主要让被采访者说话；被采访者是否健谈、善谈，往往是一篇专访稿能不能取得成功的关键。这是新闻界人所共知的常识。为何记者非要自己说话呢？

记得在国内新闻编辑部时，刚当记者，写第一篇专访时大段大段地引用了被采访者的原话。当时觉得，被采访者的原话最能说明问题，应当多引用。

稿子写罢，送到组长那里，没想到受到批评。当时的国内部副主任兼文教组组长李耐因正值班，粗看了看就说："不能这样大段大段地引用原话！特别精彩、最能说明问题的才引用。"说完就三下五除二，把引用的原话删得七零八落。

能在李耐因手下当记者，是一种幸运。《飞云蔽日的时代一去不返》《为马寅初彻底平反恢复名誉》《当官不为民做主 不如回家卖红薯》等名篇都经过他的手，前两篇是编，后一篇是写，这几篇稿到了他的手里，就像变魔术一样成了全国好新闻。因此，对老李特佩服。再说，他的说法无疑是非常正确的。

从此，笔者在引用被采访者原话时特别"挑剔"。

后来细想想，被采访者介绍情况，往往都是用口语，尽管有的逻辑思维能力很强，表达能力非常出色，但终归不会特别简练，更不用说那种聊天式的采访了；要把稿子写得准确、简练、明白甚至生动，必须得记者自己"说话"。因为，记者自己"说话"，要经过较为深入的思考，在标题制作和谋篇布局、材料选择等方面都得下一番功夫。只有这样，才能做到字、句去而意留，尽可能不写多余的话。

笔者的朋友田学祥曾写过一篇业务文章，题为《不要仅仅写"他说"》。

这篇文章列举了一些新闻作品中经常使用的"他说""他接着说""他弹了弹烟灰之后说"等刻板的表述方式，提倡采用各种灵活的方式，如巧妙地输入背景，采用电影的表现手法等，把稿件写活。这篇文章给人以启示，虽然西方新闻界认为消息不忌讳"说"，但即便是写消息，如时间允许，仍应避免段段开头都是"他说"。

《从零开始　迎接挑战——中国乒乓球界胜利跨过 1995 年》一稿，是在一次聊天式的采访后写的。被采访者是当时的乒乓球运动管理中心副主任杨树安，他与记者谈了很多，但稿中仅引用了他一句概括性的原话："成绩很大，问题很多，任务艰巨。"记得播发前请杨树安看看此稿有没有与他的意思相悖之处。他大概是没想到聊天时随便谈到的内容成了一篇条理清楚的文章，看后说："老哥，一到你手里就大不一样了！"

《"不敢松懈"——访乒乓球运动管理中心主任李富荣》一稿，同样对引语十分"挑剔"，文中仅开头和结尾两次引用被采访者说的"不敢松懈"。除此之外，只引用了一句原话："展望明年世乒赛中国队前景，绝不能盲目乐观。"但是，通篇内容都是李富荣本人的意思。

在此需要说明两点：一是这里说的"挑剔"引语，指的是直接引语；二是"挑剔"引语，并非否定直接引语的重要，使用直接引语可使新闻稿增色，提高可信度，能否采访到并善于使用直接引语也是记者水平的一种体现。

从零开始　迎接挑战
——中国乒乓球界胜利跨过 1995 年

"从零开始"这一精神财富的创造者将又一次从零开始。

中国乒乓球界今年成绩辉煌，但他们并没有陶醉，而是把眼光指向未来。

"成绩很大，问题很多，任务艰巨。"国家体委乒乓球运动管理中心副主任杨树安以此概括了中国乒乓球界 1995 年的工作和今后面临的任务。

乒乓球运动管理中心今年初开始实施改革管理体制和运行机制的一系列举措，至今已初见成效。一、二、三线教练员、运动员的积极性和训练水平明显提高；群众性乒乓球活动更广泛地开展；第四十三届世乒赛再次囊括 7 项冠军，组织工作也获圆满成功，此外还获得世界杯赛女团和男单冠军；

管理中心内部关系不断理顺，办事效率提高，显示出专项管理的优势……

面对一片赞扬声，中国乒乓球界认为，这是肯定、鼓励，更是鞭策。他们感到欣慰、振奋，但考虑更多的是改革中面临的问题和未来的大赛。

开辟市场难度大。昔日，"一枝独秀"的乒乓球项目习惯于得到各方面的支持。如今，其他许多项目迅速发展，受到人们的喜爱。论观赏性、激烈程度和广告效益，乒乓球不如许多项目，开拓市场的难度很大。而在市场开拓中，既要保持运动水平不断提高和队伍的稳定，又要开辟创收渠道，解决经费不足等难题。这就需要中国乒乓球界自己去闯，在社会和体育界的新变化中寻找发展的新路子。

深化改革担子重。尽管竞争、激励机制和竞赛等方面的改革措施已见成效，但改革的路很长。例如全国锦标赛，参赛者多，开支很大，选手水平参差不齐，如何更好地运用竞争、激励机制，促进人才培养？又怎样让省队选手得到更多的锻炼机会，摆脱长周期培训、比赛太少的旧模式？这些问题都有待在深化训练、竞赛改革中解决。而深化改革，使训练、竞赛既适应建立社会主义市场经济的国情，又符合乒乓球运动发展规律，绝非易事。

宏观调控能力有待继续提高。乒乓球管理中心人手虽少，一年来却办了许多实事。然而，深化改革等艰巨的任务对管理者提出了更高的要求：更科学地规范各项工作，制定更切实有效的政策和措施，不断增强宏观调控能力。这需要管理中心人员不断学习、掌握有关市场经济、管理和乒乓球专业等知识，提高理论和政策水平。

大赛任务艰巨。中国队成绩优异，自然提高了人们的期望值。而这些胜利主要是赢在士气上，胜利又把自己推到了众矢之的的地位。未来的亚特兰大奥运会和世乒赛，中国队，特别是男子，并无优势可言。奥运会限制参赛人数，失去了"群体作战"的优势，夺冠将更为困难。

保持清醒的头脑，锐意改革，积极探索，保持优势。中国乒乓球界在成绩面前达成了这样的共识。

目前，为加紧培养高水平人才而制定的《全国乒乓球运动训练管理条例（试行）》已出台；由蔡振华和新上任的主教练陆元盛分别率领的国家男、女队都提出了备战大赛的多项措施，冬训已提前于11月开始；新组建的教练指导团正在一些重点地区指导训练；管理中心又充实了两位专家——中国女队原主教练张燮林和中国队原领队姚振绪担任副主任,各项工作正紧张进行……

中国乒乓球界胜利地跨过1995年,正以战斗姿态迎接新一年的到来。

（新华社北京1995年12月20日电）

"不敢松懈"
——访乒乓球运动管理中心主任李富荣

亚特兰大奥运会上,中国乒乓球队继天津世乒赛囊括7项冠军后又囊括了4枚金牌。李富荣依然说:"不敢松懈!"

中国乒乓球协会常务副主席、国家体委乒乓球运动管理中心主任李富荣日前接受记者采访时,分析了中国队获得佳绩的原因和国际乒坛形势,介绍了乒乓球管理中心近期采取的一系列措施。

中国队在奥运会上囊括金牌,主要原因有四:运动员有较好的技术、较强的实力;依靠集体的力量,群策群力,准备充分;临场发挥出色,表现了顽强意志;欧洲一些强手有的发挥不理想,有的相互火并提前出局。

李富荣说,如果重新打一次,结果未必是中国队囊括。因此,不要以为我们有多大的优势,现在的优势远不如80年代前期那样大。

目前的乒坛形势,中国男子的水平与欧洲旗鼓相当,女子则与韩国、朝鲜水平接近。

欧洲男子的一批老将雄风犹在,瓦尔德内尔、塞弗、加蒂安、普里莫拉茨等"下坡"的速度极慢,38岁的格鲁巴前不久竟然还能夺得马来西亚公开赛冠军。毫无疑问,他们仍是中国队的主要对手。而以白俄罗斯萨姆索诺夫为首的一批新秀已具有较高水平,对中国队的威胁越来越大。此外,金泽洙近期两胜世乒赛冠军孔令辉,两夺公开赛冠军,以他为首的韩国队也是不容忽视的劲敌。

韩国的世乒赛女子冠军玄静和退役后,一批新手在多次大赛中得到锻炼,已有较丰富的经验;朝鲜女选手水平一直很高;中国台北队的女选手陈静更是技艺精湛。

而现在的中国男女队都存在不少问题。男队如孔令辉技术打法上特长不突出，丁松的"秘密"已不复存在，他们与欧洲强手相比很难说能占上风；刘国梁虽获奥运会和世界杯赛冠军，但对加拿大黄文冠是0∶1落后又后来居上的，打欧洲强手也并无绝对把握。女队乔红、刘伟、乔云萍到国外打球后，杨影、李菊、王晨等一批新手"接班"。她们的实力没有超过邓亚萍，与韩国选手相比，锻炼的机会和经验都少，谈不上什么优势。

更值得警惕的是，世乒赛、奥运会中国队成绩显赫，乒坛又形成了世界打中国的局面；欧洲乒乓球界正千方百计研究如何对付中国，亚洲的韩国、朝鲜等队也在埋头苦练。

作了上述分析后，李富荣说："展望明年世乒赛中国队前景，绝不能盲目乐观。"

面对一片赞扬声，居安思危者并非李富荣一人，危机感存在于整个中国乒乓球界。近期，乒乓球管理中心出台或将要出台一系列举措：

抓紧培养后备力量。11月4日，国内二线女队员在正定开始集训；12月中旬，二线男队员将在大庆集中，通过集训发现新人，争取有更多新手"抢班"。

大力培养一线年轻队员。中国队近期派出新老结合的阵容访欧并参加世界杯赛，为明年的世乒赛锻炼队伍。12月初开始的冬训中将着手弥补包括孔令辉在内的一些选手的不足。

强化教练员岗位培训。以往的教练员培训班仅30人参加，骨干较少；而11月下旬开始的第三期人数增加到60多人，学员多为省级队主教练。管理中心负责人欲通过此举，更新教练员的知识，使他们跟上乃至领先世界乒乓球运动发展的新潮流。

贯彻全民健身计划。乒乓球管理中心曾下力组织北京周末乒乓球赛，又组织了京津沪鲁乒乓球赛，还克服困难积极支持CCTV杯中国乒乓球擂台赛，吸引更多的人了解乒乓球，参与乒乓球活动。明年还将作一些新尝试。

加强运动员的思想教育。继续组织国家队队员参加军训、捐资助学等活动，还将组织运动员到革命老区访问。

成绩面前找差距，胜利之后找不足，是中国乒乓球界的传统。今天，他们仍然"不敢松懈"，警钟长鸣。（合作者：《人民日报》记者刘小明）

（新华社北京1996年12月2日电）

36　画"句号"

中国体育界尤其是中国乒乓球界有一句经验之谈：要想出世界冠军，首先得有培养世界冠军的教练员。教练员水平的高低，往往决定一支运动队成绩的好与差。

中国乒乓球队多年长盛不衰，其中的女队成绩更佳，究其原因，当然是多方面的，但是，女队拥有高水平的教练员，无疑是关键因素。而在中国女队的众多教练员中，张燮林显然是出类拔萃的。

1995年年底，张燮林告别了他工作多年的教练员岗位，担任新成立的乒乓球运动管理中心副主任。张燮林丰富的执教经验，是他自己，也是中国乒乓球界乃至中国体育界宝贵的财富，对于从事其他事业的人也不无启示意义。

鉴于此，想到应当为这位教练的执教生涯画一个"句号"。

可以想象，一个人一旦离开了自己热爱、奋斗了多年的岗位，一定会有很多感慨，会思考很多问题，如总结自己多年的心得、在新岗位如何继续工作等。此时，他很可能愿意与朋友坦诚地聊一聊。

因此，当笔者找到这位教练，说出来意，张燮林立即欣然答应。话匣子很容易打开，而一旦打开，往日的经历、制胜的"秘诀"、未来的打算等就犹如泉涌，滔滔不绝了。

此文的题目"百尺竿头翻跟头"，是此前张燮林与笔者聊天时谈到的，当时感到这个比喻既贴切，又形象，还新鲜，就记在脑子里。这次写稿，毫不犹豫地用上了。

谈到中国女队多年领先世界的制胜之道，张燮林总结了3点：超前意识，百花齐放出奇兵，向运动员学习。这几点，可谓高度概括，看似简单，要真正做到，绝非轻而易举，但又是多次见效的成功经验。

由于采访顺利，所需内容相当丰富，因此写稿时只是在谋篇布局上稍作构思，然后删繁就简，便很快成文。本想在稿件播发前请张燮林本人看看，但因他出差，没有看成。

此稿作为新华社体育部《体育热点访谈》专栏稿件播发后，被海内外一些媒体采用，张燮林的朋友看到此文后立即告诉了他。后来见到张燮林，他对此文的满意之情溢于言表。因此，写此文也加深了笔者与这位教练之间的友谊，同时为悉尼奥运会期间在新华社报道中由笔者写稿开设《张燮林专栏》打下了感情基础。

"百尺竿头翻跟头"
——访新任乒乓球运动管理中心副主任张燮林

新任国家体委乒乓球运动管理中心副主任张燮林，日前在接受记者采访时用"百尺竿头翻跟头"来比喻他的乒坛生涯。

中国乒乓球长盛不衰数十年，每一次胜利都是在世界最高水平的搏斗中取得的。这一比喻可谓形象贴切。

"没有白忙。"谈到昔日的征战，张燮林感到欣慰。

自1960年年底从上海队来到国家队，他便开始了"百尺竿头翻跟头"的表演。35年来，他曾15次登上世界冠军的领奖台，其中4次作为运动员，其余作为教练。

这一"纪录"在中国乃至世界体坛都是罕见的。

至于他执教的中国女队，不要说国内、亚洲和公开赛、大奖赛，也不必提银牌和铜牌，仅获得的世界大赛金牌数就已十分可观。自1972年至今的12届世乒赛，中国队共10次获女团冠军，女单、女双、混双冠军各得9次，还3次夺得世界杯赛女团冠军和奥运会两个女单、一个女双冠军。

张燮林认为，这都是人民支持、领导重视、大家奋斗的结果，他只是中国队这个光荣集体的一员。

中国女队多年领先世界，制胜之道何在？

张燮林主要谈了3点：超前意识，百花齐放出奇兵，向运动员学习。

"男队的今天就是女队的明天。"这是张燮林的一句名言。他的"超前意识"就是通过观察，了解世界男子乒乓球运动发展的趋势和特点，以此来确定中国女队克"敌"制胜的战略战术。

中国女队注重培养各种打法、风格的选手，形成"百花齐放"的局面，这就为出奇兵提供了选择余地。张立、葛新爱、张德英、童玲、曹燕华、戴丽丽、焦志敏、陈静、陈子荷、乔红、邓亚萍等一茬又一茬优秀选手，犹如后浪推前浪，竞相在大赛上建功。有的以凶狠压倒对手，有的以柔克刚，有的则以怪球打得对手一筹莫展。

根据女子乒坛特点，张燮林几年前已把中国队原来"快、准、狠、变、转"的风格改为"狠、快、准、灵"，用以指导训练。他解释道：狠是灵魂；快即争取主动；准作为基础，是胜利的保障；灵指的是战术变化。"狠"字当头的这一变化并非张燮林苦思冥想的产物，而是从邓亚萍等运动员打球风格受到启发的结果。张燮林说："解放军训练是官教兵，兵教官，教练员也不仅只教运动员，同样需要向运动员学习。"

谈到已告别了的中国女队，张燮林的留恋之情溢于言表。他与队员、教练相处多年，互相支持，彼此信任，感情很深，一旦分别，自然依依不舍。但为了工作，他愉快地走上了新岗位。

对女队新任主教练陆元盛，张燮林给予很高的评价：事业心强，善动脑筋，干劲足，肯钻研，在培养运动员、队伍管理等方面都很有成就，相信他一定能胜任。

在管理中心，张燮林的分工是管训练和竞赛。他说："以前的成绩是由于大家的支持和努力才取得的，今后还得靠大家，我要多了解情况，多调查研究，协助队里做好'后勤工作'，完成好大赛任务。"

从11月17日上任，至今才一个多月，张燮林不停地奔忙，讲课、看训练、开会、组织比赛……足迹已到过湖北黄石、山东泰安、广东容奇和上海等地。

中国队多年来一直是诸强队众矢之的，继续出色地表演"百尺竿头翻跟头"，难度很大。张燮林正为此在新岗位上不懈地努力。

（新华社北京1995年12月22日电）

37 跳笔

说　明

新华社体育新闻的社级好稿中，过去多年来奥运会、亚运会等大赛和重大事件的稿件占大多数，而日常报道的稿件较少。《中国乒乓球"人梯"依然坚固》是这少数稿件之一，而且评委给的分数较高。

包括《人民日报》《人民日报海外版》《光明日报》在内的多家报纸采用此稿，还有文摘类报纸也转载了此稿。

社内《新闻业务》的每周评稿刊文《凸现了集体主义和爱国主义精神》，赞扬此稿。《新闻业务·增刊》还以《弘扬为国争光的"陪练"精神》为题，对此稿作了评介，说这篇报道突出赞扬中国乒乓球队的集体主义精神，其主要长处是："写出了新意。……写出了新形势下的新变化和新面貌。

"写出了觉悟。……

"写活了场景。……读来生动感人。"

这些赞扬之词，主要是从思想的角度出发的。在《新闻写作60招》一书中，介绍此文用的题目是《散文笔法》。

前几年，偶然在网上看到"新闻跳笔概念"一文，以此稿为例论述了新闻跳笔。从行文看，作者应是一位老师给学生讲课的内容，于是下载保存在电脑中。

从新闻写作的角度看，新闻跳笔与散文笔法二者相较，前者更集中地评述了此稿写作上的特点，作为新闻写作的招数，应比运用范围更宽泛的后者更合适。

遗憾的是，后来再用"新闻跳笔概念"在网上搜索，已找不到此文了，有的是"新闻跳笔""新闻跳笔与过渡"，都是书中内容，只是所在章节不同，还有博客也转载了。在网上浏览得知，《人梯》一稿被收入一些新闻类书籍和教材中。

为了给写作《中国乒乓球"人梯"依然坚固》一文的招数选择更理想的介绍文字，特将《散文笔法》换为《跳笔》，同时用《新闻跳笔概念》作为介绍文章。这是此书"招数"中借用他人文章的唯一一篇。同时，以此向这位不知姓名的老师表示感谢。

顺便说一句，也感谢签发此稿的发稿人，对原稿未动一字，还建议笔者配短评，于是赶写了短评《提倡"人梯"精神》，被一些用户一起采用。尊重作者，若改动之处不能比原稿更好，就一定不改。这也是笔者当编辑改稿时的一条原则。

新闻跳笔概念

新闻写作所使用的笔法是多种多样的。一般的文字写作，尤其是文学写作中的基本笔法，比如叙述、描写、抒情、议论等，在新闻报道中同样作为基本笔法被广泛使用。还有一些写作技巧，如排比、倒叙、插叙、伏笔、悬念、拟人、比喻、夹叙夹议等，在新闻写作中也都是不可少的。

那么新闻写作有没有属于自己的笔法？或者说有没有属于自己特有的行文方法呢？

我们先看一篇消息。

《中国乒乓球"人梯"依然坚固》（详文见本文后）。

这篇消息给人的第一印象是层次分明，段落短而多，且眉清目秀，招人喜欢，吸引你读下去。不像有些报道排在报纸上黑压压的一片，给读者造成一种紧张的气氛。

在阅读中你会感觉它每一段讲一件事，节奏明快、干脆利落，不像有些报道长段行文，一气荡尽，一句跟一句，一段赶一段，读起来缺乏停顿。

阅读中你还会发现这篇消息的每段之间，内容跨度很大，第二段李富荣在讲话，第三段跨到男陪练在拉弧圈球的现场，第五段介绍"人梯"的组成，第六段又跨到商品大潮运动员出国，第八段跨得更远，写到了不同国度人们的价值观。文字的空间距离很大，给了读者一个广阔的视野。

一口气读完之后，你发现表面上彼此好像没有很大联系的段落，实际上有一个内在的逻辑，它已经通过事实的排列、组合与陈述，让你自己对中国乒乓球队的陪练制度得出了结论：这种集体主义和英雄主义是中国乒乓球队长盛不衰的重要原因。

另外，可能你还会有一种与阅读其他文字作品时不同的感觉，它的文气明快跃动，有着现在进行时的动态节奏。若不信，你可以试试，再读一遍导语："参加亚特兰大奥运会的中国乒乓球选手，正踩着陪练队员搭起的'人梯'，攀向冠军领奖台。"

上述阅读感觉正是来源于新闻报道特有的文风，也就是说来源于新闻笔法。我们姑且用"跳笔"来概括它。这种笔法有两个主要特点：

一是在文体结构上它是多段体。

二是它与一般文字作品所要求的注意上下文衔接、具有连贯性、讲究起承转合等不同，它主张"跳"，在句子与句子之间、段落与段落之间可以有，甚至必须有较大的跳跃。

为什么新闻写作要用"跳笔"？

一、吸引读者并适合读者快速阅读的习惯

我们在以前的篇章里讲过读者看报的特点"时间短、随手翻"。为了吸引读者的注意，新闻作品要有"一眼功效"，并要适应读者的快速阅读。以多段体为主要特征的"跳笔"，能够在视觉与思维上为读者提供这种方便。

（一）跳笔要求段落短，而且每段讲清楚一件事实。这种叙述方法便于读者集中注意力，即便阅读受到干扰，一时停顿，回头再看也不必花费很多精力去寻找"接读"的地方。

（二）长篇大论很容易引起读者的阅读疲劳。而"跳笔"使得每一个小段落形成一个新鲜的阅读兴奋点，而多段则形成多个阅读兴奋点，段与段之间既给了读者喘息、休息的机会，又以下一个兴奋点刺激读者，使他有兴趣，并保持足够的阅读耐力在快速阅读中将整篇报道读完。

（三）运用跳笔写作的新闻报道，排在报纸的版面上黑白相间，疏密有致，容易让读者"一见钟情"。美国新闻学者提出，段落是为了引起读者注意的一种印刷手段。中国人民大学新闻学院郑兴东教授在《试论版面语言》

一文中也说："运用适当的空白作背景，能使感受之间的差别增大，形成鲜明的感觉对比，从而更好地引起读者的注意。"

二、便于记者快速写作并形成明快的新闻文风

（一）记者运用跳笔写作时，不必为文章的"起承转合"费心，他只需集中那些最有新闻价值的事实，一段一段写来，没有新闻价值的都可省略，无须过渡与连接，跳跃性地报道一件事实，当然比按部就班地叙述快得多。

（二）"文如看山不喜平。"以这样的行文结构叙述事实，在段与段之间实现了跳跃式的推进，文章自然波澜起伏，而且有一种动感，体现出新闻报道作品明快的文风。

三、加大新闻信息量的一个重要手段

（一）运用跳笔，每写一个段落，就提供了一个分角度或者一个侧面的事实。这样由多个分角度的变换和组合，便形成了立体感强的信息总汇，并使多侧面传递出的信息富有一定的辐射感。

（二）句与句之间、段落与段落之间的跳跃，留下了空间，留下了停顿。有空间就有容量。容量大可提供的信息量就大，给予读者想象与思考的空间就大。从某种意义上说，思考的空间中即包含着潜在的结论，即潜在的信息。而这个停顿也很重要，它给了读者思索、回味的时机，有利于读者对新闻信息的理解。

中国乒乓球"人梯"依然坚固

新华社北京 1996 年 6 月 11 日电（记者王俊璞　景如月）　参加亚特兰大奥运会的中国乒乓球选手，正踩着陪练队员搭起的"人梯"，攀向冠军领奖台。

中国乒协执行副主席李富荣说，乒乓球"人梯"出现在第二十六届世乒赛之前，一茬又一茬陪练队员几十年来送一代又一代尖子选手夺得世界冠军。这一"人梯"经受着商品经济大潮的冲击，现在依然十分坚固。

记者在北京和正定都曾看到，中国女队的4名男选手陪主力队员训练时，拼力拉弧圈球，任汗水湿透衣衫。据统计，每位陪练半天至少"拉"7筐球，每筐200个。

主教练陆元盛介绍，他们是来自河北队的王志军、陕西队的邓勤、八一队的刘国栋和今年3月才进队的辽宁选手杨杰峰。

这几名队员仅是"人梯"的一部分。备战奥运会，男、女队非参赛选手都可能担任陪练；而备战世乒赛时，河北、北京、广西等队的队员都是召之即来。

商品经济大潮涌起之后，许多乒乓球运动员跨出国门，有些人的收入比在役的世界冠军高出数十倍。这给中国队造成巨大的冲击，但队里作为重要训练内容的陪练并未因此而中断。

据了解，昔日的陪练员要放弃已定型的打法，模仿国外名手；现在的陪练员一般仅在一段时间里模仿对手，帮主力队员完成训练计划，只有女队的男陪练完全牺牲了自己。因为，女子打球的力量、速度与男子有差距，陪练时间长了，再参加男子比赛很难适应。

不同国度，人们的价值观往往差异很大。西方有人曾视陪练为"不道德"，而中国队却视陪练为集体主义和爱国主义的表现，称陪练者为"无名英雄"。

女队的男陪练并未因做出牺牲而心理失衡。6年前进队的王志军说："一茬运动员能当世界冠军的只有几个，能为有希望当世界冠军的人作一点贡献，也是难得的机会，我们很珍惜。"男队老队员张雷也表示，为了国旗在亚特兰大升起，他"愿再次做人梯"。

陪练员也可得到回报：主力选手分出的奖金和被安排出国执教。但他们看重的并非金钱。当过多年陪练的黄飚说："钱虽然有诱惑力，但这个集体的吸引力更大。"中国队前年请正在日本执教的黄飚当"管家"，他放弃了高薪，拒绝了另一俱乐部的邀请，毅然踏上归程。

李富荣认为，中国乒乓球队几十年长盛不衰，集体主义和爱国主义是最重要的经验。

38 借鉴"模糊"

模糊理论的主要内容包括模糊集合理论、模糊逻辑、模糊推理和模糊控制等,其核心是通过最大限度地模拟人的思维和推理功能,研究现实世界中许多界限不清的事物。

《中国体育代表团官员答中外记者问》一稿就是从这一理论中得到启示写成的。

以往看到的有关方面人士答记者问的稿件,基本上都是一问一答,或者是选择主要内容写成消息。亚特兰大奥运会之前,中国奥委会在北京国际饭店举行中国体育代表团成立新闻发布会,中国体育代表团几位官员回答了多名中外记者提出的问题。这次发布会的特点是:记者提的问题多,几位官员分别作了回答,内容较丰富。

这届奥运会的报道,笔者的分工是联系中国体育代表团,因此,写新闻发布稿件的任务由笔者承担。

构思稿件时想到:如果将记者提出的主要问题列出来,再在每个问题后面写出官员回答的内容,稿件的篇幅会很长。再说,笔者从来不写一问一答式的稿件,认为除非为了解释政策需要写得一清二楚等特殊情况,写一问一答的稿件是记者懒惰的表现。而不写一问一答式稿件,如何减少篇幅?

于是,笔者想到了借鉴模糊理论。

模糊理论的一个显著特点是以不确定的数值来取代确定的数值。这一特点能否运用到写稿中,将记者的提问、有关人士的回答集中在一起?

写稿时,将记者提出的问题集中在一起,再将回答问题者集中在一起,最后又将答记者问的内容集中在一起,"模糊"了哪个记者提出哪个问题,也"模糊"了是谁回答了哪个问题。实际上,读者看此稿可以对记者提问的内容和得到怎样的回答这两个方面一目了然。

用"模糊"的办法写出的这篇消息,仅用了800多字的篇幅,就将新闻发布会答记者问的主要内容传达给读者了。

这样借鉴模糊理论写稿，需要概括，下一番选择的功夫，即从众多记者提出的问题中挑出主要的内容，再从答记者问的很多说法中挑出相应的内容，依次用最简洁的语言表达出来。

用这种"模糊"的办法写稿，读者想要了解究竟哪一个记者提出了什么问题，而哪一个问题是由谁来回答的，就不会很清楚了。这也许算是一个缺憾。但是，像这样的内容，谁提出什么问题和谁来回答哪一个问题并不重要，做出这样的"舍弃"，换来内容的简洁和篇幅的缩短，应该说是值得的。

一起参加新闻发布会的新华社体育新闻编辑部主任刘其中看了此稿后，对这样"模糊"提问与"模糊"回答内容的写法感到惊奇，也许是没见过用这种方式写新闻发布会消息的。

此稿播发后，被不少媒体采用。首都有一家全国性的报纸全文采用了此稿，但把记者的名字换成了本报记者。而这位本报记者也参加了这次新闻发布会，不知是没写答记者问的稿件，还是写了稿却被编辑"换"成了新华社的稿件。

中国体育代表团官员答中外记者问

新华社北京 1996 年 6 月 17 日电（记者王俊璞　许基仁）　中国体育代表团官员今天在中国奥委会举行的中国体育代表团成立新闻发布会上回答了中外记者的提问。

新闻发布会今天上午在这里的国际饭店举行。记者提出的主要问题有：中国代表团预计能拿多少枚金牌，拿奖牌的运动员能得多少奖金，对亚特兰大高温、高湿天气和裁判误判、漏判有无准备，马俊仁为何不参加奥运会，怎样证明中国选手在服用兴奋剂方面是"干净"的等。

中国代表团团长伍绍祖，副团长袁伟民、徐寅生、魏纪中、李富荣和副秘书长吴寿章对记者的提问一一作答：

中国代表团的目标是第二集团靠前的位置。巴塞罗那奥运会上，中国列第四位，金牌数与列第三的德国差一半。此次第二集团有 10 个国家实力相近，稍有闪失就可能影响名次。中国选手的成绩要看临场发挥，比好了可拿十多块金牌，比不好会比十块少。中国代表团将尽最大努力争取第二集团靠前的位置。

亚特兰大奥运会后对获奖牌运动员的奖励，尚未最后确定，大体上与上届持平。奖励取决于两个因素，一是经济发展的水平；二是体制改革，加强单项体育协会的作用，即把奖金发给协会，由协会根据贡献再发给运动员。

备战奥运会的中国各运动队在夏训中都注意着手解决如何适应高温、高湿天气问题。有的队到与亚特兰大气候相近的地方训练，如男子乒乓球队去扬州；有的队训练中提高难度，不开空调，如羽毛球队；有的项目安排提前到美国作适应性训练，如体操、游泳、篮球队；有些队还请有关专家讲如何克服高温、高湿天气带来的困难。

历届奥运会都有裁判误判、漏判。中国各运动队平时就注意对运动员严格要求，要正确对待。相信中国运动员在奥运会上会有良好的表现。

马俊仁不能参加奥运会，原因是他的队员在奥运会选拔赛上成绩不好，没有入选。

中国一直坚持反对服用兴奋剂的"三严"方针。1995年至今，在国际比赛中没有发现中国运动员药检呈阳性。服用兴奋剂是普遍的而不是中国一国的问题。奥运会应该"干净"，最近一些出现阳性事件的国家更应该注意。

39 分析到位

　　分析，这一词语可以应用在非常广阔的领域，而在这里是指在写预测类稿件时最重要的思维活动。

　　说到预测类稿件，先谈一点个人的看法：新闻的定义，公认的表述为：新近发生的事实的报道。而在新闻实践中，大多数报道都是"新近发生的事实"，但有些事是正在发生的，也有些事是将来要发生的。因此，从时态看，新闻定义为"已经、正在、将要发生的事实的报道"是否更合适？（因为说的是"新闻"，当然要新鲜，这是不言而喻的。）而预测类稿件就属于"将要发生的事实的报道"。

　　预测，是古今中外人们日常工作、生活中常有之事。大到宇宙运行、国际形势、国家兴衰；小至行业沉浮、个人进退，都离不开预测。预测，在新闻报道中也占有一席之地，还是读者喜欢看的一类。

　　预测类报道，就是对已经、正在发生的事实进行分析，进而预判将要发生的事实。因此，要做到准确，掌握的材料要全面，而分析到位是关键。

　　在多年的新闻生涯中，笔者写过一些预测类稿件，总体讲成多败少，这与分析是否到位紧密相关。

　　1988年汉城奥运会前，预测中国乒乓球队成绩的稿中说："记者倾向于得三块金牌。"说拿三块金牌，主要考虑到男单夺冠可能性很小，但没想到女双因焦志敏发挥失常没有拿到，事先没有估计到出意外，因而预测不准。

　　2000年悉尼奥运会前写的《王楠能实现"大满贯"吗》稿中说："王楠夺取女单金牌的希望在女选手中是最大的。"稍稍留了点儿余地。最后指出："中国女选手如果能在奥运会上发挥出正常水平，出现决赛中会师的局面也是很有可能的。"王楠正是在决赛中胜李菊，实现了"大满贯"。但是，王楠在与新加坡李佳薇相遇时"死里逃生"的惊险情况没有预料到。

　　有人说，读者对预测的准确与否应多给予宽容。因为，预判有风险，将要发生的事实由多种因素决定，还可能出现意外。而不管准确与否，这类稿件吸引人们关注某件事的作用已经起到了。就像球王贝利多次世界杯足球赛的预测十有八九都是错误的，但人们依然对他的预测津津乐道。

为让读者对预测稿有更直观的了解，这里列出两篇稿作具体介绍，一是长期预测，二是短期预测。

第一篇预测稿是1983年参加第五届全国冬季运动会报道时写的《我国花样滑冰大有希望》，篇幅不长，成文比较容易。作"大有希望"的判断，来自专家分析的结果，选手动作难度提高、艺术性增强、与世界高水平差距缩小；也有个人的看法，更重要的是花样滑冰属技巧性很强的项目，适合中国人机敏、灵巧的特点，还有训练条件的改善和国际交往的增加等。因此，说这个项目有希望像中国体操、技巧、跳水一样跃入世界前列。

当时，除东三省外，媒体对冰雪项目还不太重视，因此，所写部分稿件没有发通稿。北京媒体没有派记者，《北京晚报》希望新华社给他们发专稿。于是，写了《冰城的"祥子"夫妻》等，这篇预测稿也是其中一篇。

回到北京后，有同行从报上见到此稿，说是"吹牛"，中国花样滑冰远远落后。但进入20世纪90年代后，中国已先后涌现出单人滑、双人滑世界顶尖选手，夺得了世锦赛甚至奥运会金牌。

写《能保住"第二集团"靠前的位置吗？——中国代表团亚特兰大奥运会前景展望》一稿，要比前一篇复杂得多。因为，代表团要参赛的项目很多，而影响比赛结果的因素也很多。

此稿从几个方面作了分析：中国将有多路兵马向金牌发起冲击，冲金项目之多前所未有；胜与负是由多种因素综合产生的结果；体育大赛有规律可循，运动员临场发挥如何乃是关键；不能不考虑到"克拉克现象"；外国代表团也会竭力奋战。在作了具体分析之后，得出结论："在正常的情况下，中国的金牌数可能大体与上届持平。"最后做出判断：中国能保住"第二集团"靠前的位置，要保住上届的"第二集团"第一也有希望。

最终，中国代表团获得十六金，保住了上届"第二集团"第一的位置。

也许是巧合，随后同样在赛前写的《新闻分析：从经济看奥运金榜排名》中说到"中国只能争取排'第二集团'前列"。两稿从不同角度分析后的判断基本一致，结果也一致，可谓殊途同归。

我国花样滑冰大有希望

在第五届全国冬季运动会上，花样滑冰专家们欣喜地对记者说，我国的花样滑冰运动，在不久的将来，大有希望赶上世界先进水平。

这次冬运会是对我国花样滑冰运动水平的一次检阅。健儿们的精彩表演显示着这项运动取得了显著的进步。主要表现在以下几个方面：

第一，动作难度大了。上届只有个别人能做三周跳，并无把握；现在很多人能做几种三周跳，轻松自如，连女子也能做了。许兆晓等选手能较好地完成"勾手三周跳"，丛文义干净利落地完成三周联跳，难度均属国际水平。

第二，艺术性增强了。整套动作的编排和运动员滑行的姿态、与音乐的配合，都比较优美、和谐。男选手丛文义滑行速度快、动作幅度大、刚健开朗；女选手包振华风度潇洒、落落大方，能给人以美感。栾波、姚滨的双人滑协调一致。冰上舞蹈选手奚鸿雁、赵晓雷等已能把音乐、舞蹈、滑冰融为一体，鲜明地表现出冰上芭蕾的特点。

第三，场上竞争激烈。以往的比赛，冠军的水平占明显的优势。本届除双人滑外，男女单人滑和冰上舞蹈都呈现激烈竞争的可喜局面。

专家们说，这些进步表明，我国花样滑冰与世界先进水平的差距缩小了，这项运动前景光明。

花样滑冰属技巧性很强的项目，适合中国人机敏、灵巧的特点。如今我国的体操、技巧、跳水等都跃入世界前列，花样滑冰也有希望很快赶上去。为什么以前上得慢？除了十年内乱的冲击之外，训练条件差、闭门造车是主要原因。随着室内人工冰场的陆续修建，我国花样滑冰健儿将逐步结束滑野冰（天然冰）的历史；日益增多的国际交往，将开阔教练员、运动员的视野。我国的花样滑冰运动将不断地以新的姿态出现在国际赛场。

（1983年3月　新华社供《北京晚饭》专稿）

能保住"第二集团"靠前的位置吗?
——中国代表团亚特兰大奥运会前景展望

中国体育代表团在亚特兰大奥运会上的目标是"第二集团"靠前的位置。上届奥运会中国以16枚金牌列第四,处于"第二集团"首位。这就是说,中国本届的成绩要与上届基本持平。

这一目标能实现吗?

亚特兰大奥运会上,中国体育代表团将有多路兵马向金牌发起冲击。冲击金牌的项目之多是前所未有的。

巴塞罗那奥运会上,中国获金牌的7个大项是游泳、跳水、乒乓球、体操、射击、田径、柔道;获22枚银牌的12项和获16枚铜牌的9项中,有些金牌为中国选手获得;有些则无力夺金,取得奖牌已是相当出色的成绩。

而这一次,上届夺金的7大项中冲击金牌的面又有所扩大。游泳、射击上届共得6金,这次又都有数项有实力夺金。其他5项上届共得10金,除得金的小项外这次约有10个以上的小项冲击金牌,如乒乓球的男子单打,体操的男子团体、个人全能和女子个别单项等,田径的男子竞走和女子中长跑,柔道的女子小级别。这样,夺过金牌项目中的部分项目,与将冲击金牌的项目加起来,就有20个左右的项目将参与金牌争夺战。

上届只得奖牌的大项中,现在也有些小项具有夺金的可能性。如羽毛球的男女单和女双、举重的54公斤级和70公斤级,以及击剑、赛艇、帆板、射箭的一些项目。上述多数项目,中国选手有获得世界冠军的记录,另一些至少获得过奖牌,尽管希望的大小不同,也均可在亚特兰大拼一拼金牌。

这两部分项目与游泳、射击合起来,可冲击金牌的小项可达近40个。如此多的项目冲击金牌,为中国代表团夺取超过上届的成绩带来希望。

然而,有实力或有希望冲击与有把握夺取还有很大的距离,即便是认为有把握的项目,也不一定能成功,例如上届的羽毛球。

胜与负是由多种因素综合产生的结果。其中包括运动员临场技战术水平的发挥,教练的战略战术筹划和指挥,对手的表现,裁判的判罚,观众的助威,场地、天气、时差、食宿的适应等。正所谓赛场风云变幻无常。

但从总体看，体育大赛也有规律可循。运动员临场发挥如何乃是能不能取得好成绩的关键。汉城奥运会上，中国很有希望的几个项目没有得到金牌，似乎得了一次"失利传染病"；而在巴塞罗那则完全相反，一张张捷报从多个赛场接连传出，就像幸运之神有意关照中国人。

本届奥运会上，如果出现强项接连失利的情况，中国的金牌也许达不到两位数，但不会像汉城那样只得5金，当然这种可能性极小；倘若能有多个项目发挥出色甚至超水平发挥，中国的金牌达到甚至超过20枚也不是天方夜谭。

亚特兰大不是汉城，也不是巴塞罗那。现在预测未来大赛的结果，只能按照正常发挥去估计。而依此，就不能不考虑到"克拉克现象"，即奥运会前获世界冠军和创世界纪录的运动员却得不到奥运会金牌。这种现象在此类选手中所占比例约为三分之一。去年中国运动员在世界性大赛中一共夺得15枚奥运会项目的金牌。按"克拉克现象"，意味着其中5项无缘得金。再考虑到中国尚无一人卫冕奥运会冠军，而希望本不大的选手突然冒出来属极个别，对手同样在全力拼争等情况，对中国代表团的成绩宁可不作过于乐观的估计。

由此看来，在正常的情况下，中国的金牌数可能大体与上届持平。

但是，一个国家和地区代表团的金榜排名，不仅取决于它自己运动员的成绩，还要看其他代表团的表现。与中国实力非常接近的国家有古巴、西班牙、韩国、匈牙利、法国、澳大利亚，上届金牌数依次为14枚、13枚、12枚、11枚、8枚、7枚。他们都在为夺取更高名次而奋战。其中个别国家如果冲到中国前面，不会使人感到意外。

鉴于此，可以做出如下判断：中国能保住"第二集团"靠前的位置，要保住上届的"第二集团"第一也有希望。

（新华社北京1996年7月2日电）

40 推崇科技

科技，科学技术的简称，人类文明的标志。科技的进步创造了并继续创造巨大的物质和精神财富，推动着人类社会不断前行。

中国于1964年提出的四个现代化的宏伟目标中，"科学技术"代替了10年前提出的"交通运输"。20世纪70年代后期，邓小平重申"科学技术是生产力"的观点，10年后进一步提出"科学技术是第一生产力"。到90年代中期，国家的科教兴国战略开始实施。

国家对科技越来越重视，身处国家通讯社，自然深知科技的重要。而以往的经历也使笔者对科技十分推崇。

早在上中学时参加业余无线电收发报训练，笔者就知道在报务之外还有无线电机务，没有后者的技术支持，就不可能实现无线电通信。到了河北省无线电快速收发报队，同为国防体育的还有射击队和航模队。航模队与科技关系更密切，队员们一双双巧手制作的一架架精美的模型飞机，表演时非常好看，十分引人入胜，还有人打破世界纪录。

到新华社工作，亲身经历了新华社发稿手段的巨大变化。人工通报即电影《永不消逝的电波》中那种用摩尔斯电码收发报很快就被淘汰了，电传机、文传机的使用，朱建华在第五届全运会上跳过2.38米时用步谈机向编辑部传消息，在电脑终端上写、编、发稿代替了手写、编稿和模写发稿，用手机发稿，多媒体出现……这是新华社事业飞速发展的一个侧面，也是科技进步的见证。

走上记者岗位不久，推崇科技，使笔者在参加六届人大一次会议报道时写了一篇人物专访。那次报道，领导强调主要任务是为每天的大综合消息提供"配件"。这几乎占去了所有时间。但是，当听说浙江代表团一位代表是第一个使用"雷达"二字的翻译者时，还是挤时间采访了这位科技工作者，写了《知识分子要用宏观眼光看待责任——访六届人大代表、浙江省交通学校校长刘渊》。这是会议期间所写少数几篇"非配件"稿之一。稿中介绍了"雷达"一词的诞生，人大代表刘渊的曲折经历，特别是他不讲待遇，一心一意为国家做贡献的事迹。当时的想法是，这样的科技人员是老一代知识分子的优秀代表，他们的爱国热忱值得宣扬。稿件的题目是从他的一句话中提出来的，现在看来像是讲大道理，也不吸引人。尽管此稿在报道总结会上受到表扬，但觉得标题太不理想，还是不列入此书为好。讲这件事，只是为了说明从心底里推崇科技。

推崇科技，使笔者对体育项目中的航模给予了一定的关注，也曾报道过一些航模比赛。当全国订阅数最多的《半月谈》杂志编辑约稿，说可以介绍一些运动项目时，很快就写了《智慧、技术与体力的结晶——介绍航空模型运动》（刊于《半月谈》杂志1985年第9期）。此稿传递出一些重要信息，例如，全球第一个宇航员加加林从航模起步，航模爱好者中涌现了很多飞机设计师、科学家，航空模型实用价值高，国家领导人邓小平、科学家杨振宁都提倡开展航模运动等。1993年全运会成为航模的"告别赛"，令人深感遗憾。时隔24年，航模回到全运会赛场，又感到欣慰。愿航模这种科技体育赛事越办越好，让更多青少年热爱科技，涌现更多科技人才。

从事体育报道，对科技如何助力竞技体育了解不多，知道很重要，但不在分工范围之内，工作又太忙，也就没有主动就科技问题采访过。1996年亚特兰大奥运会之前赶上了一个机会，国家体委主任伍绍祖要到体育科研所视察，让几家媒体的记者随行。跟着这位主任走了一趟之后，写了《"看不见的战线"如何行动？——体育科研为奥运健儿"保驾护航"》，介绍了体育科研工作者为备战亚特兰大奥运会的中国运动员提供服务的情况。

此稿在国家体委宣传司、中国体育记协等组织的1996年奥运会全国好新闻评选中获奖。不过，笔者没记得为这次评选推荐过什么稿件。

2020东京奥运会，中国体育代表团又取得了出色成绩，其中，科技的助力比以往任何时候都更为强劲。这是科技进步在竞技体育领域发挥作用的有力证明。

"看不见的战线"如何行动？
——体育科研为奥运健儿"保驾护航"

在参加亚特兰大奥运会的中国运动员紧张备战的日子里，中国体育科研人员也在他们的身旁展开奥运科研攻关、服务。

国家体委主任伍绍祖称体育科研是"看不见的战线"。这条战线是怎样行动的？

国家体委科研所承担着备战亚特兰大奥运会23项科技攻关课题任务，涉及16个项目，其中有些可能夺取金牌。

巴塞罗那奥运会前，该所奥运攻关服务经费是50多万元，而备战亚特兰大奥运会的科研经费总额增加了两倍。与一些体育强国相比可能微不足道，但对中国却已很可观。

本届奥运会科研攻关，动手早于以往。1995年春天，随着课题的申报、下达，科研人员共有75人次陆续投入，其中包括27名研究员、副研究员。投入的人数和其中拥有高级职称的人数超过以往。

这次攻关的学科包括运动训练学、运动生物力学、运动心理学和医务监督、机能定位及仪器、器材。攻关课题中有一半都安排了多学科的科技人员参加，形成多学科综合攻关。服务组设立了奥运队员专家门诊，治疗运动创伤，开展医务监督，修理仪器设备……

一年多来，科研人员与各运动队的教练员、运动员一起，为奥运创佳绩而艰苦奋战。

一些"大夫"专门诊断运动员细微的技术"病"。例如，举重选手张祥森的挺举动作，从发力到举起杠铃，身体重心前后移动约15厘米，比土耳其"神童"穆特鲁多3至5厘米；从俯视的角度看，重心左右移动也较大。这一"诊断"提供了改进意见。

如此精确的判断，由"快速录像分析仪"做出。还有为中国游泳接力水平提高作出贡献的"红外分段测速仪"等。

一套游泳选手档案，记录着长期血乳酸测定的结果。教练员根据它来调整训练量，使训练的安排尽可能地科学。

女足运动员训练时要戴"心理遥测表"，教练员通过遥测所得数据可知运动负荷的大小。

科研人员还对不同专项运动员定期进行健康和机能检测，评定健康水平、专项运动能力、训练效应，为运动员的健康提供了保障，也为大运动量和高强度训练划出了一道警戒线。

为解决增强心理素质的难题，科研人员发挥了重要作用。例如，针对举重运动员成功率低的问题，采取了多种手段：给运动员上课，传授运动心理学基础知识；有针对性地进行心理训练；个体心理咨询，消除运动员不良心理障碍等。针对体操、排球、自行车等项目的特点，也采取了不同的手段。科研所还开通了一条心理咨询门诊电话热线，打电话咨询者有乒乓球、排球、游泳、跳水、摔跤、田径、体操、拳击等项目的运动员，人次数以百计。

奥运队伍"知彼"的任务主要由科研人员承担。例如，为乒乓球、体操、田径等队提供对手的技战术状况、实力水平等，为篮、排、足了解主要对手的技战术打法、训练情况、作战方案等，还对赛前训练运动量的安排、怎样适应亚特兰大的时差等提出建议，很受各队重视。

科研所还千方百计满足各队的特殊需要。田径队要髋部肌群训练器，自行车队要专项蹬力训练器，帆板项目要训练指挥仪，摔跤队也要专项训练器材……都得到了解决。

科技，被称为竞技体育的翅膀。与往日相比，中国奥运选手的科技之翼显然更硬些了。尽管投入科研的人、财、物力还有限，但毫无疑问，中国体育代表团在亚特兰大奥运会上获得的奖牌中，科技含量将有明显的增长。

（新华社北京 1996 年 7 月 13 日电）

41 转视角

每逢大赛即将来临，许多媒体都会组织预测性或者说展望性的报道，这种报道基本上都是从参赛队伍的实力、人员构成、技战术及在各方面所做的准备等去作分析。

而此文则转了一个新的视角，即经济视角。从经济视角预测奥运会金榜排名，此前还没有先例。

能从经济视角分析奥运会金榜排名，得益于此前4年写奥运与经济关系的长文《五环旗下的经济大战》。那篇文章中有一部分是谈各个国家和地区奥运会成绩与其总体经济实力之间的关系。有此基础，写这篇分析稿就很轻松了。

从经济视角分析奥运金榜排名，有一个基点，就是文中第一段所说，奥运金榜排名与各个国家和地区的总体经济实力和对竞技体育的投入有密切关系。

亚特兰大奥运会当年8月4日结束，各国和地区所获奖牌统计表明，这篇分析基本上是准确的。

稿中谈到，"'第一集团'地位稳"。结果，美国、俄罗斯、德国分列前三位。

稿中还谈到"'第二集团'难突破""很难进入三强之列，只是在'内部'展开混战""中国只能争取排'第二集团'前列"。结果，"第二集团"按经济实力排序的"法、意、英、西、加、中、澳、韩、匈、古"十国中，仅有英、加两国被挤出"第二集团"，而中国正好排在了"第二集团"前列。

稿中也谈到"'第三集团'部分队易晋级"。结果，乌克兰和波兰跻身"第二集团"，其中的波兰在写"第三集团"时已提到，只是没提到苏联的乌克兰。

更凑巧的是，稿中对第二、第三集团以5枚金牌划线，"第二集团"共有10国，而亚特兰大奥运会比赛结果，5枚金牌以上的"第二集团"又恰好是 10 个国家。

当然，奥运会金榜排名并非完全由经济实力决定，因此，最后作了补充说明。

此稿播发后，没有注意有哪些媒体采用。奥运会归来后，有一天正值夜班，中央电视台一个节目的话外音所说的话听起来很熟悉，越听越觉得正是此稿。后来听明白了，果然是在念此稿。只是不记得是什么栏目了。

奥运会已经过去，一篇稿件仍被用户采用，可见它还是受到一定关注的。也许是因为在这一角度做文章的仅有新华社一家，因而尝试多角度报道奥运会的用户在奥运会后仍没有忘记这篇稿件。

新闻分析：从经济看奥运金榜排名

毫无疑问，奥运金榜排名由各队运动员的成绩决定。但同样毫无疑问，排名与各个国家和地区的总体经济实力和对竞技体育的投入也有密切关系。

因为，作为上层建筑的体育，其发展的规模和速度是由经济基础决定的；与许多经济活动一样，竞技体育的"投入"与"产出"，从总体看也成正比。

所以，看一个国家和地区的总体经济实力和对体育的"投入"，便可了解它在奥运金榜上的大体位置。

"第一集团"地位稳

本届奥运会美、俄、德将稳居"第一集团"。从经济看也可得出同样的结论。

苏联昔日在社会主义国家中经济实力最强，可以集中大量人、财、物力发展竞技体育，所以一直在奥运会上居前列。即便是政治动荡、经济危机，联合队（独联体）上届仍得 45 金居榜首。俄罗斯 1993 年的国内生产总值为 8250 亿美元，虽难同美、日、德、法等相比，但与英、意差不多。有这样的经济实力，再加上舍得投资，因此单独组队仍有很强的实力，还可与美国争一争头把交椅。

美国的国内生产总值一直居世界榜首，但在蒙特利尔和汉城"整个"奥运会上都排第三。因为，它对于竞技体育的直接投入不算多。美国要争第一，准备上届的资金达3亿美元，比上上届多1亿多美元；结果金牌比联合队少8枚，列第二。本届又加大投入，设重奖，且占东道主之利，很可能借苏联解体之机重登金榜第一。

原民主德国体育经费接近国家总预算的百分之一，比中国现在的体育经费多两倍多，难怪能多次超过美国。1991年，仅联邦德国的国内生产总值就达15743亿美元，居世界第三。上届列第三，既反映了民主德国昔日雄厚的体育实力，又表明统一后资金紧张给奥运之争带来的影响。本届也只能在保三的基础上争二。

"第二集团"难突破

上届"第二集团"十国为中、古、西、韩、匈、法、澳、意、加、英，或有很强的经济实力，或有重视体育的传统，因而部分项目有优势。本届它们的排位将发生变化，但很难进入三强之列，只是在"内部"展开混战。

按1993年并参照1991年的资料统计，十国的国内生产总值排列顺序为：法、意、英、西、加、中、澳、韩、匈、古。前5国经济实力强，但体育投入并不很多，只可在"第二集团"争前茅。

澳、韩也较富裕。前者不断加大投入，后者实行举国体制，均获成功，但仍难再上大台阶。

匈、古是传统强队，上届分获11金和15金已很了不起，很难再加大投入，也就不会再有大幅度提高。

中国上届以16金列第四，与超水平发挥有关。这次中国的目标是"第二集团"前列，从经济方面看也符合实际。中国的总体经济实力不弱，但人均国民收入最低。改革开放，使中国总体经济实力不断增强，体育事业迅速发展，才有了洛杉矶金牌"零"的突破，才有了汉城"整个"奥运会的5金，也才能有巴塞罗那惊人的飞跃。但因不可能再显著增加投入，就决定了中国只能争取排"第二集团"前列。

"第三集团"部分队易晋级

"第三梯队"为获得1至4枚金牌的队，上届共24个。它们不能大量投资，只能个别项目占优。

为什么说易晋级？因为，二、三集团以5枚划线，只要多获1至4金，就能跨入"第二集团"。而取得这样的进步不必增加太多的投入。

这个集团有11个发达国家、7个原社会主义国家和6个发展中国家。最有希望突破的是上届获4金的罗、捷、朝，以及获3金的日、保、波。

其余18国，获两金的荷兰、肯尼亚、挪威、土耳其和获一金的瑞典、新西兰、丹麦，也可能向前迈一大步。

当然，经济不能决定一切，竞技体育有其发展规律，在同等经济条件下，教练员、运动员及科研人员等主观能动作用的大小，将对成绩产生很大影响。但是，竞技体育的发展要依靠经济是不容置疑的。

（新华社北京1996年7月16日电）

42 独家新闻

独家新闻，《新闻学大辞典》的解释是"由一家新闻机构向外界发布的新闻"。这种解释，感到释意准确，但成为独家新闻的"门槛"太低了。

《中国新闻实用大辞典》对独家新闻的解释是"只有一家媒体报道或一家媒体率先报道的新闻"。这种解释，"只有一家媒体报道"与上述解释相同，而"率先报道"只是时间上领先，并非独家。其实，只要是仅一家媒体报道，"率先"已在其中了。

有人说："独家新闻就是'人无我有'的新闻，但并非任何一条'人无我有'的新闻都可成为独家新闻，它必须是影响较大能引起读者广泛关注的。" 这种说法中，除了"人无我有"，还强调"影响较大能引起读者广泛关注"，显然提高了成为独家新闻的"门槛"。

还有人说："独家新闻不仅是某一新闻媒介抢先刊载或播发的独自一家的消息，还应具有特殊的新闻价值和一定的权威性。"这种说法中，"独自一家"与"人无我有"是一个意思，但"抢先"二字属多余，与上述"率先"相同。同样提高了成为独家新闻"门槛"的，是后面的"还应具有特殊的新闻价值和一定的权威性"。

笔者看来，"由一家新闻机构向外界发布的新闻"和"人无我有"的新闻，这两种说法虽然符合词义，但因"门槛"太低，只能作为新闻工作者追求的最低标准，迈过上述的"高门槛"应作为努力的方向。

关于如何采写独家新闻，笔者以为，要眼观六路，耳听八方，去别人没去的地方，采访别人没采访的人或事，先做到"人无我有"；在这个基础上，想别人没想到的问题，比别人看得远、看得深，发现别人没发现的新角度、新主题。而要做到这些，前提是要努力提高观察、分析问题的能力。

这里举一个例子，请读者看看是否可以称得上迈过"高门槛"的独家新闻。

1996年亚特兰大奥运会期间，新华社报道团少数文字和摄影记者被允许进入奥运村中国体育代表团驻地采访。笔者分工联系中国体育代表团，曾几次有机会进入奥运村，在村内采访的稿件，应当都是新华社独家的。但是，中国代表团发言人数次到新闻中心向国内媒体介绍情况，就使得有些已发稿件变得并非独家。

奥运会是大兵团作战，各路媒体往往关注赛场风云变幻，但对"司令部"如何运作，却少有人注意。笔者得到独家采访中国体育代表团负责人的机会，所写稿件《决战在赛场之外——中国体育代表团团部指挥奥运战役侧记》也就具有一定意义上的"权威"性，稿中所写团部指挥作战的大小事例，也许个别事例已有媒体报道，但从整体看，至少大部分属于"独有的新闻事实"，能吸引一些读者的目光。

有朋友告诉笔者，上海《新民晚报》在此届奥运会期间仅用了新华社两篇稿，其一是笔者写的《"不变"之中看变化——为什么说中国运动员的成绩好于上届》，另一篇就是《决战在赛场之外——中国体育代表团团部指挥奥运战役侧记》。

决战在赛场之外
——中国体育代表团团部指挥奥运战役侧记

中国体育代表团在第二十六届奥运会上取得的成绩是全团上下团结一致、共同奋战的结果。每一枚奖牌里都融有运动员和教练员拼搏的汗水，融有代表团团部成员和指挥者的心血。赛场上的争夺已通过各种传播媒体为大家所了解，而代表团司令部是如何运筹帷幄、指挥作战的却鲜为人知。

为准备这届奥运会，国家体委抓得早、紧、细、扎实，两次冬训和两次夏训很有成效。然而，来到亚特兰大后，代表团却遇到了从未遇到过的困难。

吃，不合口味；住，拥挤；交通，不便；气候，室内外温差大……

如何尽快适应环境，成为能否取得好成绩的关键。这时司令部及时提出：要积极、主动地适应环境，克服各种困难，把竞技状态调整到最佳。

司令部分析：各团的条件基本一样，谁适应快，谁早得益；谁适应早，谁占先；谁适应得好，保持稳定的心理，谁就更可能取得好成绩。积极、主动地适应，就是要向困难挑战，向自己挑战。

困难分主客观两方面，客观困难好克服，主观上的困难即思想上怕输的包袱比较难办。司令部反复强调要做好重点项目运动员的思想工作。

指导思想明确了，指挥部的官员分工负责，与领队、教练一起行动，找队员谈心，并帮助队员解决具体困难。感冒，运动员赛前的大"敌"。按指挥部的要求，领队、教练每天晚上都要到各个房间检查队员的休息情况，并关上空调。安全，也是不可忽视的问题，团部官员随时提醒大家注意，工作细到了天天都提醒队员不要忘记带身份卡。

开幕那天，团部领导和柔道队的同志一起制订孙福明第二天的作战计划，设想了可能遇到的各种困难及要采取的对策。例如，强化得分意识，在稳的基础上发挥快攻特长，在裁判错判的情况下不急躁等。结果，本来并没有十分把握夺冠的孙福明登上了冠军领奖台。

王义夫首战痛失金牌，射击队接连数日战绩不佳。袁伟民、李富荣等多次深入到队里做工作，使运动员终于走出阴影，迎来李对红、杨凌一天夺取两枚金牌。

体操团体赛中国男队未能夺得第一。团部官员下到队里，鼓励队员从零开始，放手一搏。李小双下定决心向前冲，关键时刻敢做高难动作，在极其困难的条件下夺得个人全能冠军。

为了让运动员牢固树立敢打敢拼的思想，司令部提出：向困难挑战，向强手挑战，向高水平挑战，要求每个运动员都要发挥出自己的最高水平。

比赛第一天，射击老将王义夫带病参赛，最后一发子弹在眼睛看不清的情况下射出，得了银牌；张祥森敢于向世界高水平冲击，肘关节受伤，也获银牌；孙福明勇于向强手挑战，夺得冠军。

司令部客观分析了形势，认为王义夫的银牌"胜似金牌"，张祥森和孙福明的拼搏精神值得提倡，号召全团向他们学习。

身边有榜样，许多运动员在精神上受到鼓舞。

女排教练郎平因过于劳累，27日在奥运村食堂晕倒在地，全身抽搐，被送到急救中心，经治疗后恢复正常。郎平急着从医院赶回队里，队员们一起向她鼓掌。而她的第一句话却是："你们谁能说一下，日本队最容易把我们打乱的是什么？……"

邓亚萍与陈静决赛的第五局以明显的优势获胜，靠的是遇强愈勇的精神。

马拉松选手任秀娟坚持跑完全程，两脚大拇趾甲都磨掉了。在这种困难条件下，她把自己的最好成绩又缩短了7分多钟。

蒋承稷为中国男子游泳实现了新突破，4创亚洲纪录，夺得两个第四名。

袁伟民说，技、战术固然重要，但精神力量更为重要。有了勇于向困难、强手、高水平挑战的精神，才有技、战术水平的发挥，才会有好成绩。

司令部把中央领导同志的指示和关怀及时地传达给代表团全体成员，鼓舞大家的斗志。代表团从到亚特兰大的第一天起，就积极调动一切可以调动的力量，使每个人都行动起来，为创造好成绩而奋战。

在比赛期间，团长伍绍祖总揽全局，在转折关头把握方向。副团长魏纪中负责外事和后勤。指挥赛场作战的任务由袁伟民、徐寅生和李富荣承担。后勤人员千方百计地为运动员参赛提供尽可能的保障。王义夫、郎平和女篮队员李昕生病，忙坏了医生；王军霞赛后接受药检，深夜才归来，有关人员一直在赛场耐心地等待。

魏纪中率团部人员拜访了半数以上的代表团，增进了各代表团之间的友谊。

袁伟民、徐寅生和李富荣这套领导班子十年来已指挥过多届亚运会和奥运会，积累了丰富的经验。来亚特兰大之后，面临前所未有的困难，他们重点抓了思想动员、重点项目作战方案的研究，把握大局，在解决转折性的问题上下了功夫，率领中国奥运军团踏平坎坷，取得了出色的成绩。（合作者：许基仁）

（新华社亚特兰大1996年8月3日电）

43 "三级跳"

《从百年奥运看中国巨变》一稿的成文可以说是从田径项目中的三级跳得到的启示。

亚特兰大奥运会之前笔者曾想到,这一届体坛盛会恰逢现代奥运会诞生100周年,意义非同寻常,应该写点什么作为纪念。

中国体育界人士常说"国运盛,体育兴",但这一说法重复的次数太多了,早已不新鲜。于是,笔者想出了《从百年奥运看中国巨变》这一题目。

如何从奥运会看中国?

中国人参加奥运会的次数不多,大体情况已经了解,难度在于中国方方面面的变化太大了,也太多了,必须做出选择。

如何选择?颇费斟酌。

蓦然间,笔者想到了三级跳远,运动员先是助跑,然后三次跳跃,远的可跳出十七八米。从这一过程得到启示,能不能分阶段讲中国参加奥运会的情况,再按阶段或按参加奥运会的年份选择中国变化的材料?

于是,笔者有选择地查阅资料,做了一些准备,待亚特兰大奥运会结束时视情况再决定是否写稿。

亚特兰大奥运会快结束时,中国体育代表团的金牌数已与上届持平,但此届竞争之激烈已远超上届。可以写稿了。

虽然当时笔者承担着部分采访和编辑工作,还负责联系中国代表团,仍挤出一点时间写了此稿。写作过程非常顺利,当时感觉正如业内人士所说的"一气呵成"。

那一年的上半年,已有《中国乒乓球"人梯"依然坚固》被评为社级好稿,原没想再推荐。后来,新华社评稿委员会考虑到亚特兰大奥运会发稿量特大,允许体育新闻编辑部在下半年可推荐5篇的基础上再多推5篇,这样就有了再推荐的可能。经负责评稿的同志推荐并得到部门评委会通过,此稿又推荐到了社评委会，没想到又中选了。

据说，有评委认为：这样的稿子写作难度很大，能用 1300 多字写出来，能写到这样的水平，已很不容易了。

从百年奥运看中国巨变

奥运会是体育大赛，也是人类文明交流的盛典。它就像一面镜子，从一个角度反映出各个国家的综合国力的强弱和一个民族的精神风貌。

现代奥运会诞生百年来，中国人先后多次参与这一盛典。从奥运会这面"镜子"中，也可以看出中国发生的翻天覆地的变化。

中国参加奥运会，大体上可以分为 3 个阶段：中华人民共和国成立前、50—70 年代、改革开放之后。

首届现代奥运会举行前，奥运会组织者通过法国驻华外交机构发出邀请函，清政府统治者不知为何物。显而易见，在现代体育尚未在中国得到发展之时，即使知道奥运会是什么，中国人也不可能参加。

20 年代末至 40 年代末，中国的现代体育得到一些发展。中国运动员曾 4 次参加奥运会，留下的是耻辱的记录：

1924 年，巴黎，中国 3 名网球手只参加了表演赛。1932 年，洛杉矶，刘长春靠捐款"单刀赴会"，被讥"小中国人"，并写下"零"的纪录。1936 年，柏林，代表团、考察团共 100 多人赴会，部分经费靠足球队到南洋表演筹款，成绩依然为零。1948 年，伦敦，运动员 33 人参加 5 项比赛，未得名次，回国时靠借款、卖米、捐助、自掏腰包才得以踏上归程。

当时，中国人在奥运会上的惨境，正是国弱政腐的写照。

赫尔辛基奥运会 1952 年举行，7 月 19 日开幕，中国在前一天晚上收到邀请。23 日组成的 40 人代表团，于 25 日启程，29 日抵芬兰。比赛已开始多日，仅吴传玉一人参加百米仰泳预赛，未能出线。但是，五星红旗第一次在奥运赛场和举办城市上空飘扬。

也许有人还记得，就在那一年，中华全国体育总会成立，塘沽新港开港，上甘岭战役取得胜利，中国恢复国民经济工作已经完成。

改革开放改变着中国的面貌，中国体育事业得到迅速发展。八九十年代，中国4次参加奥运会，成绩一届比一届好。中国运动员在奥运会上的成绩，同样是中国社会、经济发展的缩影。

1984年，洛杉矶，许海峰举枪打碎金牌纪录的"零蛋"，中国以15枚金牌列第四。世人惊呼，东方巨人已从睡梦中醒来。这一年有以下几件大事：美国总统里根访华，中国第一颗同步卫星上天，第一座核反应堆研制成功，首次派出南极考察队，工农业总产值达到10832亿元，而1952年仅为827亿元。

4年后的汉城奥运会，中国运动员虽然仅得5金、列第十一位，但与洛杉矶"半个奥运会"比较，成绩仍有提高。这一年是中国的第一个国际旅游年，天安门城楼开放，中国最大的天文望远镜研制成功，教育"燎原"和科技"火炬"计划开始实施。

进入90年代，中国体育取得了震惊世界的成绩，两次参加奥运会，都获16枚金牌，均列第四位。但是，同样的金牌数和同样的排名，并不说明中国体育没有变化。因为，亚特兰大奥运会竞争之激烈已远非巴塞罗那可比，金牌比昔日更分散，有的体育强国金牌数减少。在这种情况下，中国的不进，实为进。比较各项的运动水平，特别是举重、田径等项目，从总体看也可得出同样的结论。

同一时期，随着改革的深化，中国的各项事业都得到了空前的发展。政治评论家们预言："中国将是21世纪的主角""21世纪将在全球范围出现中国热"。

从奥运会看中国，可以得出一个结论：国家的兴衰决定体育的强弱。伴着中国建设社会主义现代化的进程，中国体育必将得到更大的发展。

（新华社亚特兰大1996年8月4日电）

44 "发展"眼光

当记者,学习哲学是非常必要的。笔者多年从事新闻采编工作,最深切的体会就是:要当好记者,最重要的就是不断提高分析问题、做出准确判断的能力。

有了一点哲学的根底,采访中遇到一些情况,很自然地就会用唯物辩证法去观察、分析,进而确定报道的主题,顺利地完成稿件的写作。

《"不变"之中看变化——为什么说中国运动员的成绩好于上届》这篇述评,就是用发展的眼光观察中国体育代表团所取得的成绩,进而写出的分析性稿件。

唯物辩证法认为,世界上的一切事物都在不断地发展、变化中,变是绝对的,不变是相对的,这就是发展的眼光。

中国体育代表团在亚特兰大奥运会上取得的金、银牌数和奖牌榜排位与上届巴塞罗那奥运会持平。如何评价这一成绩?这一成绩是比上届好还是差,抑或就是金、银牌数和奖牌榜排位所显示的持平?

结论应该在分析之后得出。

作为一名记者,对于参赛运动员、运动队或代表团的成绩的评价应该是客观的,不能以个人的好恶来评判。因此,此文在作分析的过程中,最重要的一点是让事实说话。

文章主要从6个方面列举了事实。

一是"竞争面扩大了,争夺也更为激烈",获金牌的代表团数比上届的37个多了12个。

二是创造了4项世界纪录,比上届的两项多一倍。

三是在"第二集团"多数国家排位下跌的情况下,中国保持原位。

四是球类项目的明显进步。

五是男子项目比上届也有进步,夺金数增多,夺金项目也增加了。

六是银牌、铜牌和奖牌以外取得名次的成绩也不容忽视……

当然，中国代表团也有失误和挫折，这在最后一段作了说明。

事实是最具说服力的。少数项目的失误和挫折并不能掩盖中国代表团总体表现的进步。于是，可以得出结论：中国运动员的成绩好于上届。文章的标题也由此产生。

亚特兰大奥运会结束时，也许因为这样评价中国体育代表团的文章仅新华社一家，上海《新民晚报》在这届奥运会期间仅采用了新华社两篇稿件，其一就是此文。

"不变"之中看变化
——为什么说中国运动员的成绩好于上届

中国体育代表团以16金、22银、12铜的总成绩，列第二十六届奥运会奖牌榜第四位，超过了赛前预定的金牌超过10枚的第一目标，达到了与上届持平的第二目标。这是十分可喜的成绩。

金、银牌数与上届相同，铜牌还少了4枚。仅从奖牌数看，中国代表团这届的成绩与上届基本一样。但稍作分析，即可看出有很大的不同。

与上届相比，这届的竞争面扩大了，争夺也更为激烈。且不说创造的世界新纪录比上届多，仅就获金牌的代表团数看，也比上届的37个多了12个。在更为激烈的竞争中能与上届金、银牌数持平，已是比较不错的成绩。

运动水平高低是反映进退的一个重要方面。以创造世界纪录为例，中国选手上届打破两项世界纪录，本届则创造了4项世界纪录。举重选手占旭刚则是本届奥运会唯一打破三项世界纪录的运动员。他不仅为中国争得了荣誉，也为奥运会增添了光彩。

从排位看，中国代表团列第四位，与上届一样。但是，在"第二集团"多数国家排位下跌的情况下，中国保持原位，并非原地踏步。中国奖牌数表面上的不进，实为进步的表现。

球类项目的进步最为明显。乒乓球继在世乒赛上囊括金牌之后，在奥运会上又实现了囊括；上届发挥不佳的羽毛球突破了金牌零的记录，男单也前进到了第二位；首次参赛的女足由世界锦标赛第四和第五名上升到了第二名；女排由上届第七位一跃而至亚军；女垒夺得从未获过的银牌；男篮冲进了从未达到过的第八位；女子手球也取得了历史上最好的第五名。这些项目都取得了比上届或比以往更出色的成绩，显示了中国球类项目的进步。

男子项目比上届也有进步。上届，中国射击、跳水、体操、乒乓球项目的男选手各得一枚金牌；本届，乒乓球、举重选手各得两枚金牌，体操、跳水和射击选手各得一枚金牌。相比之下，男子项目不仅夺得的金牌数增多，夺金牌的项目也增加了，特别是举重取得了重大突破。

银牌、铜牌和奖牌以外取得名次的成绩也不容忽视。中国选手获得如此多的银、铜牌，说明我们接近了世界最高水平；所获14个第四名，23个第五名，8个第六名，10个第七名和7个第八名，也是很可喜的成绩。其中更可贵的是一些项目也取得了历史性的突破。如男子游泳，以往从未进过奥运会前八名，而本届取得了两个第四名。这一成绩，无疑为中国男子游泳冲入世界前列增添了信心。

诚然，我们有些项目的成绩不如上届，如游泳、体操、女篮等项目留下了遗憾，但就总体而言，中国的竞技体育正在向前迈进。

（新华社亚特兰大1996年8月4日电）

45　重思想

写人物通讯，要提炼主题。而提炼主题，一般都是从人物本身的特点出发，抓住人物的思想去开掘、提炼。人物的事迹，都是在某种思想支配下做出的，没有思想，人物的行为就成了无源之水、无本之木。因而，写人物重在写思想，人物通讯要见物、见人更要见思想，人物的事迹要围绕着思想展开。

《乒乓情　爱国心——记中国乒乓球队原总教练许绍发》这篇人物通讯，就是注重写人物思想的一篇稿件。

写此稿时，新华社体育部推出了一个专栏，名为"体坛宿将觅踪"，希望大家为这个专栏写稿。于是，中国乒乓球队原总教练许绍发就成为一个选题。

采访后，考虑写稿首先要确定主题，许绍发对乒乓球事业和祖国的热爱立即凸显出来，"乒乓情　爱国心"可以说是主题的集中体现。

如何表现这一主题？也就是如何在通讯中表现人物的思想？

人的思想表现在言行中，但许绍发的言行很多很多，又必须选择那些最能表现人物思想的言行，或者说，必须选择那些能揭示人物精神境界的事情。

从这篇稿件看，此稿是用几个"思想"串联的。

一开头立即点题："离开中国队总教练岗位投身商海已6年，许绍发的乒乓情、爱国心依然如故。"

接着的背景交代，也体现了他的"情"和"心"：不忘祖国的培养，"作为一个中国人，一定要为国家尽到应尽的责任"。

文章主体更是紧紧围绕主题：推荐蔡振华接他的班，是为了中国乒乓球事业的继续长盛不衰，后来的事实已证明了他的眼力不错；"把大量资金和精力放在乒乓球上"表明他依然情系乒乓；对事业有利，不赚钱的事也做，说明他以乒乓球事业为重；成为纳税模范，不言而喻是为国家尽责；当"编外教练"、讲学、辅导，思索如何把人才留住，策划、创办CCTV杯中国乒乓球擂台赛，以及为中国培养全新的直拍快攻手的设想等，也是为乒乓球事业的发展。这些思想和行为，则进一步强化"乒乓情 爱国心"。

应当说，许绍发的事迹还有不少，笔者并没有写更多，一是因篇幅所限，二是为了使主题集中而作了取舍。

乒乓情 爱国心
——记中国乒乓球队原总教练许绍发

离开中国队总教练岗位投身商海已6年，许绍发的乒乓情、爱国心依然如故。

当运动员，曾为中国队夺取世界冠军立下赫赫战功；当教练，又率队登上世乒赛最高领奖台。许绍发明白，是乒乓球带给他成功，是国家的培养使他成才。

80年代初，许绍发赴意大利执教，成绩显著。当时，另一些外国队向他发出盛情邀请，均被谢绝；到法国探亲时，亲戚和朋友劝他在那里定居，妻子也习惯那里的生活。他说服了妻子，毅然回国。他想的是，作为一个中国人，一定要为国家尽到应尽的责任。

1989年第四十届世乒赛之后，许绍发力邀正在意大利队当教练的蔡振华回国，翌年辞去总教练职务。此时又有一些外国队出重金邀请，再次被他毫不犹豫地谢绝了。他表示：不在国外当教练，是因为他不愿看到自己教的运动员与中国选手对阵。

他选择了经商。走欧洲，闯南美，有成功也有失败，但他难以割舍中国乒乓球事业。后来，他把"根据地"建在北京，把大量资金和精力放在乒乓球上。

球拍，乒乓球运动员的"武器"。许绍发吸取中外球拍的长处，研制、开发了以他的名字冠名的球板、胶皮和球台，现已受到许多运动员和爱好者的青睐。但他的朋友说，许绍发做乒乓球生意很难赚钱，因为只要对乒乓球事业有利，一旦有熟人说话，不赚钱甚至赔钱的事也做。不过，他的公司在纳税上一点也不含糊，是海淀区的纳税模范。

许绍发在国家乒乓球队任教时曾培养了江嘉良等出色国手，还积极倡导创新，让刘国梁、冯喆、王飞等小队员加练"直拍横打"，为后来崛起打下了基础。卸任后，他仍是"编外教练"。天津世乒赛时，尽管商务繁忙，他总是惦记着多看几场球。当得知临场指挥的教练员人手紧张时，他急匆匆套上运动服进场，指导孔令辉战胜了世界冠军、法国的加蒂安。后来获得男单冠军的孔令辉，对这位"编外教练"的指导水平十分佩服。

注重培养后备人才，是乒乓球队长盛不衰的关键。许绍发这些年一直把它当作分内的事。不管生意多忙，只要有讲学的邀请，他总是欣然前往；还时常到少体校辅导，足迹遍及河北、上海、天津、吉林等地。世界乒乓球运动在不断发展，基层教练对此缺乏了解。他希望能有更多的教练员和少年选手跟上世界潮流。

昔日，出国潮涌起时，许绍发曾为军心不稳而伤脑筋。近几年，他一直在思索：如何把人才留住？

1995年，他组织了明星对抗赛，让王涛、马文革、刘国梁接受瑞典选手的挑战，为的是让中国选手增加一些收入。

1996年，他与中央电视台体育部一起策划的CCTV杯中国乒乓球擂台赛推出。他耗费许多精力为擂台赛如期举行做协调工作，还想了许多办法宣传乒乓球，如介绍器材演变等有关知识，让观众与国手对阵等。这一新尝试广受欢迎，至今电视观众人次已数以千万计。

中国乒协去年换届时，许绍发不再担任副主席，却得了个"中国乒协名誉委员"称号。这显然是个虚职，但他还是想多办些实事。不久前在高级教练员培训时，他提出了"以直拍为中心的百花齐放"的观点。我国乒乓球俱乐部正处在初创阶段，他与乒乓球界许多人一样，正考虑为它的发展出力。目前，他正在努力实现自己最大的愿望：建一所乒乓球学校，为中国队培养全新的直拍快攻手。

（新华社北京1997年1月21日电）

46 "怪事"

著名史学家、文学家司马迁《史记》里有一章《货殖列传》,其中有一名句:"天下熙熙,皆为利来;天下攘攘,皆为利往。"这句话的意思是说天下人东奔西忙,都是为了利益。

马克思也曾指出:"人们奋斗所争取的一切,都同他们的利益有关。"当然,这里不讨论马克思主义利益观这一理论问题,只为说明"利益"会对人们的行为产生巨大影响。

一个人或一个组织甚至一个国家的行为,都是从自己的利益出发的,这很正常。反过来,如果不是从自己的利益出发,而是其行为对自己不利,却有利于他人,可称咄咄怪事。在西方新闻学有关新闻的定义中,有一种说法是"新闻是反常的事件"。而做利他不利己的事情,与人之常情是相反的。

这里说的"怪事",就是"体育热点访谈"专栏的《中国乒乓界舍利取义》。此稿开头就说:"一项对中国选手不利的改革正在国际乒坛酝酿,而积极推进这项改革的正是中国乒乓球协会。"这项改革是把乒乓球的直径由原来的38毫米,加大到40毫米。

为了这项改革,中国乒乓球界组织有关器材厂商生产了大球,组织科研人员和运动员进行三种球速度和旋转的测试,可以说付出了很大的努力。

这样的行为说是"傻",也不无道理。在国际乒坛,为一项改革而产生的争议,各协会往往坚持对自己有利的观点,似乎还没有一个协会办过这样的"傻事"。

中国乒协为什么要这样做?国家体委乒乓球管理中心当时的副主任姚振绪说,作为国际乒乓球大家庭的成员,中国乒乓球界愿为世界乒乓球运动的健康发展多作贡献。

如此看来,"怪事"并不怪。在中华传统文化中早就形成了重义轻利的观念,"舍利取义""先义后利""见利思义"是传统美德。中国乒乓球界为国际乒坛的整体利益，甘愿舍弃自己的利益。这种无私奉献，在道德层面值得书写一笔，这正是采写《中国乒乓界舍利取义》一稿的动机。

此稿播发三年后，在马来西亚吉隆坡召开的国际乒联代表大会通过决议，把乒乓球的直径增大两毫米。我的同事曹剑杰为此写了述评《两毫米革命》。稿中提到，1998年4月，由国际乒联（当时主席为徐寅生）提议，在苏州进行了首次大球比赛。徐寅生曾说过："我当运动员时，一心只想赢球；当了乒联官员后，满脑子考虑的是如何让这项运动更好看，参与者更多。"

国际乒联决定从2000年10月1日起，使用直径40毫米的大球。改大球后，球速变慢，旋转减弱，回合增加，比赛更激烈、更精彩，乒乓球爱好者的确更多了。2001年在日本大阪举行了使用大球的世乒赛，笔者在比赛期间写了《"大球革命"带来积极变化》。

2014年7月，国际乒联进一步调整大球直径，将直径范围加大到40.00~40.60毫米，即"40^{+}"。这对体能特别是力量相对较弱的亚洲运动员会带来一定的影响。

中国乒乓球界因这两次加大球的直径付出了不小的代价：且不说有些优秀选手的成绩立即下滑，从目前看，在中国国家队，中国人发明的直拍快攻打法（直拍正胶）近乎绝迹，直拍选手已经很少，参加东京奥运会的选手中用直拍的只剩许昕一人。再加上横拍削球手本就凤毛麟角，昔日多种打法齐备的"百花齐放"局面，已变得大不如前。

中国乒乓界舍利取义

一项对中国选手不利的改革正在国际乒坛酝酿，而积极推进这项改革的正是中国乒乓球协会。

这项改革就是把现在通用的乒乓球的直径加大两毫米。专家们认为，乒乓球加大之后将对快攻打法选手不利。

早在80年代初，中国队囊括第三十六届世乒赛7项冠军之后，就有人提出把乒乓球加大、把球网加高等，但当时国际乒乓球界没有形成统一意见。

乒乓球运动的发展，使得球速越来越快，旋转越来越强，不少运动员对阵时回合减少，有时球飞如闪电，观众莫名其妙，胜负已经决出。许多乒乓球爱好者的视线转移到了别的项目。

为把观众拉回到乒乓球台旁，国际乒联前主席荻村伊智朗等曾考虑加大乒乓球。而中国乒协主席徐寅生担任国际乒联主席后，则把这一问题正式提上了议事日程。

国际乒联器材委员会委员于斌告诉记者，去年5月在马来西亚吉隆坡召开的国际乒联理事会上，讨论了器材委员会的提案——为减缓球速和旋转，增加回合和观赏性，建议将乒乓球的直径增大两毫米。理事会同意这一提案，并准备在今年于日本举行的全球青年锦标赛上做试验，但因日本方面不同意，特别是赞助商意见大而作罢。

改小球为大球，并非易事。且不说国际乒乓球界有不同意见，就连乒乓球厂商也会三思而行，因为生产新球要投入资金，重制模具，调整工序，还要冒风险。我国上海红双喜乒乓集团毅然承担了试制任务，按要求生产出一批高质量的大球。国际乒联已将新球送给各会员协会试用。

两毫米，微不足道的长度。然而，乒乓球数十年不变，一旦直径增加两毫米，会不会像海绵拍首次出现时一样引起波澜呢？乒乓球加大后会产生什么效果，需要科学的证明。

世界上唯一拥有测量动态乒乓球速度和旋转仪器的中国乒协主动承担了测试工作。

记者从中国乒协科学委员会了解到，科研人员去年10月做了"不同直径和重量的乒乓球对击球速度和旋转影响的实验"。实验设备为PD-1型乒乓球动态测转仪，受试者为18岁男女选手各一人，14岁男女选手各一人，23岁男选手一人；实验用球分3种：A为现在的通用球，直径38毫米，重2.51克；B为大且重的球，直径40毫米，重2.79克；C为大但重量基本不变的球，直径40毫米，重2.49克。

实验结果：

正手扣杀速度：A.17.8米／秒，B.17米／秒，C.15.4米／秒。

正手攻球速度：A.10.6米／秒，B.10.4米／秒，C.9.8米／秒。

拉球转速：A.133.5转／秒，B.116.5转／秒，C.105.8转／秒。

实验结论：直径大的球，速度慢于直径小的球，旋转弱于直径小的球；

直径相同的球，重量和弹力大的要比重量和弹力小的球速度快、旋转强。

国际乒联决定，在第四十四届世乒赛期间组织一次试验性的大球比赛，由较早被淘汰的选手参加。何时正式改为大球，改哪一种大球，因涉及运动员和乒乓球生产厂家等诸方面，还有待以后讨论决定。

加大乒乓球明显对中国快攻选手不利，既然这样中国乒乓球界为何还积极支持呢？国家体委乒乓球管理中心副主任姚振绪说，作为国际乒乓球大家庭的成员，中国乒乓球界愿为世界乒乓球运动的健康发展多作贡献。

（新华社北京 1997 年 3 月 4 日电）

47 "蒙太奇"

"蒙太奇"这个由建筑学转而成为电影用语的词,对于记者写稿也有帮助。《"乒乓外交"续新篇》一稿正是由此受到启发而写成的。

将25年前发生的"乒乓外交"与今天的纪念活动放在一起写,不得不想新的点子,于是,笔者想到了"蒙太奇"。

"蒙太奇",作为建筑学用语,意为"构成""装配";后来成为电影用语,主要意思是"剪辑""组合"。电影导演用它将一系列在不同地点、从不同角度和距离、用不同方式拍摄的镜头按自己的意愿排列、组合,来叙述情节,刻画人物,后来又扩展到影像与声音、声音与声音、彩色与彩色、光影与光影等不同要素和名目的剪辑、组合。写文章则不需如此复杂,只是借此意对掌握的材料按自己的意图做出调度和安排。

几克重的乒乓球,在中国被赋予极不寻常的意义,"乒乓外交"是其中影响最大最深远的辉煌篇章。数十个春秋逝去,很多年轻人甚至中年人,鲜有了解当年那些往事的。为了让更多读者了解"乒乓外交",读懂这次纪念活动的报道,就不得不重提昔日"乒乓外交"的一些重要情节。

事先没有想到,纪念活动本身也为使用"蒙太奇"手法提供了便利,这在稿中也作了交代:"这次活动的一个'特别'之处是穿插播放了许多珍贵的影视资料片段,让人们重温那些不寻常的往事。"

因此,笔者在写此稿时借鉴电影剪辑的手法,借纪念活动中依次出场的几位人物,将多年前围绕"乒乓外交"和中国乒乓球代表团访美这些不同时空的场景组合在一起,使人们既了解到纪念活动的内容,又重温了当年"乒乓外交"的往事。不同时空场景的切换,可能使读者产生"跳跃"的感觉,但纪念活动的程序却是不乱的。

从这次尝试中可以看出,电影的一些手法是完全可以借鉴的。这与写稿时常用的倒叙、插叙有所不同,它是有意识地"剪辑"手中的材料,可以更灵活地表达作者的意图。

"乒乓外交"续新篇

25年前,"乒乓外交"推进了中美关系的发展和世界格局的变化,被称为"小球转动了地球"。

25年后的今天,昔日中美两国人民的友好使者聚会北京,再续友谊新篇。

今天下午,中美"乒乓外交"25周年纪念活动在地坛体育馆举行。

这次活动的一个"特别"之处是穿插播放了许多珍贵的影视资料片段,让人们重温那些不寻常的往事。

这里"剪接"的是部分历史与现实的镜头。

当年"乒乓外交"的主要人物、美国乒协国际部部长哈里森,这次率美国乒乓球代表团来了。

这位现任国际乒联器材委员会主席,回忆了1971年4月7日中国代表团成员宋中首先向他发出访华邀请的情形,以及当时兴奋的心情。

当年来访的美国代表团中年仅15岁的运动员朱迪也来到了北京。

昔日,她得知要访华,从日本打电话到美国,征得父母同意后才忐忑不安地来到中国。今天,她与丈夫带着3个活泼可爱的儿女故地重游,心情与当年一样高兴和激动。她说:"乒乓球对我全家都很重要。"

1971年,中国运动员在中断两届之后参加在日本名古屋举行的第31届世乒赛。比赛期间,美国代表团表示希望访华。毛泽东主席、周恩来总理迅速做出邀请美国运动员的决策。

4月10日,美国乒乓球代表团一行作为第一个受到新中国政府邀请的美国团体,踏上了中国国土。

周恩来总理接见了那次访华的美国代表团。他说:"你们这次来访,打开了两国人民友谊的大门,欢迎你们!"美国乒协主席斯廷霍文提出:"我们也希望中国队访问美国。"周总理立即回答:"可以去!"

中国领导人"打出"的这个"球",举世关注。世界局势从此发生了一系列巨大变化。当年秋天,基辛格秘密访华;10月25日,第二十六届联大以压倒多数通过决议,恢复了中华人民共和国在联合国的一切合法权利;

许多国家纷纷与中国建交；翌年2月，尼克松访华，中美打破僵局，签署了上海公报，从而打开了两国关系正常化的大门。

"魔术师"张燮林来了。

1972年，也是春暖花开的季节，他作为新中国第一个访美团体——乒乓球代表团成员回访美国。他与李富荣等还在联合国总部作了精彩表演。

那次访问，中国代表团参观了工厂、学校、植物园，受到了美国人民异乎寻常的热烈欢迎，结交了许多朋友。一些美国人惊奇地看到，中国人并非留辫子穿长袍马褂，中国运动员的高超球艺令人叹为观止。美国总统尼克松在白宫玫瑰园会见中国运动员时说："我们两国伟大人民之间的友谊将意味着实现和平的机会有所增加。"

不久前，张燮林率团访美，在纽约、旧金山、洛杉矶、夏威夷等地与美国朋友再叙友谊，受到了热烈欢迎。他回忆了这次在联合国总部表演时，见到尼克松的女儿和她家人的情景。尼克松的女儿说，她带家人来就是为了让他们知道25年前的"乒乓外交"。

25年前曾访问美国的运动员李富荣来了。

现任中国乒协常务副主席的李富荣说："参加这次纪念活动，想起了当年许多往事，从'乒乓外交'可以看出体育不仅有益健康，为国争光，还能增进各国人民之间的友谊。"

今天，两鬓斑白的张燮林与当年访华的美国运动员戴尔为观众表演了球艺。二人一守一攻，人们依然可见他们昔日的风采。

朱迪9岁的儿子和原世界冠军、现中国青年队教练齐宝香8岁的女儿上场对阵。"乒乓外交"在新一代延续。

国际乒联和中国乒协主席徐寅生前不久曾作为贵宾应邀访美。这位"乒乓外交"纪念活动的幕后组织者今天从后台来到前台。他说："重温'乒乓外交'的历史，更感到友谊的珍贵。"

"乒乓外交"年代在美国政府工作的现任美中协会执行主任李鹤伯也来到了会场，表示祝愿美中两国人民之间的友谊不断发展。

"乒乓外交"纪念活动达到了高潮。它告诉人们：不忘历史，珍惜友谊。

（新华社北京1997年8月9日电）

48 找"靶子"

笔者刚走上新闻工作岗位时，听老同志说："写稿要有针对性""要对准'靶子'"。所谓对准"靶子"，是指要找到、认清对立面，有的放矢，再从正面做文章。

在多年写稿实践中，应当说有不少稿件是注意针对性的，特别是一些批评性稿件，目标很明确，直指某些不良倾向或行为。但是，在写人物稿时先找好"靶子"，有"的"放"矢"，此稿还是第一次。

记得当时《人民日报》记者刘小明找到笔者说，正值党的十五大召开前夕，像邓亚萍这样的优秀运动员，值得宣传，正好配合党的十五大的召开，希望合作写此稿。

媒体上关于邓亚萍的报道已有过很多，邓亚萍的事迹宣传得很多，再写，写什么？怎样写？如何才能写出新意？

于是，笔者想到了找"靶子"。

中国乒乓球队数十年长盛不衰，一个很重要的原因是一直坚持发扬爱国主义的光荣传统。然而，随着商品经济大潮的兴起，即便在这个富有优良传统的集体里，也有人受到了不同程度的冲击，甚至出现了不顾国家、集体利益、个人至上现象。在中国体育界，一些人有了钱，"烧"得不知如何是好，甚至胡作非为。社会上，更是出现了国家观念淡化、追求物欲、道德缺失、价值观变异等倾向。爱国主义有所弱化，是一个值得关注的重要问题，也正是需要对准的"靶子"。

邓亚萍有很多感人的事迹可写：对父母的孝顺、对师长的尊敬、训练能吃苦、比赛善动脑筋等。但是，她最突出的一种品质就是非常热爱我们的祖国。采访中，话题集中在为什么热爱祖国，爱国又是怎样体现的。

当构思稿件时，一个标题自然地"冒"了出来："赤诚女儿心。"接着，几个小标题也随之凸显："祖国母亲的乳汁养育了我""爱国，从一板一球做起"、回报祖国人民。稿件写毕,至少自己感觉是紧紧围绕爱国主义这一主题的,对中国体育界乃至社会上的一些人来说,可谓提供了一个学习的榜样。稿件最后一段是笔者对邓亚萍品质的概括:"不忘祖国母亲的养育,将爱国之心化作平时的行动,时时想到回报祖国人民。这,就是邓亚萍的情怀。"

初稿经刘小明过目和给邓亚萍本人看后,又在个别地方作了改动,在党的十五大开幕前两天发出。

《人民日报》在刊出时,稿件前一部分被用在头版,另外的部分转至其他版。《新华每日电讯》等海内外报纸也刊用了此稿。有同行说:"这篇稿件分量很重。"笔者想,它的分量重,可能就重在"唱"的是爱国主义的主旋律,重在锋芒指向的是社会上的爱国主义淡化现象。

赤诚女儿心
——记乒乓球运动员邓亚萍

集奥运会、世乒赛、世界杯赛18个冠军于一身,共夺得130多枚金牌,在中国运动员中恐怕仅有邓亚萍一人,足可称为奇迹。

多次大赛的关键时刻,邓亚萍总是斗志高昂,表现出大无畏的气概,以咄咄逼人的气势压倒对手。

奇迹是怎样创造的?气势如虹的奥秘何在?

"祖国母亲的乳汁养育了我"

在人生道路上走过24年,邓亚萍已深深懂得祖国的含义:"代表祖国到世界赛场去拼杀,每当登上冠军领奖台,听国歌奏响,看国旗升起,眼里总是含着激动的泪花。这是因为……祖国是母亲。"

她记得,父亲邓大松和郑州队教练李凤朝带她练基本功,打下了正手快、反手怪的基础;河南队主教练关毅给了参加全国乒协杯赛的机遇,使她13岁时就能与世界冠军交手并取胜;中国青年队教练姚国治与科研人员按张燮林的思路研制出新型长胶,使她的反手球怪上加快,增添了新的威力……

她更清楚地记得,国家女队主教练张燮林慧眼识人,吸收她进入国家队,

48 找"靶子"

入队后教技术，更教做人。1988年亚洲杯女单决赛最后关头，对手打了一个擦边球，裁判判为出界，她默认了误判并随之获胜。事后，她向教练认错，向对手赔礼道歉，永远记住并做到了"张导"的教诲"赢就赢得光彩，输也输得大度"。

她还记得，她多病的身体得到关俨、曲绵域、崔树清、毛雨生等医生的细心呵护，特别是关大夫，不仅治病疗伤，不惜流汗长时间按摩，还在生活上给予无微不至的关怀；女队的男选手牺牲自己，一心一意甘当陪练……

每当想起这些，她的心里就涌起一股暖流："祖国母亲在并不宽裕的条件下，给我配备了一个又一个好教练和训练设施。我们吃的、穿的、用的也几乎都是祖国母亲提供的，是祖国母亲的乳汁养育了我。"

邓亚萍曾因身材矮小被河南队拒之门外，进国家队时也有不同意见。当时，她为此失声痛哭，感到万分委屈，但她没有灰心丧气，而是发愤进取，卧薪尝胆，凭着骄人的成绩撞开了成功的大门。河南人坚韧、顽强的品格在这个女孩儿身上得到集中体现。

创造过古代灿烂文明的中国，虽屡遭劫难而不屈不挠，从20世纪80年代起更是崛起于世界民族之林。在多灾多难的中原出生，喝黄河水长大的邓亚萍，也许最能感受到祖国脉搏的跳动，也更能从母亲身上吸取营养。回首往事，她有深切的体会："祖国母亲给了我一种大气磅礴的力量，使我能像黄河一样与命运抗争。"

"爱国，从一板一球做起"

"爱国、奉献、团结、拼搏"是中国乒乓球队的一个口号。邓亚萍虽然个子矮，却是行动的巨人。

不惧三九严寒，哪怕三伏炎热，儿时的邓亚萍就经历了训练的艰苦。挑起为国争光的重担，她更清楚"平时刻苦训练，比赛时挺身而出，奋力争胜，是一个运动员起码的责任"，因而练得更刻苦、更投入。为此，同伴们送给她"拼命三郎"的绰号。

平时，队里规定上午练到11点，她给自己延长到11点45分；下午训练到6点，她练到6点45分或7点45分；封闭训练时晚上规定练到9点，她练到11点多。有时食堂为她专设"晚灶"，有时太晚了就泡方便面充饥。

算起来，她每年要比别人多练一个多月。

练全台单面攻，她腿绑沙袋，面对两位男陪练左奔右突，一打就是两小时。

多球训练，教练将球连珠炮般打来，她瞪大眼睛，一丝不苟地接球，一口气打一千多个。张燮林统计，她一天要打一万多个。

一节训练课下来，汗水湿透了衣服、鞋袜，有时连地板也浸湿一片，不得不换衣服、鞋袜，甚至换球台再练。

长时间从事大运动量、高强度训练，伤病是必然的"副产品"。从颈部到脚，她身体的许多部位都有伤病。为对付腰肌劳损等，不得不系上宽宽的护腰；膝关节脂肪垫肿、踝关节几乎长满了骨刺，平时忍着，痛得太厉害了打一针封闭；脚底磨出血泡，挑破裹上纱布再上；伤口感染，挤出脓血接着练……每次训练，都要紧咬牙关战胜自我。

辩证法是中国乒乓球队长盛不衰的一个重要法宝。邓亚萍在这个光荣的集体里也得到了武装："一个人追求的目标越高，他的才能就发展得越快。但我也深深懂得，要在比赛时打败对手，必须从一板一球做起。只有脚踏实地，抓牢今天，才能把握明天。"

邓亚萍不仅仅只是苦练。且不说训练计划的针对性，就是在训练之余，她也常常在积极思索，寻找对手球路的破绽，琢磨如何弥补自己的漏洞。

有人说邓亚萍活得很苦。她却一拿起球拍就兴奋，并不觉得苦，因为"对祖国真挚的爱和为人民打球的信念是我最大的力量源泉"。

一板一球的积累，超人代价的付出，使高超球艺和有效战术不断升华，也使压倒对手的气势渐渐增长。邓亚萍理所当然地站在乒乓球运动的峰巅。

诚然，她不是常胜将军，也有数次遭败绩。可贵的是，每次失利后她都能迅速爬起来，又从一板一球做起，向更高处攀登。

回报祖国人民

邓亚萍是个孝顺孩子，不忘父母、兄长的养育、帮助之恩。每次回郑州，她都给父母带礼物，在哥哥结婚时还给买了所有大件家用电器……

然而，在她的心目中，祖国这个大家的地位远远高于小家："我个人的命运是始终与国家的命运连在一起的，我绝不会忘记祖国母亲。现在祖国需要我，我还要继续报效祖国。"

一些优秀运动员功成名就之后见好就收。许多人为之扼腕叹息。邓亚萍的功不可谓不大，名不可谓不响，然而，为了国家、集体的需要，她依然无怨无悔地奋力搏击。

前些年，一些运动员、教练员跨出国门。在国外俱乐部打球或执教，收入远比国内多。乒乓球界一些人士也曾担心：如果邓亚萍代表其他队与中国队选手对阵，那结果……

邓亚萍的回答是："退役后，我是不会加入国外球队代表外国打球的。作为一个真正的中国人，我今后不管干什么，绝不会忘记祖国母亲，绝不会忘记自己是中国人，绝不干有损国格、人格的事。"

最近发生的一件小事，使邓亚萍十分感慨。参加马来西亚公开赛时，曾见到一个对中国运动员怀有特殊感情的华裔小姑娘。她在与邓亚萍等见面时说："你们生在中国，真幸福啊！"小姑娘的话使在场的运动员一时都愣住了。她们头一次听到这样的话，过了一会儿，才领悟到其中的含义。

与记者谈起这件事，她激动地说："我的背后有12亿人，这是其他国家运动员找不到的感觉。所以，我对出国打球一事是否定的。"

昔日，老一代运动员当了世界冠军，所得到的主要是精神鼓励，物质上只有很少的冠军津贴。相比之下，邓亚萍一代是幸运的，不仅平时有津贴，取得好成绩有奖金，大赛得冠军更有重奖。此外，国家体委为开发运动员知名度这一无形资产，允许有的企业以运动员的名字冠名。因此，邓亚萍虽按规定不能经商，却能从无形资产的开发中得到一些收入。

成为"先富起来"的一些人之一，邓亚萍常常想到给祖国人民更多的回报。

早在1992年从巴塞罗那奥运会凯旋时，邓亚萍还没有拿到奖金，就向"希望工程"捐了款。去年12月，她又从亚特兰大奥运会奖金中拿出一部分，捐给山西省繁峙县建立"希望小学"。

她还和队友资助云南省西盟佤族自治县失学儿童和江西省于都县长征小学。由她发起，中国乒乓球队向佤族儿童捐献"希望书库"。她曾捐款修复文化古迹，曾向香港智障人士献爱心。她还计划向中国乒协捐款创办高科技乒乓球研究中心。……

邓亚萍的收入在中国运动员中不是最多的,捐款数却排第一,已达三四十万元。

不忘祖国母亲的养育,将爱国之心化作平时的行动,时时想到回报祖国人民。这,就是邓亚萍的情怀。(合作者:《人民日报》记者刘小明)

(新华社北京 1997 年 9 月 10 日电)

49 立体对比

对比，也叫对照，是将两种互相对立的事物或同一事物的两个不同方面做比较，以达到鲜明地表达思想、说明问题的目的。

对比法，是从事文字工作的人们常用的一种重要修辞方式。但是，在一篇稿件中，几乎全篇都用这一种手法来写，则很少见到。《惊人的跨越——从两届上海全运会看变化》一稿算是一种尝试。

这一尝试可以说是成功的。因为，这篇稿件在新华社全运会报道组重点稿件中采用最好，年终还被评为当年的社级好稿。新华社新闻研究所有关部门翌年在社级好稿中再选择几篇请人再作评介，这篇稿件也被选中。

笔者有幸参加了1983年和1997年两次上海全运会的报道，可以说是上海变化的见证人。十几年没去上海，再去之前听说上海变化很大，到上海之后，亲身感受也确是如此。

八运会开幕之前，报道组部分人员商量重点稿题目时，笔者觉得可以从两届上海全运会的对比上做一篇文章，因此讲了这一想法，并得到认可。

如何写这篇稿件？

对比，是确定事物同异关系的思维过程和方法，要求根据一定的标准把彼此有某种联系的事物加以对照，确定其相同与相异之处。但是，只有在对事物内部矛盾的各个方面进行比较后，才能把握事物间的内在联系，从而认识事物的本质。

这篇稿件属体育报道，内容当然离不开全运会，但着眼点在通过对比前后两届上海全运会的不同，反映14年前后上海乃至中国的变化。这就是要从大处着眼，从小处着手。

回忆14年前的上海第五届全运会，许多事情还历历在目，与14年后在上海的所见所闻相比，真可谓发生了巨变。此时的第八届全运会的方方面面，只要稍加注意即可了解清楚，仅个别方面还需查资料核实、确认。

从大处着眼,从小处着手,就必须有所选择,选择那些最能说明问题的材料。

斟酌再三,笔者首先选择了体育场地和城市建筑物的变化,这是表面的变化;其次选择了上海人的变化,这是内在的、更有说服力的变化;最后选择了科技方面的变化,这是反映整个社会进步的变化。

人们常说:"不怕不识货,就怕货比货。"这句话提示了对比作为修辞手法的重要意义和表达作用。而两届上海全运会的立体对比,虽不是"货比货",但二者之间巨大的差别则可以有力地说明:上海在变,上海人在变,中国在变。

为了吸引读者的视线,笔者确定了带有体育特色的标题《惊人的跨越》;为了一开始就引起人们的关注,文章开头让国际奥委会主席萨马兰奇出来说话:"变化太大了!"接着写了中国体育14年间"惊人的跨越",说明中国竞技体育已经取得了巨大的成绩,言外之意是告诉人们,要取得这样惊人的成绩,没有强大的综合国力做支撑,是不可能实现的。

从头至尾采用对比的手法,容易给人重复的感觉。因此,在句式的变化上也下了一些功夫。

惊人的跨越
——从两届上海全运会看变化

见多识广的国际奥委会主席萨马兰奇,这次来上海观摩八运会,不由得惊叹:"变化太大了!"

1983年第五届全运会在上海举行时,他曾来观摩,其主要使命是邀请中国参加奥运会。那时,中国的奥运会金牌记录还是"零",参加五运会的选手中,仅有乒乓球、女排、体操、跳水等少数几个项目的世界冠军。现在,中国获得奥运会金牌总数已超过半百,参加八运会的运动员中,已有包括田径、游泳在内许多项目众多的奥运会冠军和世界冠军。十四年时间,中国竞技体育实现了惊人的跨越。这反映了改革开放旗帜下,中国体育事业的迅猛发展和全面走向世界。

举办大型综合性运动会,是一个城市及其所在国家政治、经济、科技、文化、体育、文明程度等方面的综合反映。十四年前，五运会的主赛场江湾体育场与今天气势宏伟、犹如巨轮的八万人体育场相比，只能说是一艘旧船。当时使用的一些比较简陋的场馆，如今已被更多现代化、设施先进的世界一流场馆所取代。上海的交通也是大变样，高架路的顺畅取代了旧时的不便。24层的国际饭店曾是上海的最高建筑，如今却早已隐没在耸入云天的"东方明珠"电视塔、国贸中心等数不清的新颖建筑中了。……

采访五运会时，一些外地的记者和运动员曾在商店等公共场所领略了一些上海人的"优越感"；今天，他们再次踏上这片土地，发现上海人变得热情、谦虚了，不少居民为建八运会场馆愉快搬迁，志愿者为八运会热情服务，大会工作人员夜以继日操劳……更体现了上海人的觉悟。上海人对体育、对大事的态度也在变，77岁的沈继成就是一个例子。八运会开幕那天，他摇轮椅40分钟来到体育中心，把场馆、火炬台、体育公园看了个遍。老人笑呵呵地对记者说，上海办五运会，他并不关心，"现在日子越过越好，我这个老头子也有这个闲情了"。

对比十四年前后的上海和上海人，可以毫不夸张地说，在物质文明和精神文明两个方面都实现了惊人的跨越。

科技，在大型综合性运动会中扮演着越来越重要的角色。而新闻则是体育盛会中与竞赛、接待同等重要的"三大支柱"之一。从两届全运会的科技和新闻两个方面看，"反差"更是大得惊人。

五运会开幕式因下雨而不得不推迟、再推迟，至今令人记忆犹新；八运会开幕日，专家虽已提前预测到天气晴朗，但为防万一还是作了人工消雨的准备。广大群众了解五运会，绝大多数只能看报纸，听广播；而今天的八运会，几乎人人都可看到电视转播的实况，上海人还可以方便地在街上使用多媒体电脑查询。赛场内的计时和成绩测量、显示等器材、设施，前后两届全运会也已由落后变为先进……

采访五运会的文字记者，所用工具基本上是纸、笔和电话，新华社记者采访朱建华破跳高世界纪录时使用的对讲机，曾引来惊奇、羡慕的眼光；而在八运会文字记者中，便携式电脑和BP机、移动电话已经普及。五运会时，大会新闻中心仅是一块告示牌，八运会的新闻中心，宽敞的场所、先进的通信设备和信息系统，已接近奥运会水准。十四年前，中央电视台只派了两个人来沪转播五运会实况，而报道八运会来了200多人。五运会仅有中央、上海两家电视台参与报道；如今，报道八运会的电视台，仅参与转播工作的就有十七家，至于通过有线、差转等方式报道的，就多得数不清了，更有数十家电台也纷纷派记者来，组委会为此专设广播电视委员会。……

科技和新闻也是展现一个国家经济实力、社会发展的"窗口"。从五运会到八运会，这两个"窗口"的变化昭示世人：中国的经济在高速腾飞，中国的社会在飞快进步，同样实现了惊人的跨越。

十四年弹指一挥间，尽管记者目光所及大都是不起眼的小事，然而，我们仍强烈地感受到：中国体育已不是昔日的中国体育，上海也已不是过去的上海，中国更不是改革开放初期的中国。

从两届全运会看到的变化给人以信心：到21世纪，中国体育、中国的第一大都市上海，乃至整个中国，将实现更惊人的跨越。（合作者：于力）

（新华社上海1997年10月18日电）

50 "走马观花"

解放军总政文化部1998年春天组织首都记者参加的"全民健身走军营"采访活动，是一次典型的"走马观花"。

这次"走马观花"后写的一组稿件包括一篇消息和三篇采访记发出后，得到了部队方面满意的反应。《解放军报》许沛成大校也是这次"走军营"活动的领队看后说："写得好，不是一般的好。"

"走马观花"式的采访，很难谈得上深入。但是，要写出像样的稿件，没有比较深入的采访，也是很难做到的。"走马观花"与深入采访，无疑是矛盾的，怎样解决这一矛盾？

这次采访，除了在沈阳住宿一晚之外，采访点先后是锦州、营口、旅顺，分别为陆、空、海军。每到一地，几乎是一致地介绍情况、看训练、参观"三部曲"，还有的会给一份写给上级看的文字材料。如果只是参观，这样的"走马观花"还是蛮轻松的，但带着写稿任务，就得仔细听介绍，注意观察，还得及时问明一些情况。回忆这次采访，因为做到了以下三点，即记下部队首长最关键的话，抓住典型事例，用心观察及时提问，才能在写稿时很快提炼出主题，并在短时间内形成文字。

记下部队首长最关键的话。部队首长是部队开展体育活动的策划者和发动者，他们的思路正是部队实践的"源头"。因此，在他们介绍情况时，要认真作记录，特别是那些最具指导性的话。例如，沈阳军区副司令员吴玉谦说的一句话："未来的高技术战争，作战进程加快、对抗程度加大，身体不好就不能适应需要，因此，部队要以打赢未来战争为标准重视体能训练。"这些话写入采访记，起到了点明主题的作用。

抓住典型事例。如沈阳军区驻辽南某师将身单力薄、体弱多病的战士变为训练尖子；万人千车千公里急行军，野外宿营三夜，打了三仗，全师没出现一个病号；步兵团全副武装奔袭25公里，3小时完成任务，包括团长、政委在内无一人掉队。这些事例都有力地证明了《连队健身锻炼法》是科学、有效的，对于提高官兵军事素质起了很大的作用。又如某潜艇支队在水下艇内长期生活，艰难程度难以想象，归来时基地准备了救护车，没想到所有艇员依然生龙活虎。这样的事例再加上与外国潜艇艇员的对比，证明"海味健身"的确很见成效。这些典型事例是对主题最好的说明，也使得稿件不至于枯燥。

用心观察及时提问。这种"走马观花"式的采访，遇到问题主要靠参观时提问，而参观时见到的武器、设备大多很新鲜，这就很容易"喧宾夺主"。因此，脑子里还得一直想着，别忘了有写稿的任务，该问的问题及时问明。这样，本应很轻松的参观变得相当紧张。不过，等到返京后写稿时，就顺利多了。

当然，所谓的深入，也只是相对而言，只是这种"走马观花"式采访时不得已而为之的应急办法。

这样的"走马观花"在2006年夏天又遇到一次，是北京多家媒体记者一起到湖南作调查。回来之后笔者与同事一起写了湖南体育系列调查共4篇稿，题目依次是《建设新农村　体育怎么办》《体教结合　趋利避害》《社区体育将引领健身新潮流》《永州体育精神三赞》。由笔者执笔的是第一、第二、第四篇，第一篇后来在全国农村体育好新闻评选中获奖。

科学健身进军营
——"全民健身走军营"采访记之一

编者按：《全民健身计划纲要》颁布以来，一向重视开展体育活动的解放军走在了全民健身的前列。记者参加解放军总政文化部最近组织的"全民健身走军营"采访，写了三篇采访记，从今天开始陆续播发。诚然，部队组织健身活动比地方更有优势，但他们推广的《连队健身锻炼法》和开展健身活动中许多富有创造性的做法，很值得学习和借鉴。

沈阳军区体育健身活动开展得好，而更值得大书一笔的是科学健身跨进了军营。

这里讲的科学健身，是指军区文化部干事李伟和张新民、张德林创编的

《连队健身锻炼法》。根据运动生理学、解剖学和心理学的原理，借鉴竞技体育的经验，结合部队实际设计的这个锻炼法，融科学性、趣味性和实用性为一体，可以使官兵的身体得到全方位的锻炼。

军区副司令员吴玉谦说得好：未来的高技术战争，作战进程加快、对抗程度加大，身体不好就不能适应需要，因此，部队要以打赢未来战争为标准重视体能训练。

正是基于对健身的正确认识，军区推广了《连队健身锻炼法》。

记者在某地炮旅和某步兵师采访时看到，科学健身刚刚跨进军营，就给部队的体育活动和战斗力的生成乃至全面建设带来明显的变化。

地炮旅是一支英雄的队伍，曾涌现出董存瑞和"翠岗红旗连"等众多战斗英雄和英雄群体，在多次战役和战斗中打出神威；包括体育在内的部队各项建设，也是功绩卓著，多次被总部和军区评为先进。而推广锻炼法两年来，这支英雄的部队更上一层楼。

记者观看了600名官兵的《连队健身锻炼法》表演。威武的军容、不乏高难度的动作，使人感到表演者的力量、速度、耐力、柔韧、灵敏都达到较高的水准。

政委高丕政说，推广锻炼法，部队生活更加丰富多彩，凝聚力增强了，新兵训练损伤减少了，最明显的是训练成绩提高了。他举了去年11月参加实弹战术演习的例子：尽管15个小时没吃饭，官兵从构工伪装、野营到开进展开，连续5次转移阵地，创造了新"纪录"。原来一昼夜转移阵地最多3次。

驻辽南某师是第一个在全师范围推广《连队健身锻炼法》的，收获更多。师长黄豫生高度重视推广，将其纳入部队各项工作中。他们采取设各级指导机构、明确责任、定标准、给时间、办培训班、定期考评等措施，把推广工作贯穿到军事训练的全过程，效果十分明显。

这个师最早推广锻炼法的某步兵团，两年来尝到的甜头最多。军事训练基础较差的工兵连首先试点，很快甩掉落后帽子，在共同科目考核中跃居前列。在全团推开后，他们创造了因人而异的"层次训练法"、重新组合动作的"魔方训练法""趣味训练法"等，效果更好。例如，战士乙福军膝部韧带拉伤，李洪江身单力薄，方旭东体弱多病，经一段针对性训练，都成了训练尖子。记者观看了一个连的锻炼法速度训练课，官兵的身体素质比业余体校学员并不逊色。

锻炼法是否科学、有效，更要看官兵军事素质能否提高。去年参加多年未遇的万人千车千公里急行军，野外宿营三夜，打了三仗，全师没出现一个病号。而步兵团全副武装奔袭 25 公里，3 小时完成任务，包括团长、政委在内无一人掉队。

（新华社北京 1998 年 5 月 26 日电）

海军健身"海味"浓
—— "全民健身走军营"采访记之二

采访北海舰队某基地，印象最深的是体育健身活动那浓浓的"海味"。

司令员张岩对记者说，基地坚持把落实《全民健身计划纲要》和三总部实施纲要的意见作为提高战斗力的重要内容来抓，突出趣味性、因地制宜和"海味"，使健身活动实现了系列化、制度化和规范化。

海军部队种类多，战备任务各不相同，开展健身活动难度大。然而，基地各部队各出妙招，体育锻炼搞得有声有色。

某护卫舰大队教育官兵懂得"锻炼身体就是工作"，叫响"体魄强健光荣，身体虚弱可耻"的口号，做到了每人每天参加一次以上体育活动，出海时间较长时每周开一次甲板运动会。他们的体会是：大队近几年完成十多次重大任务，立功评先进，与狠抓体能训练密不可分。

记者观看了这个大队临汾舰上的甲板运动会。前后导弹发射架旁和后甲板三处作赛场，比赛项目有穿防毒衣、举炮弹、灭火操演、拔河、跳绳等。竞争热火朝天，加油声此起彼伏。

某潜艇支队创造了一个奇迹。该支队一艘潜艇去年一次出航，时间之长写下新纪录。在水下艇内长期生活，艰难程度难以想象，归来时基地准备了救护车，没想到所有艇员依然生龙活虎。

据说有艘外国潜艇长航归来，一些艇员无力行走，只能被抬出。我们的艇员为何没有垮掉？一个重要原因是健身活动开展得好。

支队为落实纲要，加强组织，重视体育设施建设，注重培养和保留体育骨干，还开展了"锻炼身体、驰骋大海、保卫边疆"活动，形成了官兵人人参与的局面。在陆上，长跑、拔河、足球、篮球、游泳等比赛形成系列；在水下，赛"高山滑雪"——从舱口滑入舱内、"百米障碍"——钻舱与舱之间的防密门、"潜艇马拉松"——原地跑、"九天揽月"——引体向上，等等。

陆上部队的健身活动又怎样？训练基地某大队1080人的军体拳表演，虎虎有生气，反映出训练的成果。这里的健身活动更正规，设施更齐备。他们结合海军特点开展游泳、舢板、浪桥、旋梯、软梯、水兵联合器械等训练，成立了篮球、足球、田径等队伍，长年坚持5公里越野，还组织徒步野营拉练、趣味运动会等。健身活动无疑为培养合格的舰艇兵起着重要作用。

基地的码头俱乐部也根据海军特点，组织各项运动队，不同季节组织不同的体育比赛，为活跃官兵生活、提高部队战斗力发挥了有效作用。

海政文化部干事雷戈告诉记者，海军各部队两年来结合实际认真落实全民健身计划，充满"海味"的健身活动在万里海疆掀起高潮。记者了解的仅是一个基地的情况，但由此可以看出，整个海军的健身活动会更加丰富多彩。

（新华社北京1998年5月27日电）

创造精神显威力
—— "全民健身走军营"采访记之三

沈空某混成旅的健身活动花样之多，为此而想出的招数之妙，令人惊叹。记者深深地为他们的创造精神所折服。

多次被评为体育先进的这支部队，去年又被评为空军"体育达标先进单位"和全国"群众体育先进单位"。能够先进更先进，一个重要原因是创造精神显示了威力。

创造精神是由正确的认识引发的。新时期部队工作面临新问题：军人既要有文化知识，又要有很强的体力；独生子女和"小胖墩"增多，使体育锻炼显得更为重要；而社会的进步，官兵文化需求的增长，则要求文体活动进一步提高水平。

面对新情况，这个旅提出了开展健身活动的指导思想：围着问题转，跟着训练走，伴着管理行，人人在活动中，人人在锻炼中，人人有强健体魄。

经费有限，他们发动官兵想办法。自建许多球场，自制、自修大量器材，也许并不新鲜；而踢"雪地足球"，打"雨中篮球"，将不能用的球装沙子打"保龄球"，训练间隙扛起炮弹"环城跑"，汽车兵滚轮胎等，则无疑是创造。

全民健身，最难做到的是人人参与。他们的"逼上台，激上场"和让"小能人滚雪球"堪称妙招。某连一个大个子不会打篮球，连长下"通牒"："练不好别去靶场！"大个子怕错过难得的实弹射击，着急了。3个月"逼"出一个高中锋。类似的，如把胖子"逼"出一身腱子肉等例子还有很多。各连都有几个体育"小能人"，让他们发挥特长，周围形成兴趣圈，许多体育项目在不同连队迅速普及、提高。

提高战斗力是根本，而军体、群体分归司令部和政治部管理，容易产生矛盾。他们将二体合一，改分管为共管；进而把二体的训练、比赛糅在一起，使比武中有群体，比赛中有军体，二体相互补充，相得益彰。

创造精神还体现在不断探索新路子。例如：

提高品位上层次：有的连举办体育知识讲座，官兵比赛从"好玩""热闹"上升到懂规则、知技法；有的营请地方帮助培训桥牌骨干，桥牌代替了原来的"斗鸡""拱猪"等；条件好的连队，球队有了队旗、队服，不再有"光背一队裤衩一伙"……

引入竞争机制添活力：有的列出"篮球星座排行榜"，有的挂起"百公里长跑动态显示图"……激发了官兵参与热情。

还有增加投入上项目、军体联谊、文体联姻等。

富有创造性的健身活动，促进了部队全面建设，凝聚力和集体荣誉感增强了，战斗力也明显提高。昔日，遇到一等战备时，有的战士跑到山头阵地已气喘吁吁，无力操作，更有的半路驻足；现在，全体都能达标。更有说服力的是，去年执行设伏任务，气温摄氏零下二三十度，每天24小时临战准备，尽管住帐篷，所有官兵却斗志高昂，无一个非战斗减员。

（新华社北京1998年5月28日电）（此组稿合作者：《人民日报》刘小明）

51　关注"焦点"

20世纪末,足球界的裁判成为人们关注的一个焦点。作为体育新闻采编人员,笔者虽不负责足球报道,但对体坛的这一焦点角色还是给予了一定的关注。《谁来评判裁判?》《绿茵场上执法人》《最糟糕的裁判与最倒霉的球队》3篇稿,就是关注这一角色的两件"产品"。

为何关注裁判?

20世纪90年代初,笔者与朋友田学祥一起曾打过中国体育界和新闻界的第一场官司,最后以二审庭内和解终结。有了当被告应诉、庭审、反诉等经历,对法官这一角色有所认识,也有些感兴趣,而竞技体育界的裁判也就是赛场上的法官,与法院的法官有相通之处。

于是,搜集了不少关于裁判的资料,而当足球裁判特别引人关注时,又从中挑出关于足球裁判的部分。浏览这些资料,对这一角色有了大体的了解,也形成了一些自己的看法。

1998年法国世界杯足球赛之前,新华社所属《环球》杂志编辑部出版了一本特刊《星球大战法兰西》。他们向体育新闻编辑部约稿时,没有人愿承担关于裁判的题材,后来问到笔者,立即答应了。因为心里"有底",当时正好有些时间,很快就写了3篇稿。

《绿茵场上执法人》一稿通过回溯足球运动的历史,对足球裁判这一角色作了全面的介绍:裁判产生的过程及当时所起的作用,裁判在时时变化的赛场上作准确判决的难度,裁判在关系到是否进球的关键时刻公正裁决的重要性,裁判的苦衷,近几届世界杯足球赛裁判发生错判的情况。这篇文章可以使读者对足球裁判这一角色有较深入的了解。

如果说《绿茵场上执法人》是介绍,那么《谁来评判裁判?》一稿则是笔者对足坛裁判现状所作的评论、所发表的看法。

关注足球裁判,注意到一个普遍现象:足球场上,人们经常可以看到运动员、教练员和球队受到处罚，而裁判员却很少受到处罚，或者只受到轻微的处罚。

联想到打官司的经历和司法界的情况，笔者深切地感到：一个法治社会，公民犯法要受法律制裁，而对执法犯法者则更要重罚。因此，笔者得出的看法是：必须强化对裁判员的监督和惩处。

《最糟糕的裁判与最倒霉的球队》一稿，则介绍了世界杯赛历史上裁判出错的典型例子，作为《谁来评判裁判？》一稿的证据。

为省篇幅，这里仅列出评论《谁来评判裁判？》。

谁来评判裁判？

近几届世界杯足球赛，裁判的错判、误判、漏判太多了。裁判的错误判罚，往往改变比赛结果，制造冤假错案。因此，裁判问题成为人们议论的一个焦点。纷纭的议论中，一个很重要的方面是：谁来评判裁判？

足球场上，人们经常可以看到运动员、教练员和球队受到处罚，而裁判员却很少受到处罚，或者只受到轻微的处罚。

这一现象值得深思。

国际足球界，对运动员、教练员在比赛中的表现都有非常具体的规定，一旦运动员在场上违反了纪律或规定，裁判员立即给予处罚，可以警告，可以出示黄牌，还可以出示红牌罚下场；教练员违规，也可以口头警告或令其离开教练席。而对于裁判员，则只是要求公平执法，假如他们出了错，甚至在执法中有违法行为，只是由裁判委员会内部处理。

从法制的意义上看，这是一种不公平，也是足球界法制不健全的一种表现。

公平，是体育运动至高无上的原则。足球，作为世界第一运动，也应当毫无例外地维护这一原则。裁判员是足球法律的化身，是公平竞争原则的维护者。他们对违纪的运动员、教练员和球队实施判罚，目的是让参赛者在公平的条件下展开竞争，这是捍卫足球界法制的保证。而裁判员的错判、误判、漏判，不管是有意还是无意，也都是对公平竞争原则的侵害。因此，对于那些工作马虎、滥施淫威，甚至徇私舞弊、枉法判决的裁判员，也应给予应有的惩处。

　　加强对裁判员的监督，最重要的是国际足联要采取有力的措施。球员、教练、球迷和新闻媒介固然可以对裁判员的表现发表意见，但他们的意见并不能对裁判员产生决定性的作用，只有裁判员的管理者国际足联才能对裁判员具有威慑力量。

　　客观地说，国际足联在裁判员管理方面已经做了不少工作，但效果并不明显。例如，针对一些比赛中频繁出现的"犯规战术"和"杀伤战术"，国际足联于1988年发动"公平竞争战役"，强化裁判的权威，要他们对球场"暴力"严加惩处，并在后来出台裁判年轻化、职业化举措，要裁判员参加考试，举办裁判员培训班，将裁判员的服装由黑色改为彩色等。但是，却出现了滥用黄牌、红牌的情况，错判、误判、漏判的现象依然很多。

　　为什么采取了如此多的措施而见效不大，甚至适得其反呢？看来，还得从制度上寻找原因。

　　裁判员于19世纪60年代在英国诞生时，仅仅起着仲裁人的作用，但没过多长时间就拥有了极大的权力。100多年来，这种权力一直延续下来，没有受到有力的制约。前些年，国际足联裁判委员会才对出错的裁判给予停止执法和罚款的处罚。例如，第十五届世界杯赛中就处罚过出错的裁判员，但有时又存在着处罚不当的现象，对出大错者网开一面，而对出小错者却剥夺了执法资格。这说明，国际足联对裁判监督不力。

　　在一个国家中，公民犯法要受法律制裁，而对执法犯法者则更要重罚。这是一个法治社会的主要特征。就是在体育界，许多项目的比赛都设仲裁委员会，一旦裁判员执法出错，立即给予纠正，或经过讨论、研究再做出符合实际的判决。这也可以说是体育法制的主要特征。而足球界，当然还有其他一些球类运动，则不设仲裁委员会，将当值裁判员的裁定作为"终审判决"，不可更改。国际足联不久前还再次重申，所有裁判员的决定都是最终决定。这，也许就是足球界冤假错案屡见不鲜的一个重要原因。

　　足球，将裁判的决定作为最终决定，也有一定的道理。但是，有错不纠无疑存在着更严重的缺憾。裁判员的权威至高无上，这就给那些有意偏袒一方或加害一方者提供了铤而走险的机会。假若有裁判员得了一方很大的好处，完全有可能在比赛时枉法判决，而有关方面却束手无策。

鉴于此，足球界能不能改变"所有裁判员的决定都是最终决定"的规定呢？

社会上的诉讼，大都有两次审判，一审败诉的一方有权向高一级法院提出申诉，而且二审改判的案件并非极个别。此外，仅就中国司法界而言，已有一些地方实行了"错案责任追究制"，即法院判错了案子，要追究法官的责任，对那些枉法断案者还要严惩。这些，都是维护司法公正十分有效的措施，也为足球界强化对裁判员的监督提供了榜样。

应当承认，足球有其特殊性，不必照搬司法界或其他体育项目的做法。但是，强化对裁判员的监督机制则是必须的，非此就难以维护公平竞争的原则。这是健全足球法制亟待解决的一个重要问题。

（刊于《环球》杂志1998年特刊《星球大战法兰西》）

52　莫轻小事

古人有云："勿以善小而不为，勿以恶小而为之。"记者采访可借鉴并改用第一句：勿以事小而不采。

记者采访的事情有大小之分，有些线索，看起来新闻价值不大，就不愿去采访了。可是，如果去采访，有可能白跑一趟，也有可能得到有价值的新闻。《"教练要做'五员'"——张燮林谈执教经验》一稿，就是采访一件小事时的收获。

国家体育总局乒乓球羽毛球运动管理中心人员有一天给笔者打电话说，全国乒乓球高级教练员培训班在训练局运动员俱乐部举行开学典礼，有时间可以来听听。正好有空，就去了。

到现场一看，除了笔者仅有《乒乓世界》杂志一位记者，看来一些同行可能因为事小没有来。也难怪，虽说中国乒乓球界一直很重视提高教练员的执教水平，几十年长盛不衰的事实也证明，要想出世界冠军，首先要有培养世界冠军的教练员。可是，教练员培训班开学典礼又会有什么新鲜事呢？仅仅发一篇全国乒乓球高级教练员培训班开学的消息，显然没有多大的新闻价值。

但是，培训班开学典礼的主要内容是请中国乒乓球队原副总教练张燮林讲执教经验。张燮林离开教练员岗位时间不长，刚刚担任乒羽管理中心副主任，他很可能讲出一些有价值的经验。

果然，张燮林一讲题目就引起了笔者的兴趣。这也就是新闻稿的题目："教练要做'五员'"。

台上，张燮林讲得生动；台下，教练员们听得专心，笔者也开始做记录。事后，又对张燮林作了补充采访，没听明白的地方又请他作了解释。回到单位，一条新闻稿很快就顺利成篇。此稿播发后被不少媒体采用，包括首都媒体和海外媒体。

此稿的得来给人以启示：莫轻小事。采访前了解的事情的确不大，很难令人感兴趣，但是，到了现场，才有机会听到张燮林生动有趣的经验之谈。他的经验无疑是很宝贵的，再加上他的比喻形象而又贴切，会使乒乓球教练员乃至更多项目的教练员受益。这次采访的经历说明，看似不重要的线索，可能采访到有价值的新闻。"勿以事小而不采"，也可算是当记者的一条经验。

"教练要做'五员'"
——张燮林谈执教经验

新华社北京1998年8月25日电（记者王俊璞） 乒乓球羽毛球运动管理中心副主任张燮林在谈执教经验时说，教练要做"采购员""设计员""指导员""管理员"和"推销员"。

第五期全国乒乓球高级教练员岗位培训班今天在这里举行开学典礼。第一课，张燮林发表了题为"怎样做一个好教练员"的讲演，谈到"教练要做'五员'"。这是他多年执教经验的总结。作为教练员，他曾11次登上世界冠军的领奖台。

张燮林首先用"抢先、凶狠、搏杀"6个字概括了当今世界乒坛的发展趋势。他解释：抢先是意识，即力争主动；凶狠是打法，为抢先服务，基础是基本功的六要素：速度、力量、旋转、线路、弧线、节奏；搏杀是精神力量，天不怕，地不怕，意志顽强，敢"冒险"。

"采购员。"教练要知道家里有什么"货"，要了解国际上流行什么打法，自己用什么打法将来才能"占领市场"，或某种打法存在什么缺点，如何通过训练"推向市场"。这就是说，挑运动员时要选有特点、有创新打法的苗子。例如，当年河南运动员葛新爱已确定去当电话接线员，发现后调到国家队，后来多次获得世界冠军。

"设计员。"对运动员如何精雕细刻？要经过教练的设计和运动员刻苦训练，使之成为"精品"。韩国女队多年来一直是中国女队的主要对手，一度以"进攻、进攻、再进攻"为指导思想。中国国家女队教练班子经分析认为，凶狠的打法尚不成熟，因而在有人认为女队稳的情况下仍确定了"以稳为主"的指导思想，在"后三板"下功夫，因而制住了韩国队。

"指导员。"教练不仅要教技、战术，解决训练、比赛中出现的问题，更要教体育和职业道德，教他们做高尚的人。巴塞罗那奥运会前，国家女队训练房里添了两条标语：一是"爱国奉献　团结拼搏"，要求运动员发扬爱国主义、集体主义和革命英雄主义精神；二是"从一拍一球做起，提高每一板球的质量，力争打好奥运会"，要求运动员在发球、接发球、进攻、防守每项技术上都要高质量。

"管理员。"有一个说法是：21世纪要有懂管理的科学家和懂科学的管理者。现在流行"严格管理，严格要求，严格训练"，教练要采用先进的管理手段，跟上时代的步伐。例如，要使用电脑管理比赛成绩、身体素质，等等。

"推销员。"经过训练的运动员要在世界大赛上亮相、竞争，你的"产品"能否打赢，这是对教练"采购""设计""指导""管理"工作的检验，也是对教练的考试和所做的结论。

53　当会计

每次亚运会和奥运会之前，国家体育总局都要组织各管理中心负责人向媒体介绍情况，其中包括各项目所制定的大赛目标、所做的准备、运动员的状态、主要对手的实力等。

怎样将这些情况通过报道告诉读者，可以说是每个媒体都要考虑的问题。如果分项目或者按照每个管理中心报道，自然较为容易些。可是，要告诉读者中国体育代表团的整体情况，却有一定的难度。作为在大赛时联系中国体育代表团的记者，这是一个不能回避的问题。

曼谷亚运会之前，笔者参加了国家体育总局组织的两天通气会，笔记本上记了各管理中心介绍的不少情况。笔者随之开始思考如何报道，一个念头突然出现——当一次会计。

要让读者了解中国体育代表团的总体情况，不可能做详细的介绍，与其作较长篇幅的形势分析，还不如直截了当地计算金牌数。这样做，至少有一个好处，那就是不用太多的文字即可使读者对中国体育代表团的实力和目标有了一个大概的了解。

当会计必须要有专业知识，一般人是做不来的。而算中国体育代表团的"金牌账"就简单多了。问题是怎么算？

为了使读者容易理解，在算账时笔者为中国参赛各队按金牌数量分为大中小项，再按此分类将要夺得的金牌数相加，即可得出总数。此外，还为"力争""冲击"夺金的项目划定了50%的成功率。这样按分类计算，并考虑到可能性，这临时的会计就好当了。

计算的结果是，大项可得77枚，中项可得29枚，小项可得9枚，总计115枚。

与当会计不同的是，体育比赛赛场风云变幻，结果难以预测，因此笔者特意写了可能产生的误差："中国代表团的总体实力毕竟高于其他各团，即便发挥欠佳，金牌总数也不应低于100枚；如果有很好的发挥，在划入'力争''冲击'之列的项目中多得金牌，总金牌数达到130枚也并非没有可能。"

这届亚运会中国体育代表团实际获得的金牌数为129枚，还在笔者计算的范围之内。

这篇稿件的字数仅有900多字，比以前写分析或展望稿短了不少。

为中国亚运会代表团算笔账

第十三届亚运会即将开幕，中国体育代表团的大队人马已抵达曼谷。虽然，中国队列金牌榜首位可以说是板上钉钉，但究竟能拿多少金牌，仍是个未知数。

这里，给中国代表团算笔账，以便让读者对中国运动员的实力和可能取得的成绩有个大概的了解。

先看金牌大项。田径队得13—14枚金牌较有把握，另有七八项可以力争，能冲一冲的还有三四项。游泳队和赛艇队的目标是各争9枚，暂为其留出两枚的幅度。属于游泳大项的跳水队要力争4金，为其留出1金的幅度；水球和花样游泳也要向金牌冲击。射击队有夺取19—20枚金牌的实力，这里以17—20枚计算。举重队男子争4金，女子要囊括7金，我们按9—11枚金牌算；体操队的目标是8—10枚金牌，艺术体操队力争1枚金牌。

这样，上述6个大项应该稳获金牌64枚。对于"力争"和"冲击"的27个小项，大体上按50%的成功率计算，可得13枚。两部分相加，共77枚。

再看看金牌"中项"。上届得6枚套路金牌的武术队，这次套路有2项没报名，最多能得4金；另在新增的散打5金中力争2金，暂按4—6金算。乒乓球队的目标是4—5枚。羽毛球队保3争4。皮划艇队和自行车队的目标是夺得4—5枚金牌，帆船队和击剑队的目标同样是夺得3—4枚金牌。

按同样的方法计算，7个"中项"累计可得金牌25枚，加上力争的8枚以4枚计，共计29枚。

最后算金牌的"小项"。男、女篮球队都要拿第一，男、女排球队都要夺回失去的冠军，我们为这4队留出丢一金的余地。柔道队的目标是保2争3；摔跤、拳击、跆拳道、网球、射箭和沙滩排球队都要争1金，女垒也要争金牌。

这样，稳入账的有5枚，力争的8枚以4枚计，共有9金。

按上述方法算总账，中国体育代表团在本届亚运会上的金牌总数应是115枚。

当然，我们不能排除有的队在制定目标时留的余地稍大或稍小，再加上赛场风云多变幻，大赛爆冷门屡见不鲜，运动员能否取得好成绩取决于多种因素，因此，这里只能作大概的估算。

但是，中国代表团的总体实力毕竟高于其他各团，即便发挥欠佳，金牌总数也不应低于100枚。如果有很好发挥，在划入"力争""冲击"之列的项目中多得金牌，总金牌数达到130枚也并非没有可能。

（新华社曼谷1998年12月4日电）

54 揭本质

《"闭门"也能造"好车"——朝鲜运动员屡爆冷门的启示》这篇述评，是从表面现象着手向深层开掘，揭示本质的一次尝试。

此稿是新华社第十三届曼谷亚运会文字报道中唯一的一篇社级好稿，还在全国亚运会好新闻评选中获奖，因此这一尝试可以说是成功的。

世界上的事情纷繁复杂，其中有许多给人以假象，要看清一件事情，就必须透过现象看到本质。而探究事物的本质特征，正是记者工作与其他文字工作者主要的不同点。

大型综合性运动会展示给人们的现象五花八门，是仅仅浅层次地报道这些现象，还是报道掩盖在这些现象下面的本质，将决定报道的深度。

朝鲜运动员在曼谷亚运会上屡次爆冷，在曼谷引起震惊。若将他们多次爆冷的事实综合在一起，也可以发一篇稿件。然而，进一步思考其为何在几乎与国际体坛隔绝的情况下却能连创佳绩，却发现在屡次爆冷的背后，隐藏着更为重要的内容。

由于经济条件的限制，朝鲜运动员很少出国训练和比赛，却可以创造好成绩，而我们不少运动队出国也不少，成绩还是上不去。两相对比表明，出成绩的关键不在出国的多少。问题的关键在哪里？

向深层开掘的过程，即是运用唯物辩证法分析问题的过程，分析若能深化，开掘也就有了深度，就能发现藏在表面现象底下的实质："他们训练的刻苦是出了名的。更令人交口称赞的是，他们在赛场上沉着坚定、不畏强手、敢于搏杀、斗志高昂，也正因为如此，常能超水平发挥。"

唯物辩证法告诉我们，看问题切忌片面。因此，稿中有两段强调了全面看问题。

参加亚运会好新闻评选的新闻学专家徐占焜在谈到此稿时说，与众多稿件不同，这篇稿"看出了问题"。问题就是，我们"发愤图强、艰苦奋斗的精神淡化了"。

顺便说一点,"闭门造车"本来不是贬义词。宋朝朱熹曾说:"古语所谓闭门造车,出门合辙,盖言其法之同。"意为只要按照同一规格,闭门造的车也能合用,因为古代的车,两轮之间的距离尺寸一样,当然在路上压出的辙也一样。后来大概是道路、车辆都不断地变化,"闭门造车"变为一个成语,比喻脱离实际,凭主观办事。

从一定意义上讲,这篇稿件的标题反用了成语"闭门造车"现在的含义,可以说使用了这个成语的原意,即虽不"出门",却按照事物发展的规律来办事。这样做标题,为了引起读者好奇。

此稿播出后,被海内外不少媒体采用。也许因为此稿的最后一段"将矛头"指向了社会上较普遍存在的不良现象,新华社新闻研究所人士在评论此稿时用了"视角新锐"一词。

"闭门"也能造"好车"
——朝鲜运动员屡爆冷门的启示

朝鲜运动员在亚运会上屡次爆冷,在曼谷引起震惊。这使人不禁想到,朝鲜几乎与国际体坛隔绝,却能连创佳绩;而中国体坛一些队伍水平上不去,却将主要原因归于出国参赛少、大赛经验少。对比之下,反差何等强烈。

目前,朝鲜以5金11银5铜在奖牌榜上列第七位。他们在射击场上夺得三金,柔道女选手压倒日本、韩国对手而夺得冠军,体操老将出马也能摘金……

球类赛场,朝鲜队也频创佳绩:女乒团体赛胜韩国队、中国香港队夺得亚军,混双选手金成熙/金贤姬还战胜了中国的世界冠军刘国梁/邬娜;女垒力挫亚洲三强之一的中国台北队;女子手球竟淘汰了占亚洲次席的中国队;囊括4金的中国跳水队领队周继红疾呼:中国女队最大的威胁将来自朝鲜。

亚运赛程刚刚过半,还不知朝鲜选手又从何处冒出来。

近年来,朝鲜体育界的大门几乎是关闭的,很少有队出国参赛,出外训练也不多。而缺乏交流的朝鲜人却能在"闭门"的情况下造出"好车"来,靠的是什么?

竞技体育发展需要资金，需要训练，更需要良好的精神状态。从"闭门"可以看出，朝鲜体育界资金不足，但他们训练的刻苦是出了名的。更令人交口称赞的是，他们在赛场上沉着坚定、不畏强手、敢于搏杀、斗志高昂，也正因为如此，常能超水平发挥。

朝鲜运动员的表现引人深思。

诚然，"开门"即请进来、走出去，多交流，无疑是提高竞技体育水平的重要条件。但是，仅强调这一条而在其他方面没有或很少付出努力，仍然不能解决问题。

中国体坛存在这样一种现象，有的项目总是冲不出亚洲，或成绩难以提高，总是强调经费少，出国锻炼少，与强队交手少等，似乎只要出国，一切问题就会迎刃而解。其实，有的队伍出国比赛甚至训练也不少，水平依然上不去。这样的队伍，是否应当从"闭门"的朝鲜人身上学习一点什么？

类似的现象在体育界之外也存在。有的部门或企业，明明在国内可以解决的问题，却一定要出国考察；明明国内有的产品，质量并不差，却非要进口不可……那些以考察为名行旅游之实，以引进先进技术为名却买来落后产品甚至废品的例子不是个别的。

我们绝非提倡"闭门"。必须的出国比赛、训练和考察、引进，只要有条件和必要，都应当积极支持。但是，当今时代，即便你不出门，也能知天下事。朝鲜体育的"闭门"，也绝不是拒绝国外强队的长处，而是利用有限的机会，最大限度地学习和掌握先进的技战术，潜心钻研，为我所用。

我们提倡的是，学习朝鲜人在"闭门"条件下刻苦训练，在赛场上敢于搏杀的精神。中国代表团副团长李富荣说："这正是中国运动员所缺乏的。"

其实，中国的竞技体育成绩远比朝鲜出色，中国从改革开放以来取得了震惊世界的成就，这同样是靠发愤图强、艰苦奋斗得来的。问题是，身边的、国内的好东西往往不能引起足够的关注；更重要的是，随着经济的发展和生活水平的提高，我们本身具有的可贵精神在一些人心目中淡化了；甚至损国肥私的腐败现象已经在一些领域滋生。这难道不应当引起警惕吗！（合作者：梁金雄）

（新华社曼谷1998年12月14日电）

55 大跨度

什么是大跨度？所写稿件的内容涉及的时间跨度很大，因而行文的方法也需要大的跨度。

大跨度行文是由特殊的题材决定的。此稿要"从亚运会看中国的崛起"，就需要回溯亚运会乃至中国半个世纪左右的历史。

大跨度行文的特点——要用俯视的角度，取材要高度概括。前者指站在历史的高度，从宏观上观察国家政治、经济、社会的发展与体育的关系；后者则与一些特写要放大、放慢相反，在材料的选择上要尽可能地浓缩。正因为用了俯视的角度和高度概括的取材方法，才可能用1700字的篇幅将近半个世纪的发展变化写出来。

大跨度行文的关键——选择好主题。此稿的主题为国家强盛推动了体育实力的增强，即文中的一段"没有国家的强大，就不可能有体育的腾飞；反之，体育的腾飞也是中国走向强盛的写照和助推力"。此前提出问题："体育之树植根于社会，需要财力的滋润，离不开民心的呵护。它就像一面镜子，可以从一个侧面反映一个国家的兴衰和人心的聚散。"和后来的论述都是紧紧围绕着这一主题做文章，都是为了表现这一主题。

大跨度行文还需注意——详略得当。总体而言要高度概括，但在具体内容的处理上还得分出详略。既然是"从亚运会看中国的崛起"，行文时对中国所参加的几届亚运会都作了相对详细的交代。

此稿在全国亚运会好新闻评选中获奖。

屹立在东方
——从亚运会看中国的崛起

20年前的今天，中国健儿在曼谷亚运圣火下拼搏；党的十一届三中全会则在北京举行，启动了中国改革开放的伟大进程。20年后的今天，亚运圣火再次在曼谷上空燃烧，北京人民大会堂则隆重举行党的十一届三中全会纪念大会。

这是历史的巧合，更是历史的见证。在改革开放的背景下，中国体育界的两次曼谷亚运出征，勾画出一条中国体育腾飞的历史轨迹。

本届曼谷亚运会还剩三天结束，中国代表团已提前实现百枚金牌的预定指标。中国队赛前坦言，仅夺金牌第一还不够，还需要看金牌"含金量"，看精神风貌，看是否出新人。

中国人的眼光不仅盯着亚运会，更盯着奥运会。一个有较强经济、体育实力作后盾的民族，才会有这种非凡的气度和眼光。

而回溯1951年的首届亚运会，中国运动员无缘参赛，仅有7人观摩团去了新德里。

对比之下，天壤之别。

体育之树植根于社会，需要财力的滋润，离不开民心的呵护。它就像一面镜子，可以从一个侧面反映一个国家的兴衰和人心的聚散。

亚运会创办至今，几乎与新中国的发展同步。亚运会的兴旺壮大，伴随着中国由弱趋强的历史进步。从亚运会这面"镜子"中，人们可以看到中国崛起的轨迹和中国人奋发向上的品格。

二战结束后，亚洲许多国家和地区政体改变，经济复苏，体育运动随之起步。亚运会正是在这一大背景下诞生的。由于世界上少数人敌视刚刚站立起来的新中国，在体育领域也制造政治障碍，使人们在亚运圣火下看不到新中国选手的身影。

在天灾人祸俱烈的旧中国，选手们没得过一项世界冠军，未破过一项世界纪录，更在奥运会上留下过耻辱的记录。刚刚跨过一片体育废墟的新中国，即使在50年代初参加亚运会，也无法取得与一个东方大国相称的好成绩。

此后，在与亚运会隔绝的20多年中，政府大力提倡，人民踊跃参与，中国体育勃兴，一些项目的竞技水平扶摇直上。举重、田径、游泳、射箭、航模、跳伞等项目的选手连破世界纪录，乒乓球运动员为中华民族争得了第一个男、女世界冠军，登山健儿开创了人类首次从北坡攀上世界最高峰的历史……新中国的体育与经济一样，虽然经历过波折，仍取得了辉煌成就。中国人以冲天的豪气，书写辉煌的体育篇章。

1974年，中国运动员首次踏进亚运赛场，获33枚金牌，金牌榜列第三。这一尚可的成绩，正是新中国建设取得一定成绩的折射和沉淀。

4年后，中国第二次派选手参加在曼谷举行的第八届亚运会，争得51枚金牌，在金牌榜上列第二；同年同月，划时代的党的十一届三中全会召开。这是中国历史也是中国体育的一个转折点。

改革开放带来了中国社会的巨变：政治安定，经济腾飞，科教发展，人心凝聚……综合国力迅速增强。多年渴望振兴的中华民族，昂然屹立在地球的东方。

1982年第九届新德里亚运会，第三次出征的中国代表团获61枚金牌，破天荒地超过30年来独占8届亚运会金牌榜第一的日本。这次突破，与一年前中国女排首夺世界冠军、乒乓球队囊括世乒赛七项桂冠，以及两年后许海峰实现中国奥运金牌"零"的突破，无一不是民族崛起、国力强盛所形成的历史必然。

新德里、汉城、北京、广岛直至曼谷，中国队16年内连续5届保持亚运会金牌榜第一，表明中国的亚洲体坛盟主地位不可撼动。90年代的两届奥运会，中国均得16枚金牌，处"第二集团"领先位置，更是证明了中国体育不满足在亚洲称王，而要到世界赛场上去挑战体育强国，展示当今中国人的风采。

没有国家的强大，就不可能有体育的腾飞；反之，体育的腾飞也是中国走向强盛的写照和助推力。

曼谷亚运会是在亚洲金融危机中筹备和举办的。在这场金融风暴中，中国担起了大国的责任，承诺人民币汇率保持稳定，受到了广泛的赞誉；中国还向风暴起始地的泰国和危机深重的韩国等伸出援助之手；在体育方面，中国派出人数众多的代表团来曼谷参赛，也支持了在困难中筹备亚运会的东道主。

今日之中国，仍面临很多困难，还谈不上富足。但毫无疑问，不论从经济还是从体育的角度看，东方中国的崛起已引起全世界的瞩目。

（新华社曼谷1998年12月18日电）

56　"编织圆球"

记得有人说过，大意是：写文章就像编织一个圆球，不论文章长短，必须把它编圆。

笔者想，写新闻也应该同此理。一件新闻事实的发生不会凭空而来，总会有前因后果；也不会孤立地存在，必然与它周围的事物有着或多或少、或远或近、或密或疏的关联。因此，要将这一新闻事实告诉受众，就得讲清它的来龙去脉和由它而产生的影响。这也就是要把球编圆。

邓亚萍是中国运动员的优秀代表，曾18次夺得世界冠军，其中包括4枚奥运会金牌，也是世界女子乒坛第一个"大满贯"获得者。她是否参加悉尼奥运会，对中国乒乓球队的影响很大，因此，在此稿的导语中点出"她参加悉尼奥运会的可能性更小了"。

作为最著名的运动员，邓亚萍受到众多体育爱好者的关注，关心她的人当然希望了解有关她再次赴英学习的详细情况。为此，就要介绍她何时赴英，到什么大学，学习什么课程，以什么身份去，学费如何出，生活费用由谁承担，谁介绍她去的，等等，该交代的一定交代清楚。

邓亚萍赴英能学好吗？中国绝大多数运动员很早就投入专业训练，学业受到影响，因此有人说运动员"四肢发达，头脑简单"。邓亚萍从事专业训练的时间可能更早，难免有人对她能不能学好产生疑问。于是，接着交代邓亚萍本人的态度——"很是自信"。又借周围人士之口做了"旁证"。

邓亚萍与当时的国际奥委会主席萨马兰奇有着不同寻常的关系，稿中也作了简单交代。

更重要的是，此稿中还交代了邓亚萍与中国队现在的关系。

读者还可能产生这样的疑问：邓亚萍这次赴英学习时间比上次还长，仍是中国队队员吗？因此，稿中特意说明邓亚萍并没有退役，但同时写了她虽表示只要队里需要，她将重披战袍，但实际上已经告别了运动员生涯。

此后蔡振华的话,世乒赛队员名单中没有邓亚萍,王楠、李菊已接过了她交出的接力棒,都属于对相关问题的必要说明。

此稿发出后,被很多用户采用。一位多年从事新闻业务研究的老同志在报纸上看了此文,见面时说:"邓亚萍的稿子写得不错,名人的稿子就该这样写。"

回过头来看此稿,笔者想起了"编织圆球"的说法,觉得大体上可以说把球"编圆"了,也就是说基本上讲清了这件事的来龙去脉和对中国乒乓球队产生的影响。

后来发生的事实是:邓亚萍果然没有作为中国队队员参加悉尼奥运会,正是此稿所写"她实际上已告别运动员生涯"。

再次赴英学习　邓亚萍可能就此告别赛场

新华社北京1999年4月13日电(记者王俊璞)　正在清华大学上学的邓亚萍将再次赴英国,继续完成学业。这样,她参加悉尼奥运会的可能性更小了。

邓亚萍今天告诉记者,她将于15日赴英国,在诺丁汉大学语言中心学习英语一年至一年半。

1996年亚特兰大奥运会后,邓亚萍成为清华大学学生,去年2月下旬首次赴英国剑桥大学学习英语,8月初回来继续上学。这次到诺丁汉大学,她仍然是攻英语,她说:"听、说、读、写、译都要学。"

邓亚萍这次作为清华大学派出的高级访问学者赴英,诺丁汉大学提供的奖学金等于免收了学费,而她的基本生活费则由教育部留学基金委员会提供。清华大学将承认她在诺丁汉大学的学时、学绩。

诺丁汉大学与清华大学有着良好的关系,这所大学的校长去年曾来访。邓亚萍的英语教师吕中舌曾在诺丁汉大学读硕士,邓亚萍这次赴英学习,正是她联系的。

对这次赴英学习,邓亚萍很是自信。她说,明年她可以拿到清华的本科毕业证书,然后打算从9月开始继续读国际关系或体育管理硕士学位。

当了大学生的邓亚萍读书非常刻苦。她的老师都夸她是一个非常勤奋的好学生。乒乓球管理中心副主任姚振绪说她学英语像打球一样有股狠劲儿。中国乒乓球队原副总教练张燮林曾谈到,去年萨马兰奇在洛桑会见他们时,邓亚萍用较为流利的英语与萨马兰奇谈了半个小时。

邓亚萍还说,国际奥委会运动员委员会6月在汉城开会时,她还能见到萨马兰奇。去年6月,萨马兰奇特邀正在剑桥大学学习的邓亚萍,到瑞士同旅居卢森堡的欧洲女单冠军倪夏莲进行乒乓球表演赛。见面的当天,这位主席与邓亚萍也进行了一场乒乓球"表演赛"。

多年在中国女队起"顶梁柱"作用的邓亚萍还没有退役。她曾表示,一旦球队需要,她将再披战袍,为国争光。但是,再次到国外学习,若无特殊情况,可以说她实际上已告别运动员生涯。

中国队总教练蔡振华说,中国队参加大赛的阵容要通过竞争产生,而不是靠以往的成绩来赢得代表国家队参赛的资格。

中国队前不久公布了参加第四十五届世乒赛名单,其中没有邓亚萍。

谁能接替邓亚萍?中国女队几名年轻队员正走向成熟。在去年的曼谷亚运会上,王楠获得4枚金牌。中国代表团副团长李富荣曾夸赞:"王楠挑起了大梁!"但是,李菊在最近举行的中国乒乓球擂台赛半决赛中战胜了王楠。

57　深化"总结"

"总结"二字，有动词、名词之分，这里指名词，意为"概括出来的结论"。

工作中常有这样的情况：对某一事物进行分析、研究后得出的某个结论，随着时间的推移，了解的情况更全面，分析、研究更深入，被新的更恰当的结论替代了。这一过程，大概可以称为"总结"的深化。

回忆过去写过的文章，有两篇可以说是在深化"总结"上所作的尝试：一是1998年在法国举行的第16届世界杯足球赛期间写的《为何痴迷为何狂？》，一是1999年在荷兰的埃因霍温举行的第四十五届世乒赛结束时写的述评《高扬三面旗帜——国球辉煌四十年探因》。

平时聊天，多次听到这样的提问："为什么喜欢足球的人那么多？""为什么足球被称为世界第一运动？"一时难以回答，或者说用简单的一两句话说不清楚。

刚开始从事体育报道，分工的项目中没有大球，体育新闻编辑部成立后也没管过大球，采访足球的机会极少，只是在编审稿件时接触过一些。有一段时间，部里为《足球报》供稿，笔者曾以外报材料为基础写过少量文章，算是对足球有了一些了解，有关足球界、新闻界对足球的看法也有了一定的积累。

法国世界杯足球赛期间，新华社办的《世界杯快报》很受欢迎，需要大量足球稿件。此时，过去一时难以回答的提问涌上心头，很想试着回答这一问题。《为何痴迷为何狂？》一文，就是此时写的。材料和思想的积累、众说纷纭的看法，经过整理、联想、分析、归纳，渐渐形成了对于足球被称为世界第一运动的判断和结论。

此稿列举了7种已有的结论，介绍其观点，同时列出"反方"意见，以使读者对足球有全面的认识。在此基础上，谈了笔者的看法，概括起来就是"用脚比用手难度大""动感极强的美丽画面让人赏心悦目""魅力在于前四说即'战争说''大球说''场地说'和'刺激说'综合在一起""政治家、商人、媒介的参与"等。

至于是否较好地回答了《为何痴迷为何狂？》，只能请读者评判了。

中国乒乓球队长盛不衰的经验，许多人作过总结。这些总结，应该说都是大体上符合中国队实际的。

例如，1981年中国队首次囊括世乒赛7项冠军后，当时的中共中央书记处书记、国务院副总理万里在欢迎中国乒乓球代表团大会上的讲话中，曾谈了五种"最佳精神"：胸怀祖国，放眼世界，为国争光的精神；发愤图强，自力更生，艰苦奋斗的实干精神；不屈不挠，勤学苦练，不断钻研，不断创新的科学精神；同心同德、团结战斗的集体主义精神；胜不骄、败不馁的革命乐观主义和革命英雄主义的精神。

中国乒乓球界许多人士都曾谈到中国队长盛不衰的经验，不少媒体也都在报道中对中国队的经验作过论述。笔者也曾写过一些文章，如1995年天津世乒赛期间写的《国球的品格》，列出三点：创新、奉献、开放。这篇稿件被评为当年的社级好稿，也得到中国乒协负责人的较高评价。

上述这些总结，都是当时对国球经验认识的高度概括，都是从国球的实际出发认真思考的结果。但是，国球的经验中最根本的经验是哪些？随着时间的推移和对国球长盛不衰现象的深入分析，笔者感到对这一问题的认识应当还可以深化。

1999年第45届世乒赛期间，新华社总编室要求后方同志要配合前方写评论。笔者承担了这一任务，在构思稿件时想到：从容国团为中华民族夺得第一个世界冠军起，到第45届世乒赛，整整40年了，应当写一篇总结性的稿件，论述国球最根本的经验。

国球的经验很多，哪些是最根本的？经反复比较，深入思考，笔者认为：40年来，国球一直保持了一种作风，即顽强拼搏，这体现在平时的训练中，更体现在一次又一次大赛中；国球还有正确的方法，即科学求实，这体现在不断探求、遵循该项目发展的规律。而顽强拼搏、科学求实的动力从何而来？这就是爱国主义和集体主义的传统。

于是，就产生了述评《高扬三面旗帜——国球辉煌四十年探因》一稿。

也许是巧合，几年前提炼出的"三面旗帜"与全国政协主席、中国乒乓球协会名誉主席李瑞环 2002 年底在一次讲话中谈到的几点基本一致，只是次序不同。同年年底，国家体育总局乒乓球羽毛球运动管理中心和中国乒协举办庆祝中国乒乓球队建队 50 周年系列活动，其中内容之一是出版系列纪念图书，《星光灿烂四十年——乒乓文萃选》一书收录了"高扬三面旗帜"，是极少数非体育口作者的作品之一。

为何痴迷为何狂?

小小足球搅动了地球。

世界杯足球赛，竟使得数以十亿计的人为之兴奋、激动、欣慰、喜悦、痛苦、悲伤，一些人甚至痴迷、颠狂、砸电视、打老婆、斗殴……

这是为什么？换句话说，足球为何成为世界第一运动，又为何使人痴迷使人狂？

据笔者所见所闻，说法很多，可以说是议论纷纭，莫衷一是。这里试作进一步探讨。

曾问记者同行，第一个回答是——

"战争说。""足球是和平时期的战争"，这一说法似乎有道理。足球确有战争的某些特点，双方对阵，激烈拼杀，就像两国交兵，定要分出胜负高下。和平时期，人们要看到两军对垒，闻到些许火药味，足球当是理想的选择。但是，这一说法并不能完全使人信服。因为，人们在谈到竞技体育时也用同样的说法，足球只是众多竞技体育项目中的一个。一位法国足坛宿将就对"足球是战争"的说法不以为然，认为是"媒体的炒作"。按他的看法，足球不必与战争相联系，其他体育项目也不必与战争挂钩。当然，我们在探讨中不必理会他的看法，但是，与足球大同小异的项目还有不少，如曲棍球、冰球等，为何仅仅足球拥有数量最多的爱好者？于是又有——

"大球说。"足球比曲棍球、手球、棒球、垒球、冰球都大，观众容易看清。这说法也对，足球的体积确比上述项目的球要大，即便是在远处，也能看到球员的一举一动，因而受到人们喜爱。不过，此说也不能完全令人信服。篮球比足球还要大，排球则与足球差不多，人们在远处也能看清。篮球在世界上虽也很普及，但十分红火的主要是美国的NBA，若论在全球的热度，还很难与足球媲美。开展排球运动的国家和地区也很多，但其热度甚至连篮球也不如，更无法与足球相比。所以，球的大小并不是决定性的因素。由此引来——

"场地说。"足球的场地大，容纳的观众多，世界上最大的足球场可容纳多达20万观众。看足球，观众的视野开阔，球场气氛热烈。在现场看球，场内龙争虎斗，场外观众加油助威，犹如山呼海啸，非身临其境，难以感受到那激动人心的气氛。可是，橄榄球的场地并不比足球场地小，原来的手球场地就是足球场。美英等国橄榄球赛的气氛不亚于足球，而手球为了吸引观众等原因则把比赛移到了室内。可是，这两项球类运动都远不及足球普及，从全世界范围看，人们更爱看的还是足球。看来，仅场地大也不能说明问题。还有——

"刺激说。"足球比赛进球少，常常出现一旦有一方进球即保持到终场的现象，其偶然性要比任何一种球类运动都大，因而胜负极难预料。有人因足球往往长时间不进球而觉得"没意思"，并不喜爱这项运动；但更多的人因为悬念强，因为它的不可预知性而觉得格外刺激，所以被深深地吸引。足球更多地带有野蛮、血腥味儿，对抗性很强，而激烈的对抗中容易伤人、流血，是更甚的一种刺激。这也是"战争说"的根据之一。对那些愿意受"刺激"的人来说，看足球是一种理想的选择。然而，若论刺激大，特别容易出现伤人、流血，足球还比不上拳击、泰拳和中国武术的散打（也称散手）等格斗项目。而这些项目虽各有特点，也受到许多人的喜爱，但这些项目的爱好者之众仍远不及足球。看来，一个体育项目仅仅靠刺激，也难以风靡全球。

此外，还有一些说法，例如，国际足联原主席阿维兰热的——

"错误说。"这位足坛最高领导者认为，裁判的错误乃是足球的魅力。裁判出错，确是足坛内外，特别是新闻媒介关注的热门话题。但是，作为一个体育项目，最高原则是公平竞争，足球也不应例外，而裁判出错，不管是有意还是无意，都破坏这一原则。因此，这种"错误说"是站不住脚的。当然，我们不能责怪这位主席因能力不足而为足坛不时出现的裁判错误乃至丑闻辩护，因为腐败见于各界，足坛也不是世外桃源。但是，裁判的错误绝不是什么魅力。还有——

"发泄说。"有这样的观点：有人受到委屈，或者因某事感到憋气，平时难以发泄，在办公室不能向领导和同事发泄，在家里不能向老婆发泄，在电影院等其他公共场所不能随便发泄，在马路上不能向路人发泄。于是，足球场便成为发泄的地方，可以狂吼乱叫，可以大声谩骂，没人限制没人管。然而，这只是中国的说法。中国球迷只是发泄而已，闹事极少。而在国外，特别是英国的球迷，也许更确切的称谓是足球流氓，那就不仅仅是吼叫和谩骂了。在分析足球流氓产生原因的多种说法中，笔者很赞成下面一种：一些人对自己的境遇不满，要借足球体现自己的人生价值，因而往往表现出种种怪异，甚至丧失理智，歇斯底里。当然，发泄与闹事有本质的区别，不能相提并论，但是，为什么发泄者和闹事者偏偏都选择足球？更多的人视看足球为享受，从中得到愉悦，又如何解释呢？还有——

"赌博说。"许多国家的赌业，到了足球大赛期间便将赌足球作为重要内容。参与赌博者因比赛的胜负关系到他们的输与赢，比一般球迷更关心球队、球员的表现。而黑社会的参与，使得足坛屡屡出现有人收买球员以操纵比赛结果的现象，甚至发生哥伦比亚球员埃斯科巴因踢了一个乌龙球而被枪杀的悲剧。因赌博而使得足球更引人关注，使得更多的人投入更大的热情，这说法当能成立。可是，在中国和其他少有乃至没有足球赌博的国家，为什么人们依然更倾心于足球呢？

当然，还有一些说法，这里不再一一列举。

那么，足球到底为何成为世界第一运动，又为何使人痴迷使人狂？笔者谈一点看法，与读者共同探讨。

足球受人喜爱，主要是由它本身的特点决定的。足球比赛除了守门员，20 名球员都要用灵活远不及手的脚来停、运、传、铲球和射门，身体接触、对抗多，其难度比手脚并用的橄榄球要大得多，比其他球类难度更大，因而进球十分困难，偶然性最大，也最为刺激。

足球场不仅面积大，还铺了草皮，这一点相当重要。足球比赛，22 名球员在绿色的场地上龙争虎斗，构成一幅动感极强的图画。这样美丽而又刺激的画面，是其他任何球类项目都不能相比的，观者能不赏心悦目？

人们说，体育是"和平时期的战争"，那么，足球就是这"战争"中最富有观赏价值的一种；有人还说，体育是"天天变换戏法的魔术"，那么，足球就是在大而漂亮的舞台上演出的最具吸引力的魔术。实际上，像世界杯这样"多国交兵"的大赛，比战争更多变化，比明知是假的魔术更能激动人心。

因此，笔者同意"战争说""大球说""场地说"和"刺激说"，但是这四说必须综合在一起，方能说明足球本身的魅力。至于，"错误说""赌博说""发泄说"等，那只不过是足球本身特点的延伸，或者说是由其本身的特点衍生出来的。

正因为足球本身具有摄人心魄、难以抵挡的魅力，人们不分职业、性别、年龄、肤色、种族、国度、信仰……都倾心于它，才使得政治家借它来燃起爱国主义热情，或者作为外交的手段；才使得商人借它来赚钱；才使得新闻媒介不遗余力地报道，甚至炒作、渲染。而这些，又使得更多的人关注、热爱、迷恋足球，如此形成循环，于是，足球越来越热，成为当之无愧的世界第一运动，也使得不可胜数的人为之痴迷为之狂。

（刊于1998年法国世界杯足球赛期间出版的《世界杯快报》）

高扬三面旗帜
——国球辉煌四十年探因

中国乒乓球队在刚结束的第四十五届世乒赛上夺得5项冠军，继三十六、四十三届世乒赛和亚特兰大奥运会后第四次在国际大赛上囊括乒乓球金牌。

自1959年容国团为中华民族夺得第一个世界冠军起，中国乒乓球队四十年来共夺得110个世界大赛的冠军。其中包括3届奥运会夺得9金，19届世乒赛夺得82金，世界杯个人和团体赛夺得19金。这些成绩在世界乒坛均列第一。

一支队伍能在如此长的时间里持续创造辉煌成绩，在世界体育史上是罕见的。其中最重要的原因是四十年来国球一直高扬顽强拼搏、科学求实、爱国主义和集体主义三面旗帜。

1961年北京世乒赛男团决赛，先失两分的容国团再次出战，喊出"人生能有几回搏"。他揩掉泪水，拼力搏杀，赢得关键一分，使中国有了第一个团体世界冠军。"顽强拼搏"从此成为国球高扬的旗帜。

体育界常说，夺冠军难，保冠军更难。国球夺取的世界冠军很多，同时也一次又一次成为众矢之的。在"世界对中国"的残酷较量中，中国选手稍有闪失，冠军就会旁落。靠着顽强拼搏的精神，一代代乒乓健儿在训练中刻苦磨砺，在赛场上奋勇搏杀，才不断踏平坎坷。

沧海横流方显英雄本色。男团夺冠后，女队不甘落后，发奋图强，在第二十八届世乒赛上终于打了一场漂亮的"翻身仗"，首次夺得团体冠军。第三十五届世乒赛男子项目失利后，李富荣立下"军令状"，强忍胃痛，率队"拼命"，下一届即创造囊括七项冠军的奇迹。90年代蔡振华带队卧薪尝胆，重振男队雄风。很多运动员，如小将马琳在本届世乒赛身处逆境时力挽狂澜，淘汰了最难对付的"乒坛常青树"瓦尔德内尔等，都是顽强拼搏的生动写照。

在现代体育竞争中要始终领先，蛮干不行，空喊口号更不行，只能靠科学求实。讲科学求实，国球无疑也非常出色。

她十分注重用科学的理论武装头脑，指导解决实际问题。徐寅生《关于如何打乒乓球》的讲话，就是理论与实践紧密结合的杰作，受到毛泽东主席的高度赞扬。正因为有了科学理论的武装，她才很早就叫响了"从零开始"这句富有哲理的名言，做到了"胜不骄、败不馁"，才较好地解决打球中的"长与短""快与慢""转与不转""难与易""偶然与必然""现象与本质"等矛盾，也才能正确处理训练、比赛、队伍管理中纷繁复杂的种种难题。

创新，是人类历史前进也是体育运动发展的动力。国球始终提倡创新，其独创的直拍快攻打法、直拍削球、两面不同性能胶皮的球拍、变化多端的发球……近期摸索出来并在本届大赛上展现威力的"直拍横打"，以及学他人之长为我所用的直拍弧圈球、横拍削球、横拍快攻结合弧圈球打法等，使自己拥有多种"新式武器"，极大地丰富了世界乒坛的打法、技术、器材。

把握乒乓球运动的发展规律，是提高竞技水平、在赛场上取得优势的关键。中国直拍快攻曾确立自己"快、准、狠、变"的风格，多年称雄世界；70年代初，又根据新情况增加了一个"转"字；80年代，国球对乒坛发展趋势提出见解——技术全面、特长突出、无明显漏洞、战术变化多样；90年代则注重研究凶与稳的辩证关系，摸索新的制胜技战术。没有对发展规律的积极探索，国球不可能长期走在乒乓球运动发展潮流的前列。

体育体制改革的序幕拉开后，为适应建立社会主义市场经济体制的新形势，作为中国体育优势项目的乒乓球界最早进行了协会实体化改革。他们从本项目实际出发，推出了"国家队引进竞争机制""调整竞赛'杠杆'""实行专业体制与俱乐部'双轨制'""遏制人才不合理外流""夯实人才'金字塔'基础""完善擂台赛和俱乐部赛"等多项举措，现已初见成效。

爱国主义和集体主义则是国球最重要的制胜法宝。

乒乓球是最早跨出国门参加世界大赛的项目，还经历过"小球转动了大球"的"乒乓外交"。因此，中国乒乓球界更深切地理解体育与祖国的关系，"为了国家的荣誉"几乎成为每个人的行为准则。

第二十五届世乒赛夺取男单冠军之前，容国团为了不给自己留后路，公开宣称"三年内要夺取世界冠军"，因为"为国争光，此其时也"。后来，他没用三年就实现了夺冠夙愿。

中国队第三、第四任总教练许绍发和蔡振华，先后响应队里召唤，拒绝高薪，回国执教。前者离任后仍一直为国球发展积极出力；后者上任后，强化队员的"祖国培养意识"，率队三创大赛"囊括金牌"佳绩。

最受人尊敬的是那些陪练队员。为了国家和集体的荣誉，他们宁愿牺牲自己，搭起"人梯"，送主力队员攀上冠军领奖台。还有那些管理和科研人员、医生、翻译等，都在默默地奉献。付出代价最多、成绩最为优异的邓亚萍说的一番话，可以代表乒乓球界人士的心声："是祖国母亲的乳汁养育了我……给了我大气磅礴的力量！"

当商品经济大潮涌来时，有人成了"拜金主义"的俘虏，有人将个人利益置于国家和集体利益之上，国球的爱国主义和集体主义传统曾受到挑战。难能可贵的是，国球在顺应形势、大力改革以获取发展动力之际，仍保持了团结一心、顾全大局、甘为人梯的高尚品格。爱国主义和集体主义旗帜依然在中国乒坛高高飘扬！

（新华社北京 1999 年 8 月 9 日电）

58　解释词语

解释词语，应该是词典的功能。这里说的要解释的词语是"海外兵团"。在词典里，"海外"，指国外；"兵团"，指军、师两级组织的统称或大部队的泛称。但两个词合在一起，词典上没有。

笔者与好友田学祥1991年在一篇合写的文章中首先使用了"海外兵团"一词，并因此摊上了中国体育界首例名誉权侵权官司。海内外数十家媒体纷纷报道此案，"海外兵团"一词随之得到了广泛传播。

此案起因是我们写的一篇题为"中国体坛国际大走穴"的纪实文学作品在《记者观察》1991年第12期发表，文中有一句话涉及中国羽毛球队总教练王文教。

原文开篇谈到"出国潮"，提到了乒乓球、羽毛球、女排、跳水、体操等项目数十人，之后有一句话是："在中国体坛的'海外兵团'中，不仅有兵有将，而且还有许多为国家争得殊荣的功勋卓著的指挥员。比如，×××（游泳）王文教（羽毛球，现已回国）……（还有乒乓球、跳水、足球、篮球界的人士共5人）也加入了'海外兵团'。"以上人名引自一家杂志的文章。开篇最后一段说："无论对'海外兵团'持何种看法，但是它的存在至少表明一个事实：中国体育界正在走向世界。"之后的小标题有"'中国商品'""这桩买卖'公平'吗？""丁毅现象""明星远嫁""蔡振华　多特蒙德""郎平一年三归队"。全文以褒为主，贬的主要是拿时薪为瑞典乒乓球队当陪练、使该队适应中国队的打法并以5：0大胜中国队的个别人。

该文被多地报纸转载，全文转载的包括广东的《体育参考报》。而《南方周末》在转载《体育参考报》这篇稿件时，没有署上作者姓名，还做了大量删改，使分析人才外流的文章变得极富刺激性。王文教从《南方周末》上见到有涉及他的内容，很不满意，于是请律师提起诉讼，把作者和刊出、转载此文的几家报刊告上法庭。

起诉书的关键内容是"诬蔑我参加了'中国体坛的海外兵团'"。应诉书的关键内容是"'海外兵团'是中性词组,泛指我国在海外的运动员和教练员人数多,并非是一个组织""使用'海外兵团',意在形容,没有任何诬蔑、诽谤之意"。

在北京市西城区法院一审时,王文教说:"如果不提我,这是一篇好文章。"

几个月后,法院判我们败诉。随后,我们反诉:"王文教滥用诉权侵害我们的言论和监督权,《南方周末》侵害我们的著作权。"北京市第二中级人民法院二审以庭内和解而结束此案。

法律专家说,对于一个词语,最早使用它的人拥有解释权。因此,此文的作者应该拥有"海外兵团"一词的解释权。

对于"海外兵团",因其没有确切的定义,人们的看法也不一样。而这个词语多年后仍频繁地出现在媒体上,有的往往把与中国选手对阵的某一个人称为"海外兵团"。

悉尼奥运会期间,笔者作为新华社报道团成员,就利用这种解释权,为《奥运走笔》专栏写了《读懂"海外兵团"》一稿,对这一词语作了解释,意在希望不要把"海外兵团"专指中国队的对手。

此稿解释了"海外兵团"的本来含义,谈一些人对它的误解,"海外兵团"成员感到冤枉,"海外兵团"是特殊时期的产物,中国队运动员与"海外兵团"对手交锋时所起的心理变化,以及"海外兵团"所起的积极作用等。

后来,在2001年大阪世乒赛期间,笔者又写了消息《"海外兵团"得到理解》,可称续篇。

记得一位老作家曾经说,因当被告上法庭"弥补了人生的空白"。笔者因打官司也有收获,那就是学习了一些法律知识;写稿时更注重事实的准确,哪怕是引用的材料;对于"海外兵团"增加了关注,并为新华社多写了两篇稿件。

读懂"海外兵团"

悉尼奥运会乒乓球赛已经开始,中国队将遇到"海外兵团"的严重挑战。因此,"海外兵团"这个称谓又频繁出现在众多媒体上,成为一个热点。

"海外兵团"一词出现已有近10年之久,遭来议论纷纷,其中难免有些误解。

　　"海外兵团"本来的含义是指出于不同目的、通过各种途径出境的众多原中国运动员、教练员。这种表述过于冗长,便简化为"海外兵团"4个字。但是,"海外兵团"中的一些运动员常常代表所在国家和地区出现在体育大赛上,体育界和新闻界往往以"海外兵团"称之。这就容易使人产生一种错觉:"海外兵团"就是指中国运动员的对手。

　　如果仅仅这样理解,就改变了它本来的含义,也造成了双向误解:不少中国人一提"海外兵团",就以为是在赛场上与中国运动员一拼到底者。而"海外兵团"成员也觉得冤枉,有人说我并没有参加比赛;即便是参赛者,也认为自己只是热爱乒乓球,想实现自己的人生价值;更多的人觉得,我们身在海外,心向祖国,何必这样称呼我们?他们的看法得到很多人的理解。

　　"海外兵团"是特殊时期的产物。中国乒坛人才过剩,而境外亟须乒乓球人才,待遇高得多,改革开放又使出境条件变得宽松,于是,为打球、执教、远嫁、经商等,许多人告别家乡到了境外。除了乒乓球,还有羽毛球、体操、跳水、武术、排球等许多项目的运动员出境。有的项目,如乒乓球,一度因人才不合理流失过多而采取了限制措施,后来因俱乐部赛制的建立才使问题得到基本解决。

　　前些年,当中国运动员在大赛上与"海外兵团"选手相遇时,心理上极不平衡:我们是中国培养的,当然要为中国夺金牌;中国同样付出大量人力物力培养了你,你怎么能为了赚钱打败我们?心理失衡往往生出急躁,急躁反而容易输球。当"海外兵团"选手战胜中国队运动员时,不仅失利的运动员,许多球迷的心里也觉得反感。特别是有个别人做出伤害民族感情之事,更使许多中国人愤怒异常。

　　随着时间的推移,"海外兵团"现象得到了人们的理解:中国的强项如乒乓球人才外流,客观上对世界乒乓球运动的普及和发展作出了贡献;"海外兵团"选手与中国选手交锋,即便胜了,也将促使中国队进一步提高自己。中国武术协会负责人就曾说过:"中华武术走向世界,'海外兵团'功不可没!"

(新华社悉尼2000年9月20日电)

59 "巧笔"

学贯中西的大学者胡适说过:"一切语言文字的作用在于达意表情。达意达得妙,表情表得好,便是文学。"

新闻不是文学,但可以借鉴文学的手法,在"达意表情"上当然也应该努力做到"达得妙""表得好"。如果能在"达意表情"上做得不错,能不能称为"巧笔"呢?

《未来社会健身的时尚——世界太极拳健康大会述评》一稿,曾得到朋友"巧"的评价。回想此稿的写作过程,笔者当时在构思、选材、论述方面都动了一番脑筋。

《未来社会健身的时尚》,这一标题的确定,意味着此稿是对未来的展望,是谈太极拳运动的发展趋势。那么,正文就要通过对世界太极拳健康大会的述评,来证明太极拳将成为"未来时尚"的必然性,并使读者相信这一点。

构思时想到,要用尽可能短的文字简介所掌握的事实,并做出合乎情理的分析,指出事情的发展趋势,进而使得判断有较强的说服力。

在材料的选择、安排上,笔者采取了高度概括的方法。第一段提出观点。第二段介绍与会人数,说明习练太极拳者越来越多,同时也是发展趋势的证据。第三、第四、第五段介绍大会内容,并指出其作用和意义,用更多事实证明论点。第六段阐述大会主题,第七段"预测"未来社会,最后一段举例。

在论述上,可以说除了第一段讲观点之外,每一段都是在证明观点。不同的是,如果说前五段都是点到为止,后三段则是稍作展开,但文字也不多,似乎更能体现"巧"字。

具体来说,文中写到大会主题"科学、健康"时,巧用"寿比南山"和"三亚的南山恰是长寿之乡"等,说明更多的地方需要太极拳这种健身方法;写到未来时,借用美国社会预测学家约翰·奈斯比特的极少数词语,说明未来社会更需要太极拳;而最后的例子仅说到一个人,但指出了太极拳对他本人、太太及解决西方人心理紧张、情绪烦躁等问题所起的作用,一是表明太极拳在信息时代的特殊功能,二是也为预测学家的说法提供了实例。

需要稍作说明的一点是,约翰·奈斯比特说到未来社会必须使"高技术与高情感相平衡"时,只谈到"静坐、瑜伽、按摩"作为高情感的例子,并没有说到太极拳。但是,太极拳无疑属于此行列。因此,文中没有作说明,而是没提"静坐、瑜伽、按摩",直接说"太极拳正属于他认为的'高情感'活动"。后来得知,约翰·奈斯比特时隔数年后写的《亚洲大趋势》一书中已提到了太极拳。

上述的构思、选材、论述,虽有"巧"的成分,但能不能说是"巧笔",不好下结论。因为,"巧笔"往往被用来称赞画作、文章,而不是写作的手法。所以,此处的"巧笔"加了引号,只是为了说明新闻写作要多动脑筋,不仅可以借鉴文学的比喻、衬托等修辞手法,还可以在谋篇布局、遣词造句时尽量做到"达意达得妙,表情表得好"。

此稿的预测是否正确呢?

不久,有武术界专家谈到,估计全世界习练太极拳者至少有1亿人。这说明,太极拳习练者一直在不断地增长。而2006年9月在河北省邯郸举行的纪念简化太极拳推广50周年暨国际太极拳交流大会传出的信息显示,各式太极拳众多传人多年来经常到海外讲学,传授太极拳;而在世界各地,各级武术组织特别是太极拳组织不断壮大、增多,无疑说明太极拳习练者的人数逐渐增长。笔者曾在西方中心城市巴黎街头体育场边见到晨练者中不少人在打太极拳,而有报道说法国的太极拳爱好者至少有10万人,日本的太极拳爱好者数以百万计。由此可见,太极拳将成为"未来社会健身的时尚"初步得到了证明。

上海体育学院教授郭志禹的科研结果表明,习练人数最多的简化太极拳,对精神系统、心血管系统、运动器官及平衡能力等方面都有很高的锻炼价值。他认为,太极拳动中求静、势势相承、连绵不断,于慢中求功,是健身、养生的精髓和"黄金项目",未来会受到更多人的欢迎。这与《未来社会健身的时尚》一稿的看法完全一致。

此稿受到一些同事赞扬,甚至为没有推荐社级好稿评选而惋惜。

未来社会健身的时尚
——世界太极拳健康大会述评

首届世界太极拳健康大会今晚在海南三亚落幕。从大会传出的信息表明，中华民族体育文化的优秀代表——太极拳，正在成为人类健身的时尚。

为期6天的健康大会共有3000多人参加，其中700多人来自海外。这说明海内外习练太极拳的人越来越多，作为中华武术拳种之一的太极拳，成为更多人习武健身的首选项目。

在天涯海角这个大舞台上，不同肤色、不同民族、不同语言的人们同台交流、表演和竞赛，互相学习，共同提高。这对与会者将来从习练太极拳中得到更多的收获，无疑将起到重要作用。

名家演示和辅导、段位制培训考核、万人晨练等活动，使与会者亲身领略了太极拳的独特魅力，受益匪浅。会后，他们就像一批批种子撒向世界各地，将影响、吸引更多的人加入习练太极拳的行列。

精彩的学术论文报告会，向人们展示了太极拳理论研究的新成果。太极拳专家分别从运动观、健身思想、科学健身机理及教学方法等方面作了深入的探索，揭示了太极拳的宝贵价值。他们的研究成果，有利于广大爱好者更深入地了解太极拳，从而使太极拳习练队伍更迅速地壮大。

这次大会的主题是"科学、健康"，可谓意味深长。"寿比南山"是中国人的美好愿望，而三亚的南山恰是长寿之乡。南山人能长寿，一个重要原因是环境优美，又是中国空气质量最好的地方。遗憾的是，其他地方少有这样的生态条件。这就需要人们选择科学的健身方法来达到健康的目的，而太极拳正是追求健康者的理想选择。

当今世界已进入信息时代，人类的生活将随之发生变化。美国的社会预测学家约翰·奈斯比特曾说过，未来社会必须使"高技术与高情感相平衡"，保健也将趋向"医疗自助"。而太极拳正属于他认为的"高情感"活动，也是"医疗自助"的一种绝好方式。

参加健康大会的国际武联执委、比利时人范本浩就是一个典型的例子。他练武术已有25年，主要练太极拳，领悟了中国武术特别是太极拳中蕴含的东方哲理。这使他身体强健，精力充沛；更使他变得很虚心，很有耐心，使他的同样练武的太太也变得从容、沉着，不像过去那样容易紧张；还使他帮助别人化解西方社会中常有的心理紧张、情绪烦躁等问题。

太极拳为何能很快传播到五大洲150多个国家和地区，范本浩的经验作了回答。这些经验还昭示人们：太极拳将成为未来社会体育健身的时尚。

（新华社三亚2001年3月26日电）

60 留住"经典"

2001年大阪第46届世乒赛中韩男团之战最后一盘中国刘国正与韩国金泽洙的较量,可以说是乒乓球历史上空前也许绝后的一场精彩比赛。在反败为胜的战例中,堪称经典。

作为采访这次大赛的记者,无疑应当记下这一精彩的经典战例,在乒乓球史上留下一笔。

比赛之紧张激烈、扣人心弦,在笔者所采访过的多次大赛中尚未见过。比赛过程中,脑子中曾有念头闪过:这样的比赛该怎么写?但是,现场那异乎寻常的气氛使你不由得专注于比赛而无暇思考如何写作。

赛后,思绪纷乱,冷静下来,理出头绪:首先要记下这个空前精彩的战例;其次,要选择体裁,选什么?

写一篇消息,似乎很难。难就难在时间不多,却要用简洁的文字把这个精彩战例传达给读者。但是,难也必须写。

经一番紧张的思考,渐渐形成了思路:标题和导语突出"奇迹",即《刘国正反败为胜创造奇迹》和"乒乓球历史上一场空前紧张激烈、扣人心弦的比赛今天在大阪上演。中国运动员刘国正创造了反败为胜的奇迹"。

接着,告诉读者刘国正创造了什么样的奇迹,即"刘国正对韩国选手金泽洙的比赛是中韩两队的第五盘比赛。在第二和第三局中,金泽洙共得到7个'赛点',即刘国正只要再输1分,全场比赛即宣告结束。就在这千钧一发的紧要关头,刘国正一次又一次力挽狂澜,夺得了最后的胜利。"

随后,借李富荣之口说明此战的非凡价值:"涉足乒坛40年的中国代表团团长李富荣赛后对记者说:'这样的场面我是第一次见到,在斯韦思林杯历史上是空前的!'"

再往后是为刘国正"出场"做铺垫,说明他的压力之大。

下面具体地介绍"奇迹":简写刘国正第一局失利及失利原因,穿插两

·257·

人实力对比的背景和现场气氛的渲染,使用较多文字写反败为胜的过程。

介绍背景,是为告诉读者刘国正打下风球反败为胜是如何艰难。

以一个小细节写现场气氛是怎样紧张,反衬刘国正的镇静、沉着。如此重要、精彩的战例,如果没有现场气氛的描写,是一个缺憾,过多的描写又会增加文字,使消息太长。而对于新闻报道来说,要使作品增色,不能靠形容词,不能依赖花哨的修辞手段,只有具体的细节,那种能够揭示事物本质的微小、具体的细节才能做到这一点。

写"反败为胜"过程的三段,只是交代了如何紧张,勾勒出大致的轮廓,而没有完全交代清楚7个赛点。这是当时情势所迫,也是考虑到要完全讲清楚需要用去更多的文字。

最后,用张燮林和李富荣的话分别评价这场比赛和刘国正,作为消息的结尾。

有人说,新闻是遗憾的艺术。事后看,写"反败为胜"的过程时,为省文字没有具体交代金泽洙的7个赛点,也许算是一个遗憾。《乒乓世界》杂志在大阪世乒赛后的一期在《刘国正对金泽洙全景回放》一文中详细介绍了刘国正破掉金泽洙的7个赛点:1.第二局19∶20落后;2.第二局20∶21落后;3.第二局21∶22落后;4.第三局即决胜局19∶20落后;5.第三局20∶21落后;6.第三局21∶22落后;7.第三局22∶23落后。

新华社的《新闻业务》周刊曾有题为《情景交融的现场新闻》的评介文章说:"在有卫星电视现场直播的今天,文字记者该如何描述这场'空前紧张激烈、扣人心弦的比赛'?《刘国正反败为胜创造奇迹》一稿在这方面作了很好的尝试。"认为此稿"导语简洁而'抓人'""笔墨没有过多地花在过程上,而是穿插背景和场景""把观众在电视里看不到、但同样会从心中发出的感叹体现到文字报道上,凸显了文字报道的优势"。还说"整篇消息结构严谨,一气呵成,有现场描写,有背景交代"。

刘国正反败为胜创造奇迹

新华社大阪2001年4月28日电(记者王俊璞 曹剑杰 张焕利) 乒乓球历史上一场空前紧张激烈、扣人心弦的比赛今天在大阪上演。中国运动员刘国正创造了反败为胜的奇迹。

刘国正对韩国选手金泽洙的比赛是中韩两队的第五盘比赛。在第二和第三局中，金泽洙共得到7个"赛点"，即刘国正只要再输1分，全场比赛即宣告结束。就在这千钧一发的紧要关头，刘国正一次又一次力挽狂澜，夺得了最后的胜利。

涉足乒坛40年的中国代表团团长李富荣赛后对记者说："这样的场面我是第一次见到，在斯韦思林杯历史上是空前的！"

首场出战就以2∶0击败身材高大的韩国队好手吴尚垠，刘国正已初显过硬的实力和心理素质。马琳也在第三盘以2∶0战胜柳承敏。但奥运会冠军孔令辉输了第二和第四盘，中国队取胜的重担一下子全压在刘国正肩上。

刘国正在第五盘再次出场。第一局他因有些放不开，让一见中国选手就杀气冲天的金泽洙占了先机，以16∶21失利。第二局一开始，他又以3∶9落后。此时刘国正面临的困境，可谓雪上加霜。

与老将金泽洙相比，刘国正在技术和经验上都略逊一筹，前不久在唐山的比赛中也输给了对方。赛前中国队分析认为，刘国正打金泽洙是下风球，获胜的希望最多占四成。

惊心动魄的比赛使许多人紧张得喘不过气来。中国队副总教练陆元盛背过身去，听别人报比分。但刘国正表现出超乎寻常的镇静、沉着。他一分一分地咬回来，终于追到12平。接着，他又以17∶13领先，胜利在望。

不料，金泽洙也表现出非凡的勇气，他一口气连得几分打成18平。接着便出现了"赛点"，刘国正连续扳平；在以23∶22领先时，他抓住机会再得一分，争到了打决胜局的机会。

决胜局开始后金泽洙领先，刘国正追到6平后金泽洙又领先；双方接连打成8平、11平、12平和13平，金泽洙又把比分拉开，刘国正再次追到19平。

接踵而来的4次"赛点"再次考验着刘国正，但他令人不可思议地一次次"起死回生"。当刘国正终于以24∶23领先时，他抓住胜机，以25∶23结束了无疑将载入乒乓球史册的这场较量。

赛后，中国代表团顾问张燮林说："绝对精彩！绝对高水平！"李富荣由衷地说："刘国正是中国队的骄傲！"

61　敢于担当

　　一篇稿件的诞生，有时最重要的不在于采访、写作、编辑的难与易，而在于是否有胆量写，还在于是否有胆量发。

　　《他与张健同日横渡成功》就是一篇考验记者和发稿人胆量的稿件。

　　2001年，新华社已开始24小时不间断发稿。因时差的关系，北京的后半夜，体育稿将由纽约总分社签发。但是，要派到纽约的体育部发稿人尚未到位，这样，后半夜签发稿件的任务暂时由编辑部的发稿人轮流承担，值班时间从凌晨1点到早晨8点。

　　7月31日凌晨1点之前，笔者来到编辑部开始值班。不久，接到体育部派到伦敦分社的记者王子江的电话。他说，他写了一篇使用第一人称的稿件，不知能不能发？

　　使用第一人称的稿件，极难见到，至少笔者没有遇到过。他写了什么内容？通话中，他简要介绍了他采访张健横渡英吉利海峡后的经历，即稿件的主要内容。其中一个细节没有写入稿中：组织者花大价钱租了一艘船用于拍摄，王子江上船时有人让他交费数十欧元，王子江说，可以交费，但他是出差，必须有发票回单位报销。让他交费者没有发票，只好作罢。

　　听了王子江的叙述，笔者说："你发回来看看再说。"

　　看到稿件，立即引起了强烈共鸣。

　　此前，看到多家媒体报道张健将要横渡英吉利海峡的稿件，其中有些媒体还说"英吉利海峡是世界上最难征服的海峡"。印象中，英吉利海峡并不是很宽，不应是世界上最难征服的海峡，一些外国人成功横渡英吉利海峡的消息也曾见诸报道。显然，有些人为了获得更大的关注度，炒作过了头。

　　王子江刚刚报道了张健横渡英吉利海峡，发了好几篇稿。现在，他发回另一人悄悄成功横渡，且比张健快了两个多小时的稿件。显然，这与大张旗鼓、兴师动众的张健横渡，形成了极大反差。看来，正是这极大的反差造成的强刺激，促使王子江写出这篇张健横渡的"后续报道"。

实事求是，是新闻工作者的基本品格。实事求是的稿件，应当写，当然也应当发。

可是，这篇稿件发出去，一定会有一些人不高兴。

当时笔者脑子迅速闪过可能的后果：

他们投入大量人、财、物力操作张健横渡英吉利海峡，已在社会上造成很大的热度，可能会有媒体因此稿道出真相而反思、公开讨论。

有的人可能会写文章反驳，还有可能告状，甚至告到新华社社长那里……

不管那些！既然记者敢写，作为发稿人也要有胆量敢发。何况，稿件说的都是真真切切的事实，应当让读者了解真实的情况。

经过短暂思考，笔者决定发稿。

原稿题为"张健身旁的横渡者"。考虑到，当天的横渡者可能还有别人，此稿中的横渡者比张健快了两小时，并不在张健身旁，于是，改为《他与张健同日横渡成功》。这样，排除了其他横渡者，加上了"同日""成功"，更易使读者想看稿件内容。文中，只对个别地方作了修饰。

至于稿件用第一人称，这样的新闻稿件虽然极少，但不是没有。第一人称的使用，不应成为发稿的障碍。更重要的是，在他经历的特定情境中，用第一人称写作，能使读者更易理解记者的感觉和观察到的人和事，从而增加稿件的可信度。

稿件播发后，事先想到的后果一一出现：社会反响强烈，社内外同行发出一片叫好声，有同事比喻戳破了吹大的"气球"，有媒体就张健这次横渡是否炒作展开讨论；也有媒体刊长文质疑；还有人告状告到新华社社长那里……听说社长的意见是不要论战，笔者与一位同事只好给社内《新闻业务》写了一篇稿《"一石激起千层浪"——关于张健横渡英吉利海峡报道的反思》（刊于《新闻业务》周刊2001年10月16日第39期），用与稿件中主人公莱姆斯登联系、对话内容的确凿事实等，有力地反驳了这家媒体的质疑。

后来听说，新华社总编辑何平到伦敦分社考察时曾表扬此稿，说应当多写这样实事求是的稿件（大意）。此稿被新华社优秀新闻作品评审委员会评为当年"新华社优秀新闻"，即社级好稿。

他与张健同日横渡成功

得知 28 岁的埃利克斯－莱姆斯登与张健在同一天横渡英吉利海峡，是在今天离开多佛时。当时，我结账后让前台小姐打电话叫出租车去火车站。站在一旁等待结账的一位年轻人立刻说："我正好开车去火车站送我女朋友，你坐我的车吧，这样可以省些钱。"

在去车站的路上，我问："你是来度假的吧。"

他一边开车一边轻松回答："不是，我是来游英吉利海峡的。"

"什么时候？"我吃惊地问，因为我无论如何也不相信这位身高不足 1 米 75，块头也并不大的英国人能横渡英吉利海峡。要知道，这次张健横渡活动的组织者一再宣称英吉利海峡是世界上最难征服的海峡。

"昨天，已经结束了。"

他过于轻松的回答让我难以面对昨天张健横渡的声势：国内媒体为这次横渡动用了直升机、3000 吨的大船，创造了英吉利海峡横渡史上最"壮观"的一幕。

"用了多长时间？"

"9 小时 51 分钟。"

我更吃惊了。张健用了 11 小时 56 分钟。

"你知道昨天有一位中国人在横渡吗？"

"当然知道，我是在他出发之后下水的，不过我到达法国海岸返回的途中才看见他的导航船，还有一艘大船，我还看见了直升机。"

我告诉他，大船和直升机都是中国的电视台为全程直播这一活动而准备的。

"全国直播？"莱姆斯登的女朋友在后座上吃惊得近乎尖叫起来。

"除了导航人员，当时还有谁陪伴着你？"

"就她。"他用左手的大拇指对准了女朋友。

"游完后累吗？"

"还可以。上来后歇息了一会儿，我们就去找了个意大利餐馆吃了一顿比萨饼就基本恢复了。"

"你为这次横渡准备了多长时间？"

"也没有特别准备，不过我一直喜欢游泳，每周至少游五次。"

火车站到了，我告诉他我是专门采访中国人张健横渡英吉利海峡而来的记者，希望他告诉我他的一些情况，他拿起笔在汽车顶盖上写下了他的名字和联系方式："Alex Ramsden，Email：Ramsden@gci.ac.uk。"

临别，我又问："你是专业游泳运动员吗？"

"不，不，不，我是个医生，在伦敦工作。"

看他开车远去，心里有点儿不是滋味，但转念一想，张健本人在横渡成功后不是也说过"横渡英吉利海峡比渤海海峡要容易得多"吗！另外，从来对成功都保持平静心境的张健也说过："我横渡海峡的目的是推动中国的体育运动，特别是铁人三项等新兴的项目。横渡海峡并不是我的目的。"

张健是实实在在的，但是谁对全国关心张健横渡的人说"英吉利海峡是世界上最难征服的海峡"呢？

要知道，这个远离中国的海峡，不管横渡成功的比例有多少，毕竟有800多名成功者，而游渤海海峡成功的只有张健一个人。

其实，除了莱姆斯登，成功者中还有为张健横渡担任观察员的史密斯，昨天陪张健游了1小时的史密斯1999年横渡成功时已经65岁。

还有，最年轻的横渡成功者只有11岁。

（新华社伦敦2001年7月30日电　新华社记者王子江）

62　"抓"表情

表情，是人的内心思想感情的反应。采访时注重被采访者的表情，往往可以看到其内心世界的变化，将这种变化写在文章中，很可能为文章增色。

仅仅抓住表情做文章，在笔者的采访经历中只有一次，就是《大运会随笔》专栏稿《微笑与警惕》。

这是一篇批评稿，虽是大运会发出，实际上写一篇类似稿件的想法由来已久。

多次参加国内大型体育比赛，记者们最不满意的大概就是警察和安保人员了。

1990年北京亚运会前，笔者曾负责汇总、整理、编发多位记者在五洲大酒店试吃试住一天和到各赛场参观后的反映，作为内部材料发给有关领导特别是亚运会组委会。记得当时共整理了8篇，其中不止一篇说的是安保人员态度蛮横，希望有关方面能对他们进行必要的教育，让他们像接待客人一样对待参加亚运会的来宾。此后，在各地参加大型体育比赛报道，多次听说因警察态度粗暴，与记者发生争执，甚至打架的事。

时隔多年，已进入21世纪，北京的警察依然没有太多的改变，尽管没有发生打架的事，但是，安保人员仍然怀疑几乎每一个来者都可能是坏人。北京世界大学生运动会时，进出新闻中心，总能看到严肃的警察射来怀疑、警惕的目光。这种严肃的表情和让人不舒服的目光，与在国外举行的奥运会、亚运会时警察给人的感觉形成了鲜明的对照。北京的警察尚且如此，其他地方的警察与记者争执甚至打架也就不足为奇了。

由此想到，我们的报道应该对警察进行善意的批评，让他们懂得如何对待来宾，既完成好安全保卫的任务，又给客人留下美好的印象。

于是，笔者在编审稿件之余写了这篇随笔。写此稿时，笔者考虑的主要是，批评人就要让人容易接受，因此，既讲事实，又讲道理，语言平和，还在批评之前用较大篇幅说"微笑"。

此后几年，有同行还说起此稿，认为"写得太好了"。

微笑与警惕

北京世界大学生运动会成了微笑的世界，几乎到处都可以看到北京人由衷的微笑：

组委会负责人迎接、会见国际大学生体育联合会和国际奥委会的来宾，他们的脸上露出微笑；

组委会各部门的服务、工作人员接待运动员、教练员和官员，他们的脸上挂着微笑；

与大运会有关的各个地方，几乎无处不在的"彩虹"志愿者脸上，更是洋溢着微笑；

住在大运村的运动员村外购物、游览，遇到出租车司机、售货员甚至路人，同样都会见到微笑。

本月初，大运会组委会主席、北京市市长刘淇在检查大运会演练后曾强调，要以热情和微笑迎接世界各地的来宾。大运会开幕后，市长的要求已变为服务、工作人员的行动，"微笑迎宾"已蔚成风气。

微笑是播种，也是收获。面对北京人的微笑，来自世界各地的朋友感受到家的舒适和温馨，他们回报北京人满意、感激的微笑。大运村运动员餐厅里的留言簿上，就写有这样的赞语："感谢服务小姐漂亮的微笑，带给我们很好的食欲。"

然而，大运会也有一些人少有微笑，那就是大会安保人员。

在大运村、各个场馆和新闻中心等地，安保人员肩负着安全检查、保卫与会人员和设施安全、维护秩序等重担。人们经常会看到：他们在工作时严肃认真、一丝不苟，比奥运会还要严得多；如果留意一下，还不时可看到他们闪现的警惕目光。

参加过奥运会的人，都会对包括警察在内的服务、工作人员那热情的微笑留下美好的记忆。远的不说，悉尼奥运会安保人员的微笑和亲切的问候，就给人以温暖。

两相对照，差别明显。究其原因，大概是主客观定位欠当。安保人员首先是服务人员，而运动员、教练员、记者等首先是客人。正因为如此，安保人员完全可以把警惕、严肃交给无情的安检门和检测仪，而将微笑写在脸上。

中国是礼仪之邦，若有客人来访，谁都会笑脸相迎，对待大运会的客人更应如此。安保人员提高警惕，理所当然，但这不该遮住他们的微笑。

北京申奥时提出"人文奥运"的理念，微笑、热情、亲切当是要义。2008年，愿北京奥运会不再出现"被微笑遗忘的角落"。

（新华社北京2001年8月30日电）

63 "顺手牵羊"

顺手牵羊这一成语，现在一般比喻乘机拿走别人的东西。而把这一成语加上引号，则是比喻在完成职责内的报道任务时，"顺手"采写与任务无关的稿件。

《亚美尼亚：希望的幻灭》就是这样"顺手牵羊"得来的一篇文章。

回忆这篇文章的采写经过，虽说是"顺手"得来，却也得益于几个条件，才可能"牵羊"。

新闻界有"用脚写稿"的说法，讲的是记者要深入实际、深入群众、深入现场，去了解新闻事实。《亚美尼亚：希望的幻灭》一文的采写，首先与这次报道的主要任务有关。第六届世界武术锦标赛2002年11月初在独联体国家亚美尼亚举行。首都几家媒体的记者跟随中国武术协会和中国武术队人员一起到亚美尼亚首都埃里温。这才有了解亚美尼亚人当时生活状况的机会。

独家报道受到各媒体的重视。《亚美尼亚：希望的幻灭》对于刊载此稿的杂志来说，就是一篇独家的稿件。这是因为，苏联解体后，原来的15个加盟共和国独立。新华社并没有在所有15个国家设立分社，而亚美尼亚首都埃里温就是没有分社的地方。有分社的国家，分社记者必然会对当地政治、经济、社会各个方面进行全面的报道，而亚美尼亚的新闻，只能由莫斯科分社负责，用"埃里温消息"来报道。这个没有新华分社的地方，其他媒体更不大可能前往采访。因此，在亚美尼亚的见闻就成为媒体的稀缺资源。这也是笔者有把握"牵羊"的一个重要原因。

世界武术锦标赛不像采访大型综合性运动会那样忙碌，也不像采访世乒赛那样少有空闲。赛程的安排使得笔者有时间走一走、看一看，还可参观博物馆，了解埃里温在苏联解体后的变化。而已在这里生活了一段时间的中国武术教练，在指导亚美尼亚运动员训练之余与我们聊天，介绍了这里人们生活的真实情况。这些见闻，构成了足以写出稿件所需的材料。

事先，虽查阅有关亚美尼亚的资料，对这个国家的概况有所了解。但是，身临其境，所见所闻，仍让笔者大为感慨：在中国，"要团结，不要分裂"是一句常见的口号；而在亚美尼亚，看到这个独联体小兄弟的窘境，才深切感到，这句口号是多么重要！

上述几个条件，促使很少给《环球》杂志写稿的笔者，动笔写了《亚美尼亚：希望的幻灭》。因写此稿的时间恰逢苏联解体10周年刚过，该杂志编辑把此稿安排到《社会》栏目"苏联解体10周年特别报道"中。

后来，此稿被收入《新华社记者看世界·亚洲》一书。有趣的是，该书"内容提要"说："本书收集了新华社百余名驻外记者在亚洲的亲身见闻和感受。"他们并不知道，本人并不是驻外记者，他们收入笔者的文章，只是"顺手牵羊"得来的一篇稿件。

亚美尼亚：希望的幻灭

亚美尼亚地处外高加索南部，是独联体中最小的国家。苏联解体后，记者在这里分明感受到一种历史的沉重感：这个经历了"大家庭"分裂的国家就好像一个没了娘的孩子。

列宁像换成十字架

位于埃里温市中心的共和国广场是亚美尼亚人的骄傲。这个广场面积之大，在苏联所有加盟共和国的广场里排第三位，原来叫列宁广场，亚美尼亚独立后更名。这里有国宾馆——亚美尼亚饭店、钟楼、埃里伯尼饭店、外交部大楼等著名建筑。

来到广场，其标志物赫然在目，那是旨在劝人们戒烟的一个巨大十字架。当地人说，矗立十字架的地方原来是一座列宁塑像。广场名称的更换，列宁像被十字架取代，大概可以说是这个国家"改朝换代"的象征。

昔日的亚美尼亚在意识形态方面控制较严，例如，现在的该国武术协会主席当年爱上武术还是偷偷学的。如今，亚美尼亚"开放"了：街上有不少赌博场所，颇像游戏机的用具等着玩家光顾，多采用扑克方式；迪斯科舞厅为数也不少，多设在楼房的半地下房间，窗帘严闭，里边传出节奏强烈的乐曲；街上偶尔还可看到艳舞表演的广告……

令人难忘的一幕是世界武术锦标赛发奖仪式：当俄罗斯选手获得冠军，采用苏联国歌《牢不可破的联盟》旋律的俄罗斯国歌乐曲奏响时，亚美尼亚观众呈现两种情况：年轻人若无其事，而中老年人的表情难以言传，大都低下了头。昔日"牢不可破的联盟"早已破裂，昔日的苏联不复存在，昔日的国歌也只为俄罗斯冠军奏响……

"斯大林"与"妈咪"

与列宁像换为十字架不同，埃里温的战争纪念馆顶部的斯大林像换成了"祖国母亲像"，有人也称之为"亚美尼亚妈咪"。也许是亚美尼亚民族历史上多灾多难，战事频繁，设计者将"祖国母亲像"塑成一位表情严肃、手持利剑的女性。

纪念馆周围摆放着苏制米格-19歼击机、单排的火箭炮和坦克、机关枪等。大门上方的苏联国徽标志即镰刀、斧头、麦穗清晰可辨。不大的展厅内实物较少，多为照片和说明文字，也有塑像，主要是纪念在战争中牺牲的亚美尼亚英雄，还有二战攻克柏林的模拟场景。

加入苏联后，和平的环境和工业化、农业集体化的实施，使亚美尼亚经济得到较大发展。但是，苏联解体给她带来了生产下降、通货膨胀、供应不足等困难。内外矛盾加上天灾，特别是纳卡冲突，严重影响了亚美尼亚的政治、经济和社会安定。

当年，亚美尼亚一些人特别是一些民族主义者以为，国家独立，实行民主，建立自由的市场经济，他们就会很快富起来，但事情没有那么简单。昔日有"大家庭"可作依靠，独立后与阿塞拜疆、土耳其关系紧张，立即陷入窘境，这个独立却难以自立的国家不得不四处求援，包括呼吁俄罗斯军队继续留驻。

独立后的亚美尼亚人收入跌入低谷，平均月工资由最高时的1000美元下降到今天的30美元。据当地人说，一般人月工资低的仅为20美元，较高的也不过40美元，连外交部司长的月薪也只有50美元。90年代初期能源、粮食奇缺时，埃里温的夜晚一片漆黑，面包定量最低时达到了每人每天250

克，饥饿曾使埃里温人一年平均"减肥"5公斤。

现在，埃里温居民虽然基本生活有保障，但贫富差距很大，一些富人住高级住宅，开奔驰、宝马等高档车，商店里不乏高级消费品；苦的是那些收入低的穷人，据说有的穷人一家几口就着盐吃一个合人民币两元多的大饼，就算是一顿饭了。近几年，亚美尼亚以每年5万人的速度向国外移民，以致该国国外人口多于国内人口。

亚美尼亚姑娘的眼泪

市场是反映一个国家社会生活的镜子。埃里温市中心的文化市场最富有民族特色。

亚美尼亚人是聪明智慧的，这个民族的建筑、音乐、戏剧、绘画、文学、国际象棋和地毯编织、皮革制品、首饰制作等民间工艺品都享有较高声誉。市场里，摆满了金、银、铜、木、石、编织、皮革、陶瓷等名目各异、花样繁多的艺术品，多为本民族的，品位甚高。

一种银制茶杯套很不寻常，那是1961年为加加林成为进入太空第一人专门制作的纪念品。市场上共有3个真的，都被两位同伴买了。这样的纪念品为何流向市场？不由使人猜测：也许因为生活困难，银杯套已成奢侈品，主人卖它换一点钱；也许因为那位苏联英雄对于今天的亚美尼亚人似乎已没有再纪念的意义……

印象最深的是两种纪念品：一是与俄罗斯不同的套娃，二是印有列宁像的文化衫。套娃是俄罗斯传统的工艺品，其形象本是农家女，后来扩展到时髦女郎。一位记者写到过莫斯科一种很受欢迎的新套娃，人头像从大到小依次为普京、叶利钦、戈尔巴乔夫、斯大林、列宁。我们见到的却相反，最大的是列宁像，依次是斯大林、戈尔巴乔夫、叶利钦、普京。如果说，套娃反映的情绪不知属于亚美尼亚人还是俄罗斯人，那儿，文化衫则明白无误地传出一个信息——亚美尼亚人的愤怒。文化衫上的列宁做出一个骂人的手势，旁边印的英文词也是脏话。

然而，使笔者心灵震颤的是一幅姑娘画像，她蹲缩在共和国广场的街头画廊的一角。画面很简单，姑娘长发遮面，伴有几片飘零的落叶，动人之处在于那姑娘忧郁的眼神和那流到面颊的一滴泪。花季少女为何忧郁，为何哭泣？在当地一家富有民族特色的餐馆吃饭，耳畔萦回的乐曲也是忧郁……

法国雕塑大师罗丹有一句名言：艺术就是情感。这美丽的画和动人的乐曲，不正传达了亚美尼亚民族的情感吗！

（刊于《环球》杂志 2002 年第 2 期）

64 浓缩历史

浓缩，是用"简笔"写"省文"的一种方法。前面所谈的"'三级跳'"和"大跨度"都涉及如何将时间跨度很长的内容写成短文，而这里所讲的"浓缩"，则是另一种手段。

浓缩历史，不是挤干文章中的"水分"或者去掉可有可无的段、句、字，就可以做到的。仅就一个人而言，数十年的时间会经历很多事情，会有自己的性格、待人处世的方式，取得的成就或经受的挫折等，要在不长的篇幅中写出来，绝非易事。一个体育项目，一代又一代人在数十年中会经历各种各样的比赛、活动，会在精神、物质各方面留下痕迹，要在不长的篇幅中写出来，更不容易。因此，要浓缩一个体育项目的历史，不能面面俱到，更不能重要的事情一个不落地全都讲到。再高明的作者也不可能在很短的篇幅内面面俱到地反映几十年的各种情况。

浓缩历史，必须找出一个办法。办法可能有很多，笔者写此文的办法是选择一个基本上可以反映全貌的角度——写国球50年间所体现的中华民族优秀品格。

为庆祝中国乒乓球队建队50周年，中国乒协组织几位作者组成课题组，写了题为"国球长盛考"的特长文章和一篇浓缩版的《星光为何这般灿烂》，浓缩版仍有6000多字。

乒乓球在中国，已不仅仅是一个普通的体育项目。她与中国乃至世界的政治有着不同寻常的关联。她在那些特殊的年代影响了亿万中华儿女。她创造的精神财富给中华民族以巨大的鼓舞和激励……作为国家通讯社的新华社，在国球建队50周年之时，似乎不应沉默。

因此，笔者想到要写一篇纪念文章。此文要浓缩国球50年的历史，但篇幅又不能太长，像《星光为何这般灿烂》那样6000多字的篇幅也不行。因为，新华社从用户需要出发，这样的体裁不允许写这么长，就是再短一半，用户也很难采用。

　　凭着采访乒乓球20多年的经验和对国球较深入的了解，经过一番思考，才好不容易找出了一个可行的角度。笔者昔日曾写过《述评：国球的品格》，还曾为专业杂志《乒乓世界》写过从更全面的视角研究国球体现中华民族优秀品格的长文，在此基础上，选择了"自强不息""善于创新""科学求实""开放""团结爱国""谦虚谨慎"这6个方面。这正是中华民族的优秀品格在中国乒乓球界得到较集中体现的几点。

　　如果说，选角度是浓缩的一种手法，那么，用中国乒乓球界的事实来"说明"这6种优秀品格，则是更接近于名副其实的"浓缩"。说明国球体现这6种优秀品格的过程，即是浓缩的过程，也就是在50年中发生的大量事实中多次筛选、比较，最终确定采用那些事实的过程。

　　回想此稿的成文，首要的一点是长期的大量积累，其次是选择角度，再次是一次又一次掂量、斟酌，进而完成"浓缩"。当然，在行文时还需做到"删繁就简"、挤干"水分"。全文仅用了1500字的篇幅，但其内容应该说比较丰富，也可以说信息量比较大。

　　顺便说说，在中国乒乓球队建队50周年隆重的庆祝活动中，新华社和几家兄弟单位获得了贡献奖，笔者和《人民日报》刘小明、中央人民广播电台张之（已去世）、中央电视台马国力、中国体育报业总社的鲁光和赵卫真获得了个人贡献奖。这也许能说是笔者20多年报道乒乓球所得到的一种回报。

国球50年

　　中国乒乓球队成立50年来，共获得了125.5个奥运会、世乒赛和世界杯赛冠军。一支运动队能取得如此辉煌的成绩，在国际乒坛和中国体坛首屈一指，在世界体坛也堪称奇迹。

　　她的出色，不仅仅因为成绩卓著，更在于创造了不少精神财富，一次又一次激起人们的爱国热忱，鼓舞着亿万民众发奋振兴中华。

　　人们称之为国球，她当之无愧！

　　国球在新中国成立后不久建队，沐浴着共和国的阳光雨露，汲取着中华民族传统文化和当代文明成果的营养，才逐渐发展壮大，历经数十年长盛不衰。从一定意义上说，在她身上集中体现了中华民族的许多优秀品格。

国球的历史，就是这些优秀品格熔铸、凸显的过程。

国球的50年，是自强不息的50年。她最早喊出了时代强音——"拼搏。"她曾多次遇到困难、挫折、厄运，但这更激起抗争、奋斗的勇气，失败了，卧薪尝胆，一次又一次赢了回来。运动员在逆境中奋起力挽狂澜的例子更是不胜枚举。正是靠自强不息精神，她才从落后到崛起，进而不断地踏平坎坷，走上长盛不衰之路。

国球的50年，是善于创新的50年。中国的直拍快攻、直拍削球、高抛发球、直拍横打等，极大地丰富了乒乓球的技术宝库。国际乒坛历史上共有创新的打法和技术46项，中国就有27项，占创新总数的近六成。可以说，创新是国球的灵魂，也是她由弱到强、继而保持兴盛的不竭动力。

国球的50年，是科学求实的50年。国球用唯物辩证法武装自己，特别重视研究、把握竞技体育制胜规律。70年代"快、准、狠、变、转"的技术风格，80年代"特长突出、技术全面、没有明显漏洞"的见解，注重培养高水平教练员的举措，发挥体制优势构建有效的"人才生产线"，多次大赛出奇制胜、令人拍案叫绝的排兵布阵，在中国优势项目中率先实行"双轨制"，等等，都是科学求实的结晶，也反映了国球决策层的远见卓识。

国球的50年，是开放的50年。国球很早就确立了"以我为主，百花齐放，采诸家之长，走自己的路"这一技术发展方向。她虚怀若谷，博采多种技术打法，在内部形成了兼容并蓄的"乒乓小世界"。她在中国体育项目中最早派教练"走出去"，为世界乒乓球运动的普及作出了巨大贡献。经历了"乒乓外交"，懂得体育能促进世界和平和人类进步，国球的胸怀更为宽阔。当中国选手负于"海外兵团"时，当国际乒联针对中国改变规则时，国球表现了宽容与大度。

国球的50年，是团结爱国的50年。爱国主义和集体主义是国球高扬的旗帜。她最早跨出国门参加世界大赛，更深切地理解"爱国"两字的含义，"为了祖国的荣誉"成为准则。群策群力、运用集体的智慧，队内形成强大的"合力"。国家和集体一旦需要，"海外游子"毅然归队；更有不少优秀选手甚至世界冠军，甘愿牺牲个人，为主力队员搭起"人梯"。这是外国队没有的独特优势。

国球的50年，是谦虚谨慎的50年。谦虚谨慎这一中华民族传统美德在国球身上得到发扬光大。"胜了从零开始，败了打翻身仗"是国球的格言。正确对待胜负和荣誉始终是思想教育的重要内容。"名次虽然到了顶，但技术发展无止境"形成共识。教练经常强调：这次得了奖杯，下次要重新争夺，不要背冠军包袱……每次大赛前，总是尽可能把困难想得更多些，准备得更充分些。奥运会、世乒赛多次实现囊括，他们依然"不敢松懈"。

……

国球伴随着新中国的成长、繁荣而发展、壮大，她是中国体育界的旗帜，也是共和国的骄傲。

无疑，国球的经验是十分宝贵的。今天，人们座谈、联欢，祝贺她建队50周年；明天，愿她的经验成为种子，在中国体坛乃至更广的领域生根、开花、结果。

（新华社北京2002年12月22日电）

65 "旁敲侧击"

刚从事新闻工作时，笔者就从一篇文章中得知叶圣陶先生提出：记者要当杂家。新华社领导也曾号召记者当杂家。当杂家应是记者努力的方向。

在多年的新闻实践中体会到，要成为所谓的杂家，是极其困难的事，但是，朝着这个目标努力，尽可能多涉猎一些知识，则是非常有益的，掌握的知识越多、越广，到写稿时就越接近于得心应手。

《"11分制"失大于得——从巴黎世乒赛看国际乒联改革》这篇述评中就有一些"杂"的内容，也许正因为用这些"杂"的内容"旁敲侧击"，才使得稿件增添了一定的说服力。

回忆这篇稿件的写作过程，觉得全面认识国际乒联的"11分制"改革的过程，也是不断地"旁敲侧击"的过程。

此前曾写过一篇稿件，题目是《"11分制"等于"均贫富"》，仅对这种赛制产生的影响作了论述。而关注巴黎世乒赛，思考问题的范围更广，得出的结论是它的缺点大于优点。而要将这一观点说清楚，并非易事。

于是，想到《诗经·小雅·鹤鸣》中一语："他山之石，可以攻玉。"

此稿是在巴黎世乒赛结束时写的，副题也有"从巴黎世乒赛看国际乒联改革"，因此，文章一开始指出了这种赛制给世乒赛带来的变化——多名顶尖高手过早被淘汰。随后，从几个方面论述了这种赛制带来的不利影响，并用乒乓球历史上的事实及乒乓球以外的事物讲明它"失大于得"的道理。

它增大了胜负的偶然性。这就偏离了奥林匹克"更快、更高、更强"的格言。历史已经证明在规则上做文章遏制中国队是行不通的。

它减少了比分，发球数由5个减为两个，改变了比赛节奏，甚至改变了运动规律。这就像戏剧缺少了"演员充分表演"，使运动员没有机会充分发挥，因而少了酝酿和积累，难以出现荡气回肠、摄人心魄的高潮。

它为适应电视转播，避免用时过长，但实际效果不明显。而羽毛球、排球的改革经验和教训足可提供借鉴。

记者要做到"杂",得善于学习、积累,能从各个方面汲取营养。只有掌握了更多的知识,视野更宽些,才能在新闻写作的过程更多地进行"旁敲侧击",运用"他山之石",来达到"攻玉"的目的。

在这篇稿件中,并没有什么体育以外的高深知识,仅是一些较为浅显的事情和道理,但它的内容没有仅仅在乒乓球改革上就事论事,而是在一些地方"跳出"了乒乓球。这些乒乓球以外的知识,也就是平时对一些事情稍加关注就可以了解到的。有同行说,正是这些乒乓球以外的事实,使得文章的说服力增强了不少。

大概是此稿的看法独此一家,而且有一定的说服力,才有多达26家报纸采用。这在新华社篇幅较长的体育述评稿中是不多见的。还有中央人民广播电台和不少网站也都采用了此稿。此稿经体育新闻编辑部推荐,被列为新华社总编辑室表扬稿。

历经数年,"11分制"已经固定下来,各路运动员和球迷不得不适应,实践结果再次证明,通过改变规则来遏制中国队仍然行不通。但是,"16分制"没有实践过,是否更好呢? 2020年几位朋友聚会时,再次聊到这一话题,乒坛名宿张燮林仍坚持原来的观点,又一次说:"还是16分制更好。"这与笔者的看法一致。

"11分制"失大于得
——从巴黎世乒赛看国际乒联改革

历史悠久的世界乒乓球锦标赛在第47届首次实行"11分制"。经过比赛的检验,这一赛制的特点已明显地表现出来。

从代表个人世界最高水平的男子单打比赛看,世界排名第三的白俄罗斯队萨姆索诺夫、第五的中国台北队庄智渊、第七的中国队王皓没有进入前8名;排名第一的德国队波尔竟然没进入前16名;瑞典的"常青树"瓦尔德内尔甚至没通过第一轮……顶尖高手过早被淘汰,这是他们个人和所在队的遗憾,也是巴黎世乒赛的遗憾,更是想观赏高水平竞技的球迷的遗憾。

诚然，比赛胜负是由多种因素决定的，高手失利，与本人表现欠佳及对手发挥出色有关。但是，实行"11分制"带来的影响也不容忽视。

国际乒乓球联合会近几年连续实行了3项大改革。其中的40毫米大球使比赛回合增加，观赏性增强；无遮挡发球使比赛更公正，观众不会莫名其妙；而"11分制"带来什么变化呢？人们普遍认为，它增大了胜负的偶然性。

奥林匹克的格言是"更快、更高、更强"。竞技体育的改革也应促进本项目向更高水平发展。若是其主要作用使得胜负偶然性增大，那就偏离了这一格言。

"11分制"改革为何提出，又为何能顺利通过？毋庸讳言，主要原因是中国队数次囊括大赛金牌。但是，要战胜中国队，最佳选择是让其他队尽快提高水平，而不是在规则、赛制上动脑筋。历史已经证明，通过限制器材、改变规则来遏制中国队，也许一时会起作用，但终究是行不通的，过去不行，将来也不行。

据了解，实行"11分制"的主要理由是为适应电视转播，而"21分制"比赛时间过长、双方水平相差太悬殊时浪费时间。这一理由很有道理。"11分制"改5局3胜为7局4胜，总分数减少了，双方水平悬殊的比赛确能省时，但若是高手间的较量，双方换位、每局最后打成"平手"的机会增多，省时极少，甚至未必省时。

更值得注意的是，实行"11分制"后，比赛发生了根本性变化：每人每轮发5球改为每轮发两球。这就给乒乓球赛做了伤筋动骨的"手术"，或者说改变了比赛节奏，甚至改变了运动规律。

这样的改变好不好呢？人们把体育竞技比作"百看不厌的戏剧"。世界上的各种戏剧各有特色，但有一点相同，那就是让演员充分表演，逐渐将剧情推向高潮。各种竞技体育项目也各不相同，但相同的也是让运动员充分"表演"，逐渐将比赛推向高潮。高潮的出现需要酝酿和积累。没有演员、运动员的充分表演和发挥，荡气回肠、摄人心魄的高潮就不会出现。

从巴黎世乒赛看，每轮发两球，运动员往往急于得分，比过去更凶狠，却少了战术变化，更谈不上施展"十八般武艺"；快节奏地换发球、交换场地，运动员匆忙，观众也来不及"消化"。比赛虽能开始不久即进入紧张状态，也有一些精彩场面出现，但少了跌宕起伏，更少了酝酿和积累。人们有理由希望比赛更精彩，更扣人心弦，多出现激动人心的高潮。

综上所述，"11分制"失大于得，虽利于弱者偶然取胜，却不利于"刺激"运动员在增强实力上付出更多的努力，其观赏性也打了折扣。由此可见，"11分制"改革显然过了头。

古人云：过犹不及。国际乒联决策者改革的出发点是积极的，但做过了头，将会对乒乓球运动进一步健康发展造成不利影响。

乒乓球赛制应如何改革？国际奥委会在吸收新项目时非常强调观赏性和可操作性，这应成为各竞技体育项目改革所遵循的重要原则。仅就增强观赏性而言，羽毛球曾改"3局15分制"为"5局7分制"，结果省时不多问题却不少：打得太快，难以体现争夺激烈的魅力；比赛不如以往精彩，缺乏吸引力……最后不得不基本恢复原样。而排球实行每球得分制，由每局15分变为25分，使比赛更省时却不影响精彩程度。这两个项目的改革引人深思。

中国乒坛宿将张燮林曾提出，应实行"16分制"，每轮仍发5球。这样，既不"伤筋动骨"，又可节省时间。这种赛制，值得国际乒坛人士予以认真考虑。

（新华社北京2003年5月26日电）

66 "写一、想二、眼观三"

"当记者要写一、想二、眼观三。"刚接触新闻工作时,有一位老前辈曾对笔者说过这样一句话。意思是说,在你正写一篇稿件的同时,要想着第二篇稿件如何采写,用什么样的标题,如何谋篇布局、安排材料等,同时还要注意第二篇稿件写完之后将要采写什么题材的稿件。

在多年的实践中,笔者深感此话是记者工作状态的写照。当记者就要不停地接连采访、写稿,把人们想知而未知的信息传达给受众。在写某稿时,自然地要想下一篇稿件的采写,同时注意第三篇写什么。当第一篇写完之后,第二篇成为正写的稿件,第三篇怎么写也提上日程,变为"二",再寻找新的题材作为第三篇。如此不停地循环。就在这循环中,不断地写出的一篇又一篇稿件,业务能力也在这循环中潜移默化地得到了提高。

《乒乓"U-17"成功的启示》一稿,是笔者在写和想两篇其他稿件,正在"眼观三"时听到了一句话之后"跟踪追击",进而采写的一篇稿件。

一次新闻发布会上,听到中央电视台记者说,焦作的少年比赛电视收视率挺高。

听到这一信息,当时感到有些奇怪,因为,在竞技体育界,人们最关注的是那些成绩显赫的明星运动员和教练员在世界和亚洲、全国大赛上的表现,青年运动员的大赛成绩已经不太受人关注。凡有电视直播,最受欢迎的也是上述人们关注的大赛。而焦作的比赛只是少年选手的较量,为何会受欢迎?

这个新闻线索引人进一步思索:"U-17中国国际乒乓球冠军赛"受欢迎的程度如何?有关方面何时、又为什么推出这一创意?采取了哪些措施?权威人士对此有何看法?

一连串的疑问促使笔者去采访,找了中国乒乓球队原总教练许绍发,了解到推出这一比赛的初衷、采取的措施和中国乒协领导的评价;找了中国青年队原主教练姚国治，了解到这一比赛的历史和赛地焦作的想法及收获；找了中央电视台乒乓球栏目负责人，了解到收视率的情况，还看了中央电视台关于这一比赛的收视率调查材料……

最初的几个疑问都解开了，进而想到，仅就这一比赛受欢迎做客观报道，意义不大；而通过介绍这一比赛前因后果，提出给人们的几点启示，似乎更有价值。于是，笔者以"启示"为题写了这篇稿件。

此稿播发后，受到一些用户的欢迎，有的海外用户也刊登了此稿。中国乒乓球队原总教练许绍发就是在美国时，从中国台湾省办的报纸上看到这一稿件的。

当然，上述"写一、想二、眼观三"并不是绝对的，采访大赛，一天要写多篇稿件，有时几个题目接连想到，有时则是写一想二甚至想三，这种节奏就打乱了。一般来说，"写一、想二、眼观三"是指平时采写有一定难度的稿件，"写一"需要一些时间，也就有了"想二"的余地；而"想二"也并非稍作思考就能想出好题目，同样也就有了"眼观三"的可能。

乒乓"U-17"成功的启示

中外少年乒乓球冠军轮番搏杀，世界高手偶尔参战，中国明星做客，数以百万乃至上千万计的观众看电视直播……

这就是"U-17中国国际乒乓球冠军赛"。这一比赛推出3年来，受到了广泛的欢迎和关注，甚至国际乒联也给予高度赞扬。

这一比赛由中国乒协和中央电视台主办，焦作市政府承办，策划者是中国乒乓球队前总教练许绍发。

许绍发曾成功策划了擂台赛，为乒乓球开拓市场、创办俱乐部赛及后来的乒超联赛探索了经验。考虑到明星们承担的训练和国际比赛任务越来越重，他把视线转向青少年。青少年国际比赛很少，让中外第二、第三"梯队"冠军对阵，对他们是一种锻炼；对更多没机会参赛的小队员及其家长，也是一种参照。为此，中国乒协属下由他领导的三鼎体育公司再次与中央电视台合作，推出了"U-17"。

中国少年冠军在电视镜头前和接近观众的球台旁参赛，锻炼的效果非同寻常。外国少年冠军和世界名将阿佩伊伦、林德等来参赛，不必自付旅费，还有出场费，也是一件乐事。可以说，此举调动了双方的积极性。

为使比赛更吸引观众，组织者想了很多办法。如请国家队教练和运动员蔡振华、刘国梁、孔令辉，还有江嘉良等十多位前世界冠军当嘉宾，推出名手介绍专题节目……这也使"U-17"成为对青少年进行爱国主义、集体主义和勇攀高峰教育的窗口。

因此，国家体育总局副局长李富荣称赞"U-17"，在培养后备力量和普及乒乓球运动两方面都起到很好的作用。中国乒协主席徐寅生欣慰地说，这一比赛中涌现出不少优秀选手，有的已代表国家队参加国际大赛，有的正活跃在超级联赛赛场。同时，比赛不仅展示了乒乓球的魅力，还体现出体育文化韵味。

"U-17"的成功给人以有益的启示：竞技体育开拓市场，借助明星固然重要，但将视野放宽，另辟蹊径，也能取得理想的效果。

世界上很少有电视台将转播青少年比赛实况作为固定栏目。中央电视台长期直播"U-17"，开了先河。乒乓球栏目负责人薛朝晖告诉记者，"U-17"开播后，收视率在中央电视台几十个体育节目中从未下过前十位，近期更呈上升趋势，达到第四、第五位，被称为"精品节目"。

如此高的收视率说明，电视媒体与体育界密切合作，开创好的栏目，是创办"精品节目"的理想选择。

据负责组织这一比赛的中国青年队前主教练姚国治介绍，"U-17"的首届比赛在河北保定举行，后来连续"落户"河南焦作。焦作的初衷是借办比赛提高知名度，进而推动经济发展，没想到见效奇快。许多观众得知焦作有云台山等四大景区，来旅游的人骤然增多。今年"非典"过后，"U-17"恢复，"焦作游"很快升温。当地媒体报道，国庆期间游客突破80万人，仅门票收入就达2600多万元。

焦作引来"U-17"，得益明显。此举被河南省领导称为"大手笔"，邻市羡慕不已。这也告诉人们，一些地方和企业承办有影响的体育比赛，是扩大知名度的捷径。

（新华社北京 2003 年 12 月 9 日电）

67 尊重奥林匹克

奥林匹克，古代和现代奥运会的名称，是生命、青春、美丽的象征，使人联想到运动、竞争、向上、团结、和平、友谊、进步……

"奥林匹克之父"顾拜旦1892年在著名的《奥林匹克宣言》中提出"实现一个以现代生活条件为基础，伟大而有益的事业——复兴奥林匹克运动"。两年后成立的国际奥委会，后来成为比联合国还庞大的国际组织。4年后举行的奥运会，逐渐壮大，成为全球规模最大、影响最广的和平聚会。

中国与奥林匹克结缘始于20世纪初，几次参加奥运会，但因政治、经济和体育落后而成绩很差。新中国成立后，我们曾与国际奥委会有过短暂的接触，但于1958年因其制造"两个中国"而断绝了关系。从1979年恢复往来开始，中国就成为国际奥委会的积极成员，为奥林匹克运动的发展作出越来越大的贡献。

奥林匹克运动在中国越来越深入人心，而联结奥林匹克与民众的媒体，却在使用奥林匹克专用词语上表现出极大的随意性，错用、滥用奥林匹克格言即是典型的例子。

《奥林匹克格言的正确使用》就是笔者针对错用、滥用奥林匹克格言现象而撰写的一篇文章，意在让更多媒体人了解奥林匹克格言的准确含义，也让更多受众接受它的正确用法。这是对奥林匹克的尊重。

《奥林匹克宪章》规定，奥林匹克标志、奥林匹克旗、奥林匹克格言和奥林匹克会歌的产权属于国际奥委会专有。媒体有责任保障和维护奥林匹克知识产权人和奥林匹克标志权利人的合法权益。

2002年2月4日，中华人民共和国国务院令第345号公布的《奥林匹克标志保护条例》，旨在加强对奥林匹克标志的保护，保障奥林匹克标志权利人的合法权益，促进奥林匹克运动的发展。条例列出的奥林匹克标志共6条，第一条就是奥林匹克五环图案标志、旗、格言、徽记、会歌。制定该条例，虽主要针对的是以营利为目的的商业行为，但同时也对媒体正确使用奥林匹克标志提出了要求。该条例于2018年6月28日中华人民共和国国务院令第699号修订，自当年7月31日起施行。

《奥林匹克格言的正确使用》一文，原是为提醒能看到《新闻业务》的同事正确使用奥林匹克格言，后来发现错用、滥用奥林匹克格言现象仍然相当普遍。于是，笔者开始考虑是否将此文收入本书中。

有一次，与一位电视媒体朋友探讨奥林匹克"更快、更高、更强"的格言时，他说："我就知道'更高、更快、更强'。"笔者常听一家电台的广播，曾听到体育节目主持人说过"更高、更快、更强"，东京奥运会期间又听到特约体育观察员用的还是"更高、更快、更强"，只有运动员出身的一位主持人在其节目中说的是正确的，但她的节目中插播的"小片"用的仍然是"更高、更快、更强"。由此可见，不能正确使用奥林匹克格言的情况并非个别。

2021年7月20日，国际奥委会在其第138次全会上表决通过，决定同意国际奥委会主席巴赫成功连任时的建议，在奥林匹克格言"更快、更高、更强"之后再加入"更团结"。新华社报道说，四个词在一起的呈现形式是"更快、更高、更强——更团结"（"Faster, Higher, Stronger-Together"）。这是1920年设立奥林匹克格言后的第一次更新。

可以相信，这次更新是对奥林匹克格言的一次广泛宣传，一定会使错用、滥用的情况显著减少。但是，就在这次更新后，仍可在媒体上见到诸如"向着'更高、更快、更强'的目标冲刺""奥林匹克精神在之前只有更高更快更强，今年首次加入'更团结'""校长开学典礼讲稿《学奥运精神 更高更快更强更团结》"之类的说法。

现在看来，《奥林匹克格言的正确使用》一文仍有一定的现实意义，因此笔者决定将其收入此书。愿读过此文的朋友，能避免错用奥林匹克格言，包括不要错用奥林匹克精神等奥林匹克专用词语，对奥林匹克给予应有的尊重。

奥林匹克格言的正确使用

"更高、更快、更强"比比皆是

笔者在编稿、查数据库资料、看电视节目、上网看新闻时，发现很多稿件或节目中总是使用"更高、更快、更强"。

值得注意的是，在新华社多年所播发的稿件中，使用"更高、更快、更强"的也为数不少。例如：

"不求最高、最快、最强，而求'更高、更快、更强'。肖振桥说：'这一直是乐华奉行的准则。'"

——《（各界人士谈奥运）体育精神为民族企业鼓劲》

"这位专家说，占旭刚顶住伤病第三次参加奥运会的精神可嘉，是对中国举重的极大振奋。可惜奥运会不光要讲究拼搏精神，还要讲求'更高、更快、更强'。"

——《（奥运会·举重）举重专家：占旭刚出局不意外》

"奥运精神是和平友谊，是更高、更快、更强，是重在参与……"

——《诗人刘湛秋放歌奥运精神》

"通过闭幕式热情颂扬赛场拼搏的体育健儿和'更高、更快、更强'的奥林匹克精神……"

——《总导演细说九运会闭幕式六大特色》

"……中国女运动员，在奥运赛场敢于拼搏，勇于超越，以昂扬的斗志和非凡的胆魄，向着'更高、更快、更强'的目标顽强奋进……"

——《全国妇联电贺中国体育代表团》

"申奥官员张德耀说：'展望今后的七年，更高、更快、更强的奥运理念将融入中华民族伟大复兴的大潮中……'"

——《特写："我们赢了！"》

"金牌能够创造辉煌、鼓舞人心，但能够创造辉煌、鼓舞人心的不仅仅是金牌，还有那些为夺取金牌而努力拼搏的人。这也是奥林匹克运动所倡导的重在参与和向更高、更快、更强努力的拼搏精神。"

——《袁伟民在拼搏之歌报告会上的讲话》

"希望你们继续发扬'中华体育精神',遵循'更高、更快、更强'的奥林匹克宗旨,再创佳绩……"

——《(奥运会)国家体育总局、中华全国体育总会、中国奥委会致电祝贺中国代表团获得夏季奥运会第 100 枚金牌》

……

这样的例子还有不少。其主要特点是,"更高、更快、更强"出自报道对象之口或笔下。这就有两种情况:一是报道对象说的是错的,但将其原封不动地写入稿件中则是以讹传讹,是错误的;二是报道对象说得对,而记者在写稿时错了,接着,编辑"放行"了。

还有一种情况,"体育场上这种新老王者之间的'血雨腥风'的交接方式和激烈碰撞后的新老交替,是体育项目水平更高、更快、更强的基础之一"。

——《中国体育报》稿《体育英雄的方式》

"我们参加奥运会,是为了弘扬'更高、更快、更强'与'和平、友谊、进步'的奥林匹克精神。"

——《人民日报社论:祖国为你们骄傲——热烈欢迎中国体育健儿凯旋》

这类稿件出自我们编发的《媒体奥运报道集萃》专栏或转发报纸的稿件,因为原稿错了,我们也就跟着错了。像这种情况,我们的编辑不应保持原样,而应改用正确的。

"更高、更快、更强"为何不对?

奥林匹克格言是"更快、更高、更强"。有研究奥林匹克运动的专家,针对很多地方出现的"更高、更快、更强"发表批评意见,认为颠倒排列顺序属于"谬传","这个排列顺序并不是简单的词语组合,而是意味着丰富的历史渊源,不能随意颠倒"。对于这种"谬传",专家已经感到"难以容忍"。

然而,这种"谬传"从 20 世纪 80 年代就有了。经查,"更快、更高、更强"第一次出现在新华社报道中是 1984 年,那一年,中国体育代表团参加了洛杉矶奥运会;而"更高、更快、更强"1988 年首次在新华社报道中露面。此后,这两种表述一直形影相随,直到今天。

令人欣慰的是,新华社报道中正确的"更快、更高、更强"约占总数的

3/4，而"更高、更快、更强"只占1/4。但是，这1/4也是不小的比例，仍然值得引起重视。

如果，我们的报道中仅仅是将"更快"与"更高"颠倒了位置，那还好办，以后只要注意顺序就行了。问题在于，很多稿件除了这种颠倒位置之外，在使用诸如"奥林匹克宗旨""奥林匹克精神""奥林匹克格言"等词语时，表现出很强的随意性，似乎想怎么用就怎么用，说是"滥用"也不为过。

有关奥林匹克运动的词语，大都有出处和专门的解释：

奥林匹克运动的宗旨：《奥林匹克宪章》中的表述是："通过没有任何歧视、具有奥林匹克精神——以友谊、团结和公平竞争精神互相了解——的体育活动来教育青年，从而为建立一个和平的更美好的世界作出贡献。"

还有一种说法是，顾拜旦1892年在巴黎发表著名演说，正式提出了创办现代奥林匹克运动会的倡议：我们要恢复的应该是这样的运动会——它要像古代奥运会那样，以团结、和平与友谊为宗旨；它不受国家、地区、民族和宗教的限制……

奥林匹克精神包含在上述奥林匹克运动宗旨当中，即"互相了解、友谊、团结和公平竞争"或"团结、和平、友谊"。

奥林匹克格言，又称奥林匹克口号，即"更快、更高、更强"。这一口号是顾拜旦的一位朋友提出的，后来顾拜旦将其用于奥林匹克运动。国际奥委会于1920年正式把"更快、更高、更强"定为奥林匹克格言。

除上述词语之外，奥林匹克运动还有一句名言"重要的是参加，而不是取胜"，即人们常说的"重在参与"。这句话源于一位主教1908年在伦敦圣保罗大教堂一次宗教仪式上的一段话："在奥林匹克运动会上，取胜不像参加那样重要。"顾拜旦后来引用这句话并做出解释："正如在生活中最重要的事情不是胜利，而是斗争，不是征服，而是奋力拼搏。""重在参与"和"更快、更高、更强"形成了对立统一的关系，相互之间矛盾而又相辅相成。

关于"奥运精神"一词，在奥林匹克运动的有关教材、书籍中找不到。笔者以为，"奥运精神"可以理解为与奥运会有关精神的总和，将"奥运精神"和"奥林匹克精神"二者等同并无不可，将奥林匹克格言"更快、更高、更强"和口号"重在参与"，以及"团结、和平、友谊"等都统称为"奥运精神"，似也无可非议，这还可视为中国人的一种创造。但是，既然上述奥林匹克词语都有其特定的含义，最好还是用规范的词语。这样，可以使奥林匹克知识的传播不走样，也更有益于奥林匹克运动的普及和发展。

"更快、更高、更强"是格言

在我们的报道中，有一些提法很不规范。例如：

"奥运竞技以动感奥运竞技运动项目为主题，凸显出奥林匹克运动的和平和友谊的主题，共同参与的主旨及更高、更快、更强的奥林匹克精神……"（点评：其中的"主题""主旨""精神"等或不全面，或不恰当，或完全不对。"以……为主题，凸显出……主题"的语法也有毛病。）

"我们更应该关注奥运会更高、更快、更强的参与精神……"（点评：将格言内容作为"参与精神"，概念混乱。）

"……充分体现奥林匹克'更高、更快、更强'的理念。"（点评：将格言改为"理念"不能说错，但不规范。）

"我们高兴地看到，'更高、更快、更强'的奥林匹克宗旨正在不折不扣地体现……"（点评：将格言改为"宗旨"，属于错用。）

"8月的上海，传承更高、更快、更强的体育精神，让当代大学生焕发青春光彩。""如果仅是为了面子上好看，或是在比赛中利用场外的一些因素拔高自己的成绩，那就背离了体育'更高、更快、更强'的精神和'公平竞争'的原则。"（点评：将格言改为"体育精神"，也不规范，因为广义上的"体育精神"具有较丰富的内涵，从狭义上讲也常理解为"公平竞争"。）

"'更高、更快、更强'的竞争体育精神是群众体育高层次的展现……"（点评："竞争体育精神"可能是"竞技体育精神"的笔误，属于自造词，不知其确切含义，不如使用"格言"。）

"在现代奥运会设立之初，确立了两个最基本的理想，一是'更高、更快、更强'，一是'重要在于参与'。"（点评：这句话错了四处，一是时间不对，二是格言和口号不是"理想"，三是格言内容颠倒，四是口号句子不通，可简化为"重在参与"或用原文"重要的是参加，而不是取胜"。）

需要说明，上述这些例句，属于雅典奥运会报道的并不多，稍多些的是近期的日常报道，更多的则是在以往的奥运会和日常报道中出现的。这说明，新华社采编人员使用奥林匹克词语不规范的情况正在得到改进，也就是说能正确使用奥林匹克词语的采编人员越来越多了。

尽管如此，我们还是应当注意：别再用"更高、更快、更强"了，同时，对于错用和滥用奥林匹克词语现象还应该持续警惕。

从雅典奥运会闭幕的那一天起，世界的目光已开始转向第二十九届奥运会的东道主——中国的北京。作为2008年奥运会东道主通讯社，我们理应非常规范地使用奥林匹克词语，如果错用、滥用奥林匹克词语的现象继续存在，将有损新华社的声誉，有损北京奥运会的声誉，甚至可能对中国的形象产生一些不良的影响。因此，不仅仅是体育新闻采编人员，凡可能处理与奥运会有关稿件的采编人员，都应当对奥林匹克词语错用、滥用现象引起重视。

（刊于新华社《新闻业务》2004年第38期）

68　由繁入简

新华社评论员文章可以说是代表新华社发表的最高规格的评论，其下还有不署名的短评、署名的评论等。

新华社评论员文章并非什么事都可使用"新华社评论员"这一称谓的，只有大事才有可能，就体育而言，也只有奥运会、亚运会、全运会等大型综合性运动会或特别重要的事情，才有可能使用。笔者有机会以"新华社评论员"名义写稿，共有两次机会，一是1994年在北京举行的远南运动会，二是2004年在雅典举行的残疾人奥运会。

当记者有一个体会，开始难写长，但由写短到写长较易，再由写长到写短难。

古人云："由俭入奢易，由奢入俭难。"此话用在写稿上，可以改为"由简入繁易，由繁入简难"。

文章的"块头"越大似乎越能显示作者的水平，这大概是许多部门负责人的看法，在记者群中可能也是一种普遍的观念。记得就在远南运动会开幕时，曾发生一次争论。运动会开幕式要写特写或侧记，这在新华社和一些报纸都是"规定动作"。新华社记者写了一篇1000多字的特写，文采颇佳，最重要的是播发后用户采用时不会占太大的版面。而一家大报写了4000多字的特写，占半个版。有关部门提出，一定要新华社播发该报的长文。于是，发生了不愉快的事。新华社副总编辑张万象与对方讲，文章太长，新华社的用户不好采用。但对方坚持要发长文。最后，新华社为用户着想，仍播发了自己的稿件。

那次运动会的"总结文章"由笔者承担，写出的初稿接近2000字，当时的感觉是：要说的事情太多了，又都不想舍弃，洋洋洒洒写来，文章自然长了。经张万象删改，最后发出去时还有近1500字，这就是新华社评论员文章《文明进步的盛会——写在第六届远南运动会闭幕之际》。再看此稿，虽然没有什么废话，但文字还是显得多了。

人们读报时大概都有体会，一般都愿意看短文而"害怕"看长文，除非要研究某个问题时才会不计较长短。多年采写、编辑、签发新闻稿，笔者逐步得出一个看法：同样的题材和体裁，写长容易写短难。换句话说，能写短的写出长文，是本领不强的表现；而能写短的果然写得短，做到字句去而意留，则是水平高的表现。中国南朝文学理论家刘勰说过："句有可削、足见其疏；字不得减，乃知其密。"我们的稿件，要努力写得"句不可削""字不得减"。

于是，在后来的工作实践中，就更注意在写短上下功夫了。

雅典残疾人奥运会报道中，又有了写新华社评论员文章的机会。按理说，1994年写的是远东和南太平洋地区，2004年写的是全世界，写世界似乎应该说更多的话。但是，在雅典写的前后两篇新华社评论员文章都只有900多字。

前一篇是在雅典残奥会开幕当天写的《共享奥林匹克》，旨在解读残疾人体育及其与奥林匹克的关系，受到中国残疾人体育代表团领导的高度评价，据说他们从网上下载此文轮流阅读，认为写得非常好。此稿在雅典残奥会好新闻评选时被评为两篇一等奖之一，后来又在中国残疾人事业好新闻评选中，与后一篇《充溢人性关爱的盛会——评雅典残奥会》一起获得文字类一等奖。

对比前后两次赛会的文章，可以说基本上实现了由繁入简。

怎样能做到由繁入简呢？

除了观念上要改变"崇长媚大"、与一般写稿一样要精选事实之外，应该说这涉及做文章的许多方面，并没有什么诀窍。但是，以笔者个人的体会，有些具体的办法还是有助于把文章写短些的。

其一，从立意和谋篇布局上就要"崇短"。《文明进步的盛会——写在第六届远南运动会闭幕之际》，题目涉及面相对较为宽泛，可以包含更多的内容，设想文章的结构也较复杂，这样，文章自然也做得长一些。而写《共享奥林匹克》，事先的设想就希望不超过千字，题目也对篇幅做了限制，结构相对简单，将要说的话说完了，文章就此打住。

其二，尽可能选用概括性语言。《共享奥林匹克》一稿使用的基本上都是高度概括的语言。例如以下一段："奥林匹克航船自从驶出雅典,破浪前行,早已实现了全球化,成为全人类的共同财富。残奥会自1960年在罗马诞生,逐渐成长壮大,已成为残疾人体育健儿展示自身潜能和赢得社会尊重的舞台。当奥林匹克荣归故里之时,携残奥会同行,这同样是奥林匹克的光荣。"这三句话,一句写奥运会的发展历程,一句写残奥会的发展历程,一句写残奥会与奥运会共享奥林匹克的意义。

其三,多用包容范围大的句子。例如,《共享奥林匹克》中有一段话："在残奥会上,他们像健全人一样展示非凡的力量、速度、技巧、智慧,不同的是,正因为他们身体的残缺,使这种展示充溢着震撼力,更令人为之感动。"这一句话,可以说已经概括了残疾人竞技体育的特点。

文明进步的盛会
——写在第六届远南运动会闭幕之际

第六届远东及南太平洋地区残疾人运动会今天在北京落下帷幕。作为残疾人的体育盛会和文明、进步的系统工程,本届运动会以"平等、参与、友谊、进步"为宗旨,为远南地区残疾人提供了展示体育才能的舞台。它的成功,在远南残疾人事业的发展史上写下崭新的一页,为人类的文明、进步事业增添了新的光辉。

经过激烈的竞争,第六届远南运动会超过了一大批世界纪录,标志着远南残疾人体育运动的新飞跃。远南地区残疾人在追求"更快、更高、更强"的进程中又跨上一个新的台阶,已经成为五环旗下一支不可忽视的力量。

残疾人体育具有独特的魅力。本届运动会设14个大项,600多个小项。每一个项目都是健全人体育运动与残疾人特点相结合的产物,是健全人与残疾人共同创造的成果。轮椅篮球、轮椅网球、坐式排球、轮椅击剑、盲人门球、脑瘫硬地滚球……一个个项目各具特色,构成了五彩斑斓的残疾人运动,一项项都是体能、技术、意志、智慧的较量,都展示了残疾人运动员特殊的风采。透过比赛,人们看到,对于残疾人,体育具有特殊的意义。它不仅有利于开掘生命的潜能,促进康复,还可以通过平等竞争,增强残疾人参与社会生活的勇气。许多残疾人把远南运动会称作"残疾人的盛大节日"。

远南残疾人体育事业的成就，无疑是值得赞誉的。然而，更令人钦佩的是残疾人运动员在赛场内外表现出的精神境界。他们自尊、自信、自强、自立，不向困难低头，不向命运屈服；他们乐观向上，直面人生，敢于显露残缺，在众人面前谈笑风生；他们克服残疾带来的障碍，用十倍的勇气、百倍的努力，奔跑，跳跃，游泳，在轮椅上打篮球，坐着打排球……经过多少摔打，多少挫折，百折不挠，一往无前。

残疾人运动员人人都有一段不幸甚至悲惨的经历，也许还曾自卑、彷徨、失望。然而，他们终于挺起胸膛，走向社会，走向生活。且不说那些登上领奖台的骄子，就是那些没取得名次的，跨入竞技体育的行列，已是非凡的成功，他们都是胜利者。在赛场上常可以看到，即使一个人，也竭尽全力冲刺。这种超越自我的精神，十分可贵。

诚然，残疾人需要社会的关心、帮助，但是，他们这个特殊困难的群体也给社会以回报。他们表现出的种种感人的精神，就是对社会发展作出的最突出的贡献。这是人类文明宝库中的精品，是人类征服自然、战胜自我、开创未来的巨大力量。

政府的重视和人民的支持，是残疾人事业发展的巨大推动力。第六届远南运动会有创纪录的42个国家和地区的代表团参加，十多个国家元首和政府首脑来电祝贺，这本身就是高度重视的表现。由一个国家的首都承办残疾人运动会，在历史上是首次。中国政府和人民对残疾人事业倾注了极大的热情。北京投资兴建了"运动员村"，进行了卓有成效的组织工作，根据残疾人运动员的特点，提供了周到细致的服务，几万名志愿者伸出热情友爱之手。北京，充满温馨。

毋庸讳言，发展中国家短时期内还难以解决所有残疾人的医疗、康复、就业、教育等问题，即便是北京也还缺乏无障碍设施，并非完美无缺。但是，远南运动会的成功举办，已使"我们同行"这一主题日益深入人心。健全人与残疾人携手互助，共创美好未来，正在逐步化为亿万人民的行动。

世界上生活着5亿多残疾人；远南地区有2亿多残疾人；我们国家有5000多万残疾人，涉及1/5的家庭。保证残疾人的权利，尊重他们的价值，发挥他们的潜能，使他们以平等的权利和机会，充分参与社会生活，共享社会文明成果，是政府和社会义不容辞的责任，是社会文明、进步的标志。

第六届远南运动会落下了帷幕。

我们仍将高举"我们同行"的旗帜!

(新华社北京1994年9月10日电　新华社评论员)

共享奥林匹克

第十二届夏季残疾人奥林匹克运动会17日晚在奥林匹克的故乡揭幕。这是残疾人体育健儿与健全人运动员共享奥林匹克的盛会。

一个多月之前,经过108年奔波的奥运会回到故乡。今天,奥运会的"兄弟"——残奥会也来到奥林匹克发源地。残疾人第一次在奥运会故乡与健全人共享奥林匹克,意义不同凡响。

奥林匹克航船自从驶出雅典,破浪前行,早已实现了全球化,成为全人类的共同财富。残奥会自1960年在罗马诞生,逐渐成长壮大,已成为残疾人体育健儿展示自身潜能和赢得社会尊重的舞台。当奥林匹克荣归故里之时,携残奥会同行,这同样是奥林匹克的光荣。

全球5亿残疾人是人类大家庭中特殊困难的群体,但是,他们中的绝大多数都从事创造性的劳动,为社会发展作出了重要贡献。他们需要的不是怜悯,而是理解、尊重,是与健全人平等参与社会生活的权利和机会。如果说,残疾人希望从事体育运动,与健全人一样参加奥林匹克运动会,是这个群体对"平等参与"的需求和渴望,那么,国际奥委会与残疾人奥委会合作,则是代表健全人向残疾人伸出的理解、尊重、关心、友爱之手。这也是社会文明、进步的一种体现。

奥林匹克的故乡人值得敬佩。在这片产生过辉煌文明的土地上,他们又推出了新的创举——首次实践了同一个奥组委先后主办奥运会和残奥会。这使得残疾人与健全人共享奥林匹克有了更可靠的保障,从而使残疾人体育健儿的"平等参与"更接近于名副其实。

残疾人需要扶助,但他们不仅仅是受益者。他们对社会的种种奉献,特别是那种不向命运低头、不屈不挠的精神,是人类征服自然、战胜自身、创造未来的宝贵精神财富。在残奥会上,他们像健全人一样展示非凡的力量、速度、技巧、智慧，不同的是，正因为他们身体的残缺，使这种展示充溢着震撼力，更令人为之感动。健全人可以从他们身上得到人生的启迪和精神的鼓舞。

共享奥林匹克，残疾人有了发挥潜能的机会，像健全人运动员一样追求"更快、更高、更强"，也使得奥林匹克的内涵得到丰富和扩展。

五环旗下，健全人运动员不断地挑战人类身体极限、勇攀运动高峰，而残疾人体育健儿带给人们更多的是开掘生命潜能、与命运抗争的巨大精神力量。（合作者：徐济成）

（新华社雅典 2004 年 9 月 17 日电　新华社评论员）

69　呼唤人性

听说过北京第一次申奥时的一件事：在国际奥委会人员来考察前，有关方面努力在贵宾室上做文章，甚至准备了红地毯。但是，考察者来看的却不是贵宾室，而是运动员厕所和记者工作间。

如果耳闻的是事实，一点儿也不令人奇怪。因为，在一些人的心目中，"官本位"根深蒂固，做事只要领导满意了就万事大吉，至于其他人满意不满意，那是次要的。而国际奥委会的着眼点在运动员和记者，因为运动员是运动会的主角，记者的作用是让更多的人了解运动会上发生的事。注重贵宾室与注重运动员厕所和记者工作间，反映的是"以官为本"与"以民为本"的差别。

多次参加大型运动会报道，所见国内外分别"以官为本"与"以民为本"的事例还有一些。由此感到，我们在对人的尊重上有不小的差距。联想到许多新闻报道及见闻中种种只对上负责、对下却少有人情味的事情，于是想：我们的社会生活中非常需要大力提倡人文关怀。

诚然，我们也在进步，弱势群体得到越来越多的关注，残疾人受到越来越多的关爱，北京奥组委也提出了"人文奥运"的理念……但是，毫无疑问，我们的人性关爱还嫌太少，我们的文明程度仍需进一步大力提升。

对人性关爱作进一步思考，感到这不仅仅是一类需要更多关注的新闻题材，同时也涉及一个新闻工作者的新闻观。以往采写的稿件中，虽有不少写到了人的喜怒哀乐，写到过人的脾气秉性，但那时还属于"无意识"，而作为一个新闻工作者，应当把讴歌人性关爱作为自己十分重要的一种职责。

记得2003年底，广东分社与体育新闻编辑部记者合写了一篇《中国女曲姑娘的"严父""慈母"》，稿件素材很好，事例感人，在编审时作了一番精雕细刻，在推荐作为社级好稿时曾写道："这是新华社多年来最富有人情味的一篇稿件。"结果，此稿经过新华社评委会投票通过，被评选为社级好稿。

有了这次编稿实践，笔者还很想自己撰写提倡人性关爱的文章，只是一时没有机会。而这样的机会出现在参加雅典残奥会报道时。

到了雅典，一件小事更坚定了笔者要做此文章的想法。雅典人特别是运动会志愿者，看到驱动轮椅的残疾人时，不会主动上前帮助推，因为那是对残疾人不尊重的表现，而一旦残疾人需要帮忙，则是有求必应。这件事虽小，却说明希腊人不仅在举办残奥会、关爱残疾人的硬件上做了很多事，在软件方面的准备工作也很到位。无疑，雅典残奥会为北京提供了学习的样板。

一次运动会的成功，会有很多经验值得总结。由于提倡人性关爱这一问题已思考、酝酿了很久，而雅典残奥会又在这方面的确值得学习，因此，当运动会结束需要作评价时，《充溢人性关爱的盛会——评雅典残奥会》在赛会闭幕当天就抽时间很快写成了。此稿是为这次赛会做的"总结"，更重要的是为了给北京奥运会乃至更大范围的中国人提供一点儿借鉴和启发。

需要说明，稿中一些地方，特别是关于闭幕式文艺表演"中国八分钟"取消又恢复，以及北京奥组委和雅典奥组委相互理解与尊重等事实与评论，是笔者与报道组负责人徐济成几经斟酌，才最后定稿的。

两篇新华社评论员文章，《共享奥林匹克》先是获得残奥会好新闻评选一等奖，后来与《充溢人性关爱的盛会——评雅典残奥会》一起，在全国残疾人事业好新闻评选中被评为文字类一等奖。后者还被收入新华社新闻业务《雅典奥运会报道专辑》中的雅典奥运会精品稿件选登，是残奥会报道中唯一被收入的稿件。

充溢人性关爱的盛会
——评雅典残奥会

在雅典奥林匹克体育场燃烧了12天的残奥会圣火，29日晚熄灭。第十二届夏季残疾人奥运会降下帷幕。这是一次充溢人性关爱的盛会，将在奥林匹克运动史上写下最富人情味的篇章，也将在人类文明史上留下不寻常的一页。

富有想象力的希腊人，在残奥会一开始就给来宾一个惊奇。他们在开幕会场中央竖起一棵巨大的梧桐树，象征残疾人和残疾人事业旺盛的生命力。在巨树浓荫下上演的《太阳之旅》，寓意关爱，赞扬生命，是一首献给残疾人的颂歌，契合着人与自然和谐相处的全球大势。

在奥林匹克运动的故乡，希腊人出巨资实施名为"埃尔米斯"的计划，在雅典的选手村、赛场、购物中心、餐馆、银行、旅游景点和娱乐中心等场所修建了无障碍设施。雅典市政府则修建新盲道，增添千余条专供轮椅使用的通道。这些，为残疾人运动员参赛提供了极大方便，也使这座古老的欧洲名城迅速迈向"无障碍时代"，造福更多的残疾人。

136个国家和地区的3969名运动员在雅典彰显了他们生命的坚强，也体验了奥林匹克故乡人的关爱和理解。"欢迎回家"在这里不仅是一句口号，更是一种行动和心情。赛场上与盲人伙伴携手向前的引导员，用掌声、呐喊或高音喇叭为选手指引方向的教练员，看台上为参赛者真诚助威的观众，赛场外有求必应的志愿者、司机和市民，向残奥英雄索要签名的儿童、少年等，使所有残疾人运动员都感受到家一样的放松和安全。

但是，灾难随时会降临在人们眼前。就在残奥会闭幕前一天，7名来看比赛的学生在一场突如其来的车祸中遇难。为此，雅典奥组委建议取消闭幕式的全部文艺表演，北京奥组委和中国残疾人艺术团深表同情，甘愿放弃原定的演出。雅典奥运会的组织者最终决定，让"中国八分钟"成为闭幕式上唯一的节目。因为，那震撼人心的表演，是为全球残疾人祈福。雅典和北京，两个古老的文明之都，表现了极富人性的相互理解和尊重。

在奥林匹克史上，还没有一次盛会像雅典残奥会这样充溢着如此多的人性关爱。奥林匹克回到故乡的时候，携残奥会同行，体现了对人类弱势群体的眷顾；而残奥会本身的温馨和精彩，使奥林匹克旗帜上已有的"人性"两个大字，被描画得更加醒目，也向世界发出了"更人性"的呼唤。（合作者：徐济成）

（新华社雅典2004年9月28日电　新华社评论员）

70　借题发挥

借题发挥，是指借某件事情为题来做文章，以表达自己真正的意见或主张。《珍视传统》一稿，就是借题发挥的一篇评论。此稿借谈中国乒乓球女队失利，表达了作者对珍视中华民族优良传统的呼吁。

在中国乒乓球界，很早就鼓励培养传统的直拍打法，出现了刘国梁、马琳、王皓等尖子选手，但女队长时间没有出类拔萃者。这一次，"韩国队用中国队的传统打法战胜了中国队"。本文借此发挥，首先论述了韩国队用直拍和削球打法的选手为何能赢中国队清一色横拍两面弧圈球选手，指出中国队丢掉了昔日"百花齐放"的传统；接着分析了这一传统是如何丢失的，进而谈到"在经济、文化全球化浪潮冲击下，珍视自己的优良传统显得尤其重要"。

有人可能会说，中国乒乓球队只是在亚洲比赛中输球，而在奥运会和世乒赛上则大都能取得优异成绩，这话不错。应当说，这次输球有一定的偶然性。但偶然反映了必然，倘若不重视这偶然的失利，说不定就会在大赛上失利。

中国乒乓球队原总教练蔡振华说过，中国乒乓球队没有理由输球，因为，世界上任何一支队伍都没有中国队这么好的训练条件。

还可以加上几条：世界上任何一支队伍都没有中国队这么深厚的基础和如此多的优秀后备人才，也没有这么多专家一直在研究乒乓球运动规律和拥有如此庞大的优秀教练员队伍。从世界乒乓球的前景看，女子的打法日趋单调，对长远的发展很不利，需要提倡百花齐放。

因此，中国女队的这次失利，很值得理论一番。

但是，谈论中国女队的失利并非笔者的主要目的，提醒人们珍视中华民族优秀传统才是真正的用意。

从事新闻工作需要积累材料和观点。此稿的观点就是平时积累的。"珍视传统"的看法，笔者已经琢磨很长时间，并在采访中国式摔跤的过程中逐步强化。中国式摔跤与武术、京剧一样是国粹，已有数千年历史，传到日本后受到高度重视，一是成为其国宝大相扑，二是发展成柔道进而被改造成为奥运会比赛项目。而在她的故乡，本来还是全运会比赛项目，后来为了集中力量实施奥运战略，将其排除在全运会之外，使之走向沉寂。但是，尽管她受到冷落，仍为中国选手在奥运会等大赛上夺取柔道、摔跤好成绩作出了重要贡献。难得的是，她的"火种"仍然一直在民间保留着。更想不到，她被旅法华人带到"世界之都"巴黎，在法国乃至欧洲和北非一些国家开展起来。

笔者由此生出感慨：中华优秀传统文化太丰富、太宝贵了，中国人自己不当一回事，而别人却当成宝贝，这难道不应当引起我们深思吗！

忽视民族传统文化现象不只限于体育界。缺乏民族自信的现象在很多领域蔓延：世界上的大国、强国绝大多数都非常重视自己的母语，而我们却将英语抬到了不适当的地位，以致母语受到轻视，甚至连日本人和韩国人都笑话中国人汉语水平差；许多西医解决不了的疑难病症，中医一个又一个给治好了，但我们的中医不仅被很多中国人看不起，竟然要考西医知识才能上岗，而一些国家已经靠中医药大发其财；西方的圣诞节、情人节甚至万圣节成为不少青年人十分重视的节庆，商家为赚钱也在这些日子大做文章，而我们自己的节日却日渐淡化……很多人担心，我们的社会"哈外"越来越热，而对自己的优秀传统，不要说发展与创新，连传承都谈不上，许多事情都以西方的标准为标准，我们正在失去中华民族的个性。

有了"珍视传统"的想法，就在等待机会时，正赶上中国乒乓球女队输球，于是就"借题发挥"了一次。

这篇稿不算短，没想到竟然有数十家用户采用，看来这一想法至少得到用户编辑的认同。

珍视传统
——中国乒乓球女队失利后的思考

五连冠的中国乒乓球女队在亚乒赛女团半决赛中输给了韩国队。这次败阵引人深思。

中国女队主教练陆元盛说，中国女队主要输在心理上，牛剑锋小组赛首战即胜金景娥，但是在半决赛两队2平的情况下再打这位削球手，心理压力太大，没有发挥水平。

无疑，陆元盛的总结点到了要害。

不仅是牛剑锋，另两名队员也受到心理压力的影响。好在郭跃一胜一负，丢掉的一盘拼到第五局仅输两分，郭焱则是反败为胜。

中国女队小组赛胜韩国女队3∶0之后，容易放松警惕。而韩国女队本想避开中国队，但抽签运气不好。再相遇，韩国女队只能放手一搏。此时，中国队员的心理发生了变化，怕输，却偏偏一上来就连输两盘，造成了被动，最后仍未解脱。

实力强于对手，却因心理承受能力弱而失利，教训很深刻。

但更令人深思的是：中国女队已经丢掉了中国队的传统。

韩国队派出了两名直拍快攻手和一名削球手，而中国队则是清一色的横拍两面弧圈球选手。可以说，韩国队用中国队的传统打败了中国队。

昔日的中国队拥有多种打法的尖子，可谓百花齐放。每逢大赛，调兵遣将从容不迫。如今，中国男队还有马琳、王皓、阎森等直拍选手，女队尖子中已不见直拍的踪影，削球手的水平也不高。

诚然，横拍两面弧圈球打法是先进的，中国队拥有多名最先进打法的尖子，常在大赛上创造佳绩。但是，先进与落后是相对的，所谓落后的打法练到高水平，对手不熟悉，往往能出奇制胜。

出奇制胜曾是中国队的拿手好戏，如今的女队已无奇兵可出了。而韩国女队则用中国传统的直拍快攻打法和削球，战胜了仅仅拥有最先进打法的中国队。这难道不令人深思吗？！

物质可以变精神，精神也可以变物质。当中国选手面对不熟悉的打法时，心理的压力影响了技术，而技术的欠精又使得心理压力更大。输球，也就在情理之中了。

中国队何以几乎丢掉了削球，女队甚至丢掉了直拍？

现在的中国，人心多浮躁，急功近利。这种心态也深入到乒乓球界。训练一名好的削球手或直拍快攻手，要比培养一名横拍两面弧圈球手难得多，费时又费力，还可能培养不出来。有多少人愿意干这种"傻事"呢？

聪明的中国人都不愿干"傻事"，中国乒坛几乎让欧洲打法完全"占领"了。国家队何尝不想百花齐放，但没有出色的苗子，只能守着独放的一"花"了。

有专家说，没有记忆、不珍视传统的民族是没有希望的。在经济、文化全球化浪潮冲击下，珍视自己的优良传统显得尤其重要。也许正因如此，中国正在努力实现中华民族的伟大复兴。

中国乒乓球女队的失利值得深思，其意义不只限于乒乓球。

（新华社韩国济州岛2005年8月29日电）

71 追梦

这里说的追梦,并不是追求个人梦想的实现,而是中国人的"第四个奥运梦想"。

20世纪初,产生了著名的"奥运三问",即"中国什么时候能派运动员参加奥运会?中国什么时候能获奥运会金牌?中国什么时候才能举办奥运会?"这就是中国人的三个奥运梦想。

这三个梦想,先后由刘长春参加1932年洛杉矶第十届奥运会,许海峰1984年在洛杉矶第23届奥运会上获射击金牌,2008年北京举办第29届奥运会得以完全实现。

但是,中国还没有一个自己的体育项目进入奥运会赛场。由中国主导的国际武术联合会于2001年12月28日正式提出将武术运动列入奥林匹克运动会。一些人士把武术入奥称为中国人的"第四个奥运梦想"。

从此,武术能否进入奥运会比赛项目的行列,就成为中国武术界、体育界人士和更多国人关注的问题。作为采访武术多年的新闻工作者,这也是笔者一直关心、追踪的一件大事。

与实现中华民族伟大复兴的中国梦,全国人民坚定不移、同心协力不同,在武术入奥一事上,中国武术界、体育界都有不同看法。因为,一些专家认为,申请入奥的武术套路,并不适合奥运会竞技。

中国武术界为申奥做了许多工作,可谓千方百计、竭尽全力。笔者2006年曾随武术界人士到吉隆坡参加首届青少年武术世界锦标赛。比赛期间,来自不同国家的非青少年优秀武术运动员,专为在那里开会的国际奥委会委员按国际武联设计的奥运武术比赛模式做了表演。由此可见,武术界用心良苦。

随着武术申奥是否成功的日期临近,笔者的心情越来越矛盾。首先,希望武术入奥,因为尽管项目不理想,只要进入奥运会,就可以说实现了"第四个奥运梦想"。同时，觉得武术申奥失利的可能性更大。因为，一个缺乏竞技的打分项目，要让国际奥委会委员感动、接受太难了！国际奥委会前主席萨马兰奇就把武术称为"中国式体操"，当时的主席罗格也曾质疑武术与体操有何区别？

"北京2008武术比赛"与北京奥运会比赛同时举行，但不是北京奥运会比赛项目，也不是表演项目，与奥运会毫不相干。这意味着，中国人的第三个奥运梦想已经实现，而要实现"第四个奥运梦想"的努力遭受挫折。

武术申奥失利的原因有很多，主观的、客观的，都能说出不少，可以说众说纷纭，各有道理。作为采访武术多年的新闻工作者，笔者也应该谈谈自己的见解。否则，感觉没有尽到职责。

于是，北京奥运会结束后，笔者写了《武术为什么没能进奥运》。

探讨武术申奥失利的原因，与申奥成功的日本柔道和韩国跆拳道作比较，最容易看到区别和差距。根据已掌握的材料，又作了核实和少量补充，写来并不困难。

此稿先是从时间、机遇、付出的努力、项目的改进等方面叙述了柔道和跆拳道申奥成功的历程；接着介绍了武术在这几方面遇到的情况和所做的工作，从中可以了解，国际武联成立时间晚，申奥机遇差，奥运"瘦身"客观上对武术申奥不利；主观上虽付出了很大努力，但因项目不理想等原因，没有打动国际奥委会委员。

笔者以为，此稿较客观地回答了武术申奥不成功的主要原因，缺憾是没有从更高的层面点明，武术申奥缺乏整体规划和战略设计。这不是武术管理中心能解决的问题，而是中国体育界高层的职责。还有，因篇幅所限，没有就申奥项目不理想展开更深入的论述。而项目不理想是申奥失利最根本的原因。早在国际武联提出入奥申请之前，笔者就写了《中国式摔跤——武术进奥运的理想选择》（《武林》杂志2000年第5期）。最理想的入奥项目被置之不理，实在遗憾！

有武术专家说："我们的竞技武术并没有做好入奥的准备，单是奥运会的评价标准就是中国武术难以逾越的障碍。"在这一点上，与笔者的观点是一致的。

此稿中有的看法和材料曾被武术界专家著文时引用，可见有一定的影响力。

北京奥运会之后，武术申奥屡战屡败，追梦仍在路上。而笔者追寻的梦，即让一个中华民族传统体育项目入奥的梦想，也在继续。

武术为什么没能进奥运

国际奥委会主席罗格是否已深谙属于中华传统文化重要思想的中庸之道？

在武术申请进入奥运会一事上，这位主席似乎在行与不行之间选择了一种"中间状态"。

在北京奥运会期间举行的"北京 2008 武术比赛"，使武术享受了奥运会比赛项目的部分待遇，如使用奥运会比赛场馆、运动员住奥运村、参加闭幕式、奖牌材质与奥运会奖牌一样等。国际奥委会破例允许奥运会期间在奥运会主办城市举行不属于奥运会比赛项目或表演项目的体育比赛，这在奥运会历史上还是第一次。无疑，这是国际武术联合会和中国有关方面努力争取的结果，这大概也是能争取到的最理想的结果。

不过，这样的结果并不是我们事先要争取实现的结果。当我们的竞技体育在北京奥运会上取得空前优异的成绩之时，武术似乎离奥运会越来越远，只能与作为候选项目的高尔夫球、七人制橄榄球、空手道、壁球、轮滑，以及刚被"开除"的棒球和垒球站在同一起跑线上展开竞争，甚至还排在这些项目的后面。

日本借举办 1964 年东京奥运会的机会，使柔道成为奥运会正式比赛项目；韩国在举办 1988 年汉城奥运会时，努力使跆拳道被列为表演项目，隔了两届之后"转正"。按照这一"规律"，武术理所当然地应该成为奥运会中第三个东方体育项目。而我们的本意或者说理想的目标正是如此。然而，我们的美好愿望却没有实现。

作为历史悠久、文化灿烂，又是众多体育项目发源地的中华神州，至今还没有一个运动项目成为奥运会大家庭的成员，这是中国的遗憾。许多中国人特别是中国体育界人士尤其是中国武术界人士为此而扼腕。

日本推柔道、韩国推跆拳道何以成功？武术为何没能成为奥运会正式比赛项目？

如果我们将这三个东方体育项目的命运作一比较，也许有助于解答上述问题。

柔道和跆拳道申奥动手早力度大

不容否认，日本将柔道、韩国将跆拳道先后推进到奥运会中，是赶上了好时候。

柔道是1964年东京奥运会成为奥运会正式比赛项目的。那一届，共设包括新项目柔道在内的20个大项，参赛运动员一共只有95个国家和地区的5557人。当时，东道主可以选择增加一个比赛项目，日本理所当然地选择了柔道。柔道进入奥运会，日本可谓唾手可得。

跆拳道的命运没有柔道好。1988年汉城奥运会共设23个大项，参赛运动员一共有160个国家和地区的9581人。那一届，新列入乒乓球，恢复了网球，并有跆拳道、棒球、羽毛球、女子柔道和保龄球作为表演项目。此后，韩国又经过多方努力，到2000年悉尼奥运会时，跆拳道才转为正式赛项。

中国很想借举办北京奥运会的良机，将武术推入奥运会。可是，此时已非彼时。早在1996年亚特兰大奥运会时，国际奥委会已不允许奥运会设表演项目，而罗格于2001年夏天担任国际奥委会主席后，很快开始坚决实施奥运会"瘦身"计划。

但是，日本和韩国将自己的传统体育项目推进到奥运会，事先做了大量工作，同样也是毫无疑问的。

年龄稍长者也许还记得中国电视台曾播出反映柔道运动的电视连续剧《姿三四郎》，这只不过是日本推广自己传统文化的一项措施。更有力的措施是日本人出资到外国推广柔道。

日本向世界推广柔道的行动早就开始了。国际柔道联合会于1951年成立，标志着这项运动已在相当多的国家和地区开展。日本的办法是派柔道教练带着柔道服和榻榻米到一些国家，免费教青少年练习柔道。到1964年东京奥运会时，已有荷兰、德国、瑞士、加拿大、美国的选手获得柔道比赛的奖牌。就在东京举行奥运会前后，日本进一步加大了推广柔道的力度。非洲肯尼亚的内罗毕等城市都曾有日本柔道教练义务教学。仅就非洲来看，50多个国家中，就有43个国家成立了柔道协会，而且大多数国家的柔道协会都有40年左右的历史。

中国人首次见到柔道比赛是1963年在印度尼西亚举行的新兴力量运动会上。日本到中国推广柔道则是1979年。那时，日本派教练到中国开办柔道训练班，翌年就派队到中国比赛、交流。此后，柔道成为中日文化体育交流的重要内容，柔道运动在中国渐渐开展起来。

韩国推广跆拳道行动比日本晚，也采用了与日本几乎相同的方式，力度似乎不比日本弱。世界跆拳道联合会于1973年在汉城成立，此后，便加快了将此项目推向世界的步伐。

韩国人先将跆拳道推进到世界运动会，当1981年在美国举办首届世界运动会时，跆拳道已成为其比赛项目。当韩国获得1986年第十届亚运会举办权时，立即通过努力使跆拳道列为这届亚运会的比赛项目。而两年后举办汉城奥运会时，又推荐将其列为表演项目，并得到国际奥委会同意。接下来在北京举行的第十一届亚运会，韩国当然会提出跆拳道要继续成为比赛项目的愿望，但最终没有通过，通过的是武术等项目。但是，韩国在世界各地推广跆拳道的努力并没有丝毫放松。

中国大陆最初见到跆拳道是1986年朝鲜跆拳道代表团访华时在几个城市的表演。韩国于20世纪90年代初开始在中国推广跆拳道时，不仅派来教练，还带来服装、器材。北京体院（现在的北京体育大学）从武术散手班挑选了30名学生组成跆拳道集训队，由韩国派来的教练作指导。据知情者说，北京体院的学生可以自愿参加跆拳道练习，不仅免费提供训练器材和服装，每参加一堂训练课，还可以得到10元人民币的补贴。

国家体委于1994年3月决定正式开展跆拳道运动，并于9月举办了首届全国比赛。因为，那时已知跆拳道将作为正式比赛项目进入悉尼奥运会。到后来，跆拳道风靡中国，甚至有报道说"武术被跆拳道'踹'出都市时尚"。事实上，从总体看，武术还没有占领都市时尚，何来被"踹"出？

从上述情况看，日本和韩国将自己的传统体育项目推进奥运会，不仅动手早，还不惜花费了大量人、财、物力。更值得注意的是，在申请成为奥运会项目之前，更准确地说，在向世界推广之前，日韩对奥运会赛项作了深入的研究，进而分别对柔道和跆拳道作了简化，使之符合奥林匹克竞技。这同样是柔道和跆拳道"申奥"成功的关键一环。

武术申奥的"弱"与"迟"

回溯武术申请进入奥运会的过程，可以明显地看到准备比较仓促，起步的时间太晚。

国际武术联合会于1990年才成立，1995年被国际单项体育联合会接纳为会员，到1998年拥有五大洲的77个会员协会。当年11月2日，国际武联将申请书递交给国际奥委会执委何振梁，希望得到国际奥委会的承认。

2001年12月28日，国际武联正式提出将武术运动列入奥林匹克运动会。2002年年初，在盐湖城冬奥会期间举行的国际奥委会第113次会议上，"国际武术联合会被准予为被承认的联合会"（罗格给国际武联信中的话）。

2002年4月29日，北京奥组委再次向来访的国际奥委会2008年奥运会协调委员会表达了让武术进入奥运会大家庭的愿望。

实际上，《奥林匹克宪章》第五章《奥林匹克运动会》中第52条规定："只有在至少75个国家（地区）和4大洲的男子中以及在至少40个国家（地区）和3大洲女子中广泛开展的运动项目，才可列入奥林匹克夏季运动会比赛项目。"同时还规定："运动大项列入奥林匹克运动会比赛项目，至少在有关的奥林匹克运动会召开前7年确定，确定后不允许有任何变动。"

国际武联的会员数量和范围早已符合上述标准，但是，申请成为奥运会正式比赛项目的时间太晚，已经来不及了。按照《奥林匹克宪章》的有关规定，武术在2001年如果不能成为奥运会正式比赛项目，就意味着申奥已经没有希望。

国际武联提出申请是在2001年年底，还可勉强算在《奥林匹克宪章》规定的时间内，但是，国际奥委会要接受这一申请必须得经过一定的程序。实际上，国际武联被国际奥委会正式承认时，已是2002年。因此，进入2002年，武术如果被列为奥运会正式赛项目，将违反《奥林匹克宪章》，这一点国际奥委会有关领导人应该很清楚。

国际奥委会执委会于2002年8月29日在洛桑重点审议了未来奥运会，特别是2008年北京奥运会的比赛项目规划问题。关于武术，罗格说，有关接纳和排除某个运动项目的决定将于当年11月在墨西哥城举行的国际奥委会第114次会议上做出。

而在墨西哥召开的国际奥委会第114次全体会议上，只讨论"取消或是不取消某些项目，不讨论新项目的扩充问题"（当时国际奥委会执委何振梁的话），而根本没有讨论"接纳"的事。至此，武术成为奥运会正式项目的努力已经彻底失去希望。

此外，国际奥委会还有一个不成文的规定，即一个大项目要进入奥运会，得男、女项目一起进。当武术"申奥"提上议事日程时，按此要求，国际武联已没有选择的余地，只能推现成的、已经开展多年、男女均有的武术套路。

国际武联2001年年底向国际奥委会提交的奥运会武术设项方案是设男子4项：长拳、南拳、刀术、棍术；女子4项：长拳、太极拳、剑术、枪术。

这一方案披露后在武术界引起极大反响，有人认为应把套路和散打一起列入奥运会，以反映竞技武术全貌；还有人认为，从观赏性、电视转播收视率等方面考虑，力主散手（也称散打）进入奥运会。

按《奥林匹克宪章》第五章规定："一个运动小项要列入奥林匹克运动会项目，必须在参加人数上和地域范围上具有公认的国际地位，而且至少两次被列为世界锦标赛或洲际锦标赛。"而散手在此前的世界锦标赛或洲际比赛中还从未设过女子比赛。

将套路推进到奥运会中，至少存在着一个弱点，即裁判的判决容易带入主观因素。国际武联前主席伍绍祖在1999年武术得到国际奥委会临时承认时就曾说，武术进入奥运会，最好不要推打分项目。

据国际奥委会项目小组成员魏纪中介绍，一个体育大项要进入奥运会，除了国际性，即该项目至少在几大洲多少国家或地区得到普及之外，还要具备安全性、观赏性和可操作性。其中的可操作性，从某种意义上说对打分项目具有一定的排斥意义。例如，体育舞蹈的观赏性很强，但因为是打分项目，一直没有进入奥运会。

国际奥委会前执委何振梁曾谈到，项目委员会建议不将武术列入比赛项目，而项目委员会主席卡拉罗表示，这只是从技术角度考虑的意见。这里说的技术角度，是否就是指所推武术套路8项均属于打分项目？

中国武术协会有关人士从武术申奥开始至今，可以说使出浑身解数，千方百计，丝毫不敢懈怠地努力工作。但是，武术申奥成功与否由各种主客观因素决定，绝非中国武术界一部分人拼尽全力就可以达到目标的。

对国际体育界情况了解颇多的国际奥委会前委员、国际羽联前主席吕圣荣说："总的来看，中国在把武术推向世界的过程中所付出的努力不如当年日本和韩国。"她具体谈到了经济投入不够、推广队伍不够稳定、有关人员投入感情不足等。她还说，武术与跆拳道、柔道相比，自身还有一些需要完善的方面，如门类太多，规则不统一，表演性太强；武术要想真正成为奥运会项目，必须要注重竞技特点，减少表演性，要把项目做得规范而且易于接受，从而达到被国际奥委会委员认识、认同并感动的程度。

日本推柔道，从1951年成立国际柔道联合会到在奥运会上正式比赛，用了13年。韩国推跆拳道，即便从1973年成立世界跆拳道联合会起，到跆拳道被列为奥运会比赛项目，也用了20年，若按正式比赛算应为27年；而世界跆拳道联合会早在1980年就得到国际奥委会承认，距跆拳道在奥运会上比赛也长达20年。而武术申奥，从1990年成立国际武联起，到《奥林匹克宪章》规定的时间即2001年，仅有11年；若从得到国际奥运会承认的2002年算起，距规定的期限为负一年。更何况时过境迁，规矩已变，难度增大，而我们准备不足，启动太晚，且申奥项目没有选择的余地呢！

应当说，在北京奥运会期间举办"北京2008武术比赛"是我们可以争取到的最佳结果。如果国际奥委会把武术与其他申请进入奥运会的项目一起按规定的程序交给项目小组进而交给全会由委员投票，很难得到2/3以上的多数票，也不可能成为奥运会正式赛项。那样，武术连被破例作为奥运会"编外"项目的机会也没有了。

【刊于《记者观察》杂志2008年10月（上半月）总第253期】

72 散文笔法

新华社前社长穆青曾有过写新闻要用散文笔法的论述："从广义上说，新闻即是散文的一种。新闻报道的形式和结构可以增加自由活泼的散文形式，改变那种沉重的死板的形式，而代之以清新明快的写法。"他提倡，要打破一切写作上的清规戒律。

散文是一种抒发作者真情实感、写作方式灵活的记叙类文学体裁。写散文的最基本要求是"形散而神不散"。所谓"形散"，应当是用笔不拘成规，较为自由、灵活。所谓"神不散"，应当是中心明确，主旨贯穿全篇，犹如一线串珠。

采用散文的笔法写新闻，也许很难达到文学作品"意境深邃、语言优美"的高度，但在"形式和结构"上要努力做到"形散而神不散"，在手法上可以运用"撒得开、收得拢"等，力求"文约事丰"。

这种笔法，笔者在写通讯类稿件时也采用过，但有意识地使用这种笔法，《优秀的项目 糟糕的名称——说说摔跤的"中国式"》一稿算是一次尝试。

这篇稿大致可分为三个部分：第一部分要说中国式摔跤这个项目非常优秀，用一段文字作了简要介绍；第二部分说这个项目的名称很糟糕，这是稿件的重点，需要从多个角度作分析、论述；第三部分讲用什么名称代替现有名称，则需要介绍中外不同身份人士的看法。

总之，此稿的内容看起来比较"散"，但主要围绕着"名称糟糕""用什么名称代替"展开，主旨是希望改换这个项目的名称。

关注中国跤多年，采访此项目的各类比赛也已有几年时间，对其名称之糟糕、用什么替代的看法早已有之，有关的材料已积累了一些。当需要写出稿件的想法闪现时，这些零散的材料便来"报到"了。没费多少气力，稿件就很快写好，传回了编辑部。

数日后碰到《中国体育报》的一位副总编辑，他说他那天值夜班，一见这篇稿,立即决定上头版(放在报头下面的位置)。他还说,他的一位同事也认为这篇稿写得好,并推荐给年轻记者。

后来在网上看到一篇题为"中国式摔跤命名误区与改名原因分析"的体育论文。作为学术研究的成果,此文介绍了"中国式摔跤"的发展历程后,用"未坚持发展自己的本位文化""无法展示深厚的传统文化元素""压制我国其他传统摔跤文化发展""不符合体育项目命名的原则"4个部分论述了"中国式摔跤"名称的缺憾,并在结语中提出看法。作者认为,应该"将其糟糕的名称改为'跤术'"。可以说,此文与笔者的稿件殊途同归,看法完全一致。

优秀的项目　糟糕的名称
——说说摔跤的"中国式"

到山东临沂采访正在举行的全国中国式摔跤冠军赛,人们再次提起一个重要话题:中国跤项目特别优秀,但其名称却很糟糕。

说这个项目特别优秀,是因为她拥有一系列优点,如观赏性强、技术含量高、规则科学简明、安全文明、健身效果佳、防身价值高、易于推广等。更重要的是,她蕴含中华文化自强、厚德等精华,经几千年锤炼特别是近年来的改造,不仅已适应现代人需求、适合奥运竞技,也是传承中华民族优良传统、在全球化背景下用于世界文化交流的理想项目。

说名称很糟糕,非三言两语可以说清。中国式摔跤曾叫过"角抵""角力""相扑""手搏"等,新中国成立后的正式名称为"摔跤"。20世纪50年代,古典式和自由式摔跤进入中国,为了区分,业内权威人士将外来摔跤称为"国际式",而在本土摔跤之前加了"中国式"。

如此称谓,糟在哪里?

一是字数太多。北京奥运会28个大项的名称,两字的占大多数,3字的有几个,4字的仅有现代五项和铁人三项,而花样游泳、艺术体操、沙滩排球等均为分项。相比之下,5字的名称字数太多。

二是冠有国家名称,不利于推广。在非正式名称中,个别例子有橄榄球称"美式足球""加式足球""澳式足球"等。将国家名称放在体育项目正式名称中，全球罕见，且自设障碍，在海外推广难为人接受。

三是不合情理。中国多个民族都有摔跤，全国少数民族运动会的摔跤就有5项："且里西""格""搏克""北嘎""绊跤"，分属维吾尔族、彝族、蒙古族、藏族、回族。其中的"绊跤"就是"中国式"，别的中国独有的也可称"中国式"。

四是不利于翻译。奥运摔跤英文为"WRESTLING"。中国队今春赴巴黎参加国际邀请赛，教练马建国名片上用"CHINESE WRESTLING"，直译为"中国的摔跤"，是新西兰爱好者迈克译的。记者一位同事说，更确切的译法可在两个单词中间加"STYLE"（风格）。这两种译法同样有上述三种缺点。而巴黎的国际邀请赛用的是汉语拼音"SHUAI JIAO"。哪种译法好？

中国式摔跤的名称要改。对此，业内已基本形成共识，但依旧存在争议。要改出一个好名称并非易事。

《体育大辞典》中，将奥运两种摔跤称为"自由式角力"和"古典式角力"，更符合其特点。有人说，最好是把奥运摔跤称为"角力"，把中国跤仍叫"摔跤"。但是，英汉词典中把"WRESTLING"译为摔跤、角力，能将奥运项目只称"角力"吗？谁说了算？

内蒙古西乌旗被誉为"草原摔跤之父"的额日登巴雅尔曾说，"摔跤"的意思与人们不小心跌倒一样，不吉利。

2004年天津国际邀请赛期间，蒙古国队领队恩和巴特尔在座谈会上建议，鉴于奥运摔跤和柔道更多地倒在垫子上决胜负，中国跤可称"立跤"。那次比赛期间，有日本朋友想把此项介绍到日本，在便携电脑中写的大字标题是"中国式相扑"。

目前，国内称谓还有"摔角""掼跤""撂跤""功夫跤"，有人希望改为"跤道"等，看来都觉得5个字的原名不好。但是，前面这些称谓也都不能得到大家的认可。

还有人建议用"跤术"，英法文等为"JIAO SHU"。记者赞同这一称谓。

业内人士认为，中国跤面临进一步开拓市场、向海外推广、争进奥运会等，改名不能拖延了。

（新华社山东临沂2008年12月13日电）

73　致敬英雄

古人有云："聪明秀出，谓之英；胆力过人，谓之雄。"这大概是将"英雄"二字拆开解读的最准确、简明的说法。

古今中外，英雄多如天上星辰，数不胜数。但是，英雄之中那些怀凌云之志，勇开先河者，却相对较少，可称为英雄中的佼佼者。

容国团，当之无愧的中国体育第一英雄。

随着国家强盛、体育崛起，中国的世界冠军已多得难以统计。而中国获得乒乓球世界冠军，也是中华民族获得世界冠军的第一人是容国团。

拼搏、拼搏精神，早已成为中国体育界的常用语，甚至成为全国人民奋进的口号。这是中华民族精神"天行健，君子以自强不息"的另一种表述方式，一种更简洁的用法。而追其源头，还是出自容国团。

容国团这样的英雄，是中国体育史上的一座丰碑，可歌可泣，值得致敬！

热爱英雄、崇拜英雄，是人们一个普遍的心理。爱好运动、也爱好艺术的古希腊人，要给在古代奥运会上的优胜者立一座雕像，以此表达对冠军的爱戴，为后代留下了《掷铁饼者》等体现健与美的杰作。出生于德国的世界著名作曲家兼演奏家贝多芬崇拜英雄，将他的《降E大调第三交响曲》命名为《英雄交响曲》。包括中国在内的许多国家，人们都用各种方式表达对英雄的敬意。

作为新闻工作者，笔者从开始采访乒乓球起，就对容国团的事迹有所了解，随着时间推移，了解得更多。但是，虽写过多篇乒乓球世界冠军的人物稿，却没有机会写一写容国团。

机会终于在新闻职业生涯即将结束时到来了。2009年，笔者为"100位新中国成立以来感动中国人物书系"的《激情中国》（广东教育出版社于2009年9月出版）一书撰写了《容国团："人生能有几回搏"》。这是在掌握大量资料基础上，花费不少心血写成的，表达了对这位体育英雄的敬意。

此稿15000多字，较详细地介绍了容国团的成长经历，怎样夺得首个男子单打世界冠军和男子团体世界冠军，如何率女队打"翻身仗"首夺女子团体世界冠军，以及喊出"人生能有几回搏"的名言。随后，又为新华社大广播写了约1500字的简版通稿《"人民英模"容国团》。

致敬英雄的心愿埋在心中多年，总算完成了。

容国团："人生能有几回搏"

容国团（1937—1968）

广东人，中共党员。生前在原国家体委工作。著名乒乓球运动员，国家运动健将。容国团从小学练乒乓球，1959年在第25届世锦赛上获得男单金牌，成为新中国第一个世界冠军。1961年，在第26届世锦赛男子团体决赛中，他激情誓言："人生能有几回搏？此时不搏，更待何时！"最终力挫强劲对手，为中国队第一次夺得男子团体冠军作出了重要贡献。1984年，他被评为中华人民共和国成立35年来杰出的运动员。

1957年11月的一天，一个瘦高个儿男青年从香港跨过罗湖桥，广东省体委领导和运动员代表到深圳迎接。这个男青年就是中华民族第一个世界冠军获得者容国团。

容国团是怎样走上乒乓球之路的？他怎样出人意料地夺得世乒赛男子单打冠军？当他面对连续输球的不利局势，如何赢得关键的胜利？当教练之后，他又如何带队员出奇制胜？在中国乒坛、中国体坛乃至更多领域，容国团留给人们什么珍贵的财富？

放豪言不留退路

1958年，正是"大跃进"的年代，各条战线都制定出自己的跃进目标。体育战线当然也不例外。各省级体育系统也纷纷召开大会，有关人员登台发出豪迈的誓言，各项竞技体育的目标大都是世界高水平……

4月初，广东省体育工作者跃进誓师大会在二沙岛广州俱乐部举行。省体委领导先做动员报告，之后，各队的运动员相继上台宣布个人奋斗目标。

"全国第二""世界前十""单项全国前八"……不同项目的人提出的指标也有所不同，共同的是：态度积极向上、目标成绩不切实际，且没有一人敢提夺得世界冠军。

在4月4日的广东省体委跃进誓师大会上，容国团发出了豪言壮语："三年内获得世界冠军！"

"大跃进"年代，各条战线的狂热是共同的，体育战线的"跃进目标"也多是不切实际的吹牛。但容国团与他们截然不同。

容国团出生在香港一个海员家庭，父亲容勉之15岁就当童工，后来当海员，参加过香港大罢工和广州公社起义，先后经历过黄龙旗、五色旗、青天白日旗和米字旗。看到祖国的变化，他觉得五星红旗才是穷人的希望。生长在这样一个家庭，容国团的心中从小就埋下爱国的种子。

容国团最早在家乡的一所华侨学校上学，成绩优异，聪明好学，学打球也很用心，1948年初转到香港的慈幼学校。容勉之是进步组织工联会下属的海员工会会员，因此，容国团可以常去工联会开设的康乐馆打球。

13岁那年，因家父容勉之失业，贫病交加，生计艰难，容国团不得不退学，在一家鱼行当了童工。年幼体弱的他凌晨起床，进货、送货、搬鱼、拣鱼，还常受老板训斥。肮脏的环境、超重的劳动，使他染上了肺结核。他忍受着，支撑着，能给他安慰的是工余读书和打乒乓球。

1954年10月1日，工联会组织庆祝新中国成立五周年活动，容国团参加了乒乓球表演。鱼行老板得知，勃然大怒，要他写悔过书。容国团理直气壮："爱国无罪，悔什么过？"父亲带着容国团从鱼行取回了行李。失学接着失业，少年容国团品尝了太多的人生艰辛。

好心的工联会人员想方设法为这个困难的家庭解决难题，最后将容国团安排在康乐馆。那是湾仔修顿球场旁边的一幢旧楼，楼上一个小房间是图书室，容国团担任管理员，还有一个小房间放一张台球桌，最大的一个房间放着一张乒乓球桌。容国团晚上陪顾客打球，白天可以找人练球。这段时间，容国团逐渐显露了打乒乓球的才能，他的发球、接发球质量日渐提高，左推右攻打法得以巩固。

1957年，容国团终于有了扬名的机会。

2月的全港乒乓球锦标赛，容国团代表工联会参战，与队友夺得男团、男单和男双冠军。4月,日本乒乓球队参加第二十三届世界乒乓球锦标赛后到香港访问比赛,在九龙伊丽莎白体育馆进行的双方对抗赛中,容国团出战刚获得男子单打冠军的荻村伊智朗。几乎所有人都认为,这将是一场没有悬念的较量,尽管容国团年初刚在香港比赛中夺得冠军,但是,这个年轻人绝不是世界冠军的对手!

好一个容国团,面对大名鼎鼎、春风得意的世界冠军,毫不畏惧,从容地进入赛场。比赛结果,容国团赢了,以2:0(21:19、21:13)赢了。有些人惊讶得目瞪口呆。

击败新科世乒赛男单冠军荻村伊智朗,在体育方面来说,应该是一件轰动性的新闻。但是,容国团当时任职的工会属左派,在当地备受歧视,赛后并没有媒体记者追着采访,回到更衣室,只有他和一位朋友在,冷冷清清。更不可思议的是,亚洲乒乓球赛5月在马尼拉举行,香港组队参加,队员名单中虽有容国团,却因有人故意将容的拼音写成杨的拼音而不能成行。

有朋友对他说,连亚洲赛也不能参加,怎能参加世界比赛呢?要在乒乓球上有所作为,回到祖国内地才可以得到机会。这应该也是容国团坚决要回祖国打球的重要原因之一。

当然,容国团获得香港冠军,赢了世界冠军,生活将会发生改变。

昔日容国团当童工的鱼行老板就几次请他去为鱼行办的球会打球,但一次又一次被容勉之父子坚定地回绝了:"不去,给多少钱也不去!"

中国第一个女子世界冠军获得者邱钟惠曾说过,当时的容国团名声大振,有人出重金请他打球或做广告,还有电影制片商邀请他拍电影,香港有报纸称他为"令仕男敬慕、婵媛倾心的港埠才子",处境已不是过去那样贫困了。

1957年9月,容国团有机会来到内地。他作为港澳乒乓球队一员,先后到北京、上海、杭州访问比赛。13日的首战由北京队对香港队,按男子团体赛9盘5胜制进行,北京队虽以5:3战胜了香港队,但容国团表现了相当高的水平,先后以2:1战胜了王传耀和傅其芳。对傅其芳一盘的决胜局,傅其芳曾以20:18领先,但容国团沉着应战,竟连得4分,后来居上。由此可见他在关键时刻心理素质过硬。接着,双方又于16日进行了8男2女对抗赛,容国团又以2:1战胜了胡炳权。当时国务院副总理贺龙、陈毅在观看了这场比赛后，还到球场上同香港、澳门和北京队的运动员一一握手，并且同他们一起合影留念。到上海访问，香港队连胜上海队4场。

到内地访问，亲眼见到祖国欣欣向荣，容国团要回到祖国怀抱的信念更坚定了。

在乒坛的名气越来越大，容国团留在香港可以过上以前曾向往的富足生活，但是，回内地报效国家是他更强烈的心愿。在此时，国家体委向他发出了盛情邀请。

于是，容勉之和容国团父子俩毅然选择了后者，因为，祖国需要容国团。1957年11月29日，容国团跨过了罗湖桥。国家体委安排他先在广州治疗肺病，适度练球。

经过治疗，身体状况渐渐好转，翌年3月，容国团就参加了九城市乒乓球锦标赛。他不仅为当时所在的广州一队夺得团体冠军，男子单打比赛也接连过关，最后以3∶0战胜了前一年的全国冠军王传耀，夺得第一名。

容国团登上跃进誓师大会讲台时，几百双眼睛盯着这个不到半年前从香港来的小伙子。

他尽力平复紧张的心情，尽量清楚地表达了自己的目标，最令人惊讶的是："如果能够参加明年3月的世界乒乓球锦标赛，要进入男子单打前八名内""3年内取得世界乒乓球锦标赛男子单打冠军"。最后他还斩钉截铁地说："我不拿世界冠军，誓不罢休！"

全场响起热烈掌声，接着是夹杂着赞赏、怀疑、耻笑的议论声。

有人认为他妄自尊大。

有人私下对他说，壮志可嘉，暗下决心就行了，这样公开表态，万一实现不了……

容国团说："外国人能得世界冠军，我们中国人为什么不能？为国争光，此其时也！我公开表态，就是要拼尽全力，不留一点退路！"

容国团到广州后受到特别的照顾，广东省体委每月给容国团生活费用比运动员的工资都高，还给容国团几十元的营养补助，配备一名厨师专门为他烧饭。广州队教练专为他制订训练计划，照顾到医疗、营养、训练等几个方面，这使他深受感动，后来彻底治好了肺结核，报国之心更加强烈。他一年多来先后取得骄人的成绩，已有足够的信心。何况，这些年他一直注意研究世界各种乒乓球技术的发展，留意国内外的各种先进打法，因此，他发出的豪言并非没有根据，而是有思想和物质基础的。

当年10月举行的1958年全国乒乓球锦标赛上，容国团一路杀入决赛，决赛中又以3∶1战胜姜永宁，获得了男子单打冠军，他半年前提出的一个目标实现了。接下来要做的是，全力训练，准备参加世乒赛。

中华民族第一冠

第25届世界乒乓球锦标赛1959年春天在联邦德国的多特蒙德举行。容国团能否实现曾提出的"进入男子单打前八名"的目标？

此时的中国乒乓球队已经拥有一批优秀选手，与外国强队交手互有胜负，能否取得团体冠军，令人期待。

中国男队获得小组第一后，半决赛与昔日的"乒乓王国"匈牙利队相遇。这是双方首次在世界大赛中交锋，也是一场特别紧张、激烈的战斗。

中国队开局很好。杨瑞华对老将西多，先后以10∶5、17∶13领先，但经验丰富的西多紧紧追赶，打成18平，之后西多连得3分，先胜一局。接着，杨瑞华沉着应战，只让对方得了6分就胜了第二局。决胜局，杨瑞华先是落后，后用长短球变化结合进攻中路，以21∶18获胜。王传耀稳字当头，稳拉中找机会稳扣，打来得心应手，以21∶17、21∶11击败福尔迪。

中国队以2∶0领先。此时，容国团上场，首局获胜后，被别尔切克扳回一局，第三局他以9∶2遥遥领先，胜利在望。大概是看到两位队友取胜，他有些急于求成，抢攻操之过急，连连失分，竟然被对方追成9平；之后进攻不太大胆，改为稳拉。这样，双方打成19平，容国团发球丢一分，回球失一分，以两分之差败北。

接下来，王传耀以0∶2负于西多，杨瑞华以1∶2负于别尔切克。匈牙利队反以3∶2领先。

容国团在第六盘对福尔迪，若再负，中国队将处于更为不利的地位。只见他屡屡发球抢攻，占据了主动，一鼓作气连赢两局，仅分别让对手得了7分和9分。双方盘分变为3∶3。

匈牙利队连得两分的别尔切克第三次出场，士气高昂。王传耀先胜头局，但欧洲冠军很快扳平。决胜局，双方打得难解难分，直至20平，王传耀先得一分，接着进攻、发球接连失误，反以21∶23告负。

再次扳平的重担又压在容国团肩上，对方是最富有经验的西多。首局，容国团先是落后，接着追平，到19∶20时操之过急扣杀失误。次局曾以17∶13领先，但此时赶上了"天灾人祸"，发球失误，对方打出擦边球，被追到17平。西多再接再厉，终以21∶18赢下此局，也为匈牙利队争得了与日本队决赛的资格。中国队最终取得第三名。

中国男女队均未进入决赛。此时，贺龙副总理代表国家体委发来电报，要中国队"总结经验，吸取教训，决不能因暂时的失利而气馁"，鼓励他们打好后面的单项比赛。领队和教练立即开会总结失败原因，要大家勇于面对失败，相信自己的力量，在单项比赛中全力争胜。

后来，容国团在自传中写下这样一段文字："在团体赛中，由于背着怕输的思想包袱，未能取得良好成绩。团体赛的失败曾经使自己思想产生了动摇，但很快在领导和集体的帮助鼓舞下，总结了经验教训，恢复了信心和勇气，继续投入以后的单项比赛。"

单项比赛，中国男选手再次出手不凡。进入前八名的运动员中有4人是中国选手。国际乒坛人士为之惊讶不已。

然而，八强赛一结束，形势急转直下。

杨瑞华从比赛开始以来成绩一直很好，团体赛出战11盘仅丢一盘。他的对手迈尔斯曾多次获美国冠军，其削出的球旋转较强，且十分稳健。杨瑞华拉球下网较多，因过于紧张、急躁，以0∶3败北。

同样因急躁失利的还有王传耀。老将西多利用削球转与不转的变化控制王传耀，伺机反攻。王传耀攻球出界较多，情绪有些急躁，急躁更导致失误，结果也以0∶3被淘汰。

发挥较好的是攻守兼备的横拍选手庄家富，虽然也以0∶3输球，但3局一共才丢了7分。两获世乒赛男单冠军的荻村伊智朗拉搓结合，打得主动，庄家富反攻乏力，以19∶21、18∶21、20∶22受挫。

容国团此前已打过几场硬仗。第一轮轮空；第二轮迎战联邦德国的朗格，赢得比较轻松；第三轮遇到劲敌、曾击败过别尔切克的南斯拉夫好手马科维奇，又是轻松取胜；第四轮对瑞典新手埃里克森，胜得不费力气。最难的是第五轮碰1958年日本全国亚军星野展弥。擅长发球抢攻、正手攻球力量极大的星野为日本队夺得团体冠军立了功。容国团针对星野的弱点制定战术，不让他从容抢攻。容国团沉着、冷静，星野紧张、手软。3∶1，容国团的胜利，使日本队教练"我们不相信中国队能打败日本队选手"的狂言作废。

与团体赛拿了中国队3分的匈牙利选手别尔切克交锋，对容国团来说是更难过的一关。这是一场高手间的较量。高手之间，往往是甲胜乙之后，乙总结经验教训胜甲，甲再总结经验教训胜乙。别尔切克前一年访问中国时曾先以2∶1胜容国团。容国团找到失利原因后接连以2∶0和2∶1两胜别尔切克。这届世乒赛团体赛，别尔切克在对容国团时决胜局以2分的优势获胜。

按照这一"规律"，应该是容国团获胜了。他能取胜吗？

开局又不利。容国团首局落后较多，奋力追赶，仍以17∶21输了。次局，他的拉搓结合打得好，将别尔切克调动起来，争得了主动，以21∶15扳平。第三局，容国团如法炮制，以20∶16领先，但接下来的3次失误使对方得分到了19，此时，他幸运地打了一个擦边球，领先一局。接着，容国团多用拉攻而减少了搓球，使对方有机会在削球时加强旋转逼两角，因此失误增多，以18∶21失利。决胜的第五局，容国团改回拉搓结合、伺机扣杀交替运用的办法迫使对方前后奔跑，很快以7∶0领先，并以21∶5的悬殊比分淘汰了这个3号种子、欧洲冠军。如此大的优势，令很多观战者瞠目。

4强选手中，容国团是唯一的中国人。半决赛，容国团遇到了美国冠军迈尔斯。迈尔斯被称为"牛皮糖"，先挫徐寅生，又刚刚以3∶0战胜杨瑞华，每局的比分优势都比较大，此时士气正旺。

容国团首战艰难地以22∶20险胜，接着迈尔斯就连胜两局反超。徐寅生根据自己失败的教训，提出"跟他磨，斗意志"。容国团冷静地以搓球与对方周旋，时而搓近、时而搓远，有时快搓、有时慢搓，先是搓转、突然又搓不转。迈尔斯急躁起来，频频失分，一筹莫展，彻底崩溃。扳平后，容国团从容不迫，越打越顺，决胜局仅让对手得了8分，与对别尔切克时的决胜局相仿。

另一场半决赛，西多胜日本两获男单世界冠军的荻村伊智朗更加困难。有点相似的是，西多先赢的两局优势较大，连输的第三、第四局荻村的优势更大些。决胜的第五局，荻村本来一直领先，但西多苦苦追赶，直到17平。此时，荻村急于得分，攻球失误，连失3分。最终，西多以21∶18取胜，淘汰了大赛2号种子。

夺冠的决战时刻来到了。

4月5日的男子单打决赛，容国团对曾9获世界冠军（其中包括第二十届世乒赛男单冠军）的匈牙利老将西多。36岁的西多在这届的团体赛对中国队第八盘以2∶0轻取容国团，人们自然看好他。匈牙利队捧来了鲜花，准备在西多夺冠后献给这位老将。

西多身体肥胖，移动不太灵活，擅长削中反攻。针对这些特点，队里经过研究，给容国团制定了两套战术：一套是拉攻突破西多的防守，让他不能稳守一个位置；另一套是拉左杀右、拉右杀左战术，使他措手不及。

比赛一开始，容国团发起攻势，抢攻在前，战术奏效，取得优势，以7∶3领先。老将西多毕竟经验丰富，沉着应战，寻机会反攻，追成8平。此后，经多次平分，西多以21∶19险胜。

开局输球，容国团面临不利的局面。

容国团是直拍左推右攻打法。早在香港工联会康乐馆时，他就潜心钻研乒乓球技术，搓、推、挡、拉、吊、扣、发球、接发球都运用自如，形成了全面的打法，被誉为"多面手"。更难得的是，靠着全面的技术和临场比赛时头脑冷静，能根据不同对手不同的特点，改变自己的战术，战而胜之。他曾两次先负后胜别尔切克，也曾先输后赢另一位匈牙利选手福尔迪。如今的对手西多，不久前曾负于容国团，但在团体赛中胜了自己。现在首局又失利，他能再次战而胜之吗？

第二局，容国团加强了拉球力量，并采取长短结合、"软硬兼施"的办法，调动体重100多公斤的西多左右奔跑、前扑后撤；有时还来一个假动作，打得西多无可奈何，引来全场热烈鼓掌。21∶12，容国团扳平。

西多削球拼命加转，逼角也更狠，反攻也更凶，第三局曾以7∶4领先。容国团沉着应对，丝毫不乱，用发球抢攻追上比分。"多面手"的发球变化多端，可以用一样的动作发出旋转迥异的球，此时施展发球绝技，屡屡得分。王传耀建议的拉侧上旋球也发挥了威力，只见容国团拉出的球落台后拐向西多胸前，西多难削也难攻。偶尔西多找到机会连续进攻，却都被容国团或推或削或攻，一一顶了过去。21∶15，容国团以2∶1超出。

第四局，容国团信心百倍，从容潇洒，拉、扣、搓、吊，打来得心应手。

西多最拿手的逼角反攻无法施展，虽然有时勉强突击也往往失误。西多仅获 14 分，就结束了此局，从而也以 1∶3 结束了这场冠军争夺战。

西多走上前与容国团握手。他的匈牙利队队友把为西多准备的鲜花献给了容国团。

象征世界乒乓球男子单打最高荣誉的圣·勃莱德杯，刻上了"Rong Guotuan China"。

领奖台最高层，容国团高举闪光的奖杯，一侧是亚军西多，一侧是并列第三名的荻村和迈尔斯。

中国选手从 1927 年世乒赛诞生以来获得了第一个冠军。这也是中华民族历史上的第一个世界冠军。

容国团连胜 7 将，勇夺冠军，打破了日本选手在世界男子单打比赛中对冠军的垄断。匈牙利的西多获得 1953 年男单世界冠军之后，日本的荻村伊智朗和田中利明先后两次夺冠。

赛后，包括姑娘求爱信在内无数崇拜者的信件飞向中国乒乓球队，队里不得不设立看信班子。

容国团很长时间不敢上街，上街人们就认出他，追着他。

曾作为容国团 3 年室友的国家体育总局前副局长李富荣回忆，容国团爱看外国电影，有时和容国团一起去，只要他在等退票的地方一站，就会有很多崇拜者主动送票给他。

4 月 24 日，首都青年在北京体育馆集会，欢迎参加世乒赛归来的中国队。乐队奏起欢迎曲，乒乓球健儿走进比赛馆大厅，容国团走在队伍前面，精神焕发，手捧奖杯，笑着向欢迎的人们致意。国务院副总理陈毅、共青团中央第一书记胡耀邦先后讲话，容国团也登上讲台，代表乒乓球运动员答谢大家，表示要"继续为祖国争取更多的荣誉"。

当晚，周恩来总理、贺龙和陈毅副总理等接见了乒乓球队全体人员和其他体育运动项目的优秀运动员，并在北京饭店设宴为中国队庆功。

5 月 7 日晚，容国团与部分乒乓球、游泳、举重、田径的优秀运动员坐车到中南海怀仁堂，国家主席刘少奇、副总理贺龙、李富春等观看乒乓球表演。随后，毛泽东主席也来了。容国团与姜永宁一攻一守，为中央领导作了表演。表演完毕，毛泽东和刘少奇等与运动员们一起合影留念。

庆祝中华人民共和国成立十周年大会主席台人员名单中，容国团与中国第一个打破世界纪录的举重运动员陈镜开、第一个打破田径世界纪录的郑凤荣的名字赫然在列。

40名运动员10月3日在第一届全运会闭幕式上得到国家体委颁发的体育运动荣誉奖章。容国团是唯一的乒乓球运动员。

容国团为祖国争了光，与现在截然不同的是，他的工资没涨，也没有金钱、物质奖励。但是，他获得了巨大的荣誉，也收获了爱情。在夺冠回国后，他与曾在广州见过一面的老乡、田径运动员黄秀珍开始交往。后来，他们在国家体委旁边的幸福大街安了幸福的家，有了一个可爱的女儿容劲秋。

中华民族第一冠，为中国乒乓球运动的发展起了巨大推动作用。中国举办全国性乒乓球赛始于1952年，1959年各地举办的群众性比赛规模更大，挥拍上场比赛的人数竟达到9000万人次。

为夺团体首冠立功

容国团夺冠的当天，国际乒联代表大会就以压倒性的多数票通过决定，将下一届世乒赛的举办地放在中国。

1961年4月4日，第26届世乒赛在北京拉开帷幕。这是中国首次承办单项世界锦标赛。正处在困难时期的中国，为此修建了北京工人体育馆。

中国男队前两届先后获得第四名和第三名，此届占有东道主之利，自然是夺冠良机。

团体赛开始，中国队一路势如破竹，连胜8场，获得小组第一名，另两组第一名分别是匈牙利队和日本队。这次比赛，男队共分3个小组，由小组第一名打循环赛决出冠亚季军。

4月9日上午，中国队先与匈牙利队对阵。上届比赛，中国队以3∶5败给了匈牙利队，这次会不会重蹈覆辙？

庄则栋打头阵，出战削球稳健的裴多斐，直落两局获胜。

接着徐寅生上场，对阵上届拿了中国队3分的对方第一主力别尔切克。徐寅生熟练地运用长短结合的战术，有时还来一个假动作，看似抢臂扣杀，实则轻放短球，打得对方没了脾气。别尔切克两局先后仅得了8分和11分。

"不是冤家不聚头。"上届男单冠亚军容国团与西多第三个出场，谁能获胜，是中匈之战引人注目的看点。容国团有时以上届有效的提拉过度应对西多的削球，找机会就大力扣杀；有时长抽短吊，使西多难以逼角和反手突击，很快败阵。

庄则栋再次上场出战别尔切克，用连珠炮似的两面攻球压倒对手，轻取两局。

中国队以4∶0遥遥领先。教练傅其芳精心排阵，已见显著成效。

匈牙利队毕竟是世界最强的几支劲旅之一，大势虽去，仍拼命反扑。左手握拍的裴多斐以2∶0较大的优势拼下了容国团。

接着，徐寅生毫不费力地以21∶10、21∶11胜西多。

中国队已经以5∶1的巨大优势获胜。但按照当时的规则，双方要打完每一盘。另外三盘的结果是：容国团胜别尔切克2∶0，庄则栋负于西多0∶2，徐寅生胜裴多斐2∶1。双方总比分7∶2。

下午，日本队以5∶2也战胜了匈牙利队，乒坛历史上首次出现由东亚国家球队争夺男团冠军的局面。

晚上，北京工人体育馆座无虚席。人们等待着中日两队之间一场精彩的比赛，等待着团体冠军的诞生。

日本队早在比赛之前就誓言卫冕。教练兼运动员荻村说："团体赛最能表现一个国家乒乓球队的实力，是最荣誉的事，我们将尽最大力量去争取这项冠军。"

前一年，匈牙利和南斯拉夫选手访日，对日本新发现并练就的弧圈型上旋球一筹莫展。中国队得知此消息，由老队员胡炳权、薛伟初模仿，为主力选手当陪练；还派庄家富到香港看日本队比赛，摸到了底。中国队研究应对办法，心中已是基本有数。

比赛在人们的期待中开始。

庄则栋首战日本冠军星野。他用变化多端的发球和正反手进攻压住对手，使星野难以发挥正手的威力，以21∶14、24∶22为中国队打了个开门红。

第二盘，徐寅生对日本队新面孔、左撇子木村兴治。两人都格外小心谨慎，互相试探。徐寅生稳住阵脚，看准机会进攻，以21∶17胜首局。次局木村的强烈旋转弧圈球占了上风，连胜两局21∶17。日本"黑马"初显威风。

第三盘，容国团与荻村两位冠军对阵。二人技术都很全面，斗智斗勇，打得难分难解。最终,容国团以两个19∶21失利。

中国队以1∶2落后。

徐寅生再度登场对星野。星野发动猛烈进攻,而徐寅生有些求稳,以17∶21负。接着,徐寅生力求主动,发起凌厉攻势,以21∶14扳平。决胜局打到20∶18时,出现了经典场面:星野在远台连放12次旋转强烈的高球,徐寅生一次又一次高高跃起连扣12大板,才结束比赛。两队盘分变为2平。

随后,庄则栋以两个21∶13轻取荻村,但容国团又以1∶2负于木村,使场上比分又成了3平。

连输两盘之后,容国团一时间又悔又恨,低头走回休息室,双眼含泪。

"下一场你准备怎么办?"

"人生能有几回搏?"容国团举起双拳,仰天长啸:"此时不搏,更待何时!拼了!"

中国队此战第一主力徐寅生打了一场速决战,很快拿下荻村,两局分别仅丢7分和8分。

轮到两队都输了两盘的容国团和星野上场了。

上届团体冠军队的主力、被誉为"凶猛的雄狮"的星野展弥,在赛前的记者招待会上说:"对中国队决赛时,我要拿下3分!"豪言早已化为泡影,自然要拼尽全力。

容国团前两盘失利,虽有身体状况和发挥均欠佳的因素,但很重要的一点是他已成为众矢之的,要胜星野并非易事。领队估计他会再输,已提醒庄则栋准备打第九盘。

容国团揩掉泪水,振作精神,鼓足勇气,走向赛场。

21∶15,容国团压住星野反手,顺利取胜。但星野背水一战,竟然在17∶20落后的情况下连得5分,反以22∶20扳平,在心理上占了上风。容国团镇静下来,沉着应战,用推、拉、搓相结合的办法,钳制住星野,创造进攻机会,略占上风。20∶17,容国团拿到"赛点"。星野反扑,18∶20。

"容国团,咬住!"有人高喊。

星野进攻,拉出弧圈球,容国团看准来球推过去,再推一板,又推一板……六七板过后,星野拉球用力稍大,球出界。

容国团以21∶18胜了第三局,从而也结束了将近3小时的中日夺冠激战。

中国队终于以 5∶3 战胜了连获 5 届男团冠军的日本队。这也是中国体育史上获得的第一个团体世界冠军。

容国团高举双手蹦了起来。人们把他围住并抬了起来。

北京工人体育馆里百盏大灯齐放光明。一万多观众将雷鸣般的掌声献给中国乒乓球选手。

"胜利的旗帜哗啦啦地飘，千万人民的呼声地动山摇……"乐队奏起《全世界人民心一条》的乐曲，观众的掌声伴着乐曲的节奏响起。

国际乒乓球联合会主席蒙塔古走下主席台，把闪光的斯韦思林杯颁给了中国男队。教练傅其芳高举奖杯，队员举起双手，向观众招手致意。掌声更加响亮。数十名摄影记者争相拍下这欢乐而激动人心的场面。

单项比赛，中国选手庄则栋、李富荣、徐寅生和张燮林包揽男单前四名，邱钟惠夺得中华民族第一个女子世界冠军。

中国队此届共获得 3 个冠军、4 个亚军、8 个第三名，确立了强国地位。

"画龙点睛"留佳话

当第 28 届世乒赛在南斯拉夫卢布尔雅那开幕时，容国团担任教练已有两年，当女队主教练却只有 4 个月。他这次的任务就是带女队打翻身仗。

中国女队在第 26 届获团体第二，第 27 届滑到第三，有外国人说中国女队没有参加决赛的资格。1964 年 10 月的北京国际乒乓球邀请赛，中国女队全军覆没。坐在主席台上的国家体委主任贺龙有些激动："第 28 届……女队非要打翻身仗不可！"

中国男队参加第 27 届世乒赛战绩辉煌，获得了团体、单打、双打 3 项冠军，但这些成绩与容国团几乎无关。赛后，他退役了。贺龙元帅安排他到国家乒乓球男子二队当教练。当年在香港，为了糊口，容国团先后在多家俱乐部当过教练，这个只有十六七岁的少年，堪称香港最年轻的教练。当教练，他的宗旨是"把自己成功的和别人成功的东西教给运动员"。经他培养的好手有区盛联、周兰荪、于贻泽、王家声等。

1964 年 12 月，容国团得到通知，经研究决定，由他担任女队主教练，带领姑娘们去夺取世界冠军。

受命于危难之际的容国团，上任第一天就对几位女将说："现在党交给我一个光荣而艰巨的任务，同你们一起去夺取世界冠军，我的劲头又来了！咱们一同为祖国荣誉而搏！"

他几乎把所有精力都放在训练上，习惯的午睡放弃了，平时爱好的听音乐、下象棋、看电影都放弃了。他还特意剪了平头，为的是节省时间，甚至婚期都推迟了。

容国团特意请来男队的徐寅生、庄则栋、李富荣、张燮林、区盛联等运动员为女队员当假想的欧洲和日本对手，陪同练习；有时请担任田径教练的未婚妻黄秀珍帮队员们练腹肌和速度；他自己常常拿起球拍陪练，队员怕什么球，就练什么球，专打难受的地方，如梁丽珍步法差，攻她左右两大角……容国团等教练的悉心培养，使中国女队员在技术、体能和思想上都发生着可喜的变化。

中国女队充分发扬民主，广泛征求意见，又经过反复研究，确定由梁丽珍、李赫男、林慧卿、郑敏之作为团体赛阵容。

大赛临近，容国团根据中日双方队员实力及表现作了分析，认为林慧卿、郑敏之对日本的关正子、深津尚子占一些优势，还从新闻报道中发现日本队教练没有注意到林慧卿和郑敏之，且明显低估中国队实力，出两个削球手打日本队的想法初步形成。于是，他找老教练梁焯辉谈了设想："如果对付欧洲队就用直拍的李赫男和梁丽珍。若对付日本队，就出林慧卿和郑敏之，打他个措手不及。"

梁焯辉说："你要慎重考虑一下。原则上采取出奇制胜的办法总是可以的，但是一起出两个横拍手，过去没有先例。"

容国团说："路是人走出来的嘛，这个疑阵我布下了。"

其实，在容国团到女队前，女队已经取得了不小的进步。例如，教练梁友能1963年年底调到女队后，发现削球手的通病——近台快削，中看不中用，提出站位后移，突出加强削球的旋转变化，还让林慧卿将球拍正手的正胶换成反胶，显著增强了旋转。他还从日本女排多球训练法中得到启发，用一筐球"喂"队员，既练技术，又练意志。打正胶快攻的李赫男，则在教练指导下练了一手小弧圈，在保持速度快的基础上加强了旋转。

容国团制订了计划，训练更有针对性。打直拍的梁丽珍、李赫男专练对付欧洲旋转性很强的横拍削球，发挥"快、准、狠、变"的风格；打横拍的林慧卿、郑敏之专练对付日本的直拍快攻和弧圈球，贯彻"守得稳，削得低，变化强，落点好，进攻准确"的战术。

早在前一年的国庆节前，女队领队孙叶青请徐寅生到女队出主意。徐寅生自己称这次讲话为"放火"，也的确将女队员心中的信心、勇气、智慧之火点旺了。

中国队赴卢布尔雅那时，容国团和他率领的女队已是踌躇满志。

4月16日上午，团体比赛开始，中国女队首战以3:0轻取荷兰队。次战，容国团派梁丽珍、林慧卿和郑敏之出场对苏联队，以3:1获胜。出两个横拍是放烟幕，其中郑敏之输一盘还是有意为之。

翌日进行第二阶段小组赛，李赫男和梁丽珍出战联邦德国队，又是3:0胜；晚上遇到东道主南斯拉夫队，虽有主场观众呐喊助威，主队面对李赫男和梁丽珍仍遭惨败。

18日下午的小组最后一场比赛，中国女队与罗马尼亚队交锋，出场的仍是李赫男和梁丽珍。

比赛前在她俩的房间开会，容国团说："这场球你们已经考虑得很多了……我认为取胜的技术基础是具备的，关键在于打出风格，打出水平。"说完，他和领队离去，让她们冷静思考。李赫男回想起中罗交锋1胜3负，上届2:3，退居第三。此时她写下一句话："女队翻身已经叫了两年，平时叫得再好也没用，现在这个关键时刻是搏的时候了，不能怕，要有豁出去的精神！"梁丽珍也写下："打在前面，坚持到底！为中国人争气！"

中罗较量开始了。李赫男对康斯坦丁内斯库，梁丽珍对亚历山德鲁均以2:0获胜，都是第一局后来居上打得较为紧张，第二局则以较大优势取胜。第三场双打，两员女将又乘胜追击，直落两局，只用了5分钟就结束战斗。中国女队以全胜战绩列小组第一，获得决赛权。

这是中罗两队5次交锋中用时最短、比分最悬殊的一次。一家报纸评论："多年参与共同决定世界乒乓球水平的亚历山德鲁，被两位20岁的中国姑娘破除了魔法。她们特别聪明，又特别节约地使用了强大的进攻武器，面对着这种致命的袭击，连亚历山德鲁这样的'橡皮墙'也一筹莫展了。"

与中罗两队比赛的同时，日本女队也在团体赛第二阶段小组赛中，以3:0的同样比分战胜了最后一个对手匈牙利队，进入决赛。

讨论决赛出场名单的会上，大家分析：若出两名直拍选手，与日本队势均力敌，胜负难料；两名直拍选手前几场势如破竹，日本队估计中国队还会出她俩；出两名横拍选手是原定方案，会收到出奇制胜的效果。具体排阵交给容国团。此时，容国团将勾画过的秩序册递给男队主教练傅其芳。傅其芳接过来一看哈哈大笑。只见上面画了一条龙，龙身处写了梁丽珍、李赫男的名字，两个龙眼则分别"林（慧卿）""郑（敏之）"。

中国队让郑敏之对关正子，林慧卿对深津尚子。当双方拿到对方名单时，没出中国队意料，而日本队则吃惊不小，他们估计也希望中国队派一直担当重任的两名直拍选手，见到名单，感到措手不及。当观众知道中国队阵容时，全场为之轰动。

郑敏之削出的球几乎擦网而过，旋转强烈，关正子接连拉球落网，以11∶21告负。第二局关正子放慢速度打持久战，多拉少扣伺机突击，经9次平局，以21∶18扳平。决胜局，郑敏之削回的球越来越低、越来越转，以11∶2领先，关正子稳住阵脚，追回几分，但已无力扳回，最终以12∶21失利。

第二盘单打，林慧卿对攻球能力更强的深津尚子，开局就给对方来了个下马威，领先5分，但深津尚子努力追成14∶16、15∶17。林慧卿一反常态，运用发球抢攻和大力扣杀，以21∶16拿下首局。接着，深津尚子后来居上，最后还打了个擦边球，以21∶18扳平。第三局，林慧卿不慌不忙，利用旋转和落点变化打乱了对方步法，一有机会就果断进攻，很快以10∶4领先。双方换边后容国团示意林慧卿战术不变，而对方仍然摸不到规律，不是出界就是落网。林慧卿以21∶15结束此局。去年访问中国时保持全胜的这位日本队主力，还没弄明白为什么，就输给了上年赢过的林慧卿。

双打比赛，双方阵容不变。日本选手显然还不适应中国削球手的打法，轻拉猛扣都难奏效，最后郑敏之一个大板扣杀赢了最后一分。中国选手以21∶11、21∶14连取两局。

3∶0。中国女队以明显的优势击败了获得6次冠军、最近连续4次夺冠的日本队，首次捧得考比伦杯。

这是继男单、男团、女单之后，中国乒乓球选手获得的又一个分量特别重的世界冠军——中华民族第一个女子团体冠军。

中国女队打了一场后来博得用兵如神的毛主席称赞的漂亮"翻身仗"。

在人们的欢呼声中，容国团领着中国女选手登上领奖台最高层。他接过考比伦杯，高高举过头顶，向鼓掌喝彩的观众致意。

外国通讯社评论："这是锦标赛的第一颗大炸弹""这种奇兵突袭的战术震惊了全世界""中国人这种大胆策略，将在世界乒坛传为佳话。这一胜利令人信服地看到了旭日东升般的新中国"。

这一届世乒赛，中国男女队包揽了团体冠军，还获得男单、男双和女双冠军。这标志着中国乒乓球全面崛起。

拼搏精神永流传

"文化大革命"不仅使中国乒乓球队失去了两届世乒赛参赛机会，更失去了优秀教练员傅其芳、容国团、姜永宁。

容国团被扣上"修正主义技术尖子"等大帽子，还被说成有特务嫌疑，受到迫害。1968年6月20日凌晨，继傅其芳、姜永宁之后，他用一根练功带结束了刚过而立之年的生命。

中国乒乓球队后来的第三任总教练许绍发等3人坐一辆解放牌卡车为他送行。

1961年5月初，容国团的母亲文淑莲病危，至孝的容国团天天守在母亲身边，喂粥喂药。不久，这位母亲撒手人寰，她紧紧抓住容国团的手，抓住他刚取得世界男子团体冠军的球拍，笑着闭上了眼。

当容国团结束自己生命时，抛下了年轻的妻子、年幼的女儿和年迈的父亲。

就在容国团离开香港的第二年，他的父亲容勉之携老伴一起回到内地。他先是在广东省运动员训练基地的图书馆工作，老伴病故后退休到北京和儿子同住。

在失去亲人的悲痛中，容勉之和儿媳还得承受精神上的压力和经济的拮据。但是，他们坚信，容国团热爱社会主义，一心一意为国争光，绝不是"修正主义苗子"，更不是敌人。他们盼望着为容国团平反昭雪，一直等待着……

后来，黄秀珍又结婚了。她和丈夫一起尽心尽力侍奉老人。老人住院期间得到悉心照料，对外人说起黄秀珍的丈夫："他把我当父亲，我也把他当儿子！"

就在容国团去世10周年的时候，国家体委召开大会，为容国团、傅其芳、姜永宁平反。

1984年10月9日，中共中央政治局委员、国务院副总理万里，中共中央政治局委员宋任穷等领导同志，在北京长城饭店向中华人民共和国35年来杰出教练员、运动员颁奖。容国团的父亲容勉之代儿子领取了证书和奖品。

为了纪念傅其芳、容国团和姜永宁，北京市、上海市和广东省1985年联合发起举办"三英杯"乒乓球赛，得到国家体委同意。杯赛分两个阶段进行，第一阶段分别在上海、广州和北京进行，分别争夺"傅其芳杯""容国团杯"和"姜永宁杯"；第二阶段由三地分别选拔组成优秀选手队、成人队和少年队，在北京争夺"三英杯"。杯赛期间，三地组织展览，介绍"三英"的事迹。

容国团1937年八月十日（农历）生于香港，籍贯是广东省珠海市南屏镇。1987年11月，珠海市人民政府在该市体委大院内竖立容国团铜像，并举行隆重纪念活动。10年后，国家体委在珠海市举办中国乒乓球大奖赛，以纪念这位功臣。

2002年年底，中国乒协公布了中国乒乓球队建队40周年获奖名单，获最高荣誉奖的3名运动员和教练员是容国团、徐寅生、李富荣。

2009年4月5日，中国乒乓球队首获世界冠军50周年纪念活动在珠海举行。同一天，容国团纪念馆在珠海华发新城容闳学校开馆。纪念馆陈列着大量珍贵的历史照片，还有容国团留下的"人生能有几回搏，此时不搏，更待何时"的手迹。

容国团昔日遇到新科世界冠军荻村，靠搏，胜了；第25届男单比赛，靠搏，接连过关，夺得第一个世界冠军；第26届中日决战第八盘，靠搏，胜了星野，中国队胜了；第28届女团比赛，率女队又获得第一个女团冠军。

容国团首先喊出的这个"搏"，启迪人们破除迷信，解放思想，为中国乒乓球队和中国体育界打开了通往世界冠军的大门。

中国第一个女子世界冠军邱钟惠说，1958年从香港回来的荣国团，代表广州参加全国九城市锦标赛，获得男单冠军。当时邱钟惠则是女单冠军。那次他就在邱钟惠的心中刻下了四个字"敢想敢搏"。如今回忆起第26届男团决赛拿下星野，邱钟惠又说："我真的很佩服他那种'人生能有几回搏'

的精神！"

第 26 届男团夺冠队员庄则栋说："容国团对我国乒乓球贡献最大的一点，就是他'敢于胜利，善于斗争'。他有句名言'人生能有几回搏'，这也是他留给我们的巨大精神财富。"

当年，国家体委主任贺龙看到徐寅生在女队讲话的记录稿，作了批示，并呈送毛主席。1965 年 1 月 12 日，毛主席对这一讲话作了批示，要求印中央工作会议同志，称"全文充满了辩证唯物论，处处反对唯心主义和任何一种形而上学"。1 月 17 日，《人民日报》第一版发表了徐寅生的这篇讲话全文，题目是《关于如何打乒乓球》，并且加了编者按语。经新华社转发，传遍各地。这篇讲话中有如下内容："容国团说，人生能有几回搏？现在是搏的时候了！这种'搏'，当然是要为了国家的荣誉去'搏'才有力量。"

这是"人生能有几回搏？"第一次在公开报道中出现。

"拼搏"渐渐成为中国竞技体育界乃至社会各界的常用语。它激励着无数人战胜困难，勇敢前行。

国家体委原副主任、中国乒协和国际乒联原主席徐寅生，在中国乒乓球队首获世界冠军 50 周年纪念活动仪式上说："容国团从提出目标到实现目标，用了一年多时间。从第 25 届世乒赛回来之后，我们所有人都长了自信，两年之后的第 26 届世乒赛，我们拿到了团体冠军。"他还说，容国团带给新中国的不仅仅是首个世界冠军，"最为重要的是他的那句格言'人生能有几回搏'，这句话至今都是体育界的名言，我就是在这种精神下成为世界冠军的，后面还有很多运动员受益于这句话。我们现在在他的家乡纪念他，也是为了让这种拼搏精神不断地传承下去"。

（刊于《激情中国》一书　广东教育出版社 2009 年 9 月出版）

74 简明扼要

简明扼要，看似平常，却是新闻写作的基本要求。《美国名记者谈采访工作经验》一书的首篇，即是唐·怀特黑德的《简明扼要并非易事》。

这位美联社第一位特派记者，曾两获普利策新闻奖，还因二战中写的战地报道获得自由勋章。其最著名的书是《联邦调查局内幕》，此书拍成电影，使他获得自由基金奖。

就是这样一位资深记者，却在其讲述新闻写作时对简明扼要作了"并非易事"的论述。他在文章中说："新闻写作中最困难的部分是什么？清楚明了！要写出一篇让读者明确无误地了解你所要说明的事情，这比做什么事都更困难些。我虽然已搞了四十年的新闻报道工作，但是我现在仍然感到自己还在为实现清楚明了的目标而奋斗。然而我懂得：清楚明了只有在把新闻写得简明扼要时才能实现，而要做到简明扼要却并非易事。"

新华出版社1983年出版了《新闻采写经验谈》一书。这是新华社记者训练班专题报告选集。其中方言的《新闻写作的十项要求》一文中就有"形式要短小精练"一项，认为这是新闻写作的重要特色之一，要求"事实要精干""语句要简洁"等。这"十项要求"是《新华社国内新闻报道的若干问题》中的一节。

中国和西方新闻界前辈都强调简明扼要，可见这应被视为新闻写作规律性的要求，是文字记者、编辑的努力方向。在多年的采编实践中，笔者渐渐明白：短比长难！一件事500字可以写清楚，用700字就是水平不高的一种表现。"删繁就简"最能体现一个记者、编辑的功力！

《中国跤的八个优点》一稿，是笔者在新闻职业生涯中追求简明扼要的多次尝试之一。

采访武术、关注中国跤多年，听到武术界、中国跤界、新闻界很多人都说中国式摔跤这个中华民族传统体育项目十分优秀。但是，她的优秀表现在哪里？只能到一些论文和零散的文章中去寻觅。

于是，就在即将结束新闻采编生涯、最后一次采访中国跤全国比赛时，拿出了此稿。

其实，这篇稿看似简单，却已酝酿很长时间。因为，八个优点中，很多优点都可写一篇文章。如何用最精干的事实、最简洁的文字，写出中国跤的优点而又有说服力，并不容易。经一次又一次斟酌，多次修改，并在传回编辑部前请中国跤界专家过目，才最终定稿。

此稿被许多网站、博客和协会、跤馆等，删去新华社电头和作者姓名，多次、反复转发，浏览者众多，后又在多个微信群中反复转发。

中国跤的八个优点

伟大的中华民族创造了灿烂的文化，其中包括众多传统体育项目。中国跤就是其中生命力顽强、长久，深受中外许多人喜爱的一项。记者经长期采访、研究，归纳了此项的8个优点，并于14日至16日在沈阳全国冠军赛期间得到专家认可。这些优点是：

一、动作漂亮，观赏性强。其他二人直接对抗项目，如奥运会的几个项目也有漂亮动作，但难得一见。而中国跤漂亮动作之多，在各项中首屈一指。历史上，秦、汉、隋、唐、宋、清都曾是宫廷娱乐的表演节目；20世纪五六十年代，在北京、天津、保定、济南、沈阳等地，一有比赛，观者摩肩接踵；现在内蒙古那达慕大会和山西挠羊，观众人山人海。这都是观赏性强的证明。

二、技术含量高。36个大绊，勾、别、揣、扦、靠、掏、耙、踢、拧等，因抓跤衣部位不同、对方身体角度和用力方向不同，进攻动作都随之变化。中国跤更强调"以巧破千斤"，不用死劲、蛮劲，善用巧劲，借对方的劲使劲，要求眼疾手快，随机应变。这就形成了交手时的千变万化。旅法华侨袁祖谋在欧洲和北非推广中国跤受欢迎，很多学员看重的正是其技术含量高。

三、比赛规则简明、合理。比赛规则用一句话来概括就是：第三点即双脚以外身体任何部位着地为负。主要得分规则为：双方第三点先后触地，后触者得1分；使对方躯干触地，自己站立，得2分；使对方身体腾空、翻转倒地而自己站立，得3分；仅双方完全同时触地，均不得分，这种情况极少。

这样，给"黑哨"留的余地小而又小，裁判易看清，观众对胜负一目了然。

四、点到为止，安全文明。一方第三点触地即分胜负，被称为点到为止。这一特点在二人直接对抗项目中独一无二，非常安全文明。一次比赛，几百人参加，常常没有一人受伤。一些国家的警察学习此项，制服犯罪嫌疑人同时避免使其受伤，利于文明执法。

五、承载民族精神的精华。自强与厚德被称为中华民族魂。这不仅体现在中国跤传习者以自强、厚德自律与教人，更是此项本身的品格。几千年来，她的命运虽然起伏、曲折，生命力却非常顽强；她博采众长，吸收多个民族摔跤的精髓，才形成优秀的竞技体育项目。中华民族传统美德中的"仁义礼智信"，在中国跤中也都能找到踪迹。

六、健身效果佳。中国跤是一项全面发展的运动，需要速度、耐力、爆发力、柔韧性等，可全面锻炼身体。据史料记载，春秋战国时的角抵就是军事训练手段，后来不少朝代的军队也都开展。现在，一些摔跤界前辈虽年逾古稀，仍老当益壮，身手敏捷，就是其健身效果佳的明证。

七、防身价值高。俗话说："三年的把式不如当年跤。"其实用性由此可见一斑。北京电视台曾报道：一歹徒持匕首劫车，车主下车后看准机会用摔跤招数制服了歹徒。类似的例子中外都有。天津体院一直保留此项，受到武警等系统欢迎。

八、易于推广普及。中国跤对场地、器材、服装的要求不高，少花钱即可在学校、部队、俱乐部、健身房甚至田间地头开展。

（新华社沈阳2009年11月15日体育专电）

75　打抱不平

打抱不平，出自《红楼梦》的这一成语，意思是指遇见不公平的事，挺身而出，帮助受欺负的一方。

《中国忘了"中国式摔跤"》一文，可以说是因打抱不平而写的一篇稿件。

爱打抱不平，大概与笔者小时候在老家村中大坑边听书和上学时读了很多武侠小说有关。笔者的老家河北沧州是闻名遐迩的"武术之乡"，出生地离《水浒传》中林冲发配的沧州（历史上的沧州）只有几公里，虽未练过武术，却对侠客们"路见不平，拔刀相助"的打抱不平十分景仰。

20世纪60年代，在天津第六体育场参加业余无线电收发报训练，笔者看过几次中国式摔跤比赛，被那精彩动作频出的竞技所吸引，留下深刻印象。

当记者的第一年，有机会报道第二届全国少数民族传统体育运动会摔跤比赛，写过几篇受到报纸欢迎的稿件，对这个中华民族优秀竞技体育项目有了更多认识。

1998年曼谷亚运会时，已对全运会、亚运会、奥运会项目有了较为全面的了解。属于中华民族传统体育项目的中国式摔跤，与亚运会和奥运会几个徒手直接对抗的项目比起来，实在是好得多。但是，中国式摔跤却被排除在全运会之外，无缘登上亚运和奥运赛场。太不公平了！

恰在此时，新华社的《体育快报》创刊。该报编辑部希望参加曼谷亚运会报道的人员给这张新报纸写稿。于是，笔者抽空写了《亚运和奥运的遗憾——为中国式摔跤鸣不平》。此稿从观赏性、规则等几方面将中国跤与几个奥运和亚运项目做了对比，用事实说明了中国跤更为优秀。

12年后，首届世界武搏运动会在北京举行，所设13个格斗类项目中仍没有中国式摔跤。为其抱不平的想法又涌上心头，笔者很想再次为这个优秀项目鸣不平。

关注中国跤多年，对这个优秀项目的历史、现状、命途坎坷有了更具体的认识，很希望国家体育部门对这个被冷落的项目重视起来。

于是，写了《中国忘了"中国式摔跤"》。《中国新闻周刊》采用此稿后，有编辑反馈说，没想到一个不起眼的项目竟能写出这样的稿件（大意）。

此稿后来被多家网站和博客转发，阅读量都不少。不过，绝大多数都删掉原载杂志和作者名字，甚至有网站作为自己原创文章推出，以致笔者想在微信公众号上发此文时不能作为原创文章发出，最后经投诉才解决问题。

此稿在中国跤多个群里发出后，其中一个群的群主推出了当年他给一位领导写的信，上面有很多人签名，表达了让中国跤进入首届世界武搏运动会的愿望。他表示，笔者作为新闻界人士、局外人，竟然发表了与他们想法完全一致文章，对此，他深感欣慰。

中国忘了"中国式摔跤"（外一篇）

首届世界武搏运动会（2010年）8月28日至9月4日在北京举行，共设13个格斗类项目，包括武术和拳击、古典式和自由式摔跤、柔道、跆拳道、空手道、合气道、剑道、搏击、泰拳、桑搏、相扑、柔术。

这些项目，日本的传统项目占了6个，西方的有3个，中国、韩国、泰国、俄罗斯的各一个。令人吃惊的是，富有中华民族特色的中国式摔跤却不在其列。

在中华民族体育项目中，从竞技体育的角度看，论历史之久远，昔日开展之广泛、受重视程度之高，中国式摔跤都是其他项目难以相比的。

然而，这样一项运动没有得到申请进入奥运会的资格，连非奥运会项目聚集的世界运动会也没进。如今，在中国举办设有众多格斗项目的武搏运动会，仍然没有资格进入。

历史之久　远于武术

中国式摔跤的名称不好，尤其是"中国式"三字是20世纪50年代古典式和自由式摔跤进入中国时，为区分"国际式"所加，很多业内人士都主张改掉此称谓。这里姑且用"跤术"称谓。

武术是国粹，人所共知；跤术同样是国粹，仅有少部分人知道。

可以说，一部中国古代搏击史，实为中国跤术史。说到武术的起源，都会提到轩辕斗蚩尤时的"角抵"。其实，这是跤术最初的萌芽，到秦朝，跤术已经作为竞技体育而盛行了。从秦汉的"角抵"，到魏晋南北朝、隋、唐、宋、元、明的"角抵"和"相扑"，再到清朝的"善扑"、民国"国术"中的"摔角"一直到新中国的"摔跤"，最后定为"中国式摔跤"。武术则是以各拳种为主要内容的，有专家考证，拳术最早出现在南朝梁代，到明朝才开始大量涌现。历史上各个朝代，作为竞技和表演的主要是跤术，24史中有很多关于"角抵""角力"表演、竞技的记载；说到武术，则多与军事、勇力有关，到了明朝才有人物、著作介绍。

跤术在历史上传播地域很广，爱好者众多。历史上，除军队官兵普遍练习之外，很多朝代的皇帝、官员中不乏酷爱者，有不少还亲身参与，民间的习练者更是普及到妇女和儿童，还出现了其他项目未曾有过的"国家队"。如南北朝的"角抵队"、唐朝的"相扑棚"、宋朝的"内等子"、清朝的"善扑营"，都是宫廷的专设机构，其成员为选拔出来的高手，分等级，拿俸禄，为皇帝和官员、外国来宾表演，还承担护卫工作。宋朝民间甚至出现过类似现代俱乐部的组织，如"相扑社""角抵社"。《汉书·艺文志》中收入《手搏（角抵的另一个称谓）》六篇（已遗失），宋朝人调露子所著《角力记》，都是明朝之前的体育史专著。

跤术至今还流行在北方各地，南方长江流域的四川、湖北、安徽、江西、浙江、江苏等地昔日也曾十分盛行，甚至传到了外国。

中国跤术的发展随人类的进步也渐渐抛弃野蛮而向文明迈进，保留了它竞技的精华。古代的"角抵""角力""相扑"可以使用"踢打摔拿"，曾有"断头折臂"的记载。从元朝至清朝，渐渐融合了各民族特别是汉族、蒙古族、满族摔跤的长处，以及一些拳种的招数，摒弃了易伤人的"踢""打"和"拿"的反关节招数等，保留了"拿"的部分内容即"揪拿"，最大限度地丰富、扩展了"摔"；到清朝的"善扑"已变得非常安全。

新中国第一届全国综合性运动会——1953年在天津举行的全国民族形式体育表演及竞赛大会（后被追认为第一届全国少数民族传统体育运动会）上，摔跤被列为比赛项目，武术被列为表演项目。赛会没设散手比赛。

经过几千年的锤炼、扬弃和博采众长，如今跤术已逐渐演变成一个观赏性、安全性、可操作性都强的优秀竞技体育项目。

时乖运蹇被"遗忘"

跤术在新中国成立后的40多年，除了"文革"，总的来说命运不算差，被"遗忘"始于1993年。

在第七届全运会赛场之一的丰台体育馆，跤术上演了全运会上的绝唱。比赛期间的座谈会上，一些业内人士为跤术的境遇难过得流下了眼泪。

专业体制下的中国竞技体育，若不再是全运会比赛项目，意味着失去了省级专业队编制，没有训练和比赛经费，业余体校也不再为其培养后备力量……长时间红红火火的跤术疾速跌入低谷。省级专业队纷纷解散，教练、运动员都要寻找新出路。1995年全国中国式摔跤锦标赛，原定有14个省区市和行业体协组队参加，结果仅天津、河北、内蒙古、辽宁和河南5队30多名运动员出席，原定两天的赛会只进行了一天的单循环赛便草草收场。人们已经没有心思参加与全运会无关、与个人前途无关的比赛了。

现在看来，当年全运会抛弃跤术，没有做深入研究，是严重失误，至少是不慎重的。

当竞技体育的"指挥棒"指向奥运会金牌时，跤术本来作为非奥运项目地位就不高，被排除在全运会项目外之后，就更少得到"疼爱"。巴黎市长杯中国式摔跤国际邀请赛组委会发来邀请，首次去参赛队伍领队的费用是组委会主席袁祖谋用打工挣的钱负担的。

20世纪90年代，中国体育界推出协会实体化改革举措，随后各管理中心先后成立。武术运动管理中心较早成立，主管摔跤的重竞技运动管理中心是1997年成立的。后者曾先后主办了4次中国式摔跤国际邀请赛，但是，在竞技体育布局"奥运化"之后，仅靠办几次国际邀请赛很难推动跤术的复兴。

武术管理中心一位原副主任曾对笔者说，跤术主管部门重竞技中心曾找到武管中心，问是否能把跤术交给武管中心，武管中心没要。而拒绝了跤术的武管中心，于2000年创办武术散打王争霸赛，一些联系武术中心的记者建议比赛中间增加跤术表演，认为跤术非常好看。民国时的"国术国考"中，"摔角"属于"国术"。武管中心主任找到重竞技中心，问是否能把跤术交给武管中心。据说，重竞技中心主任本来就不想要跤术，后来天津体院老师刘金亮对他说，跤术是一个非常好的项目，这位主任又不给了。可是，重竞技中心要管举重、摔跤（古典式和自由式）、柔道、拳击、跆拳道等6个奥运会项目，哪有时间和精力管非奥运会项目！

在国外传播中国跤术者早就盼望能成立国际组织，但有关官员让他们等待中国方面牵头的行动。此事一直拖着，迟迟没有行动。

打开中国体育界最权威的几个网站，都难寻跤术的踪迹。包括中华全国体育总会官方网站也"遗忘"了此项。该网站在奥运会项目之外列出了33个非奥运会项目，其中有中华民族特色的项目为：武术、象棋、围棋、龙狮、龙舟、毽球、风筝。因为没有自己的协会，要找中国式摔跤得去奥运会项目里的中国摔跤协会才能见到，可中国跤不是奥运会项目啊！

"投入地爱一次，忘了自己。"电视剧《编辑部的故事》插曲中的这句歌词，可以形象地描述中国体育对待奥运会的态度和行动。

中国体育战略布局指向奥运会夺金，全运会成为"中国奥运会"，仅将武术作为保留民族项目的象征。一心一意要多得奥运金牌的中国体育界，当得知跆拳道将成为奥运会项目时，立即高度重视跆拳道；当空手道申奥有可能成功时，没等出来结果就成立了空手道国家队。中国体育界决策者的目光早就一直盯着奥运金牌，"忘记"了也应该把中国体育项目推进奥运会。

当北京申奥紧锣密鼓时，他们似乎才想到要抓住北京办奥运会的机会，但为时已晚。中国体育界没有召集专家研究、论证什么样的项目才适合申奥，几乎不假思索地把申奥任务交给了武术中心。最终，国际奥委会主席罗格从展示中国文化的角度出发，同意让武术在奥运会期间办一次比赛。

古代的跤术，传到日本，发展成了大相扑和奥运会项目柔道；传到韩国，发展成了奥运会项目跆拳道（跆拳道的前身是中国古代的手搏——角抵的另一种称谓）；传到俄国，发展成了国际摔跤联合会承认的桑搏（有专家说，桑搏的发音与相扑接近，俄罗斯人承认桑搏源于中国）。

仅就技术而言，跤术很像一个巨大的宝库。据专家们说，古典式和自由式摔跤已学了她的手法，柔道吸收了她的一些技术动作，世界运动会上的空手道就是将跤术动作串联起来，合气道借鉴跤术的招数使得动作更漂亮。

而在她的发源地中国，跤术却正经历着被逐渐遗忘的命运。

这次武搏运动会项目中，空手道已"接近"奥运会，大相扑也将目标锁定为奥运会。今日之中国体坛，跆拳道和柔道有国家队、省队和业余体校众多学员，跆拳道还占领了都市时尚领域和学校，空手道有了中国国家队，合气道也进入中国。最优秀的"中国式摔跤"却无缘进入武搏运动会，也后备乏人了。

外一篇：跤术、拳术与太极

武术技击的最高境界——"以柔克刚""四两拨千斤"，事实上在体育竞技中只能通过跤术才能完美地体现。

武术界人士都认为，武术的精华在技击。但是，技击中的"踢""打"极易伤人甚至致人死亡。因此，武术又被称为"杀人术"。100多个拳种当中，几乎所有拳种的技击术都难以做到分出胜负却不伤人。正因如此，这些拳种几乎没有一个发展成对抗性竞技项目。

太极拳中的对抗项目太极推手，虽可做到分出胜负不伤人，但缺乏观赏性。

跤术与拳术的理与法是相通的。例如，跤术与太极拳就有很多共同之处，太极拳"动作圆活，招不离弧形，势势皆呈圆像"，包含着动静、刚柔、虚实、开合等对立统一状态；而跤术也同样拥有这些中华文明的内涵。

不同的是，各拳种的"一招制敌"大都是让对方瞬间受伤或死亡；而跤手对抗时可以使全力让对方跌倒却不易受伤，而且常见以巧制胜的精彩场面。

【刊于《中国新闻周刊》2010年第34期（9月13日出版）总第484期】

76 辨析"潜规则"

这里说的"潜规则",特指在中国体育界一度盛行、曾引起过激烈争议的"让球"。而《林丹退赛只为"国家利益"吗?》一文,即是笔者辨析这一"潜规则"的尝试。

"让球",本是中国乒乓球界内部的事情,自1988年汉城奥运会前闹得沸沸扬扬的"何智丽风波"公之于世,便在社会上引起广泛争议。后来,中国羽毛球、女排,也包括乒乓球又出现"让球"或疑似"让球",又一次次掀起波澜。

有人说,让球就是打假球,无论以多么崇高的名义,打假球都是不对的。因为它破坏了公平竞争,不符合奥林匹克精神。

这些话听起来一点也不错。但是,用现在的认知评判历史上的"让球",是不客观、不公正的。

中国乒坛在国际大赛上的第一次"让球",发生在1961年。当时,站起来的中国人正投入经济建设,中华人民共和国在联合国的合法权利尚未恢复,中国与国际奥委会断绝关系不久,奥运会奖牌"零"的耻辱尚未洗刷……

那时的中国,非常需要用国际大赛的金牌来振奋民心,而乒乓球是中国对外交往中极少数的通道之一,我们的乒乓球又刚刚为中华民族夺得第一个世界冠军。

"友谊第一,比赛第二。"这句话最早出自毛泽东主席之口。1971年日本名古屋第31届世乒赛之前,周恩来总理在人民大会堂接见乒乓球队队员时正式提出"友谊第一,比赛第二"的指导方针。赛后,中国邀请美国乒乓球队访华,拉开"乒乓外交"的帷幕,被称为"小球转动大球"。在北京举行的中美对抗赛,其中一场是李赫男对阵美国冠军康妮。李赫男是第28届女团冠军队主力,团体赛无败绩,却不露声色地让给了康妮。当时的外交部翻译唐闻生在央视《国家记忆》栏目 2021 年 12 月的《1971 基辛格访华 （马可）波罗行动》节目中回忆，当时正在看球的周总理让唐闻生到休息室或更衣室找李赫男："你跟她说，我谢谢她！"中美乒乓球水平不在一个档次，中国队如果没有人让球，美国队就会被"剃光头"了。显然，东道主给客人留了面子。

这是体现"友谊第一，比赛第二"方针最早的一个事例。这一方针经历了贯彻、质疑和逐渐淡出几个阶段，也在一定程度上为"让球"提供了支持。

就在写此稿时，张燮林对笔者说："当年，我们的一切都是国家给的，包括衣服、球鞋……为了国家的利益要你让球，我们想报效国家，觉得很正常。"

中国乒乓球队前队长江嘉良在 1987 年新德里"世纪之战"中力挫瓦尔德内尔蝉联冠军归来后，对笔者说："我很感谢惠钧、陈新华，没有他们让我，我很难进决赛；就是拼入决赛，也很难有体力赢下来。"他也曾不止一次让过球，例如，在一次世界杯赛上，他主动把争冠军的机会让给状态更好些的陈龙灿。相反的例子是，1989 年世乒赛，已连续 5 届夺冠的中国混双没有选手进入决赛，继男单、男双失利后连"一条裤衩"也没保住。原因是，对外国选手最有竞争力的一对在四分之一决赛时被队友拼掉，而进入半决赛的两对都输了。就在"何智丽风波"闹得不可开交之时，他给当时的国家体委主任李梦华写信，力陈中国队在运动员收入与外国同行差距巨大、技术已不占优势的情况下，发挥集体力量的重要。

这就是早期中国队两代运动员对"让球"的见解。

用历史的眼光看，把"让球"置于当时的社会背景中去考察，才符合辩证唯物主义，才能理解"让球"在当时的大环境中产生、延续，有其必然性。

"奥林匹克精神"一词，虽很早就被媒体使用，但很少进入大众视野。1984 年洛杉矶奥运会中国突破金牌"零的记录"之后，才渐渐为人们熟知。经查，"公平竞争"这一词语第一次出现在新华社报道中，是 1988 年。而"奥林匹克精神"的逐步普及，才使一些人评判"让球"有了"武器"，后来又有更多的人加入这一行列。

随着社会的进步、经济的发展，运动员取得好成绩后，不仅有名，还有可观的经济利益。面对新的变化，"让球"操作变得棘手起来，随之逐步减少。

体育是社会的组成部分，同样不乏利益博弈。利用规则趋利避害，在大赛中并不鲜见。为避开下一场更强的对手，或为节省体力，一些队伍故意输掉无关紧要的比赛，这在策略上有其合理性。你可以说，这不符合奥林匹克精神，但是，如果遵循奥林匹克精神，在无关紧要的比赛中拼尽全力取胜，但在下一场比赛会遭遇更强的对手或因体力消耗过大而输掉。因此，如果比赛组织者不能在制定规则时避免消极的情况发生，产生"让球"的"土壤"依然存在。

迅速富起来、强起来的中国，对于大赛金牌和佳绩的需求渐渐不如昔日那样强烈，球迷对中国运动员大赛的输赢也不像过去那样看重。人们更关注中国运动员是否遵循"公平竞争"的原则，打出风格和水平，表现出大国风范。

因此，2002年中国女排两次为避开强队，以0:3故意输给希腊队和韩国队被球迷责骂"打假球"而受到体育总局批评；2011年中国羽毛球队世界第一强手林丹"退赛"，让球迷失去了观看高水平竞技的机会，被指责"让球"，就一点儿也不奇怪了。

为了辨析"潜规则"，回顾历史上的"让球"，解读后来的"让球"，笔者写《林丹退赛只为"国家利益"吗？》一文，旨在希望人们用联系、发展、全面的观点看问题，对一些有争议的体育赛事做全面、具体的分析。

林丹退赛只为"国家利益"吗？

昔日有争议的一个话题如今再掀波澜。这个话题就是——让球。

羽毛球界公认的21世纪最杰出男选手林丹，不久前在新加坡羽毛球公开赛决赛时宣布因突发肠胃炎退赛，引发媒体和球迷热议。

纵观网上新闻和纷纭的评论，两种观点阵线分明：中国羽毛球队总教练李永波和林丹本人表示，退赛是因为患病；而一些媒体和众多球迷的看法倾向于退赛是为了让球。

"患病说"与"让球说"截然对立，该相信谁？

或许，这次退赛的林丹是被冤枉的。国际羽联人士也出面说明，没有证据证明林丹"伪造了肠胃炎疾病的状况"，并表示"本次公开赛的医生确认了林丹的疾病"，称"希望林丹不必再面对更多的质疑和指责"。可是，李永波和林丹本人为"让球说"提供了论据。

李永波曾在赛后表示："我们战略性地退赛有什么不对？说到底还是为了中国的荣誉，不觉得有什么错，为什么总有人指责我们？""战略性地退赛"的说法，使人联想到，这可能是中国羽毛球队频频出现退赛现象的主要原因。

林丹在事后接受采访时也表示："一支球队是所有优秀运动员形成的集体，因此我觉得集体的利益、国家的利益大于个人。我们中国队是提倡集体利益的。"将这番话与退赛联系起来，似乎又在向人暗示，他是为了"集体的利益、国家的利益"退赛的。这位世界冠军此前8年在接受《南方体育》采访时就曾透露过，队内有规定，如果中国队队员相遇，输掉第一局的一方必须放弃第二局。

种种迹象表明，在中国羽毛球队这个多次取得辉煌战绩的集体中，似乎至今仍实行着让球的潜规则。媒体和球迷多数人这次不相信"患病说"而坚持"让球说"，大概源于此。

让球史来有之

让球是历史的产物，至少可以追溯到半个世纪之前。回顾昔日一些"著名"的让球事例，看看中国体育界对让球态度的变化，可能有助于解答上述疑问。

50年前，在北京举行的第26届世乒赛男单半决赛和决赛中，徐寅生和李富荣先后让给了庄则栋，张燮林先让给了李富荣。庄则栋那时也隐约道出了实情："我是代表集体来领奖的。"笔者从乒乓球界人士那里曾耳闻，后来有很长时间队里没人能赢李富荣。但接着的两届，庄则栋又连获冠军，捧回了为获三连冠者复制的男单冠军奖杯。这是披露出来的最早的让球。让球的原因是一位领导说了话："小庄有前途，让他得冠军吧。"接着的两届，因为让他有连续三次夺冠的机会，可提高中国选手在世界上的知名度。几十年后，2007年4月，已经担任中国乒协主席的徐寅生在接受上海东方卫视《深度105》节目的访谈时，详细讲述了中国乒乓球队这些让球"故事"。

中国羽毛球队"最困难"的一次让球是在1963年雅加达新兴力量运动会上。据中国奥委会名誉主席何振梁在其著作《五环之路》中讲述，当时，中国羽毛球女队夺得团体冠军后，东道主方面要求中国男队让给他们，得到了代表团应允。比赛时，高水平的中国专业选手要让给业余选手，只能有意失误。事后，中国选手受到高层领导人批评，因为，他们让得太明显，没有做到既让给对手又得让一般人看不出来。这次运动会召开的意义，是标志着"新兴国家的人民在反对帝国主义和新老殖民主义对国际体育事务的操纵和垄断的斗争中所取得的重大胜利"。发起这一赛会的正是东道国的总统。对中国体育代表团来说，不让出这个男团冠军就会损害与东道国的友谊。外交当然远比体育重要！

人们都知道周恩来总理曾提出"友谊第一，比赛第二"的方针。为了友谊，中国乒乓球队不止一人，不止一次让给外国选手。有的虽然实力超群，完全可以夺冠，却因连续让球，没有在世界冠军奖杯上留下名字。也有因形势所迫没有让球的情况，事后专程去道歉，生怕影响了两国间的友谊。后来，那种特定的历史环境改变了，"友谊让球"随之消失。

出现最多的让球在队内。乒乓球有球路相克一说。遇到某个对手，队里会决定让更能克制对手的队员出战。对于这种让球，一位教练的说法是：两军对垒，指挥员可以有针对性地派出更有优势的队员。这被称为"战术安排"，可以说是让球的"理论支柱"。单项比赛每逢本队两名或两对选手相遇，就有可能做出"战术安排"，同时意味着一人或一对选手必须作出牺牲。

让球本已随时代落潮

让球现象存在多年，可以说成为传统，为何外界并不知情？一是中国乒乓球队有一个传统：见困难就上，见荣誉就让。正如前国家体委副主任、中国乒协前主席徐寅生在电视节目中回忆让球时所说："我们都感觉这样很正常，国家利益总是要放在第一位。"被指令让球者或甘愿牺牲自己，或心有不甘却不便说出，便被视为顾全大局，受到表扬，甚至可以得到补偿。二是让球的和被让的双方心知肚明，比赛实为表演，有可能比真拼更好看，不了解底细者谁会想到这是让球呢！

罕见的例外是1987年第39届新德里世乒赛一场女单半决赛。队里多数人的意见是让削球手管建华出战患肝病痊愈不久的韩国梁英子，何智丽先是答应让球，比赛时却打了管建华一个措手不及。

这件事后来被广为传播，有人说她是反对让球的英雄，其实不然。据叶永烈所著《是是非非何智丽》披露，何智丽在1986年因接受队友让球获得了亚洲单打冠军，而这届世乒赛1/4决赛中又接受了陈静的让球。

因此，何智丽被称为"第一个用不光彩的手段获得世界冠军的运动员"。总结会上有队友说她"这是道德品质问题"。蔡振华后来谈起此事也认为她"欺骗了队友，然后反过来喊冤，这就是不对了"。翌年，中国队公布参加汉城奥运会名单，又闹了一场何智丽落选风波。

使让球受限的原因是大环境的变化。随着中国由计划经济向市场经济转变，运动员的胜负、名次与利益的联系更紧密，让球也随之减少。因为，让某个队员让球，不仅可能会给他的心理带来阴影，他的社会知名度、经济损失也难以弥补。对前辈们来说很简单的事情，对当今时代的年轻人来说，已变得非常复杂。

2007年，中国乒乓球队领队黄飚在接受新华社记者采访时表态："在保证国家利益和荣誉的大前提下，我们不鼓励也不支持队员去'让球'。"蔡振华担任乒羽管理中心主任后，在2005年接受《体坛周报》采访时也说："现在，我们一般不会再有让球……如果在奥运会上，那就是国家利益高于一切。"这两次表态并没有彻底否定让球，都强调了国家荣誉。此次，中国羽毛球队如出一辙地一再强调"国家荣誉"。

早远不止"国家利益"那么简单

以这次林丹退赛为例，如一些媒体和球迷的分析，不管林丹退赛是不是由于"战略性"或"国家利益"的原因，至少从其客观的结果看，造成的局面是：不战而胜的陈金得到冠军的积分，总教练有关奥运会参赛人选的设想更接近实现，"金满贯"在手的林丹也省了气力。这可是一举几得的事。将来在伦敦奥运会男团比赛中获得好成绩，对国家、集体和个人都会有益。在中国国家队长期的"让球"背景下，林丹连续三次退赛，引起广大球迷的猜疑、不满和指责，便不足为奇。

然而，如今的中国，不再像过去那样特别需要用体育成绩激励人心，金牌对于教练员和运动员本人的意义和价值，远高于对国家和普通球迷的振奋，高额奖金之外还有其他收入，这种种境况，使得让体育和比赛回归其本来的意义正逢其时。

按照奥林匹克精神，每场比赛都应公平竞争，杜绝一切让球。但是，目前这仍属于理想的境界，真正做到并不容易。我们只能期望，在将来，能让奥林匹克精神真正深入人心，人们将遵守体育道德看得比金牌更重。

需要指出的是，有的教练员和运动员一遇到媒体和球迷的追问、质疑，就以"为了国家荣誉"来应对，这种说法在早年还基本说得过去，现在说就不符合事实了，至少是不全面的。因为，夺取大赛金牌是为国家和集体争得荣誉，与此同时，教练和运动员相当大的利益也在其中。

还应当指出，为国家和集体争得荣誉，只是一个方面，教练员和运动员在赛场内外表现出良好的道德风尚，同样是为国家和集体争光。林丹退赛引发的球迷不满、指责甚至谩骂，虽然有关当事者个人的耻辱，但球迷所指责的对象，也包括国家和集体。

（刊于《中国新闻周刊》2011年7月4日第24期总第522期）

77 集纳"碎片"

《大赛东道主优势的秘密》一稿,是由"碎片"材料集纳而成的。当然,这是由稿件题材所决定的。要揭开大赛东道主优势的秘密,需要能说明问题的事例很多而且很散。

这些"碎片"中,有采访时亲眼见到的情景;有参加报道时听说的故事;当然也有昔日《参考消息》刊登过的文章内容,笔者已在《赛场黑手党》中用过的材料。

这些"碎片"中,很难得到的是"裁判员的心理倾向"部分。因为,随着社会的进步和体育竞技受到更多关注,裁判员一般不再敢明目张胆地偏向某一方。但是,仍有个别裁判在众目睽睽之下出现错判。

北京奥运会跆拳道比赛中国运动员陈中对英国选手时,恰巧笔者当时在新闻中心值班签发稿件,为弄清陈中获胜被改判失利的全部事实,让记者作了补充采访。这是裁判无意中偏向东道主的例子。更巧的是,看电视时见到的2015年温布尔登网球男单决赛,裁判员在有"鹰眼"监视的情况下,竟然一次又一次偏向东道主选手。两件事都给笔者留下深刻印象,写稿时自然会用上。

伦敦第30届奥运会开幕前,关于东道主优势的话题一时热了起来。人们都知道东道主有优势,但是,优势究竟在哪里?似乎没有一篇文章讲清楚。

于是,笔者想到可以写一篇文章,尝试揭开大赛东道主优势的秘密。

把已有的"碎片"集中、整理、选择、归类,放置合适的位置,很快成稿。7月12日发给《中国新闻周刊》编辑,7月23日的第26期就出版了,赶在了伦敦奥运会27日开幕之前。

后来,金牌数的变化一次又一次证明了东道主的优势:伦敦奥运会,英国由北京的19枚列第四位,增加到29枚列第三位;里约热内卢奥运会,巴西由伦敦的3枚列第22位,上升到7枚列第13位;刚结束的东京奥运会,日本由里约的12枚列第六位，上升到27枚列第三位。东道主的优势客观存在，不以人的意志为转移，只是"秘密"各有不同。

早就听老同志说过，一个好的记者，工作不能限于八小时以内，应随时注意观察、了解各种社会现象和各类信息。一旦需要，这些信息，哪怕是"碎片"，就会"跳"出来供你选择、使用。

进入网络时代，不要以为什么材料都可以在网上搜到，有时你搜到的东西未必真实。有些特别重要的书面材料，不妨保留下来备用。积累，不要怕麻烦。

前面有一篇《厚积薄发》，讲的也是积累，不同的是，那篇是说在一件事情上积累足够多的材料，其中最能说明问题的少部分用在稿中即可成篇。而这一篇强调的是记者要随时随地积累思想和材料。随时随地积累，应成为记者的一种好习惯。

大赛东道主优势的秘密

北京奥运会之后，奥运会将回到田径、游泳、足球、网球、乒乓球等现代体育项目的发源地举行。但是，包括伦敦奥运会在内，体育大赛中东道主的优势依然不会消失。

伦敦第30届奥运会即将开幕，国内外很多人做出的预测，有一点基本一致，那就是中国体育代表团所获金牌数，将比北京奥运会的51枚有较大幅度的减少。而减少的原因，很重要的一条是没有了东道主的优势。

奥运会比赛，东道主的优势对于本国代表团的成绩有多大的影响？纵观100多年奥运史，东道主代表团比上一届的成绩有提高的占绝大多数，大幅度提高的占很大比例。而到了下一届奥运会，上任东道主的代表团绝大多数成绩都出现下滑，仅有的例外是两个非常重视体育特别是竞技体育的国家，一是澳大利亚在2004年雅典奥运会上的17金，比悉尼奥运会多一枚，还有韩国在1992年奥运会上的12金，与汉城（现首尔）奥运会持平。

东道主对于本国代表团取得好成绩的作用如此之大，秘密在哪里？

对于东道主的优势，人们最常见的说法是"占有天时、地利、人和"。这看似不起眼的天、地、人之利，其中大有文章。

东道主的"方便"

1988年汉城奥运会时，笔者负责采访的项目中有奥运会新成员乒乓球。赛前较早时间，恰看到韩国选手刘南奎等几人从体育馆内走出来，上了一辆专用轿车离开，显然刚刚训练完。

这就是东道主的一种"便利"。

赛前，乒乓球项目的竞赛委员会事先要安排一个训练时间表，标明各国家和地区代表队何时在哪个场地的哪几张球台练习。各队将乘坐大会安排的大巴按此表规定的时间训练。而东道主队就不同了，可以在客队未抵达时来适应场地，尤其在快开赛时，可按时间表、也可在时间表之外的时间练习。他们对场地、灯光、球台弹性等设备、器材的适应程度，是其他队伍难以相比的。

东道主队在饮食方面的便利自然不言而喻。其他队伍一般都在奥运村餐厅就餐，训练时间通常无法回奥运村，因为往返时间很长，中国队总教练有时只得买来方便面让队员充饥。

参赛的乒乓球高手，胜负往往在一些细微之处。这届奥运会的乒乓球赛，韩国选手获得了男单金银牌和女双金牌。

有一届全运会，东道主为自己行"方便"，安排某项大球比赛在省会以外较远的一个城市进行，东道主队提前一天到达赛地，以逸待劳；而对手第二天乘大巴长途跋涉赶到，没有多少调整时间，比赛就要开始。这样的安排，对手虽不满意也难提意见。奥运会比赛东道主队若有什么要求，同样组委会尽可能提供方便，而客队就没有这样的机会。

运动员的衣食住行当中，与身体健康和比赛发挥关系最密切的是"食"。记得1996年亚特兰大奥运会时，奥运村餐厅一开始只供应西餐，中国运动员有不少吃不惯，显然会对身体状况有些影响。相比2008年北京奥运会，东道主为来自不同地域、有不同饮食习惯的运动员准备了各色各样的丰盛饭菜，口味相当不错。而到了伦敦奥运会，东道主在运动员饮食上大概很难做到像北京一样完美。

东道主的"时间差"

体育比赛中，有的项目，运动员出场先后，观众可能看不出门道，圈内人士则心知肚明。有的项目出场顺序的先后甚至可能决定一名选手、一支队伍的名次。

1984年洛杉矶奥运会体操男子团体赛的结果，就与出场顺序关系极大。

中国队头一年刚战胜最强劲对手苏联队，勇夺世锦赛男团冠军，这次因苏联队没参赛，主要对手是日本队，许多人认为中国队此次一定稳操胜券。没想到，半个世纪与团体奖牌无缘的美国男队高居第一，同属世界一流的中国队和日本队却分列第二、第三名。

秘密主要就在"时间差"。

被认为夺冠呼声最高的中国队和日本队，"恰巧"都被排在早晨的第一组，而美国队"恰巧"被划为晚上的最后一组。

早上，裁判们精神饱满，尖刻又挑剔。有内行人发现，从第二组开始，裁判员评分的"标价"已经提高了。尤其到了晚上，裁判们已经有点疲倦，评分用的铅笔也不尖了。美国选手为减少失误，降低了动作难度，裁判员们却给美国选手打分时非常慷慨。

赛后日本队总教练阿部和雄说："这是一场没有裁判规则的比赛……"瑞士《体育报》在谈到裁判员时甚至说，"告诉我给谁加分，我事先告诉你分数"，只要运动员没有大的失误，一切都是事先安排好的，在洛杉矶也是如此。

有时大赛之前，突然发生的事故，好像不是有意为之，可是，受害的恰是东道主的主要竞争对手。有一届全国冬运会花样滑冰赛前，一对夺冠呼声最高的冰舞选手正在训练，音乐骤停，两位选手正做后蹬腿动作，在前的女选手蹬出去，而反应更快的男选手已经停住，冰刀一下刺入男选手的小腿，骨头都露了出来。年轻人后来咬牙坚持参赛，还是夺得冠军。这件发生在20世纪80年代的事令人记忆犹新，但谁也无法弄清那次突然停电的真相。

1986年汉城亚运会，开幕那天下起大雨，参加入场式的中日等代表团被安排在主体育场旁边的露天田径场接受安全检查。检查人员十分认真，队伍前行缓慢。中国代表团一位官员见状不由担心：安检后要在露天田径场等一个多小时，入场后还要站一个多小时，长时间淋雨能不生病？于是，这位官员发令，中国运动员躲进过厅。东道主警察却命令中国代表团成员回到田径场。这位官员客气地解释并问道："请问，东道主的队伍哪里去了？"

为什么他们不站到田径场上去？"警察无奈，眼看着西装已淋湿的日本代表团成员也进入过厅。后来，东道主就欠妥的安排向中日等方面表示了歉意。

体育比赛绝非仅仅是运动员之间的较量，特别是奥运会这样的大赛。

裁判的心理倾向

体育比赛中的争议，由裁判裁决引发的最多，而争议中有不少涉及东道主。

在现代奥运会诞生后的"婴儿期"，赛会的许多方面都不规范。例如，有一项不成文的规定：东道主拥有调遣裁判的权力。裁判员由东道主"考察""选择"。这样选出的裁判员特别是本国的裁判员执法，偏向东道主的可能性很大。

鉴于此，国际奥委会作出决定，从第五届奥运会起，裁判员不再由东道主调遣，改由其下属各国际单项体育联合会选派。

然而，一些比赛承办方还是会有少数人要手腕，搞贿赂，利用裁判对比赛施加影响。例如，1980年莫斯科奥运会好几项比赛出现争议：男子三米跳板跳水比赛，苏联选手入水时水花大溅，只列第五，他以观众喧闹为由要求重跳被允许，重跳后夺冠；而民主德国选手也要求重跳被拒绝。另有墨西哥人抗议裁判偏袒，两天后得到"惩罚"，该国竞走明星已遥遥领先，夺冠在望，却被判犯规罚出场。三级跳远比赛，澳大利亚一选手的一次试跳超过奥运会纪录，高居榜首，却被判犯规；巴西一位选手也跳出好成绩，同样被判犯规——他俩共12次试跳，8次被判无效。金牌最后归了东道主选手。英国队教练说，这是不公正的裁决。

法国《巴黎晨报》指出，奥运会尽管使用许多精密仪器来测定比赛成绩，但作决定的仍然是人，而赌注、利益和偏见有时要比计算机更有力量。

莫斯科和洛杉矶两个奥运会东道主，都曾受到国际奥委会表扬。苏联在美国等缺席的情况下获得80金，美国在苏联等缺席的情况下获得83金，先后创造了奥运会一个代表团获金牌数的最高纪录，不能说与裁判的作用无关。

最明目张胆的要数1986年汉城亚运会羽毛球赛，东道主队在司线员帮助下先后打败了老牌世界冠军印度尼西亚队和新的世界冠军中国队，被称为使用了"司线员战术"。这些司线员竟然在一局比赛中错判7个"界外球"。当时的羽坛巨星林水镜提出抗议，他气愤地说："在汉城你休想打败韩国人！"

上述种种利于东道主的判决，很多人用裁判的爱国来解释。但是，国际体育界都知道，爱国热情的释放不能以牺牲人类共同的奥林匹克理想来换取！

为了让比赛的判决更客观、公正，许多体育组织一直在不断地努力。网球大赛引入"鹰眼"技术就是成功的一例。刚刚结束的温布尔登男单决赛的前几盘，有件事很值得回味。

费德勒对阵东道主选手穆雷，数次打出压线球，裁判多次判出界，费德勒有几次提出"挑战鹰眼"均获成功；没有提出的，"鹰眼"放出的录像也是压线，他白白丢分。电视评论员说，裁判有意无意或下意识地做出的判断，都对东道主选手有利。

北京奥运会跆拳道女子67公斤以上级四分之一决赛，两届奥运会冠军陈中和英国选手萨·史蒂文森展开较量。陈中1:0领先，就在离结束还有两秒时，史蒂文森踢中陈中头部，但边裁没有给她计分。主裁判召集四名边裁研究，最终仍判定史蒂文森不得分，陈中获胜。英国队赛后提出申诉，仲裁委员会征求中国方面意见后改判史蒂文森得2分获胜。担任奥运会裁判员的中国跆拳道协会官员说："从后来的录像看，当时英国选手的确重击陈中头部，这样的动作应该得分。"

可以看出，至少执法的边裁在没有确切把握时会做出有利于东道主的判定。这大概也可以算是东道主的一种优势。

北京奥运会之后，奥运会将回到田径、游泳、足球、网球、乒乓球等现代体育项目的发源地举行。人们相信，昔日制定了很多项目规则的东道主伦敦，在组织赛会的各方面都将按规则办事，一定会有出色的表现。

但是，笔者以为包括伦敦奥运会，体育大赛中东道主的优势依然不会消失。

（刊于《中国新闻周刊》2012年7月23日第26期总第572期）

78 另辟蹊径

另辟蹊径的意思是另外开辟一条路，比喻另创一种风格或方法。《跤术史上皇帝与高官》一文的写作，是在别的办法行不通的情况下偶然想出的思路，用"另辟蹊径"来形容，大概可以说得过去。

写此稿的起因是，有朋友告诉笔者，2004年在广东召开的三跤（古典式、自由式、中国式）会议期间，国家体育总局举摔柔中心下属的中国跤发展管理委员会人士（山东万紫巷集团代表）介绍了中国跤"十年发展规划"，其中有中国跤悠久的历史等内容。对此，项目管理者竟然不了解。连项目管理者都对自己管理项目的历史不了解，能说他们重视这个项目吗？能相信在他们管理下的中国跤可以健康发展吗？

采访武术、关注中国跤多年，多次查阅史料，了解到：中国跤术是历史最悠久的国粹，而且是竞技体育国粹。如果把中华武术比喻为一棵大树，中国跤是树根和树干，其他拳种则是枝杈。正如有专家说的：跤术是源，拳术是流。

事实上，了解中国跤的人太少了，或者说中国跤在社会上的影响力太小了。有朋友转给我一条微信，是一位体院武术教授的话，他说："'中国式摔跤'虽从'武术'的'摔'技中独创成了民族运动项目，然追源皆武！"

一位武术教授，还是学过中国跤的教授，竟然对跤术历史一无所知，何况那些没上过大学的人，那些没学过或接触过中国跤的人！

中华传统体育文化最优秀的代表，中华武术的根，却少有人了解，这无疑是中国跤的悲哀！

因此，为了让更多的人了解中国跤有着与中华文明一样悠久的历史，为了给中国跤走上健康发展道路助力，笔者决意要写写跤术简史。

网上可以查到很多跤术史的论述，一般可读性不强，如果不是要专门研究，很难读下去。内蒙古人民出版社2007年曾出版《中国摔跤史——摔跤的源流和演变——中华民族对体育的贡献》一书，但是，似乎知道的人不太多。

如何用尽可能少的文字写出几千年跤术史概貌，而又让人愿意读？

此前曾从经费的小角度写过奥运会举办简史，曾从优秀品格熔铸的角度写过国球简史，那都是用千字文就必须解决问题的办法。而要想写出跤术几千年的简史，上述办法都不行。必须另辟蹊径！

在查阅史料时发现：封建王朝历代皇帝中都不乏跤术爱好者，封建王朝灭亡后也有高官对跤术格外青睐。而写皇帝与高官喜爱跤术的故事，应该比单纯讲史更能吸引人们目光。于是，笔者以《跤术史上皇帝与高官》为题，写了2万多字的跤术简史。此文以一个个故事为小标题，在讲故事的同时介绍当时跤术发展的概况，并配以考古发现的每个朝代反映跤术的实物图片作为佐证。这就把跤术从秦至清、民国和新中国，乃至外国的发展概况，粗线条地作了介绍。也就告诉人们，中国跤伴着中华文明，一代又一代传承，从未中断。

写此文，是笔者做新闻工作数十年用时最长、费力最多的一篇。因为，古人司马迁写《史记》的实录精神与新闻工作是相通的，而"真实是新闻的生命"牢牢刻在心中，不敢马虎。历史上的每个故事、每段文字，都一一查到二十四史和其他书籍的出处，做到确凿无误。这是对历史负责，对中国跤负责。

用"另辟蹊径"作为一种写作招数，此文实际上是在标题如何吸引人上动脑筋，也恰巧每个朝代都有故事才可行，文中则以故事带出背景，那才是要说的主旨。列出这一招数，是希望读者在写作中遇到某种难题时，根据已掌握材料的实际情况大胆探索，努力另辟蹊径。

为节约篇幅，此文只选用了前言、每个故事的小标题和最后一节"中国跤价值论"。最后一节是全文的总结篇，也是对中国跤价值深入思考后得到的更全面的认识。

跤术史上皇帝与高官

前言

当今中国体坛，有一个不起眼，甚至一度几乎被忘记了的项目，但正是这个项目，也只有这个项目，在中华民族数千年历史中，一直伴随中华文明延续至今。

这个项目就是中国跤术。

传说跤术诞生于距今4000多年的黄帝时期。殷商时代，龟甲上的象形文字中已有"角""抵""跤""力""搏"字的原始雏形。角力在周朝已作为军队练兵的重要手段；到春秋后期和战国时代，军队和民间都已有角力比赛。从秦建立大一统王朝起，跤术曾用过很多名称，从角力、角抵、手搏、相搏、相㧙、相攒、校力、相贯、争交、相扑、布库、善扑等，到摔角、摔跤，再到中国式摔跤，经过中华多个民族传承、融合、改造、扬弃，成为一个非常优秀的竞技体育项目。

人们都知道京剧是国粹，武术是国粹。其实，中国跤术是历史最悠久的国粹，而且是竞技体育国粹。

回溯历史可以看到，从秦至清，长达2100多年的封建社会，各个朝代的皇帝中都有跤术的"粉丝"。诚然，古代皇帝的个人爱好多种多样，如木匠、经商、蹴鞠、武术、狩猎等都曾经受到少数皇帝的喜爱，但是，如果要论皇帝中爱好人数之多，跤术可以排在最前列。

而近代和现代，一些国内外高官在跤术发展中也起了或多或少的作用，甚至是非常重要的作用。

这里选取历史上一些皇帝和高官与跤术有关的故事，同时介绍当时跤术发展的状况，从中可窥此项目演变的轨迹、跌宕起伏的命运，从而使读者增加对这项竞技体育国粹的了解。

跤术现在的正式名称是"中国式摔跤"。这一称谓是20世纪50年代中后期为区别中国的摔跤和奥运会项目古典式、自由式摔跤而出现的，后者被统称为国际式摔跤。业内外很多有识之士都认为，"中国式摔跤"这一称谓有诸多缺点，如字数多、有违常例（各流行项目都没有冠以国名的）、不利于向国外推广等，多年来广受诟病，改称谓的呼声早已有之。"跤术"为其中替代选择之一。为便于叙述，这里暂且用此称谓。

（以下略去皇帝高官的故事和跤术发展状况的具体内容。具体内容请看《中华武术》杂志和微信公众号"燕赵三秋树"，以及同名腾讯企鹅号即信息开放平台。）

秦二世——看角抵拒见宰相
汉武帝——角抵保镖擒刺客
晋武帝——招募勇士克"健胡"
隋唐皇帝——父子祖孙皆"粉丝"
宋太祖——殿试相扑定状元
元太宗——打赌角力赏比烈
明武宗——观角抵"大欢乐之"
清圣祖——习布库智擒鳌拜
张之江——携跤手赴日扬威
贺龙——"把中国摔跤推向世界体坛"
希拉克——支持"巴黎市长杯赛"

中国跤价值论

重新认识竞技体育国粹——跤术。

明珠暗投。用这一成语比喻跤术告别全运会后的命运，大概不会失当。

毫无疑问，跤术是中国传统体育文化中的明珠。但是，在长达20多年的时间里，跤术几乎被遗忘，备受冷落。

难能可贵的是，酷爱跤术的不少人，无论面对怎样的困难，始终不忘初心，坚守在跤坛，执着地传艺，期盼着跤术春天的到来。

经过漫长的等待，跤术终于迎来了令人欣喜的转机。

中国和世界现已进入新的时代。多年来，中国从来没有像今天这样重视优秀传统文化的传承，传统文化被视为独特的战略资源。而跤术，正是中华优秀传统体育文化的精华和重要组成部分。

国家主席习近平对中国传统文化怀有浓厚感情，十分重视对于传统文化资源的汲取，对博大精深的中华文化发表了许多论述，还首次在党内全面系统地要求领导干部学习传统文化。

更令跤界人士惊喜的是，新华社前几年先后两次播发国家主席习近平与跤术有关的稿件。一是《习近平看望南京青奥会中国体育代表团》，稿中有以下内容："习近平认真听取介绍，表示摔跤是奥林匹克运动最古老的项目之一，中国式摔跤也有很悠久历史，还是我国很多地区人民喜闻乐见的项目。"

二是《黄土地的儿子回家了——习近平回梁家河村看望父老乡亲》，其中写到，68岁的巩政富说，习近平还记得当年曾经经常和巩政富摔跤，而且还是常摔常赢。

早在20世纪50年代，毛主席、周总理等曾观看过中国跤术表演。如今，党和国家最高领导人第一次谈到跤术。而且，人们从报道中得知，国家最高领导人本人也曾是跤术习练者。

2017年年初，中共中央办公厅、国务院办公厅发了《关于实施中华优秀传统文化传承发展工程的意见》，并发出通知，要求各地区各部门结合实际认真贯彻落实。无疑，中华优秀传统文化中包含着传统体育文化，而跤术又是传统体育文化的精华。

转机到来，与跤术有关的各界人士深受鼓舞，体育界、教育界和民间许多人纷纷行动起来，教授、练习跤术者越来越多。

更引人注目的是，中国少数民族体协近期成立了民族跤委员会，中国跤术是其主推项目，民族跤联赛一诞生就广受赞誉。这一联赛的出现使中国跤术有了交流新平台。该委员会还要举办"民跤万里行"、"一带一路"国际邀请赛等。

值此跤术所处环境发生巨大变化之时，重新认识这一优秀民族传统体育项目、竞技体育国粹，对于跤术乃至中国体育的发展，对于传承、创新中华民族传统体育文化，无疑具有重要的意义。

跤术是关系继承弘扬优秀传统体育文化的重要项目

著名作家、文艺家冯骥才说："我们的根，实际就在我们的传统文化里。"跤术蕴含着中华民族传统体育文化的基因和精髓，可以说是我们中华体育最深的根。

世界上很多国家都有摔跤，中国多个民族也有摔跤，为什么只有跤术拥有极其丰富的技术动作和深刻内涵？中华民族兼容并蓄、海纳百川，才形成自己的民族特色。跤术又何尝不是如此！她在神州广阔的大地上产生、成长、延续，几千年来一直得到中华传统文化的浸润、滋养，吸收了多个民族的智慧。因此，她蕴含着中华文明的基因，特别是传统体育文化的基因，当然也是中华传统体育文化精华的一个重要载体。

由于历史的和社会的原因，留传下来的古代跤术文献和记述很少，对古代跤术的具体描述更少，给今天研究跤术带来诸多困难。但是，除已遗失的汉代《艺文志·手搏六篇》之外，毕竟有一部古代跤术专著《角力记》保留下来。

首都体育学院民族体育系原主任苏学良研读《角力记》，从其陈述中归纳出跤术的理念："中和、谨信、自强、厚德。""中和"——不偏不倚、和而不同，"谨信"——谨守正道、讲诚信，"自强"——不屈不挠、勇于进取，"厚德"——推崇高尚道德、朴实善良。这样的理念，当然是中华传统文化精髓的组成部分。

回溯几千年跤术史，可以看到：跤术的命运虽然曲曲折折，跌宕起伏，却始终保持着顽强的生命力。这是否就是中华民族百折不挠、自强不息、奋勇进取的缩影？

跤术博采众长，吸收多个民族摔跤的精华，不断地继承、吸纳、扬弃、创新，包括20世纪50年代借鉴西方体育的比赛形式，才拥有丰富的内涵，并逐渐形成了一个极其优秀的现代竞技体育项目。这不正是中华传统文化海纳百川、兼容并蓄在体育领域的体现吗？

跤术是中国武术的优秀代表，规则规定"点到为止"，双脚以外第三点着地即分胜负；不仅仅以胜负论英雄，不以压倒对方为目的；讲究礼节，尊重对手；交手中比力量比速度更比技术，在互动中追求平衡，推崇动作潇洒、利落，反对粗野、使蛮力；不允许暗算，提倡相互学习、交流，提高技艺。作为中华传统美德的"仁义礼智信"，在跤术的特点和对习练者的要求中都能找到踪迹。

跤术在历史上多个朝代的地位很高，文化内涵极为丰富，除了上述内容之外，还饱含着中国古代哲学思想，与传统养生文化等也有紧密联系。

这里仅就体现中国古代哲学思想作简要介绍。

跤术虽有几千年的历史，但在为数很少的史料中，有关其理论和技术的论述更少。历代知识分子的笔触为何很少涉及跤术？

在诸多原因中，很重要的一点可能是《论语·述而》中的一句话影响巨大："子不语怪力乱神。"其中的"力"被古人与"角力"画了等号。

经深入研究，苏学良认为，《角力记》对先秦至五代的跤术史作了总结，是一部为跤术正名之作,作者调露子阐述"子不语"的缘由是:孔子治学严谨,自己不了解的事情,能存疑,不轻易回答。而"子不语怪力乱神"中所说的"力"是自恃匹夫之勇的"勇力",而不是正义之"威力"和"勇气"。这就和"凡文事者必有武备"的理念一致了。

笔者采访、关注武术和跤术二三十年逐渐发现一个有趣的事实:太极拳和跤术的核心理论,甚至技战术等内容极为相似。从一定意义上说,太极拳像放慢了的跤术,而跤术又好似加快了的太极拳。

中国武协和亚洲武联原主席徐才曾说:"太极拳是中华民族的大智慧。"有专家谈到,十字架代表着西方文明,而太极图则是东方文明的符号。以太极立论的太极拳,体现为"动作圆活,招招不离弧形,势势皆呈圆像",包含着动静、刚柔、虚实、快慢、开合等对立统一状态。而已有数千年历史的跤术在上述方面与清朝初年出现的太极拳是完全一致的。

在巴黎同时推广太极拳和跤术的袁祖谋在自己的实践中得出结论:太极拳的"刚柔相济""四两拨千斤"等理论,在跤术的实践中体现得最为明显。

二者不同的是,太极拳诞生以来,习练者中文化人众多,很多人不断地进行深入研究、探索,论述太极拳的文章、著作越来越多,可以说层出不穷;而跤术在清朝基本囿于善扑营,专门从事跤术的"扑户"基本上都没有文化,而文化人又不屑于涉足,造成研究、著述的断层。近几十年,专家、学者关注跤术的也不是太多,少有深入的探讨与总结。

经过数千年锤炼的跤术,早已舍弃了易伤人的技击动作,而将"踢打摔拿"中的"摔"发挥到极致,其竞技、健身、娱乐等功能则一直保持至今,所缺乏的只是人们对她更深入的了解和认识,以及应有的重视。

因此,可以说太极拳和跤术都是中华民族的大智慧,都是东方体育文化最优秀的代表,都是承载中华传统体育文化精华的重要载体。

重视并大力发展跤术,让她在新时代重新焕发活力,对于继承、弘扬中国优秀传统体育文化,无疑有着十分重要的意义。

跤术是适合入奥增强中国体育文化软实力的项目

近年来,中国文化的软实力正在大幅提升。当然,其中的体育文化软实力正逐步增强,特别是以太极拳为代表的中华武术在全球的影响力越来越大。可是，中国体育文化的软实力在竞技体育方面却存在极大的缺憾。

要进一步增强中国体育文化的软实力，弥补竞技体育方面的缺憾，向国际奥委会推荐一个进入奥运会的项目至关重要。这是中国体育界乃至更多人的"第四个奥运梦想"。

而日本的空手道与跤术比较，很多体育界和体育新闻界人士认为，就其观赏性、安全性和可操作性而言，前者远不及后者优秀。

作为一项竞技体育，跤术有三个突出特点。

（一）动作漂亮，观赏性强

跤术动作漂亮、观赏性强。这绝非笔者个人的看法，对跤术有较多了解的一些体育界和体育新闻界人士，都这样认为。

跤术追求速度，强调以快取胜，有"打闪纫针"的说法；也注重力量，正所谓"一力降十会"；更讲究技术，推崇"以巧破千斤"。

跤术界常用"大绊三十六，小绊多如牛毛"比喻攻防招数很多。在抓把部位不同、对方身体位置和用力方向不同等多种情况下，攻防的招数就会随之变化。进攻技术动作有勾、别、揣、捞、靠、掏、耙、缠、踢、掰、叉、拧、撮……这些动作都需要手、腰、腿脚紧密配合，因而变化多端。

"四两拨千斤"是武术技击更是跤术追求的高境界。对摔中强调不用"死劲""蛮劲"，善于"借力打力"。这就要求跤手不仅熟悉各种技法，还要有很强的战术意识和丰富的实战经验，手疾眼快，随机应变。

因此，跤术比赛中的漂亮动作经常可见。特别是"勾""别""揣"等转体动作，能使对手腾空、翻转，非常好看。笔者看过多次奥运会和亚运会柔道和古典式、自由式摔跤比赛，漂亮动作难得一见。论漂亮动作出现的频率高，这些项目都远远不及跤术。

史料中记载：汉朝有"三百里内皆来观"，唐朝有"观者如堵，巷无居人"……20世纪50年代北京曾有观众为看摔跤赛而挤坏体育场大铁门，山西"挠羊"和内蒙古那达慕搏克观者人山人海……这些，都从观众异常踊跃的角度证明了跤术比赛的精彩程度。

（二）点到为止，安全文明

跤术比赛，倒地即负，被称为"点到为止"，决定了此项目既安全又文明。

初练跤术的新手，刚开始要练的基本功中重要内容就是被摔倒时如何安全着地，而摔倒对手时不允许往对手身上砸。笔者看过多次全国性的跤术比赛和国际邀请赛，几百人赛几天，常无一人受伤。偶尔有受伤的情况，大都是运动员本来练的是柔道或古典式、自由式摔跤，不会安全倒地造成的。

跤术在长期的发展中逐渐剔除了野蛮的成分，成为一项安全文明的运动。难怪崇尚高雅的法国有人说，中国跤术是一项优美、高雅的运动。

（三）规则科学、合理、简单

与其他二人直接对抗项目相比，跤术的技术最为丰富，而规则却更为简单、科学、合理。

跤术的主要比赛规则，用一句话来概括，就是第三点着地为负。"第三点"即双脚以外的身体任何部位。

再说细一点：比赛中选手采用站立姿势，只要一方除了双脚之外的任何一个部位着地，就被判失分，不允许倒地后继续纠缠。双方第三点先后触地，后触地者得1分。一方第三点触地，对方得2分。一方将对方摔倒且干净利落、动作漂亮（使对手腾空、翻转），而自己第三点未触地，得3分。

这样的规则，裁判很容易看清，观众对得分、胜负一目了然。仅有双方几乎同时着地时裁判较难判定，而这种情况极少出现，可以说给"黑哨"留下的余地小而又小。

观赏性、安全性、可操作性都强这三个特点，正是国际奥委会对进入奥运会项目最重要的要求。

试想，观赏性、安全性、可操作性都强的跤术，如果能受到应有的重视，得到大力发展，一定能实现进入奥运会的目标。

中国跤一旦成为奥运会比赛项目，在全球最大的体育舞台上展示她独特的理念、智慧、神韵、魅力，将是中国对奥林匹克运动的又一个巨大贡献。

而跤术大步走向世界，不仅仅是一个竞技体育项目更广泛的普及，伴随着她的普及，同时传播的还有中国优秀体育文化乃至中国优秀传统文化的更多内容。而中国体育文化软实力必将在这种传播中不断地得到增强。

跤术是有多种宝贵实用价值适合体育产业开发的项目

除了承载优秀传统体育文化和能够增强体育文化软实力，中国跤还具有极宝贵的多种实用价值。

古代体育史论著《角力记》对跤术的性质及作用解释为:"夫角力者,宣勇气,量巧智也。然以决胜负,骋矫捷,使观之者远怯懦,成壮夫,已勇快也。使之能斗敌,至敢死者。人之教勇,无勇不至。斯亦兵阵之权舆,争竞之萌渐。"

1000多年前古人对跤术的认识,现在看来仍没有过时。无疑,练习跤术可以克服胆怯心理,培养勇敢顽强的品格,提高技巧,增长智慧,增强机敏、灵活的应变能力等,进而能勇敢地与敌人搏斗……

(一)跤术可作为青少年教育的重要手段

练习跤术能够有效提高青少年的力量、速度、柔韧性和协调性、应变能力等,这是显而易见的。其实,跤术的锻炼价值是多种多样的,不仅可以增强体能,掌握技巧,还可以培养坚强的意志,掌握自卫本领。更重要的是,练习作为中华优秀传统体育文化载体的跤术,可以让青少年在强身健体的同时,受到优秀传统文化的浸润和滋养,培养爱国主义精神和高尚的道德情操。总之,跤术可以促进青少年全面发展,对他们健康成长是十分有益的。

跤术锻炼价值高且不易受伤的特点,使其特别适合进学校。早在十多年前,已有多所体育院校开设跤术课程,还有很多高校开设选修课,目前参加大学生跤术比赛的队伍已多达26支,近300人。跤术进学校也在河南、北京、内蒙古等省、自治区、直辖市一些中小学开展起来。更令跤界鼓舞的是,国家体育总局青少年体育司2018年8月已把中国跤列入翌年在山西省举行的第二届全国青年运动会竞赛项目,重返全运会也指日可待。

目前,我国青少年的体质问题逐步恶化,体育教育薄弱是重要原因之一。跤术进学校,可以一定程度上弥补体育教育的短板,增强学生体质,对于学生的身心健康都将是有力的促进。

(二)跤术对部队官兵、公安干警来说,实用性更强

历朝历代都曾把跤术作为练兵的重要手段。那是因为,冷兵器时代,交战双方遇到肉搏的机会很多,谁的格斗能力强,谁就能占据上风。尽管后来跤术当中易伤人的动作转移给各种拳术,但其最基本的搏击功能并没有失去。

当今时代,我们部队的官兵习练跤术,仍是一种增强战斗力的很好手段。在部队中开展跤术运动,可以帮助官兵练就矫健的身体、勇敢顽强的品格、非凡的胆识和搏击能力。虽然现代化战争少有近战，可一旦遇有肉搏的机会，我们的指战员就能拥有心理和技能的优势，从而克敌制胜。

跤术对公安干警来说，用处颇多。除了与部队官兵一样的习练效果，还有一点值得称道，那就是更利于文明执法。旅法华侨袁祖谋告诉笔者，他曾应一些欧洲国家邀请，以"执法新思维"为题，给警察讲跤术课，受到欢迎。因为西方警察常用拳击等西方格斗方法制服嫌疑人，很容易造成伤害，而用跤术可以顺利制服嫌疑人却能避免其受伤。美国《侨报》前几年有一篇报道，题为"美五旬华裔制伏毒犯"，说的是从西安到洛杉矶的陈鸣，刚当狱警时，遇到一个身材高大、体重约200磅囚徒的挑衅，他用一个漂亮的跤术动作制伏了囚徒，震慑了监狱里的罪犯，赢得了尊重。国内最好的例子是天津体育学院多年来坚持保留跤术项目，毕业的学生受到武警、公安部门的青睐。现在，已有一些武警学院引进了跤术。如果我们的武警官兵和公安干警普遍掌握了跤术技能，对于顺利有效地执法必将会大有帮助。

（三）跤术适合多种体育产业开发

跤术的特点决定了她适于多种体育产业开发，特别在培训健身、体育竞赛表演等市场有广阔的发展空间。

体育俱乐部是一些项目普及与提高的好形式，跤术就很适合这种形式。回溯历史，早在宋代民间已有类似现在体育俱乐部的跤术组织，如"相扑社""角抵社"；民国时期的武馆、跤社也很普遍。放眼海外，跤术主要生存在体育俱乐部，如袁祖谋在欧洲和北非等地推广跤术，已有十多个国家的数十个俱乐部。近几年，国内各地的跤术俱乐部大量涌现。体育、教育部门的体育场馆，遍布各地的健身房，都可以给跤术辟出一席之地。一旦人们普遍认识到跤术的真正价值，使其更广泛地普及开来，跤术很有可能取代占领了都市时尚的跆拳道，成为全国各地乃至更多国家人民喜闻乐见的项目。

极强的观赏性使跤术在体育竞赛表演市场的开拓上大有可为。古代已有"三百里皆来观""人山人海""万人空巷"等，十多年前的跤王争霸赛仍出现一票难求的情况。动作精彩、悬念迭出，再辅以漂亮的包装和媒体的宣传，今后开发跤术的竞赛表演市场，具有很大的优势，前景必然看好。

跤术是一个对场地、器材、服装要求不高，可以少花钱即能开展的体育项目。在很多地方和单位，只要有跤衣和垫子或地毯甚至草地、黄土就可以练习。因此，一些专家认为，此项是培养年轻一代、提高民族素质的首选体育项目，对于全民健身来说，也是一个不可多得的好项目。随着项目越来越普及和引起更多的关注，跤术的服装和用品市场也必将逐步扩大，得到更快更大的发展。

总之，跤术可以当之无愧地列入"中华优秀传统文化传承发展工程"中，理应受到高度的重视。

毋庸讳言，日本发展传统体育项目柔道，韩国发展传统体育项目跆拳道的经验，都值得认真学习。跤术在中国的地位，应该与柔道在日本、跆拳道在韩国、桑搏在俄罗斯的地位一样，作为国家的重点项目。跤术要在国内大发展，也要向国外大力推广，为中华民族伟大复兴发挥应有的作用，任重道远！

（刊于《中华武术》杂志2020年第7期至第12期）

79 导语求变

笔者对新闻导语的了解，主要是从新华社内部刊物《新闻业务》和一些报社的业务通讯（小册子）里获得的。

导语是消息这一新闻体裁独有的概念，通常认为诞生在19世纪60年代南北战争时期的美国。

消息的第一个自然段或前两个自然段即是导语。西方最早的新闻学曾要求，新闻导语必须回答5个W，即"何人""何事""何时""何地"和"何因"，被称为"新闻五要素"。这是19世纪80年代美联社最初对该社记者提出的要求，后被广泛运用，成为新闻写作的一个基本原则。

无疑，导语和"新闻五要素"的出现是由当时的社会环境，特别是摩尔斯电码用于电报传递而决定的。还有"新闻六要素"一说，即在5个W之后加了一个H"如何"。

随着科技的进步，广播、电视的出现，新闻导语突破了"五个W俱全"，变成了只要把最重要、最精彩、最吸引人的事情放在最前面即可。

西方新闻界后来把"新闻五要素"缩减为四个W，即"何人""何事""何时""何地"，强调一般新闻不可或缺，而对"何因""如何"两个要素，则是在重要新闻必须要交代时方才使用。但是，"倒金字塔"的理论并没有过时，对导语的要求也没有改变：好的导语必须能抓住读者心弦，使其很想读下去。

中国新闻界最早使用导语始于20世纪初，当然是借鉴了西方新闻学的经验。因为，尽管世界上最早的报纸《邸报》《杂报》《朝报》出现在中国汉、唐，但主要刊登皇帝谕旨、大臣奏章、朝廷公布的法令等政府公文，都是一条一条地书写内容，并无导语一说。不过，中国从古至今在文章写作方面不乏精辟的论述，其中关于如何开篇的内容与西方新闻学导语写作的要求有异曲同工之妙。

中国西晋文学家陆机的《文赋》中有一名句："立片言而居要，乃一篇之警策。"毛泽东主席曾引用这句话，提倡"一切较长的文电，均应开门见山"。无疑，改自《文赋》名句的"立片言以居要"，应是写好导语的一个指南。

中国学者在谈到新闻写作时，把常见的导语归为几种：概述式、描写式、提问式、结论式、评论式、引喻式、比兴式和几种写法合用的混合式等，同时强调不管采用哪种"式"，都要力求做到吸引读者继续看下去。

新华社的消息曾被称为"新华体"，其特点说法不一，褒贬皆有。印象中，新华社国内新闻编辑部几位老同志说起"新华体"的导语，大都认为最具代表性的是"首括式"，即突出可概括全篇的核心事实。这是最常见的导语之一，现在仍然可以经常见到，不仅仅限于新华社报道。

其实，"新华体"的形成与"受权发布"有关，这种稿件和有关重大事实的报道，绝对要求权威、严肃、简洁、明确。"新华体"的形成虽以新华社采编人员为主，但并非完全属于新华社的"专利"，应是中国新闻界在长期实践中形成的一种新闻写作文体。

包括新华人在内的很多新闻工作者早就不拘泥于"新华体"，在写作上努力创新求变。因此，就有了"新新华体"一说，认为是"大气庄重"与"清新自然"相结合的创新；专事对外报道的中国新闻社20世纪80年代后期开创了更具亲和力和感染力的"中新体"。中国新闻界在写作创新、提高新闻报道的社会效果上一直在努力。

水涨船高。就在中国新闻从业者不断创新的过程中，新闻写作水平也在提升。其中，如何写出更精彩的导语受到越来越多的重视，某些模式化的报道被突破，许多新鲜、生动的导语进入人们的视野。

关于怎样写好非消息类稿件的开头，笔者的看法是，它与消息的导语有区别也有联系。主要区别是不用像写消息的"倒金字塔"结构一样，把最重要、最精彩的事实放在最前面，也不必要求4个W俱全。西方新闻学以一个有趣故事开头的"华尔街日报体"可以借鉴，它的"由小及大"，与中国人说的"大处着眼，小处着手"有相通之处。中国是文章大国，散文源远流长，精彩纷呈，其多样性的手法在广义新闻即非消息类新闻的写作中可以运用，当然也包括稿件开头。这使得中国的新闻写作包括导语写作具有更丰富的表现形式。至于二者之间的联系，"立片言以居要"一样适用，只需想方设法吸引读者的目光，扣住读者的心弦。

《孙子兵法》云："兵无常势，文无定法。"写新闻，也包括写导语，应当努力追求"从心所欲不逾矩"的高境界，即自由驰骋，而又不违背新闻写作的规律。

记得20世纪80年代初刚到新华社国内新闻编辑部文教组当记者时，组里的记者发稿登记本封面上写着组长李耐因提的两条"要求"：一、要有新闻；二、要别出心裁。

笔者理解，第一条是说你的稿子不能写旧闻，也不能写没有新闻价值的东西；第二条是说写稿子的手法要新，要动脑筋，千方百计让稿子有新意。这两条要求经常见到，时时产生鞭策作用，对笔者从事采编工作影响很大。

这两条是对写稿的要求，如何写导语当然也包括在内。要写出与众不同的好导语绝非易事，因此，需要开动脑筋，多下功夫。避免模仿、不拘一格，是笔者写导语追求的目标。

下面举出数例。这些导语未必称得上多么好，但从主观上讲，是努力使其符合"重要、新鲜、有趣"的要求，同时也追求变化和创新的。

趋势

新华社北京1980年8月22日电　羽毛球运动正向提高速度、加强进攻的方向发展。中国和瑞典两国羽毛球队今晚在北京进行友谊赛时，中国队教练侯加昌对世界羽毛球发展趋势做出了这样的评论。

今晚的比赛就体现了这种新的趋势。

——《中国羽毛球队与瑞典队比赛获全胜》

注：这是笔者还没有正式当记者时采写的一篇小稿。这场友谊赛的新闻价值不大，但项目发展的方向有些价值。回到国内部值班室，当时的副主任、后来的新华社副总编辑朱承修边看稿边说："这篇稿还有点新东西！"记得当时有首都报纸采用了此稿。

概貌

新华社北京1983年2月11日电　一股蕴蓄着巨大能量的体育热开始在我国农村兴起。从平原到山区，从城市近郊到偏僻的村寨，参加体育活动的农民越来越多。

——《我国农村出现体育运动热潮》

特殊

新华社天津1984年6月12日电　中国女篮高大中锋陈月芳、郑海霞将穿着一种新型的特号橡塑底半高跟黑色女浅鞋，参加洛杉矶奥运会开幕入场式。（文中交代，陈月芳穿的是51号，郑海霞穿的是54号）

——《大中华橡胶厂为参加奥运会的中国运动员设计制造入场式用鞋》

综合

新华社广州1987年11月16日电　5位优秀教练员、运动员把饱含痛苦与欢乐、忧虑与欣慰，充溢着不屈不挠、顽强奋起精神的一首首拼搏之歌献给即将揭幕的六运会，献给向四化进军的全国人民。

——《拼搏之歌献给六运会，献给人民　国家体委举办第二届拼搏之歌报告会》

对比

新华社广州1987年12月2日电　昔日落后的陕西、甘肃、宁夏的体育运动已经取得了显著进步。

——《陕甘宁体育在前进》

动作

新华社汉城1988年9月21日电　保加利亚举重选手孔切夫挺举起202.5公斤后，高兴地在举重台上来了一个漂亮的后空翻。

——《保加利亚举重选手孔切夫又破三项世界纪录》

画面

新华社汉城1988年10月1日电　三面五星红旗今天在汉城大学体育馆里一齐升起。中国选手陈静、李惠芬、焦志敏分获奥运会乒乓球女子单打比赛金、银、铜牌。

——《中国选手获得奥运会乒乓球赛两枚金牌》

项目特点

新华社北京1995年2月5日电　"嘀嘀嗒……"天空将有更多的电波载着中国业余电台的呼叫信号飞向世界各地，沟通无线电爱好者之间的联系。

中国无线电运动协会新近提供的消息说，国家无线电管理委员会和国家体委已制订了关于促进个人业余电台发展的办法。

——《中国业余电台在呼叫》

佳绩

新华社亚特兰大 1996 年 7 月 23 日电 夺金牌，破纪录，占旭刚今天在亚特兰大世界会议中心举重馆把中国举重运动又"举"上了一层楼。（唐灵生先夺 59 公斤级金牌，破总成绩世界纪录，成为第一个在奥运会上打破世界纪录的中国运动员；占旭刚夺金牌，破 70 公斤级三项世界纪录）

——《中国奥运健儿战况：中国举重又上一层楼》

背景

新华社亚特兰大 1996 年 7 月 31 日电 曾经在世乒赛上两次使用"囊括"二字的中国乒乓球队，今天在奥运会上也用了"囊括"。

将于明天结束的第二十六届奥运会乒乓球赛，金牌的归属今天已成定局。随着今晚王涛和刘国梁在男单半决赛中获胜，全部 4 枚金牌均由中国选手夺得。

——《奥运会乒乓球赛 4 枚金牌全归中国》

特殊情感

新华社悉尼 2000 年 9 月 22 日电 "手心手背都是肉，要在比赛中充分发挥出自己的水平，你们上场吧。"中国队副总教练陆元盛在悉尼奥运会乒乓球女双决赛前，对中国队 4 名队员嘱咐了这样一句话。

李菊/王楠和孙晋/杨影上场后打出了很多漂亮球，不时赢得观众非常热烈的掌声。最后，实力高出一筹的李菊/王楠以 3∶0 胜了孙晋/杨影。

——《李菊/王楠和孙晋/杨影分获奥运乒乓女双金银牌》

注：按中国乒乓球队的惯例，中国选手对阵，没有教练指导。陆元盛面对自己的 4 名队员，关心但不能偏向，只强调要发挥水平，对得起观众。

喜悦

新华社悉尼 2000 年 9 月 24 日电 "死里逃生"的王楠，今晚登上悉尼奥运会乒乓球赛冠军领奖台时，流下了激动的泪水。

她在女单决赛中战胜了队友李菊，成为继邓亚萍之后第二个获得"大满贯"的乒乓球女运动员。

——《王楠在悉尼实现"大满贯"》

拟人

新华社悉尼 2000 年 9 月 26 日电 首次进入奥运会的跆拳道看来要力争

在奥运会项目中做一个"模范"。

中国跆拳道队领队郭仲恭今天在这里对记者说，奥运会跆拳道比赛的组织者心气很高，要把首次奥运会比赛的组织工作做得尽可能好。

——《跆拳道要做奥运"模范"》

比喻

新华社大阪 2001 年 4 月 22 日电　中国乒乓球队的教练班子今天一边带队员训练，一边还要侦察"敌情"。

——《中国乒乓球队教练班子侦察"敌情"》

大势

新华社大阪 2001 年 4 月 28 日电　卫冕冠军瑞典队今天在大阪被比利时队以 3∶1 掀翻，失去了与中国队再争世乒赛男子团体冠军的资格。

瑞典队的失利，宣告历时近 20 年、长达 9 届的中瑞对抗时代画上了句号。

——《世乒赛中瑞对抗时代宣告结束》

引语

新华社大阪 2001 年 4 月 28 日电　日本乒乓球女队主教练近藤说，要夺得五连冠的中国队这道墙又高又厚，日本队无法突破。

——《日本女队无法突破又高又厚的"中国墙"》

冷门

新华社大阪 2001 年 5 月 1 日电　从预选赛冲杀出来的中国队小将"怪球手"詹健，今天在第 46 届世乒赛上淘汰了欧洲冠军、瑞典队的卡尔松。

这是世乒赛男子单打首轮比赛。首次参加世乒赛、世界排名第 167 的詹健，以 3∶1 击败了世界排名比他高 150 位的卡尔松。

——《中国"怪球手"詹健淘汰欧洲冠军卡尔松》

经济影响

新华社大阪 2001 年 5 月 1 日电　竞技体育是社会的"宠儿"，但当社会遇到困难时，它"受宠"的程度会有所下降。正在日本大阪举行的第 46 届世乒赛就受到了日本经济萧条的一些影响。

——《世乒赛受日本经济萧条影响》

巧合

新华社釜山 2002 年 10 月 3 日电　同胞相遇本应高兴，但体育比赛中的同胞相遇却一定会留下遗憾。釜山亚运会乒乓球赛女子团体的四分之一决赛，今天就同时上演了同胞相争的"两场戏"。

小组赛后，韩国女队抽签抽到了朝鲜队，中国香港女队抽到了中国队，比赛时前者分别以1∶3和0∶3告负。

——《乒乓球综合：同胞相争留遗憾　乒乓团体出四强》

新颖

新华社雅典2004年9月12日电　一棵枝繁叶茂、生意盎然的巨树，今天出现在雅典奥林匹克体育场。这一象征旺盛生命力的巨树，是东道主专为即将举行的第十二届残疾人奥运会开幕式而"栽种"的。

——《体育场栽巨树　残奥会开幕式也有秘密》

80 扮靓"眼睛"

人们都把标题比作文章的眼睛,新闻稿的标题当然就是新闻的眼睛。扮靓"眼睛",就是让新闻的标题或秀美、或明亮、或传神,总之要醒目,吸引读者的目光。而其中的"扮"字,就是要求在做好标题上多下功夫。

查阅史料发现一件趣事:中国的诗词歌赋和散文有久远的历史,都有标题;世界上最早的报纸出自中国,但其行文格式却没有标题。新闻标题在中国从无到有、从简单到复杂,经历了不短的发展历程。清代报纸开始出现"类题",只是把各种内容归类。19世纪70年代,单行题最初见于西方人在上海办的报纸。20世纪初期的中国报纸才见到现代新闻标题。西方报纸使用标题早于中国,这与西方跟中国近代新闻事业发展先后有关,也是社会发展阶段差异的缩影。西方新闻事业伴着资产阶级革命诞生和发展,而那一时期的中国社会属于封建和半封建半殖民地。尽管中国近代新闻事业相对滞后,但随着报刊的大量涌现,从20世纪初开始,新闻标题也显现出中国特色。深厚的文化底蕴给新闻标题输入营养,使其从呆板变得生动活泼。新中国成立后,随着国家强盛,新闻事业也由小变大、由弱变强,新闻写作包括标题制作也使已有的中国特色变得更加鲜明,更加丰富多彩。

新闻标题的定义有很多,一般来说是指"在新闻正文内容前面,对新闻内容加以概括或评价的简短文字",其作用是"划分、组织、揭示、评价新闻内容、吸引读者阅读"。

报纸的标题如何做,其中的讲究很多。笔者没有研究,也就没有发言权。通讯社稿件的标题制作与其他媒体标题制作没有太大的区别,一般来说都是一行题或两行题。

新华社前社长穆青曾说,把采访所得的全部材料浓缩成一句话,就是新闻的标题。他与冯健、周原合作的名篇《县委书记的榜样——焦裕禄》就是典型的例子。

这种"浓缩"事实的标题用途很广，但是，并不能适用于所有稿件。新闻稿件有消息、通讯、特写、札记、调查报告、小故事、报告文学、述评、评论等多种体裁，如果不能"浓缩"成一句话，那就要另想办法。

在西方新闻界，新闻的体裁没有中国分得那么细，除了社论、评论外，大体上分为新闻和特稿，或叫消息和新闻专稿。而后者就包括了中国新闻界所说的通讯、特写等多种体裁。

有专家说，写消息的标题可以从导语中提炼出来。这的确是非常实用的经验之谈。当然也可以把顺序倒过来，在构思时可能灵光一闪，先想出一个好的标题，再扩充出导语。

而做其他体裁稿件的标题，应该比消息的标题更灵活一些，可以浓缩或突出主要新闻事实，也可以通过虚实结合来彰显个性。中国历史上留下了海量的诗词和成语，做标题时借用或借鉴，可增加一点文采。运用文学修辞手法如比喻、借代、双关、对仗等，可使标题清新醒目。

不管是消息还是其他体裁的稿件，所做标题需要与内容一致，即题文相符，力求贴切，在此基础上做到构思精巧、角度新颖是更理想的境界。雷同、夸张和一般化，则是做新闻标题的忌讳。

现在在网络上有"标题党"一说，是用过于夸张、耸人听闻的语句做标题，吸引人点击，而内容却往往与标题出入极大，甚至失实。这是做新闻标题十分忌讳的。

与文无定法的道理相同，做标题也没有一定之规。总之，要把稿件的"眼睛"打扮得更靓丽，更吸引人的目光，让人很想继续看稿件内容。

以上是笔者对新闻标题制作的一些浅见。如何做好新闻标题，还需多加实践。以下列举的一些标题，其中多数都选自笔者采写的稿件，也有几个选自笔者编发过的稿件。它们未必说得上多好，但都浸透着作者的心血。

前些年，笔者应新华社体育部中文采编室邀请，为体育部内年轻同志讲了一次标题制作，所讲内容大都已经忘记了。其中，当然包括本书所收入的一些例题，如《述评："闭门"也能造"好车"——朝鲜运动员屡爆冷门的启示》等，也包括笔者至今还清楚记得当年所编稿件的几个标题。

借代

《世界冠军"回乡"记》（新华社上海 1983 年 9 月 22 日电）

"回乡",一般指外出的人返回家乡,可以使人想到"告老还乡""衣锦还乡""春节返乡""回乡知识青年",可能还会想到唐朝诗人贺知章的《回乡偶书》"少小离家老大回……"这篇通讯说的是第35届世乒赛女单冠军葛新爱回到河南,4年间把河南乒乓女队从乙级带到甲级,还战胜了劲旅解放军队。其实,葛新爱"回乡",并不是真正地回到她的家乡豫东北的长垣县(现为长垣市),而是到河南省会郑州任教。此稿把"回乡"写入标题,意在吸引读者的目光。第五届上海全运会期间播发的这篇稿,至少被当地的《新民晚报》采用了。

"借"史

《元老、巾帼战长沙——全国少年足球邀请赛教练联队与湖南女队进行足球表演赛》(新华社长沙1984年3月11日电 记者邹云)

这篇稿件原标题就是副标题。之前曾发现,新华社发出的一些稿件,有晚报在采用时重新做了更好一些的标题。能否让晚报编辑用上新华社发稿时的标题?考虑到《三国演义》有关羽、黄忠战长沙的情节,于是就借用历史上长沙发生的事,把"战长沙"放到标题中,作为专稿发给《新民晚报》。编辑果然用了重拟的标题。

改诗句

《"梅花"香自何处来?》(《经济参考报》星期刊头版 1984年7月29日第754期)

出自古代佚名《警世贤文·勤奋篇》中的 "宝剑锋从磨砺出,梅花香自苦寒来",是人们非常熟悉的诗句。《"梅花"香自何处来?》一稿的标题就是由后一句改写而来,"梅花"是天津针织运动衣厂产品的商标。该厂为参加洛杉矶奥运会的中国运动员提供入场服,并承做24个运动项目的比赛和入场服装。全文设"不穿外国的了!""刘晓庆也看花了眼""因人而异 量体裁衣""有求必应"4个小标题。全文通过多个有趣的故事,如厂里师傅站在椅子上为巨人穆铁柱量体等,介绍了该厂注重质量,千方百计满足中国各运动队需求,即"梅花"香的由来。

首次

《中国羽毛球队走上长盛不衰之路》(《瞭望》新闻周刊 1985年7月29日 第34期)

我国媒体首次用"长盛不衰"一语来形容中国乒乓球队是在1981年。那一年，中国乒乓健儿在第三十六届世界乒乓球锦标赛大获全胜。之后，"长盛不衰"就成了报道中国乒乓球队的专用词。1985年7月，笔者在给《瞭望》新闻周刊写上面这篇述评时，首次把这个词用在了中国羽毛球队身上。因为，他们自1978年以来在国际比赛中一直名列前茅，且后继有人。

一语"多关"

《南国秋花盛开时》（新华社广东东莞1987年11月23日电 记者吴国清）

这篇报道福建选手吴秋花夺得女子刀术比赛冠军的特写稿写得很不错，原题是《秋花盛开南国天》。编此稿时考虑，"秋"与"天"都与季节有关，有些重复。于是，就将其改为现在的标题。"南国"与"秋花"都是原题有的，"南国"指赛地广东，也指吴秋花来自福建，是双关词；"秋花"，可指秋天的花，也指参赛女运动员，特指吴秋花，是"三关"词；"盛开时"，指赛地广东自然界鲜花盛开，也指女运动员比赛时的表演，特指吴秋花夺得冠军，"时"也含季节的意思，似可说是"四关"。短短7个字，含义丰富，有双关，更有"多关"；将"南国"放在最前面，用"时"代替"天"，指向更明确，避免了重复，表达的意思比原题更准确些。听说社总编室曾特意表扬了这个标题。

好习惯

《世界冠军的思索——郭跃华告别赛前一席谈》（新华社上海1983年9月28日电）

这篇人物通讯稿介绍，郭跃华在体校、省队、国家青年队、国家队时，一直保持着思索的好习惯。思索的内容是：对手有什么特点，要打败对手，自己要掌握什么技战术。他认为，要想打败所有的对手，就必须思索，再思索。这是他退役时留给年轻运动员的宝贵经验。

逆转

《落后，追上去！》（新华社伊斯兰堡1984年10月22日电）

这篇特写报道的是中国乒乓球女队员焦志敏的一场比赛情况。她先失一局，第二局又以17∶20落后。之后，她连续挽救了3个赛点，反以22∶20逆转获胜，又在第三局以21∶9大胜，为中国女队3∶0击败对手立了功。稿中写了现场气氛，插入了准备会上教练的嘱托，重点写逆转过程。回京后听同事说，这篇稿写得不错。

使用"代号"

《"282"智胜金浣》（新华社哥德1985年3月29日电）

"282"是波兰乒乓球运动员莱谢克·库哈尔斯基的比赛号码。这篇特写在标题中用其号码代替他的名字有两个好处：一是省了字数，二是可令读者产生阅读谍战故事的感觉。他用智慧战胜了韩国选手金浣。有人说笔者的有些稿像破案。此前团体赛曾发过《秘密武器》一稿，同样设了一点悬念。

浓缩

《英雄双跨地球之巅——中日尼三国登山队实现从两侧攀越珠穆朗玛峰的创举》（《瞭望》新闻周刊1988年5月16日第20期）

"双跨"是指南北两侧队员登顶后分别从另一侧下撤到安全地带。文章主要记述了队伍起步、冲过北坳冰墙、穿过大风口、向顶峰突击、下撤，5月7日宣布完成跨越的整个过程。其中插入人类登山史和登珠峰历史的介绍、"双跨"设想的由来和几位中国队员简介，并说明此举创造了多项登山史上的第一。此文的主题"英雄双跨地球之巅"浓缩了三国登山队从两侧攀越珠峰的过程。

中日尼三国登山队接近完成"双跨"期间，笔者正好值班，对此行动的情况比较了解，瞭望的编辑来约稿，于是，又查了一些资料，赶写了这篇文章。

反差

《马林诺夫成功　何灼强失利》（新华社汉城1988年9月18日电）

奥运会举重52公斤级比赛中，保加利亚运动员马林诺夫获得金牌（总成绩第一），并打破抓举和总成绩两项世界纪录；何灼强获得铜牌，他保持的三项世界纪录丢了两项。两人的表现形成强烈反差。在短短的标题中明确指出前者成功，后者失利，反差明显，可给读者留下深刻印象。

拟人

《国球，艰难跋涉》（新华社北京1993年12月30日电）

这是一篇年终稿。1993年，中国乒乓球面对诸强挑战、新老交替、运动员国外市场冲击和国内市场尚未成型、协会实体化改革等多个难题。正如开头所说："1993年，中国乒乓球犹如一个登山者，踏着崎岖坎坷的道路，艰难跋涉。"

"提鲜"

《警察与小偷"赛跑"》（新华社沈阳1996年7月2日电　记者于力　通讯员马维秋）

原稿标题已忘记，大意是说派出所注重体育锻炼取得了良好效果。显然，这样的标题很难得到媒体编辑的青睐，因为重视体育锻炼的单位太多了，没有什么新闻价值。处理此稿时，见到后边有警察追小偷并将其抓获的内容，小偷还是400米、800米比赛的县纪录保持者。警察能追上运动能力较强的小偷，耐力上肯定很强，速度也不慢，这正是坚持锻炼的效果。这一情节是新鲜事，于是，笔者就将这部分内容提到前边做导语，"一场特殊的'赛跑'在进行，小偷已经跑出200米，警察……"接着，笔者浓缩这一新鲜事，将其写成了新闻标题。后来见到记者，说起这篇稿时，他笑得合不拢嘴，因为此稿有不少媒体采用。

借字义

《唐灵生果然灵——唐灵生夺魁记》（新华社亚特兰大1996年7月21日电）

唐灵生的抓举成绩与对手相同，但体重比对手重0.8公斤，这意味着他必须在挺举上超过对手才能获胜。结果，他以307.5公斤的成绩战胜希腊的世界冠军，获得金牌并打破世界纪录，成为中国第一个在奥运会上打破世界纪录的运动员。标题借用的是他名字中的"灵"字。

进行时

《中国乒乓球俱乐部摸索前行》（新华社北京1996年12月22日电）

这也是一篇年终稿。当时，中国乒乓球俱乐部正处于起步阶段。此稿是对俱乐部发展的动态描述。

总括

《解放军走在全民健身前列》（新华社北京1998年5月21日电）

这是记者参加解放军总政文化部组织的"全民健身走军营"采访后，与《人民日报》记者合作、由笔者执笔的一篇综合消息。稿中有解放军开展健身活动的总体介绍，集中报道了三总部下发文件后军营的变化："体育在部队的地位变得更重要，健身成为新的战斗力生成点。"也有陆海空军开展健身活动不同特色与创新具体事例。这个标题是部队开展健身活动的总体概括。

借用歌词

《中华有神功——武林绝技"一指禅"观赛记》（新华社浙江台州1999年5月24日电）

海灯法师的"二指禅"曾声名远扬。目睹运动员表演的"一指禅"，感到很神奇。由此想到歌曲《中国功夫》中的一句歌词"中华有神功"，就拿来做了标题。

人情味

《女曲姑娘的"严父""慈母"》（新华社广州2002年12月11日电 记者陈冀 梁金雄）

此稿写的是中国女子曲棍球队韩国籍教练金昶伯和领队海绂带队取得优异成绩的故事。稿中的人情味很浓，令人感动。编发时保留了原标题，对正文用心作了编辑。推荐为社级好稿时，写了"这是今年人情味最浓的一篇稿件"，获得通过。

提问

《太极拳的魅力何在？》（新华社海口2005年12月21日体育专电）

此稿通过专家对太极拳健身魅力、防身魅力、文化魅力和相关研究健身成果的介绍，说明太极拳既是一种健身方法，也是一种技击术，更是中华传统文化的载体，回答了标题提出的问题。

比喻

《"护花使者"袁祖谋》（新华社巴黎2006年2月13日电）

此稿把中国式摔跤比作花，把在巴黎推广这个项目的中国教练比作"护花使者"。上海的原运动员、教练员袁祖谋，20世纪80年代把这个中国传统体育项目带到了法国，进而推广到欧洲和北非多个国家，并在巴黎市长希拉克（后来的总统）支持下创办巴黎市长杯赛，至今已举办了13届。中国式摔跤在巴黎生根、成长。

特殊

《他从战火中来——黎巴嫩武术小选手历经周折参赛记》（新华社吉隆坡2006年8月23日电）

体育比赛是和平的聚会。在马来西亚首都举行的世界青少年武术锦标赛有许多国家和地区的选手参加,只有一名小选手非常特殊。他跟着教练从战火不断的黎巴嫩辗转到赛场。将"他从战火中来"这一特殊情况写入标题,容易引起读者的关注。

联想

《一幅"动态少林功夫图"》(新华社郑州2006年10月17日电)

此标题从世界闻名的《清明上河图》联想而来。开头说:"世界闻名的《清明上河图》描绘了北宋时期开封的繁荣景象,而距开封不远的登封少林寺17日向中外来宾展示了一幅'动态少林功夫图'。"稿件的主要内容是介绍路旁接连不断的武术表演。笔者觉得,把后"图"与前"图"相提并论虽然有点"高攀",但会引发一些有益的联想。

成语

《焕然一新的"法规"——新版中国跤规则述评》(新华社北京2007年6月8日电)

此稿用原出宋朝的成语"焕然一新"评价新版中国式摔跤的规则。稿中说:"新规则对原规则作了全面的扬弃,并注入了新理念。"接着又具体介绍了场地、运动员服装、比赛时间和赛制、动作分值的变化和裁判员职责的调整,并对运动员仪表提出了新要求等。与旧规则相比,新规则变化很大,可以说"焕然一新"。

文化解读

《中国跤术蕴含中华文明精华——从太极图和十字架说起》(新华社山东德州2008年6月22日电)

此稿从东西方文化符号的不同说起,介绍了东西方体育理念的区别,重点论述了中国式摔跤含有的中国传统文化的基因和精华。

附：《新闻业务》——我的老师

笔者曾把"第一读者"岗位称为"我的大学"。这所"大学"有众多老师，其中不乏在采编工作中有建树的老同志。而对笔者指导最多、时间最久的老师则是新华社内部刊物《新闻业务》。

工作间隙，听老同志议论，如同在听课，虽多为只言片语，却往往是宝贵的经验之谈。有空闲或中午休息时，《新闻业务》就成为常读的课本，其内容多为来自采编一线的知识。

国内部值班室（后改称总编室）那时有一个得天独厚的条件，就是除了每期必发的《新闻业务》，还经常收到一些兄弟单位寄来交流业务的小册子，如解放军报社编印的《新闻业务讲座》、《湖北日报》印的《研究与借鉴——国外新闻介绍》、《山西日报通讯》等。这些小册子也是我的辅助教材。

1981年笔者有机会参加了一次强化培训即新华社工业记者训练班。多位老同志讲课，内容有新闻价值、新闻的新、新闻敏感、记者之路、体裁漫谈、深入报道、现场采访、主题提炼、（通讯的）美学规律、新闻语言、文字修养、学点逻辑，等等。参加这次培训，收获很大。

笔者没进过大学，自知底子薄，因此真的像海绵一样，利用一切可利用的时间吸收各类知识，当然更多的是新闻业务知识。几年时间的"攻读"，有关新闻的知识渐渐积累多了，运用到"第一读者"工作中，问题辨识能力进一步提高。

《美国名记者谈采访工作经验》一书的前言中有这样一段话："休·马利根（美联社特派记者之一）设问，写作是否可以由别人讲授？他得出的结论是，最好的办法莫过于自修。"

对笔者来说，没有机会像大学生一样在几年时间里听老师授课，新闻写作只能靠自修，因为没有别的办法。而自修，修什么？应该是各类知识，包括别人讲授或写出的新闻写作经验。记得一位老同志说过，要"学道不学巧儿"。意思是说，学习别人的经验，要注重把握新闻写作的规律，不学那些具体的技巧。由此可以理解，美联社名记者休·马利根为什么没有把"别人讲授"视为最好的办法。按"别人讲授"来写作，很容易模仿或仅学一些写作技巧，就很难跳出别人的框框。而模仿、重复会阻碍创新，是新闻写作十分忌讳的。从这个意义上说，提倡自修与"学道不学巧儿"道理是相通的。

在"我的大学"里，笔者接受着新闻业务知识的熏陶，从《新闻业务》等刊物中吸取营养，努力理解、吃透别人的经验，融会贯通，将其变成自己的本领，期待着在新闻实践中运用。

告别了"大学"，笔者正式走上记者岗位，《新闻业务》仍是笔者的老师，一直陪伴着笔者，助笔者在新闻写作之路上"爬坡"。同时，在采编工作中也注意研究、探讨一些问题，经常写一些业务文章，作为对这位老师的回报。粗略估计，从最初的尝试开始，已写了二三十篇业务文章。其中，印象较深的有《体育新闻也应"扬短抑长"》、《背景　内幕　歧见》（关于汉城奥运会乒乓球选手名单风波）、《始料未及与新产品开发》（乒乓球改革系列述评被多家用户采用后的感想）、《提倡跳出体育写体育》、《两股道上跑的车——谈谈电视对文字报道的挑战》、《媒体体育报道变革及对新华社报道的影响》、《奥运会报道的新尝试——开设"张燮林视点"专栏的背后》等。还有，在受聘新闻研究所特邀研究员期间写的《新华社体育报道的处境与对策》，被评为新华社第三届新闻论文佳作。

特别想提到的是，1991年笔者从事体育报道已有十个年头，对本职工作有了较多的体验和认识，感到应该把自己对体育新闻的见解总结一下。于是，笔者写了《试谈体育新闻的特点》（《新闻业务》专辑1991年第19期），被评为新华社新闻论文佳作。后来，改标题为《体育新闻的"六性"》，经少量修饰，提交中国体育新闻工作者协会，入选《体育记者谈体育新闻》一书，被列为首篇。

体育新闻的"六性"

体育新闻在国际新闻界正受到越来越多的关注和重视。体育新闻学是新闻学的一个分支学科。在中国，体育新闻学还处于开创、探索阶段。研究体育新闻的特点，属于体育新闻学的范畴。

体育新闻的特点是由体育的个性特点决定的。

体育作为一种文化形态，与政治、经济、军事、科学、艺术，以及其他社会形态相比，有许多不同点，同时又与它们有着千丝万缕的联系。这些不同点和各种联系，决定了体育新闻与其他新闻之间存在着或多或少，程度不同的区别。这些区别就构成了体育新闻的特点。

体育新闻的特点有多种，这里仅谈谈它的六个特性。

一、受众广泛

不同专业的新闻都有各自的受众群体。体育新闻的受众十分广泛。

体育，是全人类普遍感兴趣的运动。从平民百姓到国家元首，不分性别、年龄、职业、民族、国别、信仰，千千万万的人都是体育爱好者，而从事某项运动的人往往对于这项运动的竞赛等活动特别关心。随着体育的发展、兴盛，体育爱好者的队伍日益扩大，这就使得体育新闻的受众越来越多。

体育是和平时期的战争。人类社会的直接对抗主要有两种形式，一是战争，二是体育比赛。体育比赛这种和平、友好的对抗，比战争更富有变化，它多彩多姿，很具观赏价值。运动员在比赛时能充分展示人体自身的力与美，才智与谋略、理想与追求。因此，体育比赛被称为"百看不厌的戏剧""天天变换戏法的魔术"。体育的这种特殊的魅力，可以引起人们持久的兴趣。这也是体育新闻拥有广泛受众的原因所在。

体育大赛最引人注目。这种大赛只能在某一个国家、地区或某一城市举行。能亲临赛场观看的人是极少数，更多的人要了解比赛情况，只有通过新闻媒介。各种新闻媒介面对着极其庞大的受众群，必须运用各种现代传播手段，把赛场内外形形色色的新闻传到世界各地，才能满足不同受众的需求。仅从体育大赛的报道即可看出，体育新闻的受众是极其广泛的。

二、题材广阔

体育新闻题材的广阔与体育的飞速发展、体育同外界的联系密切有重要关系。

现代体育诞生百年来，体育"家族"一直在扩大。今天，仅夏季和冬季奥运会大项就分别有28个和15个，得到国际奥委会承认的项目还有很多，至于在全世界、某地区广泛开展的非奥运会项目就更多，超过100个，还有一些新项目不时冒出来。为数众多、特色各异的项目日益增多，而此起彼伏的赛事，新陈代谢极快的运动队伍，以及各种战术的发展，规则的变化等，都向体育记者源源不断地提供着众多的报道题材。

体育不是孤立的社会文化现象。它与各行各业、各色人等都可能发生联系。各种各样的体育比赛、体育交往，必然受到各政治、经济集团的政策、策略、经济发展、民族情感、科技进步和人的价值取向、心态的影响，并反过来影响着诸多方面。这样，体育新闻题材绝不仅仅局限于体育活动本身，它的领域更为广阔，内容更为丰富多彩。

此外，体育对新闻界是全方位开放的，除了一些企业的经营策略等商业机密外，几乎没有什么可保密的。体育活动的组织者不仅不保密，还主动向新闻界提供信息。这也可以说是体育新闻题材广阔的一个方面。

总之，体育是新闻的"富矿"，体育记者有广阔的天地，可以大有作为。

三、激励人心

体育新闻能对受众产生巨大的激励作用。在此，姑且称之为激励性。

体育紧紧地联系着人们的民族情感。体育比赛是弘扬民族精神，进行爱国主义教育的大课堂。与民族激情相关，与爱国情绪相系，各行各业莫不如此，但比较而言，体育特别是竞技体育的作用显得更为突出。一场比赛的胜负，能引发民族情绪的大波动，一个球的得失，牵动着亿万人的心，这样的例子有很多。

这是因为，体育虽无国界，但运动员却分属于不同的国家、地区和民族。奥林匹克竞技和世界杯足球赛等全球大赛，从一定意义上说是国家间的较量，运动员的表现也在一定程度上反映了他所在国的国力和民族风貌。在当今世界的各种竞赛中，唯有竞技体育大赛为优胜者举行专门的仪式——升国旗、奏国歌，这起码是国家与民族强盛的一种象征。

正因为如此，运动员在赛场上的胜负有时能引起"核反应"。这种情况，无论国家性质怎样，意识形态如何都不例外。1949年，日本游泳选手在美国战胜了东道主运动员，正在美国占领下的日本国民深受鼓舞，民族自信心大为增强；中国乒乓球、女排的胜利，极大地鼓舞了中国人民奋发图强的精神；喀麦隆足球队在世界杯赛上的成功，也使其国内万众欢腾……

这种"核反应"是通过体育新闻实现的。引动民族激情的迸发、民族精神的振奋，并非记者拥有超人的能量，而是因为记者报道了体育大赛中惊心动魄的搏斗，把运动员身上闪现的民族精神的火花传达给民众，燃起人们心中的爱国热情。

值得指出的是，体育新闻的激励性不仅仅局限于报喜。报忧，抓住症结，找出教训，同样能给人以有益的启迪，激发人民群众不怕挫折，勇往直前的精神，提高战胜困难的勇气。

体育新闻的激励性，要求体育记者不要把眼光局限于体育圈，只做比赛胜负的记录员，而是要站在时代的前列，成为振奋精神的宣传鼓动员。

四、专业性强

不同专业的新闻都具有一定的专业性。体育新闻的专业性很强。

体育新闻的专，首先在于体育是一个广博的领域，门类很多。仅就竞技体育而言，它拥有众多的比赛项目，而一个项目就是一个独立的庞大体系。每个项目都有自己的场地、器材、规则、比赛方法、技术、战术、发展演变过程以及层次不同的运动队、运动员、教练员、裁判员和各类比赛等。有的项目，在不同国家和地区有不同的特点，不同的赛事有不同的规定。作为体育记者，只有掌握了丰富的专业知识，才能对所发生的事实及时作出正确的判断，进而根据其新闻价值的大小加以报道。而要掌握如此广博的体育专业知识，并非轻而易举。

体育与各行各业的联系日趋广泛、频繁、密切。这使得体育新闻专业知识的内涵更为丰富。例如，现代科技越来越多地进入体育领域，不了解有关科技知识，体育记者就难以胜任有关报道工作；再如，体育越来越多地涉及司法，对法律知识不了解，也难以准确、客观地报道相关新闻……这也是体育新闻专业性强的一个重要方面。

体育新闻的专业性强还表现在，这里的"专"只能是记者的专，不能要求受众同样的专。完全用体育术语报道体育，受众难懂，也难以接受。体育记者的职责是，把专业术语和知识"翻译"成大众化的准确、简洁、生动的新闻语言，或者对使用的专业术语加以解释、说明，让受众更易于接受。

此外，体育新闻的报道，仅仅写一般的动态消息，向受众提供"大路货"是不够的，必须运用各种"武器"，掌握"十八般武艺"，方能满足受众的需要。这种新闻业务的专，对体育记者来说更是不可缺少的。

五、竞争激烈

当今世界，新闻竞争日趋激烈，而这种趋势在体育新闻领域的表现尤为突出。

各种新闻媒介之间竞争的主要目的是争取更多的受众。体育新闻的受众很多，因此，成为新闻媒介竞争的一个重要方面。以几家大通讯社为例，近些年播发体育稿件均约占发稿总量的1/4，其中法新社最多。新华社播发的体育稿件也成倍增加，而其他新闻媒介也不甘在体育新闻竞争中落后。报纸、杂志、广播、电视、网络等媒体不仅在中国，在世界各地都对体育新闻越来越重视，并力求显示自己的特色，吸引受众。

体育独有的人类大聚会是一种定期的"新闻大战"。新闻报道被称为大型综合性运动会的"第二赛场"。如奥运会，许多国家和地区的各种新闻媒介都不惜动用人力和物力，不惜版面和黄金时间充分报道，以赢得受众的青睐。大型运动会上的新闻竞争的激烈程度，绝不亚于运动员在赛场上的争夺。

体育新闻竞争的焦点，一是时效，二是质量。

体育比赛，特别是重要的比赛多安排在晚上，结束时也接近当日新闻的"死亡线"——日报特别是通讯社的截稿时间。因此，比赛消息必须及时抢发。快，也是大型运动会新闻竞争的固定"节目"。一有重要新闻，各种新闻媒介争先恐后抢时效，通讯社更是争分夺秒。事后，总有新闻媒介统计"比赛"结果，公之于众。"比赛"获优胜，自然获得一种荣誉，更重要的是，谁能快一些，抢在前面，谁就能争得用户和受众。迟缓、磨蹭等于自杀。因此，各种新闻媒介都把最先进的通信技术设备用于大型运动会，尤其是奥运会报道，采、编、发各环节都力求迅速。

要在体育新闻竞争中占据优势，仅仅一个"快"字还不够，还必须讲究质量。要在质量上取胜，就必须做到人无我有，人有我好。体育新闻题材广阔，大型运动会的新闻题材更是丰富多彩。谁的新闻视角宽，谁抓住的独家新闻就多，谁报道组织、采访、写作、编播得快、质量高、可读性或可视性强，谁就能在争夺用户、受众的竞争中领先。同样的题材，谁的稿件在"快、高、强"上更出色，谁就能占优势，这也是奥林匹克格言的另一种体现。

出于竞争的需要，每逢大型运动会，各新闻媒介都尽可能让那些经验丰富、能力强的记者参加报道。这促使体育新闻的竞争更为激烈。

激烈的竞争对体育记者提出了更高的要求，即必须具有强烈的竞争意识、宽广的新闻视角、独特的新闻敏感、熟练的采访写作技巧、善于抓独家新闻，以及在短时间内写出高质量的稿件。

六、隐含政治

新闻具有政治性，体育新闻也不例外。体育新闻的政治性是由体育与政治的关系决定的。

但是，体育新闻的政治性与政治新闻有很大的不同。

从古至今，体育都与政治有关。一些体育项目的诞生就源于战争。古代奥运会宣布神圣休战，但它表演的是战争艺术，着眼点在于提高男性公民的战斗力。奥运之父顾拜旦曾努力使体育超越政治，然而，已有近百年历史的现代奥运会几乎从未摆脱政治纷争。

当今世界，政治的辐射和影响几乎遍及其他一切领域，体育当然包括在内。体育现在已成为人类社会生活的重要内容，是联系世界各个国家、地区和人民的桥梁，也是政治联系的一条通道。各个国家和地区之间都存在着政治竞争，出于竞争的需要，体育往往被赋予某种政治使命。参加体育交往的运动员、教练员和体育工作者，其政治立场、观点不同，也会自觉不自觉地给体育活动注入种种政治因素。总之，政治制约影响着体育，体育要为政治服务，这也是当今时代的一个特点。

这种体育政治化，或者说带有政治色彩的体育，反映在新闻报道中，必然使得体育新闻带有某种政治含义或倾向。从新闻的角度看，体现政治内容是新闻的共性，许多体育新闻自然也含有政治观点与倾向。

体育新闻的政治性这一特点，主要表现在它不是公开地、直接地表明政治观点，也不是明确地宣布所要达到的政治目的，而是把强烈的政治观点和倾向隐含在新闻的表达中。例如，西方新闻媒介曾报道苏联的第比利斯发生了动乱，塔斯社没有以政治新闻正面回击，而是播发了一条体育消息，说第比利斯举行足球赛，观者人山人海。这条体育新闻似乎不谈政治，却巧妙地回答了政治问题。一条体育新闻起到了与政治新闻同样的作用，甚至收到比政治新闻更显著的效果。

体育新闻的政治性要求体育记者既懂体育，又有一定的政治水平，在写作技巧上要做到政治观点倾向含而不露，稿件既暗含政治内容，又反映体育本身的特点和规律。

（刊于《体育记者谈体育新闻》一书 中国体育新闻工作者协会编 人民体育出版社 2006 年 2 月出版）